本书为福建师范大学学科重点建设项目"推进中□
（编号：Y072220506）的阶段性成果

新农地产权制度下
农民财产性收入
增长路径研究

陈晓枫 ◎ 著

中国财经出版传媒集团

经济科学出版社
Economic Science Press

·北 京·

图书在版编目（CIP）数据

新农地产权制度下农民财产性收入增长路径研究／
陈晓枫著 ． -- 北京：经济科学出版社，2024.6
ISBN 978 - 7 - 5218 - 5920 - 1

Ⅰ.①新⋯　Ⅱ.①陈⋯　Ⅲ.①农民收入 - 收入增长 -
研究 - 中国　Ⅳ.①F323.8

中国国家版本馆 CIP 数据核字（2024）第 103043 号

责任编辑：纪小小
责任校对：齐　杰
责任印制：范　艳

新农地产权制度下农民财产性收入增长路径研究

陈晓枫　著

经济科学出版社出版、发行　新华书店经销
社址：北京市海淀区阜成路甲 28 号　邮编：100142
总编部电话：010 - 88191217　发行部电话：010 - 88191522
网址：www. esp. com. cn
电子邮箱：esp@ esp. com. cn
天猫网店：经济科学出版社旗舰店
网址：http：//jjkxcbs. tmall. com
北京季蜂印刷有限公司印装
710 × 1000　16 开　21.5 印张　400000 字
2024 年 6 月第 1 版　2024 年 6 月第 1 次印刷
ISBN 978 - 7 - 5218 - 5920 - 1　定价：86.00 元
（图书出现印装问题，本社负责调换。电话：010 - 88191545）
（版权所有　侵权必究　打击盗版　举报热线：010 - 88191661
QQ：2242791300　营销中心电话：010 - 88191537
电子邮箱：dbts@ esp. com. cn）

推荐序

党的二十大报告指出:"从现在起,中国共产党的中心任务就是团结带领全国各族人民全面建成社会主义现代化强国、实现第二个百年奋斗目标,以中国式现代化全面推进中华民族伟大复兴。"并且强调"全面建设社会主义现代化国家,最艰巨最繁重的任务仍然在农村"[①]。农业农村农民问题是推进农业农村现代化乃至全面建设社会主义现代化国家必须解决的重点,而增加农民收入则是"三农"工作的中心任务。农民与土地有着不可分割的联系,增加农民收入与农地制度改革密切相关。习近平总书记指出:"深化农村改革,必须继续把住处理好农民和土地关系这条主线,让广大农民在改革中分享更多成果。"[②] 以承包地、宅基地的"三权分置"和集体经营性建设用地入市为主要内容的新农地制度改革为农村振兴、农业发展、农民增收拓宽了渠道和增长点。然而在实践中,新农地制度改革和农民增收也出现了许多亟待解决的问题,如何破除改革进程中的障碍,保障农民收入持续增长,引发了社会各界的广泛关注。

陈晓枫教授的新作《新农地产权制度下农民财产性收入增长路径研究》,是其承担的国家社科基金项目研究成果的拓展,也是其深入系统研究新农地产权制度和农民增收问题的力作。该书以马克思主义的土地经济理论和中国特色社会主义土地制度改革理论为指导,从我国

[①] 习近平:高举中国特色社会主义伟大旗帜 为全面建设社会主义现代化国家而团结奋斗——在中国共产党第二十次全国代表大会上的报告 [EB/OL]. 中国政府网, http://www.gov.cn/xinwen/2022-10/25/content_5721685.htm, 2022-10-25.

[②] 习近平. 加快建设农业强国 推进农业农村现代化 [J]. 求是, 2023 (06).

农村制度改革和农民收入变化的实际出发，循着理论逻辑、历史逻辑和实践逻辑相统一的思路，阐述了新农地产权制度和农民增收的内在关联与运作机制，剖析推进新农地产权制度改革的主要障碍，提出深化改革的路径与配套措施。这一研究成果对培育和发展农业新质生产力，深化农村土地制度改革和促进农民增收具有积极的意义。

该书的特色和亮点在于：

1. 较系统地梳理了马克思主义的土地经济理论和中国共产党农地产权制度改革理论的发展脉络和基本内容

土地产权理论是马克思主义经济思想的重要组成部分。马克思批判资产阶级思想家将土地产权单纯地理解为人与土地之间的关系，揭示其本质是通过这种自然关系形成的人与人之间的社会关系；土地产权制度不是永恒不变的，而是一个不断扬弃自身的发展过程，土地私有产权制度终将被社会主义公有产权制度替代。他还精辟地指出，由土地所有制衍生的占有、处分、使用、收益以及抵押等各项权能，既可集中于一个产权主体，也可以相分离并由多个产权主体享有，实现商品化和市场化；地租是土地产权的重要实现形式。马克思的土地产权理论是一个科学、完整的理论体系，对我国新农地制度改革具有重要的指导意义。列宁将土地问题与农业农村问题紧密联系在一起，其土地制度理论对推进我国农地产权制度改革具有重要借鉴意义。中国共产党历来重视解决农民的土地问题，始终运用马克思主义所有制理论，不断推动农地产权制度的改革和发展。在中国特色社会主义新时代还系统提出以坚持农地集体所有权、稳定农地家庭承包权、放活农地经营权为基本内容的农地"三权分置"改革理论与政策，为新农地产权制度改革提供指导。作者对上述理论的梳理和概括条理清晰、重点突出、指向明确，彰显出马克思主义土地经济理论的当代价值，为后续的分析奠定良好的理论基础。

2. 较完整地展示我国农地制度改革的逻辑主线和实践进程

中国共产党领导农地产权制度的改革和建设历经百年，形成了一系列重要理论。作者对这些理论演进过程进行梳理和分析表明：通过赋予农民土地产权实现农业生产关系的调整，推动农业生产力的提高，促进农民收入的增加，始终是农地产权制度改革的一条主线，充分体现了中国共产党农地产权制度改革理论演进的全局性、连续性和创新性。实践证明，党的领导是农地产权制度改革理论守正创新的根本保证，问题导向是其内在进程，实践原则是其本质要求。中国共产党在长期实践中形成的具有中国特色的农地产权制度改革理论为"三农"发展奠定了重要的理论基础。

该书作者不仅系统分析了党的农地产权制度改革理论演进的特色与经验，还在深入调研的基础上，从改革动因、主要内容、政策效应和局限性等视角考察了我国从建立"耕者有其田"的农民土地所有制、确立农地集体所有制、实行农地"两权分离"改革到推进农地"三权分置"改革的全过程。这种史论结合的贯彻和运用是该书的一大特色，可使读者从理论和实践两个方面加深对我国农地制度改革的认识和理解。这种严谨的治学态度和可贵的钻研精神值得肯定。

3. 清晰地阐明了新农地产权制度改革与农民财产性收入之间的逻辑联系和影响机理

推进高质量发展是现阶段我国经济社会发展的主旋律，而"发展新质生产力是推动高质量发展的内在要求和重要着力点"。农业新质生产力的培育和发展重点在于农业科技创新、农业产业链转型升级和现代农业经营体系建设等方面，这些都要以深化农地产权制度改革为前提。劳动者是生产力构成中最活跃和最有创意的要素，如何让广大农民在改革中分享更多成果，在现代农业中充分发挥积极作用，则是新农地制度改革的题中之义。该书作者明确指出：新农地产权制度改革对农民扩大财产性收入有着关键作用，"赋予农民更多财产权利"是推进新农地产权制度改革最重要的落脚点，提升财产性收入是新农地产权制度改革促进农民增收的新增长点。无论是承包地和宅基地"三权分置"改革，还是集体经营性建设用地入市改革都将从扩大财产基础、提供法律保障、完善市场机制、提供制度支撑等方面对增加农民财产性收入起到了推动作用。简言之，新农地产权制度改革是力图通过赋予农民更多、更充分、更具排他性的农地产权，扩大农民的财产基础，使土地对增加农民收入发挥越来越明显的作用。

4. 找准新农地产权制度改革促进农民财产性收入增长的着力点和"瓶颈"

新农地产权制度改革关系到农户承包地、集体建设用地和农民宅基地的承包、经营、使用等权能的调整与配置，只有找准改革的着力点，把握好改革的精准度，才能更好地发挥其提升农民财产性收入的激励效应。该书作者认为，承包地"三权分置"的着力点在于适度放活经营权流转，让农户以入股、信托、抵押担保等形式支持农业产业化、规模化，并从中获得租金、利息、股份分红等收入；集体经营性建设用地入市制度应以构建城乡统一建设用地市场为导向，赋予集体经营性建设用地使用权的出让、租赁、互换、出资、赠与、抵押等权能，让农民得以享受到土地增值收益；而宅基地"三权分置"改革的着力点则在适度放活宅基地使用权，通过健全农村土地产权流转市场，探索放活使用权转让、出租、入股、抵押担保等途径，实现农民宅基地财产收益增长。

该书作者不仅详细论证了新农地产权制度改革促进农民财产性收入增长的着力点，而且对改革的困难予以充分重视：认为承包地经营权流转的难点在于有效供给不足、市场化流转体系不健全、征收补偿不规范、经营权抵押融资困难等，阻碍着承包地经营权市场价值向农民财产性收入的转化；集体经营性建设用地入市的困境在于法律制度体系不健全、使用权流转机制不完善、入市收益分配不合理、城乡土地市场不平等，阻碍使用权市场价值向农民财产性收入的转化；宅基地产权制度改革的主要障碍在于确权进程受阻、退出机制不健全、法律体系滞后、抵押融资机制不完善，阻碍宅基地财产价值向农民财产性收入转化。只有明确改革目标，找准改革着力点，摸清改革过程的困难，才能不断推进农地产权制度的改革，持续提升农民的财产性收入。

总之，该书是将马克思主义土地经济理论与中国农地制度改革实践紧密结合的有益尝试，也是对中国特色社会主义农地产权制度改革理论的进一步阐释和宣传，更是对新农地产权制度改革实践的有益探索和总结。作者构建了一个新农地产权制度改革的分析框架，从我国现阶段农民财产性收入的现状出发，结合新农地产权制度的改革实践，以承包地、集体经营性建设用地、宅基地"三权分置"改革为重点，探索新农地产权制度改革与提高农民财产性收入的内在机理和实现路径，具有一定的理论创新，有助于推动相关问题的进一步研究。希望作者能在既有基础上进一步深入钻研，在相关领域取得更大的突破。期待有更高质量的研究成果问世！

是以乐为作序。

2024 年 5 月 19 日于厦大北村

目录
CONTENTS

绪　　论

第一节　选题的背景及意义

一、课题背景

党的十八大以来，在以习近平同志为核心的党中央的坚强领导下，我们经过接续奋斗，实现了全面建成小康社会这个中华民族的千年梦想，打赢了人类历史上规模最大的脱贫攻坚战，历史性地解决了绝对贫困问题，为全球减贫事业作出了重大贡献。党的二十大报告指出："从现在起，中国共产党的中心任务就是团结带领全国各族人民全面建成社会主义现代化强国、实现第二个百年奋斗目标，以中国式现代化全面推进中华民族伟大复兴。"[①]"全面建设社会主义现代化国家，最艰巨最繁重的任务仍然在农村。"[②]这意味着当前农业农村农民问题（"三农"问题）依然是关系国计民生的根本性问题，解决好"三农"问题，加快推进农业农村现代化，直接关系到全面建设社会主义现代化国家的宏伟大业。2022年12月，中央农村工作会议强调"坚持把增加农民收入作为'三农'工作的中心任务"[③]。提高农民收入，关键在于优化农民收入结构，拓宽农民增收渠道，

---

①　习近平. 高举中国特色社会主义伟大旗帜　为全面建设社会主义现代化国家而团结奋斗——在中国共产党第二十次全国代表大会上的报告［M］. 北京：人民出版社，2022：21.

②　习近平. 高举中国特色社会主义伟大旗帜　为全面建设社会主义现代化国家而团结奋斗——在中国共产党第二十次全国代表大会上的报告［M］. 北京：人民出版社，2022：30–31.

③　习近平. 加快建设农业强国　推进农业农村现代化［J］. 求是，2023（06）：4–17.

特别是注重培育农民增收的新增长点。

在我国现阶段的农民收入构成中，工资性收入、经营性净收入仍然是主要部分，但近年来农民财产性收入的年均增速远远超过了全国农民人均可支配收入的年均增速。农民财产性收入基数小，却具有巨大的上升空间和发展潜力，增加农民的非农收入尤其是财产性收入，已成为下一阶段农民增收的突破口。党的十八大以来，以习近平同志为核心的党中央对探索拓宽农民财产性收入渠道，促进农民财产性收入持续增加作出了重要的理论贡献。党的十八届三中全会提出"赋予农民更多财产权利。主要是依法维护农民土地承包经营权，保障农民集体经济组织成员权利，保障农户宅基地用益物权，慎重稳妥推进农民住房财产权抵押、担保、转让试点"，"保障农民公平分享土地增值收益"。[1]《中华人民共和国国民经济和社会发展第十三个五年规划纲要》提出："探索资产收益扶持制度，通过土地托管、扶持资金折股量化、农村土地经营权入股等方式，让贫困人口分享更多资产收益。"[2] 党的十九届五中全会审议通过的《中共中央关于制定国民经济和社会发展第十四个五年规划和二〇三五年远景目标的建议》（以下简称《建议》）进一步提出："探索通过土地、资本等要素使用权、收益权增加中低收入群体要素收入。多渠道增加城乡居民财产性收入。"[3] 据此制定的《中华人民共和国国民经济和社会发展第十四个五年规划和2035年远景目标纲要》则进一步提出："提高农民土地增值收益分享比例。"[4]

习近平总书记指出："深化农村改革，必须继续把握住处理好农民和土地关系这条主线，让广大农民在改革中分享更多成果。"[5] 自2013年7月习近平总书记在湖北调研时强调要完善农村基本经营制度，好好研究农村土地所有权、承包权、经营权三者之间的关系以来，我国开始了新农地产权制度改革的探索和创新，有序推进了承包地"三权分置"、集体经营性建设用地入市与宅基地"三权

---

[1] 习近平谈治国理政（第一卷）[M]. 北京：外文出版社，2018：81.

[2] 中华人民共和国第十二届全国人民代表大会第四次会议文件汇编 [M]. 北京：人民出版社，2016：172 – 173.

[3] 中共中央关于制定国民经济和社会发展第十四个五年规划和二〇三五年远景目标的建议 [M]. 北京：人民出版社，2020：32.

[4] 中华人民共和国国民经济和社会发展第十四个五年规划和2035年远景目标纲要 [M]. 北京：人民出版社，2021：145.

[5] 习近平. 加快建设农业强国　推进农业农村现代化 [J]. 求是，2023（06）：4 – 17.

分置"改革。① 党的十九届四中全会审议通过的《中共中央关于坚持和完善中国特色社会主义制度　推进国家治理体系和治理能力现代化若干重大问题的决定》提出要"健全劳动、资本、土地、知识、技术、管理、数据等生产要素由市场评价贡献、按贡献决定报酬的机制",强调"深化农村集体产权制度改革,发展农村集体经济,完善农村基本经营制度"。② 2020 年 5 月颁布的《关于新时代加快完善社会主义市场经济体制的意见》中明确提出"落实农村第二轮土地承包到期后再延长 30 年政策,完善农村承包地'三权分置'制度";"加快建设城乡统一的建设用地市场,建立同权同价、流转顺畅、收益共享的农村集体经营性建设用地入市制度";"探索农村宅基地所有权、资格权、使用权'三权分置',深化农村宅基地改革试点"。③ 党的十九届五中全会审议通过的《建议》进一步提出:"落实第二轮土地承包到期后再延长三十年政策……健全城乡统一的建设用地市场,积极探索实施农村集体经营性建设用地入市制度。建立土地征收公共利益用地认定机制,缩小土地征收范围。探索宅基地所有权、资格权、使用权分置实现形式。保障进城落户农民土地承包权、宅基地使用权、集体收益分配权,鼓励依法自愿有偿转让。深化农村集体产权制度改革,发展新型农村集体经济。"④ 党的二十大报告提出"深化农村土地制度改革,赋予农民更加充分的财产权益"⑤,并将其作为全面推进乡村振兴的一项重要内容。此外,2014～2024 年连续 11 年中央一号文件均对新农地产权制度改革作出了重要安排(见表 0-1)。

---

① 我国相关法律规定,根据土地用途,将土地分为农用地、建设用地和未利用地。农村和城市郊区的土地,除由法律规定属于国家所有的以外,属于农民集体所有;宅基地和自留地、自留山,属于农民集体所有。农民集体所有和国家所有依法由农民集体使用的耕地、林地、草地,以及其他依法用于农业的土地,采取农村集体经济组织内部的家庭承包方式承包,不宜采取家庭承包方式的荒山、荒沟、荒丘、荒滩等,可以采取招标、拍卖、公开协商等方式承包,从事种植业、林业、畜牧业、渔业生产。农用地即直接用于农业生产的土地,包括耕地、林地、草地、农田水利地、养殖水面等。农村集体建设用地包括三类,一是村民建设住宅经依法批转使用本集体经济组织农民集体所有的土地,即宅基地;二是农村集体经济组织兴办企业或者与其他单位、个人以土地使用权入股、联营等形式共同举办企业经依法批准使用本集体经济组织农民集体所有的土地,即农村集体经营性建设用地;三是公共设施和公益事业建设用地。农村集体所制土地百分之八十以上是农用地,且大都以家庭承包方式承包。因此,新一轮农地产权制度改革从承包地改革开始。本研究所阐述的新农地产权制度改革即指承包地"三权分置"、集体经营性建设用地入市及宅基地"三权分置"改革。

② 中国共产党第十九届中央委员会第四次全体会议文件汇编 [M]. 北京:人民出版社,2019:39.

③ 中共中央　国务院关于新时代加快完善社会主义市场经济体制的意见 [M]. 北京:人民出版社,2020:8-16.

④ 中共中央关于制定国民经济和社会发展第十四个五年规划和二〇三五年远景目标的建议 [M]. 北京:人民出版社,2020:22.

⑤ 习近平. 高举中国特色社会主义伟大旗帜　为全面建设社会主义现代化国家而团结奋斗——在中国共产党第二十次全国代表大会上的报告 [M]. 北京:人民出版社,2022:31.

表 0-1 2014~2024 年中央一号文件关于新农地产权制度改革的内容概要

时间	内容概要
2014 年	完善农村土地承包政策。稳定农村土地承包关系并保持长久不变,在坚持和完善最严格的耕地保护制度前提下,赋予农民对承包地占有、使用、收益、流转及承包经营权抵押、担保权能。在落实农村土地集体所有权的基础上,稳定农户承包权、放活土地经营权,允许承包土地的经营权向金融机构抵押融资。有关部门要抓紧研究提出规范的实施办法,建立配套的抵押资产处置机制,推动修订相关法律法规。切实加强组织领导,抓紧抓实农村土地承包经营权确权登记颁证工作,充分依靠农民群众自主协商解决工作中遇到的矛盾和问题,可以确权确地,也可以确权确股不确地,确权登记颁证工作经费纳入地方财政预算,中央财政给予补助。 引导和规范农村集体经营性建设用地入市。在符合规划和用途管制的前提下,允许农村集体经营性建设用地出让、租赁、入股,实行与国有土地同等入市、同权同价,加快建立农村集体经营性建设用地产权流转和增值收益分配制度。 完善农村宅基地管理制度。改革农村宅基地制度,完善农村宅基地分配政策,在保障农户宅基地用益物权前提下,选择若干试点,慎重稳妥推进农民住房财产权抵押、担保、转让。有关部门要抓紧提出具体试点方案,各地不得自行其是、抢跑越线。完善城乡建设用地增减挂钩试点工作,切实保证耕地数量不减少、质量有提高。加快包括农村宅基地在内的农村地籍调查和农村集体建设用地使用权确权登记颁证工作。 加快推进征地制度改革。缩小征地范围,规范征地程序,完善对被征地农民合理、规范、多元保障机制。抓紧修订有关法律法规,保障农民公平分享土地增值收益,改变对被征地农民的补偿办法,除补偿农民被征收的集体土地外,还必须对农民的住房、社保、就业培训给予合理保障。因地制宜采取留地安置、补偿等多种方式,确保被征地农民长期受益
2015 年	稳步推进农村土地制度改革试点。在确保土地公有制性质不改变、耕地红线不突破、农民利益不受损的前提下,按照中央统一部署,审慎稳妥推进农村土地制度改革。分类实施农村土地征收、集体经营性建设用地入市、宅基地制度改革试点。制定缩小征地范围的办法。建立兼顾国家、集体、个人的土地增值收益分配机制,合理提高个人收益。完善对被征地农民合理、规范、多元保障机制。赋予符合规划和用途管制的农村集体经营性建设用地出让、租赁、入股权能,建立健全市场交易规则和服务监管机制。依法保障农民宅基地权益,改革农民住宅用地取得方式,探索农民住房保障的新机制。加强对试点工作的指导监督,切实做到封闭运行、风险可控、边试点、边总结、边完善,形成可复制、可推广的改革成果
2016 年	稳定农村土地承包关系,落实集体所有权,稳定农户承包权,放活土地经营权,完善"三权分置"办法,明确农村土地承包关系长久不变的具体规定。继续扩大农村承包地确权登记颁证整省推进试点。依法推进土地经营权有序流转,鼓励和引导农户自愿互换承包地块实现连片耕种。研究制定稳定和完善农村基本经营制度的指导意见。加快推进房地一体的农村集体建设用地和宅基地使用权确权登记颁证,所需工作经费纳入地方财政预算。推进农村土地征收、集体经营性建设用地入市、宅基地制度改革试点。完善宅基地权益保障和取得方式,探索农民住房保障新机制。总结农村集体经营性建设用地入市改革试点经验,适当提高农民集体和个人分享的增值收益,抓紧出台土地增值收益调节金征管办法。完善和拓展城乡建设用地增减挂钩试点,将指标交易收益用于改善农民生产生活条件。探索将通过土地整治增加的耕地作为占补平衡补充耕地的指标,按照谁投入、谁受益的原则返还指标交易收益

时间	内容概要
2017 年	落实农村土地集体所有权、农户承包权、土地经营权"三权分置"办法。加快推进农村承包地确权登记颁证，扩大整省试点范围。统筹协调推进农村土地征收、集体经营性建设用地入市、宅基地制度改革试点。全面加快"房地一体"的农村宅基地和集体建设用地确权登记颁证工作。认真总结农村宅基地制度改革试点经验，在充分保障农户宅基地用益物权、防止外部资本侵占控制的前提下，落实宅基地集体所有权，维护农户依法取得的宅基地占有和使用权，探索农村集体组织以出租、合作等方式盘活利用空闲农房及宅基地，增加农民财产性收入。允许地方多渠道筹集资金，按规定用于村集体对进城落户农民自愿退出承包地、宅基地的补偿。 探索建立农业农村发展用地保障机制。优化城乡建设用地布局，合理安排农业农村各业用地。完善新增建设用地保障机制，将年度新增建设用地计划指标确定一定比例用于支持农村新产业新业态发展。加快编制村级土地利用规划。在控制农村建设用地总量、不占用永久基本农田前提下，加大盘活农村存量建设用地力度。允许通过村庄整治、宅基地整理等节约的建设用地采取入股、联营等方式，重点支持乡村休闲旅游养老等产业和农村三产融合发展，严禁违法违规开发房地产或建私人庄园会所
2018 年	落实农村土地承包关系稳定并长久不变政策，衔接落实好第二轮土地承包到期后再延长 30 年的政策，让农民吃上长效"定心丸"。全面完成土地承包经营权确权登记颁证工作，实现承包土地信息联通共享。完善农村承包地"三权分置"制度，在依法保护集体土地所有权和农户承包权前提下，平等保护土地经营权。农村承包土地经营权可以依法向金融机构融资担保、入股从事农业产业化经营。 系统总结农村土地征收、集体经营性建设用地入市、宅基地制度改革试点经验，逐步扩大试点，加快土地管理法修改，完善农村土地利用管理政策体系。扎实推进房地一体的农村集体建设用地和宅基地使用权确权登记颁证。完善农民闲置宅基地和闲置农房政策，探索宅基地所有权、资格权、使用权"三权分置"，落实宅基地集体所有权，保障宅基地农户资格权和农民房屋财产权，适度放活宅基地和农民房屋使用权，不得违规违法买卖宅基地，严格实行土地用途管制，严格禁止下乡利用农村宅基地建设别墅大院和私人会馆。在符合土地利用总体规划前提下，允许县级政府通过村土地利用规划，调整优化村庄用地布局，有效利用农村零星分散的存量建设用地；预留部分规划建设用地指标用于单独选址的农业设施和休闲旅游设施等建设。对利用收储农村闲置建设用地发展农村新产业新业态的，给予新增建设用地指标奖励。进一步完善设施农用地政策
2019 年	深化农村土地制度改革。保持农村土地承包关系稳定并长久不变，研究出台配套政策，指导各地明确第二轮土地承包到期后延包的具体办法，确保政策衔接平稳过渡。完善落实集体所有权、稳定农户承包权、放活土地经营权的法律法规和政策体系。在基本完成承包地确权登记颁证工作基础上，开展"回头看"，做好收尾工作，妥善化解遗留问题，将土地承包经营权证书发放至农户手中。健全土地流转规范管理制度，发展多种形式农业适度规模经营，允许承包土地的经营权担保融资。总结好农村土地制度三项改革试点经验，巩固改革成果。坚持农村土地集体所有、不搞私有化，坚持农地农用、防止非农化，坚持保障农民土地权益、不得以退出承包地和宅基地作为农民进城落户条件，进一步深化农村土地制度改革。在修改相关法律的基础上，完善配套制度，全面推开农村土地征收制度改革和农村集体经营性建设用地入市改革，加快建立城乡统一的建设用地市场。加快推进宅基地使用权确权登记颁证工作，力争 2020 年基本完成。稳慎推进农村宅基地制度改革，拓展改革试点，丰富试点内容，完善制度设计。抓紧制定加强农村宅基地管理指导意见。研究起草农村宅基地使用条例。开展闲置宅基地复垦试点。允许在县域内开展全域乡村闲置校舍、厂房、废弃地等整治，盘活建设用地重点用于支持乡村新产业新业态和返乡下乡创业

时间	内容概要
2020 年	在符合国土空间规划前提下，通过村庄整治、土地整理等方式节余的农村集体建设用地优先用于发展乡村产业项目。新编县乡级国土空间规划应安排不少于 10% 的建设用地指标，重点保障乡村产业发展用地。省级制订土地利用年度计划时，应安排至少 5% 新增建设用地指标保障乡村重点产业和项目用地。农村集体建设用地可以通过入股、租用等方式直接用于发展乡村产业。按照"放管服"改革要求，对农村集体建设用地审批进行全面梳理，简化审批审核程序，下放审批权限。推进乡村建设审批"多审合一、多证合一"改革。抓紧出台支持农村一二三产业融合发展用地的政策意见。 完善农村基本经营制度，开展第二轮土地承包到期后再延长 30 年试点，在试点基础上研究制定延包的具体办法。 制定农村集体经营性建设用地入市配套制度。严格农村宅基地管理，加强对乡镇审批宅基地监管，防止土地占用失控。扎实推进宅基地使用权确权登记颁证。以探索宅基地所有权、资格权、使用权"三权分置"为重点，进一步深化农村宅基地制度改革试点
2021 年	完善农村产权制度和要素市场化配置机制，充分激发农村发展内生动力。坚持农村土地农民集体所有制不动摇，坚持家庭承包经营基础性地位不动摇，有序开展第二轮土地承包到期后再延长 30 年试点，保持农村土地承包关系稳定并长久不变，健全土地经营权流转服务体系。积极探索实施农村集体经营性建设用地入市制度。完善盘活农村存量建设用地政策，实行负面清单管理，优先保障乡村产业发展、乡村建设用地。根据乡村休闲观光等产业分散布局的实际需要，探索灵活多样的供地新方式。加强宅基地管理，稳慎推进农村宅基地制度改革试点，探索宅基地所有权、资格权、使用权分置有效实现形式。规范开展房地一体宅基地日常登记颁证工作。规范开展城乡建设用地增减挂钩，完善审批实施程序、节余指标调剂及收益分配机制。2021 年基本完成农村集体产权制度改革阶段性任务，发展壮大新型农村集体经济。保障进城落户农民土地承包权、宅基地使用权、集体收益分配权，研究制定依法自愿有偿转让的具体办法。加强农村产权流转交易和管理信息网络平台建设，提供综合性交易服务
2022 年	开展第二轮土地承包到期后再延长 30 年整县试点。巩固提升农村集体产权制度改革成果，探索建立农村集体资产监督管理服务体系，探索新型农村集体经济发展路径。稳慎推进农村宅基地制度改革试点，规范开展房地一体宅基地确权登记。稳妥有序推进农村集体经营性建设用地入市。推动开展集体经营性建设用地使用权抵押融资。依法依规有序开展全域土地综合整治试点。深化集体林权制度改革。健全农垦国有农用地使用权管理制度。开展农村产权流转交易市场规范化建设试点。制订新阶段深化农村改革实施方案
2023 年	深化农村土地制度改革，扎实搞好确权，稳步推进赋权，有序实现活权，让农民更多分享改革红利。研究制定第二轮土地承包到期后再延长 30 年试点工作指导意见。稳慎推进农村宅基地制度改革试点，切实摸清底数，加快房地一体宅基地确权登记颁证，加强规范管理，妥善化解历史遗留问题，探索宅基地"三权分置"有效实现形式。深化农村集体经营性建设用地入市试点，探索建立兼顾国家、农村集体经济组织和农民利益的土地增值收益有效调节机制
2024 年	强化农村改革创新。在坚守底线前提下，鼓励各地实践探索和制度创新，强化改革举措集成增效，激发乡村振兴动力活力。启动实施第二轮土地承包到期后再延长 30 年整省试点。健全土地流转价格形成机制，探索防止流转费用不合理上涨有效办法。稳慎推进农村宅基地制度改革。深化农村集体产权制度改革，促进新型农村集体经济健康发展，严格控制农村集体经营风险。对集体资产由村民委员会、村民小组登记到农村集体经济组织名下实行税收减免。持续深化集体林权制度改革、农业水价综合改革、农垦改革和供销合作社综合改革

资料来源：依据 2014 ~ 2024 年中共中央、国务院颁发的中央一号文件整理所得。

（一）现阶段农民财产性收入的特点与增长"瓶颈"

认清当前农民财产性收入的规模、构成、来源等，对于把握农民财产性收入的现状、特点及农地产权主体虚置、农地流动受阻、农地财产功能缺失、农村集体经济发展明显滞后等所导致的农民财产性收入增长困境具有重要意义。

1. 当前农民财产性收入的特点

根据国家统计局的定义，财产性收入指金融资产或有形非生产性资产的所有者向其他机构单位或个人提供资金或将有形非生产性资产供其支配，作为回报而从中获得的收入。[①] 一般而言，农民财产性净收入包括利息净收入、红利收入、储蓄性保险净收益、转让承包土地经营权租金净收入、出租房屋净收入、出租其他资产净收入、和自有住房折算净租金等。[②] 当前我国农民财产性收入的特点主要有：

第一，财产性收入增长迅速，但基数小、占比低。

统计数据显示，2014～2015年、2017～2021年农民财产性收入均保持了10%以上的增长速度，2016年、2022年亦保持了8.20%、8.40%的增长速度；对比农民可支配收入名义年增长率与财产性收入年增长率可以发现，除2016年持平以外，其他年份财产性收入年增长率均高于可支配收入年增长率。可以说，10年来我国农民财产性收入保持了较快的增长速度（见表0-2）。

表0-2　　　　　　　　　　农村居民收入来源构成

年份	可支配收入（元）	工资性收入（元）	经营性（净）收入（元）	财产性（净）收入（元）	转移性（净）收入（元）	财产性（净）收入占可支配收入比重（%）	可支配收入年增长率（%）	财产性（净）收入年均增速（%）
2013	9 429.6	3 652.5	3 934.9	194.7	1 647.5	2.1	—	—
2014	10 488.9	4 152.2	4 237.4	222.1	1 877.2	2.1	11.2	14.1
2015	11 421.7	4 600.3	4 503.6	251.5	2 066.3	2.2	8.9	13.2
2016	12 363.4	5 021.8	4 741.3	272.1	2 328.2	2.2	8.2	8.2
2017	13 432.4	5 498.4	5 027.8	303.0	2 603.2	2.3	8.6	11.4

---

① 统计指标释义 [EB/OL]. 国家统计局官网，http：//www.stats.gov.cn/tjsj/zbjs/201310/t20131029_449516.html，2013-10-29.

② 国家统计局. 中国统计年鉴（2020）[M]. 北京：中国统计出版社，2020.

年份	可支配收入（元）	工资性收入（元）	经营性（净）收入（元）	财产性（净）收入（元）	转移性（净）收入（元）	财产性（净）收入占可支配收入比重（%）	可支配收入年增长率（%）	财产性（净）收入年均增速（%）
2018	14 617.0	5 996.1	5 358.4	342.1	2 920.5	2.3	8.8	12.9
2019	16 020.7	6 583.5	5 762.2	377.3	3 297.8	2.4	9.6	10.3
2020	17 131.5	6 973.9	6 077.4	418.8	3 661.3	2.4	6.9	11.0
2021	18 930.9	7 958.1	6 566.2	469.4	3 937.2	2.5	10.5	12.1
2022	20 132.8	8 449.2	6 791.5	509.0	4 203.1	2.5	6.3	8.4

注：数据说明：从《中国统计年鉴（2015）》开始，国家统计局将经营性收入、财产性收入、转移性收入的统计口径统一调整为净收入。故本表 2013～2022 年数据采用净收入指标。

资料来源：国家统计局．中国统计年鉴（2023）［M］．北京：中国统计出版社，2023．

　　但从总量来看，农村居民财产性收入基数过小，在农民可支配收入中的比重偏低。2013～2022 年，全国农民财产性收入占人均可支配收入的比重分别为 2.1%、2.1%、2.2%、2.2%、2.3%、2.3%、2.4%、2.4%、2.5%、2.5%，占比虽有缓慢提升的趋势，但总体依然偏低（见表 0-2）。从各省份来看，北京市 2022 年农村居民财产净收入为 3 555.8 元，在全国 31 个省份（港、澳、台除外）中位居第一，但在可支配收入中的比重仅为 10.2%，而工资性收入占比 71.7%，仍是其主要收入来源。全国省份中，贵州省 2022 年农村居民财产净收入最低，仅有 116.6 元，比重为 0.85%。[①]

　　第二，财产性收入渠道多元，但结构不合理。

　　随着农村土地产权制度改革不断推进，土地流转市场不断健全，征地范围日益扩大，农村土地流转愈加活跃且规范化，土地流转收益和土地征用补偿收入已成为我国农民财产性收入的主要来源。

　　从 2022 年部分省份的数据来看，陕西省农民的财产净收入主要来源于转让承包土地经营权租金净收入（占 40.6%）、红利收入（占 33.1%）与出租房屋财产性收入（占 18.1%），三者所占比重高达 91.8%，来源于金融资产部分的财产性收入占比极低[②]；浙江省农民财产净收入主要来源于红利收入（占 25.7%）、

　　① 国家统计局．中国统计年鉴（2023）［M］．北京：中国统计出版社，2023．

　　② 陕西省统计局，国家统计局陕西调查总队．陕西统计年鉴（2023）［M］．北京：中国统计出版社，2023．

转让承包土地经营权租金净收入（占 20.7%）、出租房屋净收入（占 39.9%）[①]；吉林省农民财产净收入主要来源于转让承包土地经营权租金净收入（占 89.8%）[②]。可见，近年来农民通过转让土地或房屋使用权所获得的财产性收入有较大幅度增加，农民财产性收入由此前主要依靠储蓄利息和租金收入向租金收入、转让承包土地经营权收入等多元化发展。

农民财产性收入渠道虽有所拓展但来源结构并不合理。在经济发达地区，得益于城镇化进程的快速推进，农民较易获得农用地与宅基地征收补偿收入；城镇化吸纳大量劳动力支撑着当地居民的房屋出租业务，也易于开展农业产业化、规模化经营，拓宽土地流转收入与集体股份分红收入来源。例如，北京农民的财产性收入主要由租金、集体分配股息和红利收入以及转让承包土地经营权收入构成；上海农民财产性收入主要来源于土地征用补偿和租金等收入。而在经济欠发达地区，由于土地资源禀赋处于劣势、发展农地产权交易的市场化条件不充分，农民所拥有的土地资产潜在价值难以开发，由土地流转所带来的收益占比很低，农民财产性收入来源仍以存款利息收入为主。以河北省为例，2003 ~ 2013 年 10 年间河北省农户的储蓄存款以每年 13.55% 的平均速度增长，从 1849.15 亿元增长到 6 590.06 亿元，在一定程度上抑制了农民其他财产性收入的增长趋势。[③] 可见，农业经济发展的区域不平衡性、土地资源禀赋的优劣性以及农地产权交易市场的不充分性，导致了农村居民财产性收入结构失衡，财产性增收渠道仍旧比较狭窄，土地资源向土地资产的转化仍未通畅。

第三，财产性收入差距较为悬殊。

如表 0 - 3 所示，2022 年东部地区农民财产净收入分别是中、西、东北部地区的 2.52、1.98、1.05 倍；东部地区和东北部地区的农民财产净收入均处于全国平均水平以上；相比而言，中、西部地区农民财产净收入仅分别为 308.19 元、391.75 元，大大低于全国平均水平。2022 年，有 12 个省份的农民财产净收入超过全国平均水平，这些省份主要集中在东部地区。在财产性收入排名前十位的省份中（见表 0 - 3），东北部地区占 1 个，西部地区占 2 个，其余 7 个省份均集中在东部发达地区。排名前十位的省份中，排名第一的北京市 2022 年农民财产净

---

① 浙江省统计局，国家统计局浙江调查总队. 浙江统计年鉴（2023）[M]. 北京：中国统计出版社，2023.

② 吉林省统计局，国家统计局吉林调查总队. 吉林统计年鉴（2023）[M]. 北京：中国统计出版社，2023.

③ 丁晓宁，杨海芬，王瑜. 从农村金融视角看农民财产性收入问题——基于河北省的研究 [J]. 财会月刊，2016（20）：92 - 95.

收入为 3 555.8 元，是居于第十位的山东农民财产净收入 532.0 元的 6.68 倍（见表 0-4）。从全国来看，2022 年居于第一位的北京市是处于末位的贵州省的 30.49 倍（2015 年北京市是贵州省的 14.38 倍），农民财产性收入不均等趋势进一步扩大。

表 0-3　　　　　　　　　2022 年分地区农民财产净收入　　　　　　单位：元

东部	中部	西部	东北部
776.95	308.19	391.75	739.82

资料来源：根据《中国统计年鉴（2023）》相关数据整理所得。

表 0-4　　　　　2022 年排名前十位和后十位省市的农民财产净收入　　　单位：元

	北京	上海	黑龙江	浙江	天津
前十位	3 555.8	1 372.1	1 310.1	1 176.9	1 146.1
	江苏	广东	西藏	四川	山东
	974.4	868.8	797.7	627.7	532.0
后十位	宁夏	海南	湖南	湖北	河南
	369.4	328.8	283.4	282.3	262.0
	陕西	山西	云南	甘肃	贵州
	258.8	231.6	229.5	160.9	116.6

资料来源：国家统计局. 中国统计年鉴 2023 ［M］. 北京：中国统计出版社，2023.

各地的统计数据亦证实了这一情况。费舒澜的研究显示，农村最富的 1% 人口占据了 28.88% 的财产，最穷的 50% 人口只拥有 5.01% 的财产，农村人均财产性收入的基尼系数达到 0.87。[①] 从以下各省统计数据来看，河南省 2022 年农村居民高收入户人均财产净收入达到 706.62 元，低收入户人均仅为 165.21 元，前者为后者的 4.28 倍[②]；四川省 2022 年农村居民高收入户人均财产净收入达到 2 090 元，低收入户人均仅为 211 元，前者为后者的 9.9 倍[③]；江西省 2022 年农村居民高收入户人均财产净收入达 1 593.12 元，而低收入户则为 77.32 元，前者

① 费舒澜. 禀赋差异还是分配不公？——基于财产及财产性收入城乡差距的分布分解 ［J］. 农业经济问题，2017（05）：55-64.

② 河南省统计局，国家统计局河南调查总队. 河南统计年鉴（2023）［M］. 北京：中国统计出版社，2022.

③ 四川省统计局，国家统计局四川调查总队. 四川统计年鉴（2023）［M］. 北京：中国统计出版社，2022.

为后者的 20.6 倍①。由于财产性收入是以居民的财产为基础的，因此更易出现
"富者更富，穷者更穷"的马太效应，再加上各地土地流转市场的非均衡发展，
财产因素、市场因素、政策因素等会加剧这种不平等趋势。

2. 农民财产性收入增长的"瓶颈"

（1）财产占有、构成和分配的制约。

第一，农村居民财产占有和分配不均衡。农民财产性收入的多少，首先取决
于农民占有财产数量的大小及优劣，财产量的悬殊造成了农民财产性收入差距拉
大。严琼芳等学者于 2012 年选取全国东中西部地区 9 个省市开展农村居民家庭
财产状况调研，发现约 59% 的被调查家庭财产位于平均水平之下，财产水平低
于 3 万元的家庭比例竟高达 11%；农村最富裕的 10% 家庭所拥有的财富占总财
富的比例为 23.15%，总财产基尼系数达到 0.30；同时，农村居民贫富差距也呈
现明显的地域性，东部地区农村居民财产均值接近西部地区的 2.25 倍。② 而李
实、梁运文等的研究表明，农村居民家庭财产净值的基尼系数达到了 0.33
（1995 年）③、0.40（2002 年）④ 和 0.62（2007 年）⑤，农村居民财产贫富差距问
题不容忽视。农民除了拥有部分自有金融资产收入以外，村集体资产也是其主要
财产性收入来源，这部分收入主要表现为集体分配股息和红利等。通常来说，沿
海地区农村集体资产占有量大，西部欠发达地区偏小。以重庆市为例，2013 年
农村集体总资产（包括资产、资金不含资源类资产）199 亿元，村均 206.2 万
元，略高于中西部地区的平均水平，但只达到全国村均 408.4 万元的 50%；农村
普遍缺乏能够给村集体及农民带来收入的经营性资产，重庆市没有经营性资产、
没有经营性收入的行政村占比高达 75% 以上；而同年江苏省有经营性资产的行
政村占比高达 70% 以上，村均经营性收入接近重庆市村均净资产总额。⑥ 这很大
程度上归因于沿海经济发达地区城乡一体化进程较快，村民集体和个人累计的资
产量较大。可以说村财收入分布愈失衡，或者说村集体盘活集体资产的能力愈

① 江西省统计局，国家统计局江西调查总队. 江西统计年鉴（2023）[M]. 北京：中国统计出版社，2022.

② 严琼芳，吴猛猛，张珂珂. 我国农村居民家庭财产现状与结构分析 [J]. 中南民族大学学报（自然科学版），2013（01）：124 - 128.

③ 李实，魏众，古斯塔夫森 B. 中国城镇居民的财产分配 [J]. 经济研究，2000（03）：16 - 23.

④ 李实，魏众，丁赛. 中国居民财产分布不均等及其原因的经验分析 [J]. 经济研究，2005（06）：4 - 15.

⑤ 梁运文，霍震，刘凯. 中国城乡居民财产的实证研究 [J]. 经济研究，2010（10）：33 - 47.

⑥ 田代贵，马云辉. 农村经营性资产与农民财产性收入的波及面：重庆例证 [J]. 改革，2015（09）：92 - 100.

弱、途径愈狭窄，农民财产性收入差距拉大的形势就愈严峻。

第二，农村居民财产结构较单一，增值功能体现不明显。学者保勇文、熊捍宏选用2002年中国住户收入调查数据（CHIPS）和2010年中国家庭动态跟踪调查数据（CFPS），整理了一份城乡居民财产结构对比表格。[①] 本书选取其中的农村居民财产结构数据加以分析。表0-5显示，虽然农村居民的财产结构呈现多元化发展趋势，但仍然以净房产、土地价值和金融资产为主，2010年三者所占比例之和为86.5%。与2002年相比，金融资产与土地价值所占比例均有所下降，其中土地价值下降明显，由2002年的32.4%下降至2010年的19.3%。在金融资产中，农村居民的财产过度集中在银行存款中，较少投资于股票、债券、基金等高收益的金融产品，严重影响了农民其他财产性收入的增加。

表0-5　　　　　　　　　　　　农村居民财产结构　　　　　　　　　　　单位：%

财产结构	2002年占比	2010年占比
总财产净值	100	100
金融资产	12.2	11.5
净房产	41.1	55.7
生产性固定资产价值	9.5	8.6
耐用消费品价值	6.4	7.5
其他资产的估计现值（土地价值）	32.4	19.3
非住房负债	-1.6	-2.6

资料来源：保勇文，熊捍宏. 城乡居民财产分布差距：测度与分解［J］. 云南财经大学学报，2016（02）.

（2）金融市场发育滞后的制约。

在我国农村居民的财产结构中对财产性收入影响较大的是金融资产、房产和土地，而使这三项资产得以资本化的媒介正是资本证券市场、房地产市场（特指房屋租赁）和土地市场等要素市场。就房屋租赁市场来说，地域性特征尤为明显，只有处于城中村、城郊等城市边缘区才易于发展。而金融市场，由于农村金融服务体系尚不健全，金融机构对农村生产生活的扶持力度仍有待加强，从这一途径所增加的财产性收入仍十分有限。具体来看：

———————

① 保勇文，熊捍宏. 城乡居民财产分布差距：测度与分解［J］. 云南财经大学学报，2016（02）：93-99.

第一，农村地区信贷资金投入不足。从农村信贷来看，农村金融资金通过多种渠道不断外流，农村信用社、中国农业银行和中国邮政储蓄银行作为农村的主要金融机构，成为农村资金流出的主要渠道，而且流出资金越来越多。2005～2017年，从金融机构流出的资金由1 730.91亿元增加至18 992.94亿元，翻了3.5番。① 从涉农资金使用视角看，农业贷款增长趋势明显。2020年末涉农贷款余额为38.9万亿元，占各项贷款的比重为22.9%，自2007年创立涉农贷款统计以来年均增速达15.3%。② 但农业贷款占贷款总额的比例仍总体处于较低水平，制约了农民收入的增长。

第二，农村金融服务满足率不高。经过多年的农村金融机构调整，我国逐步形成了以农村信用合作社为主体，农业银行、农业发展银行、邮政储蓄银行、农村商业银行、农村合作银行以及村镇银行、贷款公司、资金互助社等新型农村金融机构共同参与的农村金融机构体系。然而，农业发展银行所提供的信贷服务主要是面向基础建设、农业项目、农村工商业及各类企业等农村经济主体，不涉及普通农户用于满足基本生活需要的小额信贷，只有农村信用社可以满足农户的大部分金融服务需求。③ 因此，农村金融需求满足率低，在一定程度上抑制了农民财产性收入的积累。

第三，金融产品较为单一、管理手段相对滞后。农村金融服务以银行为主，证券、基金、外汇等交易市场建设落后，农民获取金融信息的渠道窄、即时性差，加大了农民参与投资增值的难度。比如，河北省财达证券有限公司在县级设分公司的比重仅为营业部总数的22.34%，农民很难接触到股票、债券等金融产品。④ 并且，农民投资者因为较少接触学习投资知识，在制定投资策略时难以保持理性，忽略了自己的风险偏好以及资金期限，导致投资组合难以效用最大化。可供其选择的投资品基本只有存款，而存款收益率低下并非其最优选择。同时，对于收入较低的农民来说，可供其选择的投资品基本只有存款，不仅存款收益率低，存款数额也基本达不到大部分银行理财产品的认购起点。

---

① 李梅，黎涵，刘成奎.财政支农支出、农村资金外流与城乡居民收入差距［J］.经济问题探索，2023（01）：159-175.

② 中国人民银行农村金融服务研究小组.中国农村金融服务报告（2020）［M］.北京：中国金融出版社，2021：4.

③ 费舒澜.禀赋差异还是分配不公？——基于财产及财产性收入城乡差距的分布分解［J］.农业经济问题，2017（05）：55-64.

④ 丁晓宁，杨海芬，王瑜.从农村金融视角看农民财产性收入问题——基于河北省的研究［J］.财会月刊，2016（20）：92-95.

（3）土地产权设置和土地市场不健全的制约。

第一，农地产权主体虚置。在农地"三权分置"改革提出之前，根据农地相关法律规定，农村土地归农民集体所有，农民集体享有对土地的占有权和处分权，而农民个体仅有不完整的土地使用权和收益权。这种土地产权界定缺位极易造成以下几种后果：一是土地集体所有制虚化难以形成财产的集聚效应。代表农民集体的管理者对土地没有切实的所有权，在对土地利用与管理上极易缺乏积极性，从而导致土地的财产价值难以得到开发。二是农民个体的权益频繁受到来自农民集体"代理人"的侵犯。现阶段代表集体所有权的合法主体既有村民委员会、村民小组，也有乡镇农村"集体经济组织"，但这些主体与"农民集体"在概念界定、权利分割上仍有歧义，这就不可避免地会发生农民权益受到来自公权的不当侵占。三是土地征用过程中的腐败持续易发、高发。在涉及土地征用、集体建设用地入市时，会存在"搭便车"、土地增值收益分配无标准制约等现象，农民应有的权益无法得到保障。

第二，农村土地流转机制不健全。其一，城乡建设用地市场尚未统一。集体建设用地相较国有建设用地而言，在土地使用权流转、收益分配上存在诸多限制，造成了农村土地交易权的不足，农村居民从土地上获得的财产性收入要比城市居民低。其二，土地流转中介机构供给不足、服务质量较差。截至2015年底，全国已有1 231个县（市）、17 826个乡镇建立了土地流转服务中心，仍有近1/2的乡镇还未建立土地流转服务中心。[①] 而2019年的资料显示，全国承包土地流转服务中心已达2万多个，但总体建设进度较为缓慢，且流转合同率只比2015年上涨2.5个单位。[②] 残缺的农地流转市场不仅影响土地的保值增值，而且也无法保证农民获得合理的流转土地价格。同时，大部分农村地区土地流转服务中介机构没有规范的服务流程，服务内容少、土地流转信息不透明等现象频发，难以保证对流转土地进行科学评估，影响了土地流转速度与增值效益。

（4）其他制约因素。

第七次全国人口普查的数据显示，我国乡村15岁及以上文盲人口有24 403 541人，文盲率为5.93%，明显高于全国文盲率（2.67%），说明我国城镇和乡村人口之间文化素质有明显差别，大部分的文盲分布在农村地区。农村地区低文化程

---

① 农业部：截至去年底 全国家庭承包耕地流转面积4.47亿亩［EB/OL］. 土流网，https：//www. tuliu. com/read－38558. html，2016－08－11.

② 全国已有2万多个承包土地流转服务中心［EB/OL］. 新京报网，http：//www. bjnews. com. cn/fea-ture/2019/07/17/604573. html，2019－07－17.

度人群多，意味着他们通过专业化学习提高生产生活能力的机会较少，对政策的敏感性和投资的远见性不足，普遍缺乏创新意识、投资意识，财产性收入提升缓慢。同时，农民的组织化程度较低，个体农民承担的生产经营风险较大，影响了其收益的取得。

（二）新农地产权制度改革：农民财产性收入的新增长点

改革开放后形成的农地产权制度存在着农地产权权能不完整、流转不畅等缺陷，阻碍了农民土地财产权利的实现。党的十八大以来，以承包地、集体经营性建设用地、宅基地这"三块地"为代表的新农地产权制度改革正是要一扫往日沉疴，赋予农民充分、完整、可转让的土地产权，必将成为农民财产性收入的新增长点。

1. 承包地"三权分置"改革

承包地"三权分置"改革赋予农民更充分、更具排他性的农地产权权能。在全国范围内全面开展农村承包地确权颁证（2018 年底已基本完成），农民所拥有的承包地，以及农民对该土地所能行使的具体权利都通过颁证这种法律形式得以明晰，农民投入农业生产与投资的积极性被充分调动。截至 2020 年，全国 2 838 个县（市、区）、3.4 万个乡镇、55 多万个行政村已基本完成承包地确权登记颁证工作，将 15 亿亩承包地确权给 2 亿多农户，并颁发了土地承包经营权证书，全国农村承包地颁证率已超 96%。① 随着承包地"三权分置"改革的逐步推进，权利细化，使得实际可供农民支配的财产权利进一步扩大。与此同时，承包地"三权分置"改革还有利于促进农地流转。改革使得农民集体、农户、集体经济组织以外的第三方对农村土地权属关系、权利义务得以明晰，明确了各主体的权利界限。既始终如一地维护了土地所有权，也放活了一部分农地权利，让流转在更合法、高效的制度安排下进行。这部分用于流转的土地就成为农民手中的"活"资产。此外，新农地产权制度改革也有利于促进工商资本下乡，同时连带科技、品牌、金融等现代生产要素下沉，从而加速农业农村现代化的进程，为农民增收作出更多贡献。

2. 集体经营性建设用地入市改革

集体经营性建设用地入市改革有利于实现农村集体经营性建设用地与国有土地同等入市交易，统一入市条件、交易平台、交易规则等。在同权同价条件下，农民所能分配到的土地增值收益远高于从前的土地征用补偿价。有学者通过对试

---

① 农业农村部. 农村承包地确权登记颁证工作基本完成 [J]. 中国农民合作社，2020（12）：5.

点地区的增值收益进行量化比较后得出，农民集体通过土地征收所获得的收益分配比例约为23%，而若土地能够入市，农民集体能够分配到的土地增值收益高达64% ~84%。[①]

3. 宅基地"三权分置"改革

宅基地是农民最重要的财产。过去我们为了保护农民的财产，预防农民"失宅"后居无定所、无家可归，严格限制了宅基地的用途和产权权能。这一政策虽然保护了农民的宅基地，让广大农民都居有定所、有家可归，但也使得农民最重要的财产变成了"一滩死水"，不能被充分利用起来，导致农民财产性收入一直难以提高。宅基地"三权分置"改革，可以在保护农户资格权的同时放活宅基地使用权。换言之，宅基地"三权分置"改革，既可以避免大量"失宅"农民的产生，又可以做到将闲置、废弃宅基地充分利用起来，从而为农民带来财产性收入。据自然资源部有关报告的数据显示，农村居民点空闲和闲置宅基地约有3 000万亩，低效利用的宅基地9 000万亩以上。经过学者估算，这上亿亩的宅基地如果能够充分利用起来，可以增加135万亿元以上的GDP产出[②]，可以有效带动农民增收。

二、研究意义

（一）理论意义

第一，本书从中国特色社会主义新时代农村土地产权制度改革的现状出发，探讨了农地"三权分置"改革与农民财产性收入相关性，阐明了新农地产权制度改革促进农民财产性收入增长的着力点，提出深化改革促进农民财产性收入增长的路径，以进一步丰富和发展我党的"三农"理论。

现有的有关农村土地产权制度改革的研究文献尽管数量颇多，涉及角度广泛、内容丰富，涵盖了新中国成立以来的农村土地重大变革，为后续系统研究、理解和把握中国农村土地改革内在逻辑提供了重要参考，但鲜有文献对"三权分置"改革提出以来的系列土地制度改革作全面系统研究。农地"三权分置"是我党为解决"三农"问题的一次重大制度变革，是充满智慧的制度安排、内涵丰

---

① 吴昭军. 集体经营性建设用地土地增值收益分配：试点总结与制度设计 [J]. 法学杂志, 2019 (04)：45-56.

② 党国英. 论农村宅基地制度改革的正当性基础与深化策略 [J]. 新视野, 2016 (05)：46-52.

富的理论创新，具有鲜明的中国特色[①]，是习近平经济思想的重要内容，为加快建设农业强国、推进农业农村现代化提供了新的理论支撑。本研究将系统梳理党的十八届三中全会以来中国农村土地产权改革的阶段性成果，从探索土地财产权权利束的分离如何促进财产性收入增长的角度，进一步丰富中国特色的"三农"理论。

第二，本书坚持以马克思主义的土地产权理论为指导，系统梳理了新中国成立以来农村土地制度变革的脉络，揭示其内在逻辑与发展路径，为深化新农地制度改革和提高农民财产性收入奠定了理论基础。

马克思主义经济学认为，土地产权制度不是永恒不变的，它是一个不断扬弃自身的发展过程。[②] 新中国成立以来，为适应中国社会主义农业的改革和发展，我国农用地产权制度安排经历了四次较为重大的历史变革，从通过土地改革实现"耕者有其田"到通过土地集体化确立了农地集体所有制，进而通过联产承包责任制形成"两权分离"的农地制度，到中国特色社会主义新时代通过农地"三权分置"改革，形成了土地集体所有权、农户承包权和经营权分离的格局。本研究以马克思土地产权理论为指导，充分揭示了新中国成立以来所经历的不同形式的土地制度变革的内在逻辑、理论依据和本质特征，有助于认识我国土地制度变革的时代脉络与理论脉络，充分考察我国农地"三权分置"思想的缘起及演进，为坚持土地集体所有前提下的农民财产性收入增长路径研究提供理论指导。

第三，本书在梳理土地制度改革理论的基础上，初步构建了新农地产权制度改革下提升农民财产性收入的分析框架。

已有的研究成果尚无法解决如何既明晰农地产权又保障和加速农地经营权的流转，既坚持土地的集体所有性质，又不教条地故步自封的难题；对集体所有权、农户承包权、土地经营权在土地流转中的相互权利关系和土地财产权权利束的分离如何促进农民财产性收入增长等问题思考不足，而这恰恰是本研究的关注重点。本研究积极探索集体所有权、农户承包权、农地经营权在土地流转中的相互权利关系和土地财产权权利束的分离促进农民财产性收入增长的理论节点。在马克思主义经济思想的指导下，构建了一个涵盖多要素的理论分析框架，分别从扩大财产性收入财产基础、健全法律保障、完善市场机制、提供

---

① 韩长赋. 土地"三权分置"是中国农村改革的又一次重大创新 [N]. 光明日报，2016 – 01 – 26 (01).

② 陈晓枫. 马克思土地产权理论探析 [J]. 思想理论教育导刊，2018 (02)：41 – 44.

制度支撑等角度，梳理出新农地产权制度改革与农民财产性收入的作用机理。通过试点实践的经验总结，以"三权分置"为着力点，进一步阐述了农村土地财产权利分立条件下提升农民财产性收入的具体实现形式，进而完善了该理论框架。

（二）现实意义

新农地产权制度改革是中国深化改革时期的重要制度安排，是解决"三农"问题、实现乡村振兴的关键手段，深化对新农地产权制度改革下农民财产性收入增长路径的研究具有重要的现实意义。

第一，本研究有助于深化农地产权制度改革，完善农村基本经营制度。本研究回顾了马克思主义的土地经济理论，总结了新中国成立以来农地产权制度改革的经验与不足，在此基础上，梳理了新发展阶段农地产权制度改革的着力点与"瓶颈"，并提出了具有针对性的实施路径与配套措施，为深化农地产权制度改革、完善农村基本经营制度提供了决策参考。

第二，本研究将农地产权制度改革与农民增收相结合，有助于拓宽我国农民财产性收入增长路径。新农地产权制度改革最关键的就是对土地产权的分割更细化了，分离出的土地经营权、使用权等产权要素被合法地允许进入市场，市场机制的介入，将极大地提高农村房屋、土地等资源要素的市场价值，为农民创造增收条件。通过系统研究，在坚持集体所有不变的条件下，细分农村土地权利、丰富权能内涵，让农民成为农村土地产权的实际占有者，依法依规享有对土地的占有、处分、收益等权利；剖析实践中影响农民财产性收入提升的难点，结合改革试点的成功经验，提出深化改革的路径和配套措施，切实提高农民财产性收入。

第三，本研究有助于进一步缩小收入分配差距，推进共同富裕。改革开放以来，我国社会经济获得巨大的发展，人民群众的收入在整体上有显著的增长，但是居民之间的收入差距也在明显扩大。同劳动差别相比，包括资本在内的财产占有差别对收入差距扩大的影响程度要大得多。土地是农民最重要的财富之一，赋予农民更为充分的土地财产权益，让土地财产价值最大化就是提升农民财产性收入的最直接途径。因此，改革能够使广大群众逐步改善收入状况和收入结构，逐步提高低收入者的收入水平，使更多的低收入和中低收入群体通过拥有财产性收入进入中等收入者的行列，有助于形成"橄榄型"的收入分配形态，扎实推进共同富裕。

第二节　文献综述

一、国外文献综述

（一）关于中国农地产权制度的研究

国外学者由于种种原因，专门针对中国农地产权制度的研究并不多见，已有研究主要集中于以下三个方面。

1. 中国农地产权制度改革方向

国外学者一般将土地当成一种生产要素，在大多数西方学者看来，土地私有制应该成为中国农地产权制度改革的方向。如美国学者伊利等（R. T. Ely and E. W. Morehouse，1924）就认为，"全世界的经验证明，农地的私有制是鼓励生产的最好的诱导力"[①]。费德（Feder）认为，中国实行的农村土地集体所有制背离了未来农业发展的要求，除非赋予农民更加充分的土地所有权，才能激励农民在农业生产方面投入更多的资金，从而进一步改良土地肥力和采用更先进的农业设备从事农业生产。[②] 路易斯·普特曼（Louis Putterman）应用"公有地悲剧"的理论工具对中国的土地产权制度进行了研究，他认为中国的土地产权制度是在集体所有制名义下的地方政府所有制，在这种土地产权制度下，造成了中国土地的无效利用和过度开发。他认为要避免中国土地的无效利用和过度开发，必须将所谓的集体所有制变更为私人所有制，这样才符合农业可持续发展的要求。[③] 除此之外，也有一批海外华人经济学家在鼓吹土地私有化的观点，如澳大利亚华人经济学家杨小凯（2002）在其与江濡山的学术交流中提出了集体土地私有化的改革主张[④]，在此之后杨小凯发表了一系列文章论述了实行土地私有制的前景。

[①] 伊利、莫尔豪斯. 土地经济学原理［M］. 上海：商务印书馆，1982：181.

[②] Feder G, Lau LJ, Lin JY. The Determinants of Farm Investment and Residential Construction in Postreform China［J］. *Economic Development and Cultural Change*，1992，41（01）：1 –26.

[③] Louis Putterman. The role of Ownership and Property Rights in China's Economic Transition［J］. *The China's Quarterly*，1995，144：1047 –1064.

[④] 杨小凯. 中国改革面临的深层次问题——关于土地制度改革——杨小凯、江濡山谈话笔录［J］. 战略与管理，2002（05）：1 –5.

但是，并不是所有国外学者都认为中国的农地产权制度改革必须走私有化道路，也有一部分学者认为改革开放后实行的家庭联产承包责任制是一种有效的产权制度。奥斯托姆（Ostrom）[①]、史蒂文森（Stevenson）[②] 等认为土地集体所有制有利于降低制度成本、发展规模经济和降低风险，因此，集体所有制的制度安排比私人所有制更具有优势。美国农村发展研究所所长罗伊等（Roy P. et al.，1995）在经过长时间对中国七省一市进行实地调查之后提出了以下几条建议：一是保留土地公有、明确集体所有者、让农户永久保有土地使用权；二是取消土地调整制度，允许土地使用权的买卖；三是对非农业征地进行限制。他们认为这些措施可以提高农民对土地的稳定感，有利于激励农民增加投入，从而发展农业生产。[③]

2. 中国农地产权制度改革的动因

罗斯高等（Scott Rozelle et al.，1998）认为地方政府的领导对土地权利的设定有着非常重要的影响，地方政府领导一般出于三个原因来设定土地权利：一是为了维护领导的个人利益；二是为了降低行政成本；三是由于一些偏远地区的农业产量不高，同时这些地区其他产业也很落后，因而该地区农民从事其他产业的机会也不平均，为了促进该地区公平性和土地利用效率的提高，地方领导人也会设定土地权利。[④] 还有学者分析了新中国成立以来中国农村土地产权制度改革的历程及原因，认为中国历次土地制度改革是为了获得既有制度之下无法获得的外部利润。[⑤]

3. 中国农地制度绩效的分析

学者黄宗智（Philip C. C. Huang）在《长江三角洲小农家庭与乡村发展》一书中，指出改革开放之后家庭经营由于符合以性别区分的双层报酬结构、无报酬的空闲时间劳动力的利用，因而家庭经营能够得以存在。但是，仅靠将农业集体化经营变更为家庭经营是无法实现农业生产的进一步发展的。[⑥] 何·皮特（Peter

[①] Ostrom E. *Governing the Commons：the Evolution of Institutions for Collective Action* [M]. Cambridge University Press，1990.

[②] Stevenson. *Common Property Economics* [M]. Cambridge University Press，1991.

[③] 罗伊·普罗斯特曼，蒂姆·汉斯达德，李平. 关于中国农村土地制度改革的若干建议 [J]. 中国改革，1995：56–58.

[④] Scott Rozelle，Guo Li. Village leaders and land-rights formation in China [J]. *American Economic Review*，1998，88（02）：433–438.

[⑤] J. B. 巴雷尔. 中国农村土地管理制度的改革 [A]//张红宇，陈良彪. 中国农村土地制度建设. 北京：人民出版社，1995：102–135.

[⑥] 黄宗智. 长江三角洲家庭与乡村发展 [M]. 上海：中华书局，1992：319–321.

Ho）在《谁是中国土地的拥有者？——制度变迁、产权和社会冲突》一书中提出，中国政府在制定法律法规时有意识地将农村集体所有制中的"集体"概念模糊化，也正是因为这种模糊化处理，中国的农地产权制度能够进行良好的运转。[①]同时，他也指出这种"有意地模糊"虽然在一定程度上能够充当"制度润滑剂"，但是也造成了严重的制度缺陷，这种制度缺陷将有可能激化社会矛盾、导致生态环境恶化以及严重损害农民的利益。克劳斯·戴宁格尔等（Klaus Deininger et al.，2020）研究 2008 年成都市的土地产权制度改革后，指出改革通过三个渠道促进了农业产量和利润：一是租赁市场活动的增加，将土地转移给了生产性更高的生产者；二是用购买的投入替代劳动；三是农业生产活动从谷物转向蔬菜、玉米和油料种子，所有这些都提供了更高的利润率。[②]

（二）关于财产性收入的研究

关于财产性收入的研究，国外学者开始较早，但是专门针对财产性收入进行研究的文献则不多见。国外学者对于财产性收入的研究主要集中于以下几个方面。

1. 财产性收入的影响因素

布若尼翁和席尔瓦（Bourguignon and Da Silva）对影响财产性收入的经济政策进行了总结，他们认为税收政策（包括改变税基、税率级次、直接税和间接税税率和补贴）、养老金和公共保险系统的管理等公共财政、土地改革财政部门改革、财政政策、货币政策、汇率政策等经济政策对财产性收入的影响较大。[③] 格林伍德和约万诺维奇（Greenwood and Jovanovic）则研究了金融政策、经济增长与财产性收入的关系，其指出当金融政策与经济增长正相关时，金融政策会扩大收入差距，但是当金融政策允许更多的人参与进金融市场中，则有利于收入差距

---

① 何·皮特. 谁是中国土地的拥有者？——制度变迁、产权和社会冲突 [M]. 北京：社会科学文献出版社，2008：33 - 34.

② Klaus Deininger, Songqing Jin, Shouying Liu, Fang Xia. Property rights reform to support China's rural-urban integration：household-level evidence from the Chengdu experiment [J]. *Australian Journal of Agricultural and Resource Economics*, 2020, 64 (01)：30 - 54.

③ Bourguigon, F, Da Silva L. *The Impact of Economic Policies on Poverty and Income Distribution：Evaluation Techniques and Tools* [M]. Washington, D. C. World Bank, 2003.

的缩小。[1] 盖勒和泽拉（Galor and Zeira）[2]、盖勒和齐东（Galor and Tsiddon）[3][4] 发表的一系列文章则提出信贷机制的完善与否是影响财产性收入的重要因素。他们认为在信贷机制的限制下，拥有较少财富的穷人就会失去通过信贷来进行积累财富的机会和条件。因此，他们提出应该完善信贷机制来增加穷人通过信贷来积累财富的渠道。班纳吉和纽曼（Banerjee and Newma）则研究了工资、资本市场与财产性收入之间的关联，他们认为在资本市场不完善的情况下，个人借款的数额将会受个人财富的限制。在这种情况下，穷人没有钱进行投资，只能为富人工作，富人则可以投资办企业雇用穷人为他们打工。因此，他们认为个人拥有财富的多少，在很大程度上决定着他们所从事的职业，而职业的不同又在很大程度上影响着个人收入的多少。[5]

2. 财产性收入的效应

国外学术界对于财产性收入的效应目前有两种观点，一种观点认为财产性收入将会导致收入差距拉大。罗伯特·兰普曼（Robert J. Lampman）认为财产性收入的不平等是造成社会贫富差距的根本性原因。[6] 托达罗（Todaro）在其著作《经济发展与第三世界》中，提出造成第三世界国家收入差距过大的根本原因就在于不平等和过于集中的资产所有权体制。[7] 盖勒和泽拉提出个人的初始财富是影响收入差距的重要原因。他们提出由于个人初始财富的不同，导致了不同的个人人力资本投资决策，从而造成了劳动的差别，进而形成了不同的收入水平。[8] 另一种观点则认为财产性收入是缓解收入差距的有效方法。加尔布雷斯（Galbraith）在其著作《富裕社会》中，提出了财产性收入是帮助穷人脱贫的重要方法。[9] 李宏毅和邹恒甫（Li and Zou）的研究表明，随着经济的发展，资本不断

① Greenwood J, Jovanovic B. Financial Development, Growth, and the Distribution of Income [J]. *Journal of Political Economy*, 1990, 98 (5): 1076 –1107.

②⑧ Galor O, Zeira J. Income distribution and macroeconomics [J]. *The Review of Economic Studies*, 1993, 60 (1): 35 –52.

③ Galor O, Tisddon D. Income distribution and Growth: the Kuznets Hypothesis Revisited [J]. *Economica*, 1996, 63 (250): S103 – S117; Galor O, Tisddon D. The Distribution of Human Capital and Economic Growth [J]. *Journal of Economic Growth*, 1997, 2: 93 – 124.

④ Galor O, Tisddon D. Technological Progress, Mobility, and Economic Growth [J]. *America Economic Review*, 1997, 87 (3): 363 –382.

⑤ Banerjee, Newma. Occupational choice and the process of development [J]. *Journal of Political Economy*, 1993, 101 (2): 274 –298.

⑥ Robert. J. Lampman. *The Share of Top Wealth – Holders in National Wealth*, 1922 – 56 [M]. Princeron University Press, 1962: 135 – 190.

⑦ 托达罗. 经济发展与第三世界 [M]. 北京：中国经济出版社，1992：147.

⑨ 约翰·肯尼迪·加尔布雷斯. 富裕社会 [M]. 南京：江苏人民出版社，2009：213 –233.

积累，资本的边际收益会呈边际递减趋势，收入分配不平等的现象将会得到缓解。[①]

3. 财产性收入的调控

迈克尔·谢若登（Michale Sherraden）在其著作《资产与穷人：一项新的美国福利政策》中，基于美国和其他一些发达国家的福利政策，提出了社会政策应该重视资产积累，通过国家提供的刺激财产积累的政策以及建立个人发展账户，来增加穷人和低收入家庭的财产积累，从而进行更多的人力资本投资和做更完善的财产管理。[②] 诺贝尔经济学奖得主詹姆斯·M. 布坎南（James. M. Buchanan）提出，国家在调节收入分配时，可以通过转让税、公立教育等手段，对进入市场前的不公正现象做出调整，也可以通过征收遗产税和赠予税来调节和纠正因出身而带来的收入不平等现象。[③] 庇古（Pigou）提出，在国民收入不变的情况下，将富人的一部分收入转移给穷人，有利于社会福利的提高。因此，庇古主张通过提倡富人将其收入"自愿转移"给穷人，也就是提倡富人应该拿出自己收入的一部分开展一些针对穷人的娱乐、教育、保健等事业或者为穷人服务的科学文化机构。同时，庇古也认为仅通过"自愿转移"是不够的，还应该通过"强制转移"，也就是政府对富人实行一系列征税措施，然后通过直接转移（如失业保险、社会救济、免费教育、福利住宅等）和间接转移（如价格补贴）等政策来向穷人转移支付，使穷人增加收入。[④]

（三）关于农地产权制度与农民财产性收入之间关系的研究

国外文献中关于农地产权制度与农民财产性收入之间关系的研究并不多见，且有相当一部分文章是中国学者在国外期刊上发表的。国外学者关于土地产权制度与农民财产性收入的关系主要有以下两种观点。

1. 农地产权制度与农民财产性收入具有正相关关系

简·卡布伯－玛利亚拉（Jane Kabubo – Mariara）在其文章中提出，从长远来看，农民所使用的农地保护技术对改善农民家庭福利和提高收入方面有着重要的影响。其进一步研究了土地权利、土地保护和财产权之间的关系，发现土地产权对农民是否采取保护土地的决定以及保护土地的方式有着重要影响。据此，简·

① Li Hongyi, Zou Heng-fu. Income Inequality Is Not Harmful for Growth: Theory and Evidence [J]. *Review of Development Economics*, 1998, 3（2）: 318 – 334.

② 迈克尔·谢若登. 资产与穷人：一项新的美国福利政策 [M]. 上海：商务印书馆，2005：286.

③ 詹姆斯·M. 布坎南. 自由、市场和国家 [M]. 北京：北京经济出版社，1989：123 – 188.

④ 庇古. 福利经济学（上、下卷）[M]. 北京：商务印书馆，2006：94 – 109 + 729 – 795.

卡布伯－玛利亚拉建议通过加强对农民土地私有权的保护来激励农民保护土地的积极性，从而增加农民收入和改善农民福利。① 达涅·莫霍等（Dagne Mojo et al.）则研究了埃塞俄比亚农村地区的土地产权制度，他们发现建立合作社的小农户家庭，由于突破了改善生产和销售的某些限制，与那些尚未加入合作社的农户家庭相比有着更好的经济表现。② 还有学者（Viviana M. E. Perego）研究了乌干达农产品价格、土地产权与农民收益之间的关系。研究表明，由于农产品价格上涨而导致的农地价格的上涨可以促使农民增加拥有土地的面积。不仅如此，农产品价格上涨还刺激了农民对土地所有权需求的进一步提高，这是因为没有任何形式的土地认证，许多农民会感到土地使用权受到威胁，而当价格上涨使土地更有价值时，他们甚至会损失更多。因此，在乌干达，农民将土地所有权视为一种既可以利用土地价格上涨带来的收益，又可以解决土地权属不安全的方法。③

2. 农地产权制度与农民财产性收入关系并不密切

迈克尔·赫德森和尼尔斯·福尔德（Michael Helt Knudsen and Niels Fold）对加纳的可可产业进行研究之后发现，该国由于土地权利问题和相对稀缺的土地，使得农民用于扩大土地所有权的投资较少。相反，农民将盈余转移到其他产业进行投资，从而导致了大多数农民收入的增加。④ 法比亚诺·托尼和埃万德罗·霍兰德（Fabiano Toni and Evandro Holanda Jr.）针对巴西半干旱地区两种不同的产权制度——一种是使用共同财产的牧场，另一种是使用私有牧场，分析了两种模式下的农业产出和产生的收入。他们指出，两种模式下的农业产出和产生的收入并没有多大的区别。⑤

（四）国外文献述评

首先，国外学者关于中国农地产权制度的研究成果对我国推进农地产权制度改革有一定的借鉴意义，但这些研究大多以西方经济学的立场和方法来观察中国

① Jane Kabubo – Mariara. Land conservation and tenure security in Kenya: Boserup's hypothesis revisited [J]. *Ecological Economics*，2007，64（1）：25 – 35.

② Dagne Mojo, Christian Fischer, TerefeDegefac. The determinants and economic impacts of membership in coffee farmer cooperatives: recent evidence from rural Ethiopia [J]. *Journal of Rural Studies*，2017，50：89 – 94.

③ Viviana M. E. Perego. Crop prices and the demand for titled land: Evidence from Uganda [J]. *Journal of Development Economics*，2019，137：93 – 109.

④ Michael Helt Knudsen, Niels Fold. Land distribution and acquisition practices in Ghana's cocoa frontier: The impact of a state-regulated marketing system [J]. *Land Use Policy*，2011，28（2）：378 – 387.

⑤ Fabiano Toni, Evandro Holanda Jr. The effects of land tenure on vulnerability to droughts in Northeastern Brazil [J]. *Global Environmental Change*，2008，18（4）：575 – 582.

问题，对中国农地产权制度改革的研究并不够客观，且研究的深度和广度不及中国学者。其次，国外学者关于财产性收入的研究主要集中于财产性收入的影响因素、效应及其调控等方面，对中国增加农民财产性收入有一定的参考价值。但相关研究较少涉及财产性收入的基础理论问题，如国外学者大多并不认同劳动价值论，而是以要素价值论为前提来研究财产性收入，研究成果不可避免地带有相应的局限性。最后，国外学者关于农地产权制度与财产性收入关系的研究虽然也取得了一定的成果，但对于两者关系的论述过于笼统，提出的如何通过农地产权制度改革来增加农民财产性收入的对策亦比较单一，关于农村土地私有化的主张完全不符合中国的国情，与坚持中国特色社会主义的改革方向背道而驰。

二、国内文献综述

（一）关于新农地产权制度改革的研究

国内学者较为一致的将农村集体土地分为农用地（或承包地）、集体经营性建设用地和宅基地三部分，相关研究成果主要集中于这"三块地"具体产权制度的改革、探索与完善。

1. 关于承包地"三权分置"改革

经济学界对于实行承包地"三权分置"改革的必要性达成了共识，普遍认为承包地"三权分置"改革是中国特色农村土地制度的创新，也是生产力发展的必然结果。[①] 关于如何推进承包地"三权分置"改革，学者们见仁见智，提出了不同的见解：叶兴庆提出要合理界定农地所有权、承包权、经营权的权能范围，把三者各自的具体权利一道界定清楚[②]；孔祥智提出"三权分置"的重点应该是放活经营权，在法律上将其界定为用益物权，并界定经营权物权成立的条件和底线[③]；董欢主张在充分尊重承包农户分化、农业经营主体多元的客观事实基础上

① 陈锡文. 关于解决"三农"问题的几点考虑——学习《中共中央关于全面深化改革若干重大问题的决定》[J]. 中共党史研究, 2014 (01): 5-14; 冯海发. 对十八届三中全会《决定》有关农村改革几个重大问题的理解冯海发 [J]. 农业经济问题, 2013, 34 (11): 4-13; 刘守英. 中共十八届三中全会后的土地制度改革及其实施 [J]. 法商研究, 2014, 31 (02): 3-10; 赵鲲, 刘磊. 关于完善农村土地承包经营制度发展农业适度规模经营的认识与思考 [J]. 中国农村经济, 2016 (04): 12-16+69.

② 叶兴庆. 集体所有制下农用地的产权重构 [J]. 毛泽东邓小平理论研究, 2015 (02): 1-8+91.

③ 孔祥智. "三权分置"的重点是强化经营权 [J]. 中国特色社会主义研究, 2017 (03): 22-28.

重构农地制度功能①；邓朝春和辜秋琴（2022）提出未来承包地"三权分置"改革就是要落实集体所有权，逐步剥离承包地的社会保障功能，健全承包地流转交易市场体系，不断创新农地经营模式。②

2. 关于集体经营性建设用地入市改革

随着承包地"三权分置"改革的深入推进，国内部分学者将研究视野聚焦集体经营性建设用地使用权入市改革，为新时代拓宽农民增收渠道提出有效的应对之策。李永乐等提出尽快明确城乡建设用地同地同权同价待遇、统一市场交易平台的主体责任，以协调征地与集体经营性建设用地流转收益冲突问题。③ 文兰娇、张安录通过构建"增值链"与"收益网"耦合机制，加速入市土地的财产价值向市场交易主体增值收益的转化。④ 杜小刚探索"多规合一"，即直接赋予农村集体向土地市场供应建设用地的权利，更好把握两个市场产权权能、供应方式、收益分配、供后监管的统一与平衡。⑤ 高圣平进一步重构了集体经营建设用地使用权的法律内涵，明确经登记而设立的使用权应同样具有转让、出租、出资、赠与、抵押和继承等权能。⑥ 马翠萍在总结全国首批农村集体经营性建设用地入市试点地区的实践成效和存在问题的基础上，提出了从健全相关法律制度、适当扩大集体经营性建设用地入市范围、稳步提高土地出让收入用于农业农村的比例、健全土地增值收益在农民内部的分配机制等方面破解农村集体经营性建设用地入市的困境。⑦

3. 关于宅基地"三权分置"改革

从宅基地的取得来看，唐俐⑧、刘震宇和张丽洋⑨认为当前宅基地取得制度

① 董欢. 中国农地制度：历史、现实与未来——"三权分置"政策背景下的新审视 [J]. 四川大学学报（哲学社会科学版），2019（04）：58－66.

② 邓朝春，辜秋琴. 我国农村土地承包经营制度的演进逻辑与改革取向 [J]. 改革，2022（05）：143－154.

③ 李永乐，舒帮荣，石晓平. 城乡建设用地市场：分割效应、融合关键与统一路径 [J]. 南京农业大学学报（社会科学版），2017（03）：103－111＋158－159.

④ 文兰娇，张安录. 论我国城乡建设用地市场发展、困境和整合思路 [J]. 华中科技大学学报（社会科学版），2017（06）：74－81.

⑤ 杜小刚. 建立城乡统一建设用地市场的思考 [J]. 中国土地，2018（12）：26－27.

⑥ 高圣平. 论集体建设用地使用权的法律构造 [J]. 法学杂志，2019（04）：13－25.

⑦ 马翠萍. 集体经营性建设用地制度探索与效果评价——以全国首批农村集体经营性建设用地入市试点为例 [J]. 中国农村经济，2021（11）：35－54.

⑧ 唐俐. 社会转型背景下宅基地使用权初始取得制度的完善 [J]. 海南大学学报（人文社会科学版），2009（06）：635－640.

⑨ 刘震宇，张丽洋. 论农村宅基地使用权的取得 [J]. 海南大学学报（人文社会科学版），2011（02）：47－51.

强调社会保障性而忽视物权性，限制了集体与农民的土地权力，造成土地资源浪费，从而使得土地制度被异化。高圣平认为现行宅基地制度安排重视成员权而弱化财产权的倾向，一定程度上窒碍了农户以财产权交易和市场方式配置宅基地的可能路径。① 吴昭军指出不宜将土地承包经营权的主体制度嵌套于宅基地上，宅基地使用权属于继承法所调整的遗产，可以进行继承。② 从宅基地的流转来看，周文等认为限制宅基地流转造成土地闲置和低利用率，降低了土地要素的有效配置，应通过土地流转与户籍制度联合松绑的方式来加快城市化的进程。③ 张克俊和付宗平认为宅基地在有限的受让主体之间交易并不能完全显化其经济价值、实现其真实的市场价值，这与城市住宅用地使用权流转相比存在巨大的权力和利益反差，对农民不公平。④ 钱文荣和赵宗胤指出使用权流转范围受限不利于释放改革效应，既导致农民难以通过市场获得财产收益，也为土地纠纷埋下隐患。⑤ 孟勤国⑥、陈柏峰⑦、桂华和贺雪峰⑧等则指出宅基地流转可能会进一步加剧社会强势群体对弱势群体的剥削，从而造成农户居无定所。从宅基地的抵押来看，何承斌⑨、陈霄和鲍家伟⑩、韩文龙和朱杰⑪、张琴和高小玉⑫认为当前农村宅基地使用权抵押受到法律法规、登记制度、估计体系、抵押制度、风险缓释机制不完善、融资信用风险防范等问题的限制，进而在实践过程中面对众多困难，需要进行综合改革。

---

①　高圣平．宅基地制度改革政策的演进与走向［J］．中国人民大学学报，2019，33（01）：23 – 33．

②　吴昭军．宅基地使用权继承的理论障碍与廓清——以重释"一户一宅"为切入点［J］．农业经济问题，2021（05）：78 – 89．

③　周文，赵方，杨飞，李鲁．土地流转、户籍制度改革与中国城市化：理论与模拟［J］．经济研究，2017（06）：183 – 197．

④　张克俊，付宗平．"三权分置"下适度放活宅基地使用权探析［J］．农业经济问题，2020（05）：28 – 38．

⑤　钱文荣，赵宗胤．城乡平衡发展理念下的农村宅基地制度改革研究［J］．农业经济问题，2023（09）：37 – 44．

⑥　孟勤国．物权法开禁农村宅基地交易之辩［J］．法学评论，2005（04）：25 – 30．

⑦　陈柏峰．农村宅基地限制交易的正当性［J］．中国土地科学，2007（04）：44 – 48．

⑧　桂华，贺雪峰．宅基地管理与物权法的适用限度［J］．法学研究，2014（04）：26 – 46．

⑨　何承斌．我国农村宅基地使用权抵押贷款的困境与出路［J］．现代经济探讨，2014（12）：70 – 72．

⑩　陈霄，鲍家伟．农村宅基地抵押问题调查研究［J］．经济纵横，2010（08）：88 – 91．

⑪　韩文龙，朱杰．宅基地使用权抵押贷款：实践模式与治理机制［J］．社会科学研究，2020（06）：38 – 46．

⑫　张琴，高小玉．农村宅基地抵押融资信用风险防范研究：基于横向监督的视角［J］．农业经济问题，2020（04）：66 – 71．

（二）关于农民财产性收入的研究

通过对已有文献的梳理，国内学者关于农民财产性收入的研究主要集中在来源渠道、制约因素、增长途径等三个层面。

1. 农民财产性收入的来源渠道

何绍周等将农民财产性收入的来源归纳为农用地经营权流转、政府征地补偿、个体房屋出租、村集体经济分红和银行存款等带来的分红、利息五个方面。[①] 夏锋认为农民财产性收入则主要取决于其手中直接或间接掌握的土地财产，农用地经营权、集体经营性建设用地和宅基地使用权是物权而不是债权，是农民手中最重要、最大的财产权。[②] 王象永等提出农用地流转市场的发育能显化土地资源的资产价值，充分发挥其边际产出拉平效应和交易收益效应，有助于农民土地财产性收入的增加。[③] 陈寒冰主张把握集体土地入市过程以实现其最终目标，建立合理的市场价补偿和收益分配机制，抛弃"土地涨价归公"观念，能切实拓宽农民财产性收入来源。[④] 李荣耀、叶兴庆则主张在农户自愿基础上，明确宅基地有偿退出和"三权分置"的政策指向群体，完善相关配套制度设计，能够为农户提供多元化的财产性收入来源。[⑤]

2. 农民财产性收入的制约因素

寇溶等研究发现，农用地的自然资源禀赋特征会影响农民财产性收入的获得。耕地质量较差的区域，不利于农业生产，获得土地财产性收入的水平可能会较低。[⑥] 刘可等认为农村金融性资产短缺，生产性、消费性公共产品供给不足，会直接影响农民的财产性收入。[⑦] 农业部农村经济与经营管理司、经管总站研究

① 何绍周，彭博，马也. 农民财产性收入增长面临的制度性约束——基于市场和法治的视角 [J]. 农业技术经济，2012（06）：95-100.

② 夏锋. 农民土地财产权的长期保障走向：物权化改革与对应收入 [J]. 改革，2014（03）：84-95.

③ 王象永，王延海，张智. 山东省土地流转对农民收入影响调查 [J]. 调研世界，2015（09）：30-32.

④ 陈寒冰. 土地权利与农民财产性收入增长的关系 [J]. 郑州大学学报（哲学社会科学版），2019（04）：40-45.

⑤ 李荣耀，叶兴庆. 退出与流转：农民宅基地处置选择及影响因素 [J]. 农村经济，2019（04）：10-20.

⑥ 寇溶，陈英，谢保鹏，周翼. 农民土地财产性收入影响因素分析——基于农地流转情景的实证分析 [J]. 云南农业大学学报（社会科学），2019（04）：74-80.

⑦ 刘可，刘鸿渊，赵彬茹. 增加农民财产性收入改革的四川实践与对策 [J]. 农村经济，2016（06）：65-70.

课题组指出，影响农民财产性收入增长的因素有集体经济发展滞后，农户收益分配不到位；村级债务日趋增加，公益事业负担沉重；土地流转管理滞后，承包权益缺乏保障。① 余劲松认为农村居民收入分配差距的扩大在增加农民总税负的同时也提高了社会总消费，综合效应会导致社会财富积累和农民的财产性收入减少。② 崔顺伟提出由于农村社会保障制度不到位，农民出于谨慎动机，会将其财产收入存入银行，以尽量规避风险，加剧了财产性收入的单一。③ 金丽馥、史叶婷则更加关注农民财产性收入的主观影响因素，认为部分农民投资意识淡薄、理财能力不强，主观制约农民的财产增值。④

3. 农民财产性收入的增长途径

陈晓枫主张抓住农村集体产权改革的"牛鼻子"，以"确权"为基础，以"赋权"为关键，以"易权"为核心，为盘活集体资产、发展壮大集体经济、提高农民财产性收入提供制度保障。⑤ 张晓山提出农民拥有的最重要的财产就是土地，农民财产性收入的增加取决于农村土地制度改革措施的落实，而农村土地制度改革措施的落实的关键在于中央与地方之间的财政分配关系以及国民收入分配格局的调整。⑥ 任维哲、郑锴提出通过农村"三产融合"进程可以增加农民人力资源储备，有效提升农民的财产性收入。⑦ 邢文妍认为通过重点扶持新型农村经营主体，促进农业生产性服务专业化、规模化、集约化发展，能够为农民创造更多的"红利"收入。⑧ 张传华将城乡统一、公开、公平的土地交易平台，相应的交易规则及市场决定的土地价格形成机制，视为保障农民土地财产性收入持续增长的重要途径。⑨ 秦海林、潘丽莎从农村居民投资主观影响因素出发，主张提升农村居民金融素养和加强专业技能培育，以尽快提高农村居民的投资理财能力，

---

① 农业部经管司、经管总站研究课题组，关锐捷. 发展壮大农村集体经济　增加农民财产性收入 [J]. 毛泽东邓小平理论研究，2012（03）：12 – 17 + 114.

② 余劲松. 收入分配、财富积累与城镇居民财产性收入——一个研究假说及其验证 [J]. 财经问题研究，2013（10）：11 – 17.

③ 崔顺伟. 中国农村居民财产性收入制约因素及改革路径 [J]. 农业经济，2015（09）：74 – 76.

④ 金丽馥，史叶婷. 乡村振兴进程中农民财产性收入增长的瓶颈制约和政策优化 [J]. 青海社会科学，2019（03）：87 – 93.

⑤ 陈晓枫. 提升农民财产性收入的新路径 [N]. 贵州日报，2018 – 09 – 25（010）.

⑥ 张晓山. 实施乡村振兴战略　确保经济持续健康发展 [J]. 经济纵横，2019（01）：1 – 9.

⑦ 任维哲，邓锴. 乡村振兴背景下农村三产融合促进农民财产性收入增长研究——以陕西为例 [J]. 西安财经学院学报，2019（05）：75 – 82.

⑧ 邢文妍. 浅析多渠道增加辽宁农民财产性收入 [J]. 农业经济，2015（08）：77 – 79.

⑨ 张传华. 农民土地财产性收入增长的障碍与破解路径 [J]. 农业经济，2016（10）：107 – 109.

促进财产性收入的增加。① 张军认为农户房产和宅基地所有权并轨，能够让农户对房产（包括宅基地）拥有完全的财产权利。② 赵华伟主张通过土地征用制度改革，让农村居民从土地的出让、转让中得到财产性收入。③ 张国林，何丽认为土地经营权流转、土地经营权抵押贷款是土地确权促进农民财产性收入增长的重要机制，应进一步完善土地确权改革的相关配套措施，整合土地经营权交易网络，推动土地经营权市场化。④

（三）关于新农地产权制度改革与财产性收入增长的研究

1. 承包地"三权分置"改革与财产性收入增长

在落实所有权方面，高富平认为农民集体所有表现为"收益"分配，农民集体成员在集体所有权中的"份额"真正体现为财产份额⑤；郑鑫、陈晓君将所有权改革内容提到土地改革本质属性的高度，提出只有对产权界定中的"农村集体经济组织"进行严格的说明和阐述，这样才能保障农民真正享有集体财产的收益权⑥。

在承包地流转方面，冒佩华、徐骥在实证调研分析的基础上，得出土地流转对农户收入水平有正向影响的结论，农民手中的土地资产要转化为财产性收入，要求资产本身具备流动的条件，并且应具有完善的产权交易市场⑦；王常伟、顾海英提出健全的市场交易机制、公开透明的价格形成机制，可以在加快现代农业转型发展的同时，不断完善农地权能的价值实现形式，充分释放相应的财产性价值⑧。

在放活经营权方面，张国林、何丽单的研究表明，农地经营权流转、农地经

---

① 秦海林，潘丽莎．人力资本、专业技能与家庭财产性收入——基于家庭追踪调查数据（CFPS）的实证检验 [J]．西南金融，2019（08）：20-34.

② 张军．农村产权制度改革与农民财产性收入增长 [J]．农村经济，2014（11）：3-6.

③ 赵华伟．我国农村居民财产性收入现状与解决途径 [J]．改革与战略，2010（09）：108-111.

④ 张国林，何丽．土地确权与农民财产性收入增长 [J]．改革，2021（03）：121-133.

⑤ 高富平．农地"三权分置"改革的法理解析及制度意义 [J]．社会科学辑刊，2016（05）：73-78.

⑥ 郑鑫，陈晓君．土地资产化视角下农民财产性收入增长机理分析 [J]．山东农业大学学报（社会科学版），2012（02）：28-33+125-126.

⑦ 冒佩华，徐骥．农地制度、土地经营权流转与农民收入增长 [J]．管理世界，2015（05）：63-74+88.

⑧ 王常伟，顾海英．城镇住房、农地依赖与农户承包权退出 [J]．管理世界，2016（09）：55-69+187-188.

营权抵押贷款是农地确权影响农民财产性收入的重要机制①；平基将农地"经营权"定位为具有债权性质的不动产租赁权，且遵循"财产权—所有权—用益物权—债权性权利"的权利逻辑结构，为附着在经营权上的财产属性向财产性收入转化提供了法理依据②。

关于经营权"放"与"活"的实现逻辑，叶兴庆认为赋予经营主体对承包地经营权再次流转、抵押、担保等权能，有助于充分释放经营权的财产价值③；刘守英主张通过农地经营权入股，承包方以承包土地经营权向金融机构融资担保，能够充分激活附着在农民土地上的用益物权，加速农业产业化经营，给农民带来更多财产性收入④；刘艳主张"放"是唤醒沉睡土地资产的前提条件，"活"是实现农民财产性收入的战略目标，连接前提和目标的中介过程则需要尽快转变生产经营方式，盘活沉睡已久的土地资产，以财产性收入增长为媒介带动农民收入的增长⑤。

2. 集体经营性建设用地入市与财产性收入增长

大多数学者认为农村集体经营性建设用地入市是增加农民财产性收入的重要途径⑥，主要从以下几个方面展开了研究。

其一，关于入市收益分配。杨庆媛等对成都市郫都区农村集体经营性建设用地试点的研究表明，农村集体经营性建设用地入市，使市场在农村建设用地资源配置中起到了决定性作用，不仅显化了农村土地的资产价值，直接增加了农民土地财产性收益，而且增加了农民流转土地获得的财产性收益⑦；刘亚辉认为集体经营性建设用地入市的收益主要指使用权流转带来的出让金、租金、股利、转让金等部分的总和，这是农民财产性收入来源的重要部分⑧；冯潇提出建立集体经营性建设用地流转收益内部分配制度，明确收益分配方案决策程序，切实保障农

---

① 张国林，何丽. 土地确权与农民财产性收入增长 [J]. 改革，2021（03）：121-133.

② 单平基. "三权分置"中土地经营权债权定性的证成 [J]. 法学，2018（10）：37-51.

③ 叶兴庆. 准确把握赋予农民更多财产权利的政策含义与实现路径 [J]. 农村经济，2014（02）：3-6.

④ 刘守英，高圣平，王瑞民. 农地三权分置下的土地权利体系重构 [J]. 北京大学学报（哲学社会科学版），2017（05）：134-145.

⑤ 刘艳. 农村土地"三权分置"改革的法律逻辑与政策衔接 [J]. 东北农业大学学报（社会科学版），2018（03）：50-57.

⑥ 刘晓萍. 农村集体经营性建设用地入市制度研究 [J]. 宏观经济研究，2020（10）：137-144.

⑦ 杨庆媛，杨人豪，曾黎，陈伊多. 农村集体经营性建设用地入市促进农民土地财产性收入增长研究——以成都市郫都区为例 [J]. 经济地理，2017，37（08）：155-161.

⑧ 刘亚辉. 农村集体经营性建设用地使用权入市的进展、突出问题与对策 [J]. 农村经济，2018（12）：18-23.

民财产性收入，进而为农民财产性收入的持续增长奠定前提条件①。

其二，关于构建城乡统一建设用地市场。黄贤金主张以各类土地产权权益平等为准则，构建结构同权、权能同权、安全同权"三同权"机制，来实现农民财产性收入的提高②；黄锐等提出构建城乡统一建设用地基准地价评估体系，以土地权利权能修正价格形成机制为导向，逐步消除农村集体建设用地和城镇国有建设用地之间土地权利的权能差异③。

部分学者表达了对农村集体经营性建设用地入市的担忧：王欢、杨学成认为城乡统一的建设用地市场在不确定风险源的作用下，可能会危及国家粮食安全，使农民财产性权益受到侵害，从而对国家、农民、农村造成损失和影响，进而导致财产性收入增长逐渐萎缩的不利局面④；吕萍等主张城乡土地尚未完全解决的"同地不同权""同地不同价"矛盾，使得农村集体经营性建设用地面临流转困难、使用效率低下的现实困境，从而造成农民财产性收入增长乏力⑤；林超提出构建城乡统一的建设用地市场其本质是产权公共域不断缩小和由不完全产权向完全产权趋近，进而影响土地财产属性向农民财产性收入的转化进程⑥。

3. 宅基地"三权分置"改革与财产性收入增长

刘守英和熊雪锋、孔祥智、张公望和朱明芬、郎秀云等学者认为宅基地"三权分置"改革能够促进财产权的显化和实现，从而有效增加农民财产性收入⑦。对于如何推动宅基地"三权分置"改革，促进农民财产性收入的增加，学者们从不同的角度提出了自己的见解：张军提出应加快完善农村土地产权交易体系及相

---

① 冯潇. 集体经营性建设用地流转收益内部分配探析 [J]. 中国国土资源经济，2019 (08)：52 - 57.

② 黄贤金. 论构建城乡统一的建设用地市场体系——兼论"同地、同权、同价、同责"的理论圈层特征 [J]. 中国土地科学，2019 (08)：1 - 7.

③ 黄锐，王鑫森，陈芳，杨叶，马贤磊. 城乡统一建设用地基准地价评估体系构建思考——基于土地权利权能视角 [J]. 中国国土资源经济，2020 (05)：51 - 55.

④ 王欢，杨学成. 关于建立城乡统一建设用地市场的风险评估 [J]. 经济与管理，2016 (01)：71 - 76.

⑤ 吕萍，于璐源，丁富军. 集体经营性建设用地入市模式及其市场定位分析 [J]. 农村经济，2018 (07)：22 - 27.

⑥ 林超. 统一市场视角下城乡建设用地制度变迁分析——基于不完全产权生命周期模型 [J]. 中国农村观察，2018 (02)：30 - 46.

⑦ 刘守英，熊雪锋. 经济结构变革、村庄转型与宅基地制度变迁——四川省泸县宅基地制度改革案例研究 [J]；中国农村经济，2018 (06)：2 - 20；孔祥智. 宅基地改革：政策沿革和发展方向 [J]. 农村金融研究，2018 (11)：7 - 11；张公望，朱明芬. 农村宅基地制度改革与农民增收——基于 6 个试点县（市、区）面板数据的双重差分分析 [J]. 浙江农业学报，2020，32 (08)：1475 - 1484；郎秀云. "三权分置"制度下农民宅基地财产权权益实现的多元路径 [J]. 学术界，2022 (02)：146 - 155.

关法律条文，强化其确权赋能，进一步显化宅基地市场价值。① 张广辉和张建提出应进一步激发所有权实现动能，激发资格权潜在价值，畅通使用权流转通道。② 郎秀云分别从农户和农民集体两个方面提出了实现宅基地财产权益的盘活路径：农民和农民集体可以充分利用闲置的宅基地，发展新兴产业，做大做强集体经济；也可以整治闲置宅基转变为集体经营性建设用地后直接入市获得收益；农户可以通过宅基地资格权置换、调剂和有偿退出获得经济补偿，也可以通过使用权出租、入股、联合开发和抵押获得租金、股金、分红和经营利润。③

此外，也有少数学者对通过宅基地"三权分置"改革来增加农民财产性收入持相反的意见。贺雪峰认为宅基地"三权分置"探索，除了进一步将土地制度搞得复杂以及增大农民失地风险（如掏空农户宅基地资格权）以外，收益并不多。④ 周天勇提出宅基地"三权分置"改革包含着巨大的风险，指出所有制产权结构越复杂，其运行的效率越低，这种体制安排的交易成本就越高，因此，宅基地"三权分置"在将来可能无法有效运行。在这种情况下，不得不继续向着土地要素和资产由市场交易配置改革，或者因规划变动政府征收可能同地同价补偿，若一些村民消息灵通，凭借自己的实力或通过他人的财力支持在本村中提前大量低价兼并宅基地，则可能造成许多农村居民财富的巨大损失，以及农村土地资产集中和财富的两极分化。⑤

（四）国内文献述评

从上述研究成果来看，国内学者在农地产权制度改革和农民财产性收入增长两大领域以及两者的相关性方面都取得卓有成效的研究成果，在不同程度上揭示了农地产权制度改革和农民财产性收入增长的内在规律，对推进理论研究的深化和改革实践的发展起了积极的作用，然而也存在一些不足，主要有：

1. 关于马克思的土地产权理论的现实意义

理论界对马克思的土地产权理论及其对农民收入的影响机制进行了很有意义的探讨，提出了许多有见地的观点；但也有部分学者一味推崇西方私有产权理论，打着农地"改革"的幌子行土地私有化之实，这不仅不利于农地产权制度改

---

① 张军. 农村产权制度改革与农民财产性收入增长 [J]. 经济研究, 2014 (11)：3 - 6.
② 张广辉，张建. 宅基地"三权分置"改革与农民收入增长 [J]. 改革，2021 (10)：41 - 56.
③ 郎秀云. "三权分置"制度下农民宅基地财产权益实现的多元路径 [J]. 学术界，2022 (02)：146 - 155.
④ 贺雪峰. 农村宅基地"三权分置"改革能收获什么 [J]. 决策，2018 (07)：13.
⑤ 周天勇. 深化土地体制改革与理顺经济运行 [J]. 学术月刊，2020，52 (02)：30 - 43 + 57.

革的健康发展，也不利于推进农民土地财产向收入的转化；有部分学者就问题谈问题，对土地产权的细分及其影响农民财产性收入的机制缺乏必要的理论分析，提出的对策建议也往往是治标不治本。本书在认真研读马克思的土地产权理论的基础上，通过实地调研部分试点地区的土地产权改革进展，着重探析农地产权变革中哪些制度设计会影响农民财产性收入的变化，如何以必要的土地产权变革助力农民财产性收入的持续增长，在提高农民生活水平的同时，又为农业产业化、规模化经营提供相应的资金积累。

2. 关于承包地产权制度改革的研究

不少学者对农用地产权结构如何实现由"两权分离"到"三权分置"的转换，合理界定农地所有权、承包权、经营权的权能范围，建构完整的"明晰产权—完善市场交易机制—设立农地发展权—赋予农民完整土地财产权"的新农地产权制度，更好地发挥农地财产价值进行了较为系统的研究；但现有的成果更多是聚焦于如何实现农地承包经营权的分离与流转，却很少关注分离出的土地经营权如何进行规制才能够为农民增收，尤其是增加农民财产性收入。另外，学者们的研究更多的是对农地产权制度改革做单纯的理论分析，对现有试点地区农民财产性收入增长面临的"瓶颈"及其原因认识不清。比如在承包地"三权分置"改革中，明晰所有权、稳定承包权、放活经营权对农民财产性收入增长均能提供有利的制度环境，但是当前承包地作为农民手中最重要的一块财产，在向农民财产性收入转化过程中面临的最大"瓶颈"是什么？究竟是农地所有权不明晰、经营权流转受阻还是经营权抵押融资限制等，缺少深入研究和解答，对这些问题的科学解释对于促进农民增收特别是财产性收入增长又是至关重要的，这也是本书需要深入研究的问题。

3. 关于集体经营性建设用地入市的研究

在集体经营性建设用地入市的改革大背景下，国内学者较为关注的是如何通过具体的制度设计及变革，更快、更有效地推进集体经营性建设用地入市，加快推进城乡统一的建设用地市场等问题，主要探讨了使用权权能变化、入市收益分配、城乡建设用地市场构建与农民财产性收入增长关联性；而对于为什么要进行这些变革以及变革对农民财产性收入的影响，对土地使用权的用益物权属性向农民财产性收入转化的路径及阻力何在，土地使用权市场化流转机制及入市增值收益分配机制如何重构、城乡二元不平等矛盾应如何妥善解决等一系列现实难题还缺少科学的解答。这也为本书的深入研究提供了很大的空间。

4. 关于宅基地产权制度改革的研究

对于宅基地产权制度改革这一新的改革措施，学者们运用文献梳理、案例分析、实证研究等多种方法，立足经济学、社会学和法学等多学科对宅基地产权制度改革做出较为深刻的理论分析，对宅基地取得、流转、抵押和退出都做出了系统研究，取得较丰富的成果，同时在对宅基地"三权分置"改革与财产性收入增长关系上，也从宅基地产权制度改革、土地增值利用及放活宅基地使用权三方面做了大量讨论，这些都为后续宅基地产权制度的深度分析提供了扎实的基础。从总体上看，现有的成果更多的是对宅基地"三权分置"改革的理论研究，进而也剖析了宅基地产权制度的改革对农民财产性收入的影响，但制约农民财产性收入增长的主要"瓶颈"为何，以及如何释放宅基地这个增长点、推动宅基地入市改革等当前还未有明确路径，这也是本书深入研究的价值所在。

第三节 研究内容与方法

一、内容与框架

（一）研究内容

本书以马克思主义经济理论为指导，采用规范分析与比较分析等方法，研究了以承包地"三权分置"、集体经营性建设用地入市、宅基地"三权分置"为主要内容的新农地产权制度改革下农民财产性收入增长路径问题。本研究从当前我国农民财产性收入增长的困境切入，引出了新农地产权制度改革这一提高财产性收入的新增长点。本书系统阐述了马克思主义的土地经济理论，回溯了中国共产党农地产权制度改革理论的形成与发展，梳理了新中国成立以来农地产权制度改革的历史脉络，分析了推进新农地产权制度改革对提高农民财产性收入的影响，进而剖析了新农地产权制度改革下各类土地权利的性质与权能构造，论述了土地产权的进一步合理分割和明晰化与促进农民财产性收入之间的逻辑关联及着力点，针对新发展阶段农地产权制度改革中存在的问题，提出了深化新农地产权制度改革、增加农民财产性收入的路径与配套措施。

本书的主要内容如下：

1. 马克思主义的土地经济理论

通过系统梳理马克思主义的土地经济理论，为本研究提供坚实的马克思主义的理论指导。首先，梳理了马克思的土地产权理论，主要包括土地产权的实质、土地产权制度的形态演变、土地产权的结合与分离、土地产权的交易商品化及配置市场化、地租等理论内容。马克思的土地产权理论为中国农地产权制度改革指明了方向：一是明晰土地产权；二是建立健全土地产权流转市场机制；三是坚持土地集体所有制不动摇。其次，梳理了列宁的土地制度理论。列宁的土地制度理论主要包括土地所有权制度理论及土地经营制度理论。列宁的土地制度理论启示我们：在推进农地产权制度改革时必须深入进行基础理论的研究、不能脱离"三农"问题、不能脱离生产力与生产关系的辩证统一。最后，梳理了中国共产党农地产权制度改革理论，主要包括农民土地所有制理论、集体土地所有制理论、家庭联产承包责任制理论以及"三权分置"改革理论。中国共产党农地产权制度改革理论发展的历史证明推进农地产权制度改革理论的创新必须坚持党的领导、问题导向及实践原则。

2. 新农地产权制度改革与农民财产性收入

以农村集体土地产权权能的结合与分离为依据，回顾了新中国成立以来农地产权制度改革的历史脉络，总结各发展阶段农地产权制度的发展特点及其局限；阐述新农地产权制度改革的背景及其新意，指出农地"三权分置"改革之后，农户的产权相较于"两权分离"时期更加清晰，能更有效的保护和增加农民收入；围绕扩大财产基础、健全法律保障、完善市场机制、提供制度支撑四方面论述了新农地产权制度改革对农民财产性收入的影响。

3. 新农地产权制度改革促进农民财产性收入增长的着力点

本研究分别论述了承包地"三权分置"、集体经营性建设用地入市、宅基地"三权分置"的内涵，并就新的产权安排下各项权能的具体性质及表现形式做了具体释义。通过丰富的实践资料总结，本研究归纳出新农地产权制度改革下提升农民财产性收入的路径。具体来看，（1）承包地"三权分置"政策完善了农民对承包地的占有、使用、收益、处分（继承、馈赠、流转）等财产"权利束"，提供了较为稳定的农地流转收益等财产性收入形式，有利于农业经营主体发展适度规模经营。其中"放活土地经营权"是提升土地财产收益、增加农民收入的关键。农民通过农地入股和信托的形式获得租金与股份分红收入，依靠农地经营权抵押担保获取借贷资金，这些都是财产性收入的增长亮点。（2）集体经营性建设用地入市对促进乡村产业发展发挥着积极作用，它主要通过以下几种方式促进农民财产性收入增长：以土地征收形式获取土地增值收益直接分红收入、以土地入股形式获取股份收益、利用集体建设用地建设租赁住房获取租赁收入等。（3）宅基地"三权分置"既适应了农村生产力发展和现实需要，也有利于农村宅基地的流转和闲置农房的收益率。可通过宅基地使用权转让、租赁（不改变宅基地住房用途)、集体经济组织自主或与外商资本联营开发宅基地经济用途、宅基地有偿退出、农民住房财产权抵押贷款等途径提升农民财产性收入。

4. 新发展阶段农地产权制度改革面临的"瓶颈"

本研究依据实践资料,归纳梳理出新发展阶段推进农地产权制度改革中所面临的关键阻碍。承包地"三权分置"改革推进的难点集中于承包地经营权流转难,表现为承包地经营权有效供给不足、市场化流转不畅、征收补偿不规范和农业补贴错位、经营权抵押融资困难重重等。集体经营性建设用地由于相关法律制度建设滞后,在入市通道通畅性方面离城乡建设用地市场一体化的目标仍有较大差距,完善的入市收益分配制度有待建立,而深化农村宅基地产权制度改革所需解决的核心难题则聚焦于确权难和流转机制不健全等方面。

5. 深化改革增加农民财产性收入的路径

针对第四章所提出的改革推进问题,本研究提出了具体的对策建议。(1)围绕健全承包地经营权市场化流转体系,提出四点建议:一是深化承包地经营权供给侧结构性改革,二是构建经营权市场化流转机制,三是完善征收补偿机制,四是构建经营权抵押融资机制。(2)针对集体经营性建设用地入市改革难点,提出要完善入市相关法律制度、健全经营性建设用地使用权流转制度、完善入市收益有效调节机制、构建城乡建设用地市场融合发展机制。(3)围绕宅基地"三权分置"改革所面临的问题,提倡要推进宅基地确权进程、构建宅基地退出机制、破解宅基地使用权流转难题、放宽宅基地使用权抵押限制。

6. 新农地产权制度改革下提升农民财产性收入的配套措施

(1)发展壮大新型农村集体经济,夯实农民财产性收入的基础。具体要探索新型农村集体经济发展的多种模式,深化农村集体经济组织产权制度改革,建立集体产权交易体系,规范农村集体经济资产财务管理,并加大政府政策支持与资金扶持力度。(2)促进农业经营主体多元化发展,重点扶持培育家庭农场、新型合作经济组织、龙头农业企业等新型农业经营主体,努力培育新型职业农民。(3)优化农村金融供给路径,助力土地产权流转变现。健全农村金融服务体系,强化对土地流转过程的金融监管,防止农村集体产权和农民财产权益受到侵害。(4)建立农地风险评估与预警、防范机制。

(二)研究框架

本研究结构框架如图 0 - 1 所示。

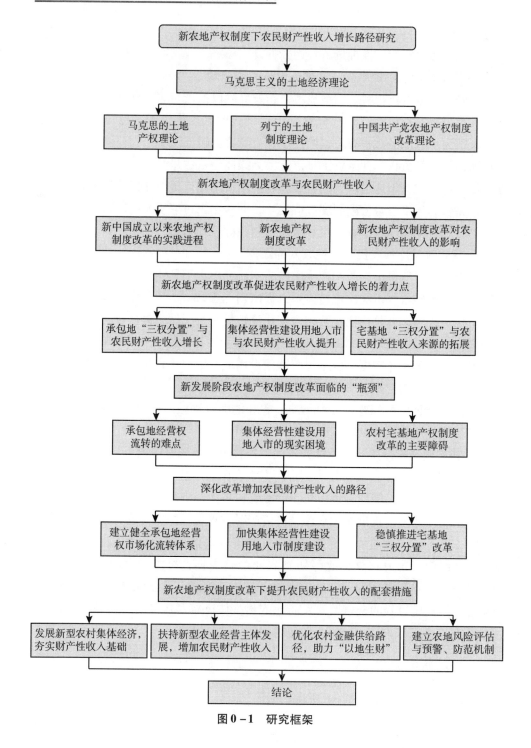

图 0-1 研究框架

二、研究方法

本研究以历史唯物主义与辩证唯物主义为根本方法，综合运用了逻辑分析与历史分析相结合、规范分析与实证分析相结合、比较分析法、调查研究法等方法。具体如下：

（一）逻辑分析与历史分析相结合

研究新农地产权制度下农民财产性收入增长的路径，必须从分析中国共产党农地产权制度改革的理论及实践的历史变迁入手，剖析新农地产权制度改革促进农民财产性收入增长的作用机理及着力点，挖掘新发展阶段农地产权制度改革面临的"瓶颈"，在此基础上提出促进农民财产性收入可持续增长的农地产权制度改革的实施路径和配套措施。

（二）规范分析与实证分析相结合

本研究通过梳理大量的承包地"三权分置"、集体经营性建设用地入市、宅基地"三权分置"及农民财产性收入的相关文献，以马克思的土地产权理论为理论指导，探讨了改革框架下土地产权权利的属性及权能构造，论证了新农地产权制度改革对促进农民财产性收入增长的正向影响。在这些分析的基础上，对改革试点地区的实践经验进行归纳，总结新农地产权制度改革下提升农民财产性收入的着力点，并深入剖析新发展阶段农地产权制度改革面临的"瓶颈"，为深化改革、增加农民财产性收入提出对策建议与配套措施。

（三）比较分析法

本书收集了大量的统计资料以及前人对试点区改革的调研文章，采取横向比较研究的方法，比较不同试点区在改革中的成功经验，从中归纳出较为典型的、对财产性收入促进作用较大的试点模式，为本研究结论提供了重要的实践参考依据。

（四）调查研究法

通过大量的实地调研，从研究对象的客观实际出发，展开系统的分析研究，对研究对象的现状、存在的问题进行剖析，在此基础上探索问题解决的有益路径。本研究从新农地产权制度改革实践的现状、存在的问题出发，试图围绕法律优化、完善土地流转市场、构建风险防范机制等框架，从而为实现农民财产性收入可持续增长奠定良好的农地产权制度基础。

第四节　研究的创新点

提高农民收入是我国解决"三农"问题的重中之重，而财产性收入又是提高农民收入的亮点和新增长点。本研究以马克思主义经济理论为指导，从我国现阶段农民财产性收入的现状出发，结合新农地产权制度的改革实践，以承包地"三权分置"、集体经营性建设用地入市、宅基地"三权分置"改革为重点，探索新农地产权制度改革与农民财产性收入提高的内在机理和实现路径，着力破解农村土地要素流转障碍，促进农地资源在更大范围内的优化配置，在保障农户财产权益的基础上实现财产性收入的稳定增长。课题组在实地调研与理论研究相结合的基础上，就新农地产权制度改革和提升农民财产性收入所涉及的关键性、争议性问题，形成了以下核心观点。

（1）以农地承包权和经营权、宅基地资格权和使用权的分离，以及集体经营性建设用地入市为主要内容的新农地产权制度改革，适应了农民市民化过程不同阶段中相关主体对土地要素的需求，为维护农民的土地财产权和切实提高农民的财产性收入提供了制度保障，理顺各权益主体之间的权利关系是落实新农地产权制度改革的关键环节。本书认为，在农地"三权分置"的新格局下，土地所有权、承包权、经营权不是完全独立、互不相关的土地权利，而是一个以集体经济组织、农户、新型经营主体为基础的辩证统一的有机权利整体，只有清晰地界定农地所有权、承包权（农户资格权）、经营权（宅基地使用权）各自的权能，理顺土地流转中的权利关系，创新具体实现形式，才能有效地"落实土地集体所有权，稳定土地承包权，放活经营权"。

（2）农村承包地、宅基地"三权分置"改革是完善"统分结合"双层经营体制的重要举措，强化农村集体经济、拓宽农民财产性收入渠道是农地产权制度改革的题中之义。本书认为，推进新农地产权制度改革，就是要在落实集体土地所有权的前提下，赋予农民对土地更多的经济自主权，但农民个体的行动力与影响力是有限的，要大力发展农村经济、提高农民创收能力，离不开"统"的作用。农地"三权分置"改革，推动了家庭农场、农民合作社、农业企业等多种农业经营方式的兴起，在多种农业经营方式的发展过程中，为了切实维护农民权益和稳定提高农民财产性收入，不应削弱农村集体经济组织的力量，而应当大力发挥集体经济的优越性。在强化农民集体经济组织的基础上，探索新的集体经营方式，通过承包地入股、组建土地股份合作社等多种方式拓展农民财产性收入渠道。

（3）新农地产权制度改革实质上是通过对农村土地产权的细分，进一步明晰农地的各项权能和权益，允许承包地经营权和宅基地使用权的合理流动，为提高农民财产性收入提供了新动能。课题组认为，在我国现阶段坚持按劳分配为主体、多种分配方式并存的基本分配制度下，产权明晰成为个人收入分配的基本前提。新农地产权制度改革通过对各种农村土地产权的进一步界定，有利于优化收入分配的秩序。承包地"三权分置"不仅有利于巩固家庭经营的基础地位，促进土地经营权的流转，实现土地资源的优化配置，而且也为形成多元化的农地经营模式创造了良好的条件，从而为农民提供了较为稳定的财产性收入来源。集体经营性建设用地入市制度赋予集体经营性建设用地使用权出让、租赁、互换、出资、赠与、抵押等权能，使集体经营性建设用地享有与国有建设用地同等的权益，努力构建城乡建设用地同权同价体制，让农民更多地享受城市化进程中的土地增值收益。宅基地"三权分置"强化了农民集体对宅基地的处分、收益权能，宅基地使用权合理流转有利于促进农村产业兴旺，闲置宅基地的多元化经营模式又为农民财产性收入增长注入新的动力。

马克思主义的土地经济理论

第一节 马克思的土地产权理论

马克思运用历史唯物主义和辩证唯物主义的方法，对土地产权的本质、起源、历程、配置以及实现形式等问题进行了深入的理论探索，构成了一个完整、科学的土地产权理论体系，对深化我国农地产权制度改革具有重要的指导意义。

一、马克思土地产权理论的主要内容

（一）土地产权的实质：人与人之间的经济关系

由于土地所有权的前提为"一些人垄断一定量的土地，把它当作排斥其他一切人的、只服从自己私人意志的领域"①，因此，资产阶级经济学家在分析土地产权问题时，仅仅将土地产权看作人与自然的关系，将土地产权单纯地理解为人与土地之间的关系。黑格尔就是持这种观点的典型代表人物，在他看来，土地产权"不是一定的社会关系，而是人作为人格对于'自然界'的关系，是'人对一切物的绝对占有权'"②。马克思对此进行了深刻的批判，他指出："没有什么比黑格尔关于土地私有权的说法更可笑的了"，"用这些人使用或滥用一定量土地这样一种法律权力来说明问题，是什么问题也解决不了的"③。马克思指出资产

---

① ② ③ 资本论（第 3 卷）[M]. 北京：人民出版社，2018：695.

阶级经济学家将土地产权"作为一种独立的关系、一种特殊的范畴、一种抽象的和永恒的观念来下定义,这只能是形而上学或法学的幻想"①。

与资产阶级经济学家不同,马克思认为土地产权不仅涉及人与土地的自然关系,而且更为本质的是通过这种自然关系来反映人与人之间的社会关系。马克思指出,土地产权首先是一种客观存在的人与人之间的、社会的经济关系,当这种经济关系逐渐为社会所认可时,它才能取得法律地位、表现为法的关系,并且这种法的关系是经济关系的反映、为经济关系所决定,而不是相反。这是马克思与资产阶级经济学家之间的根本区别,也是马克思土地产权理论的本质特征。

(二) 土地产权制度的形态演变

马克思对土地产权制度的演变过程进行了认真考察之后提出土地产权制度不是永恒不变的,而是一个不断扬弃自身的发展过程。马克思认为土地产权制度的第一个形态是原始的土地公有产权制度,此后才是土地私有产权制度。不同于资产阶级经济学家,马克思认为私有产权制度并不是土地产权制度的终结,土地私有产权制度终将为社会主义公有产权制度所代替,不仅如此,土地产权制度还将在共产主义社会走向消亡。

1. 原始的土地公有产权制度

在《1857—1858 年经济学手稿》中,马克思对原始的土地公有产权制度做了详尽的考察,论述了原始的土地公有产权产生、发展和消亡的全过程。

马克思指出原始的土地公有产权制度产生的"第一个前提首先是自然形成的共同体:家庭和扩大成为部落的家庭,或通过家庭之间互相通婚〔而组成的部落〕,或部落的联合。……部落共同体,即天然的共同体,并不是共同占有(暂时的)和利用土地的结果,而是其前提"②。即在原始社会生产力十分低下的条件下,人类必须结成共同体才能生存下去,否则,人类是不能生产出足够的生活资料维持生存的。因此,自然形成的共同体是原始的土地公有产权制度形成的前提。

关于原始的土地公有产权制度的特征。其一,马克思认为在原始的天然共同体中"对劳动的自然条件的占有,即对土地这种最初的劳动工具、实验场和原料贮藏所的占有,不是通过劳动进行的,而是劳动的前提。个人把劳动的客观条件简单地看作是自己的东西,看作是自己的主体得到自我实现的无机自然。劳动的

---

① 马克思恩格斯选集(第 1 卷)〔M〕. 北京: 人民出版社,2012: 258.
② 马克思恩格斯全集(第 30 卷)〔M〕. 北京: 人民出版社,1995: 466.

主要客观条件并不是劳动的产物，而是自然。一方面，是活的个人，另一方面，是作为个人再生产的客观条件的土地"①。即在原始共同体中，只有通过对土地的共同占有才能使生产和再生产的活动得以正常进行，而且在原始共同体中劳动的主要客观条件只能是自然存在的土地，而不能是任何别的经过人类加工的东西。其二，马克思指出在原始社会中，任何单独的个人都不能享有对土地的所有权和占有权，其只能作为共同体的一分子才能将自己视为土地的所有者和占有者，土地是共同体成员作为一个整体共同享有的财产权。其三，马克思认为原始的土地公有产权制度具有多样性。他指出原始的土地公有产权制度的实现方式并不是单一的，这种土地产权制度的实现方式具有多样性。马克思考察了原始的土地公有产权制度的三种实现形式，即亚细亚的土地公有产权制度、古代的土地公有产权制度以及日耳曼的土地公有产权制度。

马克思认为"共同体的目的就是把形成共同体的个人作为所有者保持下来，即再生产出来，也就是说，在这样一种客观存在方式中把他们再生产出来，这种客观存在方式既形成公社成员之间的关系，同时又因而形成公社本身。但是，这种再生产必然既是旧形式的重新生产，同时又是旧形式的破坏"②。即马克思认为在原始的自然共同体中，共同体成员进行生产的目的是维持共同体的存在，在生产的过程中将共同体再生产出来。但是随着生产的发展，共同体成了生产的桎梏，阻碍着生产的进一步发展，因此，共同体就逐步走向解体，与此同时，以共同体存在为前提的、作为共同体继续存在基础的原始的土地公有产权制度也就消亡了。

2. 土地私有产权制度

随着原始的土地公有产权制度的消亡，土地私有产权制度便逐渐诞生了。马克思和恩格斯在考察了土地私有产权制度的起源之后，指出土地私有产权制度经历了奴隶制土地私有产权制度、封建土地私有产权制度以及资本主义土地私有产权制度三个阶段。

关于土地私有产权制度的起源。恩格斯在认真研究马克思读摩尔根的《古代社会》所做摘要的基础上而著的《家庭、私有制和国家的起源》中，充分地论述了土地私有产权起源。恩格斯在书中指出："一定历史时代和一定地区内的人们生活于其下的社会制度，受两种生产的制约：一方面受劳动发展阶段的制约，

---

① 马克思恩格斯全集（第30卷）[M]. 北京：人民出版社，1995：476.
② 马克思恩格斯全集（第30卷）[M]. 北京：人民出版社，1995：486.

另一方面受家庭发展阶段的制约。"① 简而言之，土地私有产权制度之所以产生，就是劳动发展即生产力发展和家庭演变共同作用的结果。一方面，劳动即生产力越是发展，劳动产品的数量和种类便越是丰富，当劳动产品出现剩余之后，"私有制和交换、财产差别、使用他人劳动力的可能性"② 便出现了。另一方面，"这种新的财富归谁所有呢？最初无疑是归氏族所有"③。但是，随着自然共同体的逐步解体，在经历血缘家庭、普那路亚家庭、对偶家庭之后，最终形成了一夫一妻制家庭。当一夫一妻制家庭形成之后，便出现了稳定的私有产权主体。因此，这些新增的社会财富即剩余产品，便逐步转归家庭私有，不仅如此，土地等生产资料也逐步成为家庭的私有财产，于是产生了土地私有产权制度。总而言之，劳动发展和家庭发展的综合作用使得私有产权最终诞生，土地私有产权制度亦由此产生。

马克思指出土地私有产权制度依次经历奴隶制土地私有产权制度、封建土地私有产权制度和资本主义土地私有产权制度，并论述了这三个阶段的土地私有产权制度的典型特征。其一，在奴隶制土地私有产权制度下，奴隶本人还是劳动的客观条件，且这种客观条件作为土地的附属物与土地一并为奴隶主所完全占有。其二，在封建土地私有产权制度下，农民不再是土地所有者的财产，农民可以在从土地所有者租来的土地上劳动，但是要向土地所有者缴纳地租。其三，在资本主义土地私有产权制度下，农业劳动者是丧失了一切财产的雇佣工人；作为农业经营者的农业资本家一般不拥有土地，他们从土地所有者那里租赁土地并雇用农业工人来进行农业生产；土地所有者一般不直接经营土地，他们一般把土地租给农业资本家收取地租。

马克思在《资本论》第 3 卷中考察了土地私有制的局限性。首先，马克思论述了小块土地所有制的历史局限性。所谓小块土地所有制，就是"独立的个体农民经济，是由古代公有制解体后逐步过渡而产生的"④。马克思指出，小块土地所有制本身是一种自给自足的自然经济，这种经济不利于规模化生产和科学技术的累进的应用，从而造成社会劳动生产力的停滞不前。不仅如此，小块土地所有制还会造成生产资料的难以集中利用、农业劳动者各自为政，从而造成生产资料和劳动力的极大浪费，导致生产条件和生产环境的持续恶化。再加上小块土地所

---

① ② 马克思恩格斯选集（第 4 卷）［M］. 北京：人民出版社，2012：13.

③ 马克思恩格斯选集（第 4 卷）［M］. 北京：人民出版社，2012：62.

④ 陈征.《资本论》解说（第 3 卷）［M］. 福州：福建人民出版社，2017：605.

有制下，"耕者必须投入一笔资本购买土地"①，这就进一步"缩小了再生产的经济基础"②。紧接着，马克思考察了土地私有产权制度对大农业发展的局限性。马克思认为土地私有制对于资本主义大农业来说也是一种限制，土地私有制会阻碍农业资本家对农业的持续性投入，因为这种投入最终不是有利于农业资本家，而是有利于土地所有者。不仅如此，在资本主义条件下，农业资本家利用土地的方式是不可持续的，他们为了在短时间内榨取更多的剩余价值，以一种劫掠式的方式利用土地，以在短期内提高土地肥力，却造成土地肥力的永久性破坏。总而言之，无论是小农业还是大农业，土地私有产权制度都是阻碍其发展的根源。

3. 社会主义土地公有产权制度

关于社会主义土地产权制度，马克思认为随着"社会经济的发展，人口的增长和集中，迫使资本主义农场主在农业中采用集体的和有组织的劳动以及利用机器和其他发明的种种情况，将使土地国有化越来越成为一种'社会必然'，这是关于所有权的任何言论都阻挡不了的"③。但是，马克思又指出在小农生产占优势的国家里，不宜直接采取土地国有化的措施，只有在资本主义生产方式占优势地位的国家里，无产阶级在取得政权之后，才可以直接采取土地国有化的措施。而在小农生产占优势的国家里，无产阶级取得政权之后，应采取措施逐步引导农民走集体化道路，从而促使土地私有制向集体所有制过渡。

4. 共产主义社会土地产权制度的消失

马克思在《资本论》第3卷中指出，在未来共产主义社会，土地产权制度是会走向消亡的。他指出："从一个较高级的经济的社会形态的角度来看，个别人对土地的私有权，和一个人对另一个人的私有权一样，是十分荒谬的。甚至整个社会，一切民族，以致一切同时存在的社会加在一起，都不是土地的所有者。他们只是土地的占有者，土地的受益者，并且他们应当作为好家长把经过改良的土地传给后代。"④ 这里"较高级的经济的社会形态"，应该指的是未来共产主义社会，在共产主义社会，土地产权制度将会消亡，任何主体都不能成为土地所有者，这些主体只能作为土地暂时的占有者对土地进行使用，而且他们在使用土地的同时必须节约地力、改良土地，以便将其传给下一代。

---

① 资本论（第3卷）[M]. 北京：人民出版社，2018：913.
② 资本论（第3卷）[M]. 北京：人民出版社，2018：916.
③ 马克思恩格斯选集（第3卷）[M]. 北京：人民出版社，2012：175 – 176.
④ 资本论（第3卷）[M]. 北京：人民出版社，2018：878.

（三）土地产权的结合与分离

马克思在考察土地产权时，不仅考察了土地所有权这个终极权能，而且对由土地所有权衍生出来的占有权、使用权、收益权、处分权以及抵押权等各项权能都做了详尽的考察。马克思认为，土地产权的各项权能既可以结合在一起由一个产权主体所享有，也可以分离开来由多个产权主体享有。

1. 全部土地产权权能统一于一个主体

全部土地产权权能统一于一个主体，是指土地的所有权、占有权、使用权、收益权、处分权、抵押权等各项权能由一个产权主体所享有。马克思在《资本论》中以小块土地所有制为例对这种情况进行了考察。马克思指出在小块土地所有制下，"农民同时就是他的土地的自由所有者，土地则是他的主要生产工具，是他的劳动和他的资本的不可缺少的活动场所。在这个形式下，不支付任何租金；因而地租不表现为剩余价值的一个分离出来的形式，尽管在资本主义生产方式通常已经发展的国家里，同其他生产部门比较，它也会表现为超额利润，不过这种超额利润，同劳动的全部收益一样，为农民所得"①。第一，在小块土地所有制下，劳动者同时是土地等生产资料的所有者和占有者。第二，拥有充分的土地所有权是小块土地所有制发展的必要条件和"个人独立性发展的基础"②。第三，产权主体完全享有土地产权。在这种形式下，土地使用者和所有者是同一个产权主体，因此他不需要为使用土地而付出地租，从而地租也不会表现为剩余价值的一部分。

2. 公有制中土地产权权能的分离

关于土地产权权能的分离，马克思认为在原始的土地公有产权制度中就已经存在了。马克思对亚细亚的所有制进行考察之后认为，在亚细亚的所有制形式中包含着所有权与占有权相分离的两种形式。一种形式是土地所有权由大共同体享有，占有权则由小共同体所享有。马克思指出："在大多数亚细亚的基本形式中，凌驾于所有者这一切小的共同体之上的总和的统一体表现为更高的所有者，或唯一的所有者，因而实际的公社只不过表现为世袭的占有者。"③ 另一种形式是在公社内部，所有权归公社整体，公社成员作为公社的一分子享有占有权。马克思认为："在亚细亚的（至少是占优势的）形式中，不存在个人所有，只有个人占

---

① 资本论（第3卷）[M]. 北京：人民出版社，2018：909.
② 资本论（第3卷）[M]. 北京：人民出版社，2018：912.
③ 马克思恩格斯全集（第30卷）[M]. 北京：人民出版社，1995：467.

有；公社是实际的所有者；所以，财产只是作为公共的土地财产而存在。"① 总而言之，在亚细亚的所有制形式中，公社整体即大共同体是公社土地的所有者，公社内部的小共同体或公社成员作为公社的一部分是土地的实际占有者，因此公社整体即大共同体作为土地的所有者自然享有一部分剩余产品。

3. 私有制中土地产权权能的分离

马克思在考察了公有制中土地产权分离的情况之后，对私有制中土地产权的分离状况进行了考察。马克思主要分析了在封建土地私有制和资本主义土地私有制中，土地产权权能分离的基本形式。在封建土地私有制下，地主作为土地所有者，而农民作为"直接生产者不是所有者，而只是占有者"②。即在这种形式下，土地所有权归地主，农民只有用"每周的其他几天，无代价地在地主的土地上为地主劳动"③ 或者"一定数量的实物，如粮食、家禽以及其他农副产品"④ 来向地主换取占有土地和使用土地的权利。在资本主义土地私有制下，土地产权分离又出现了新的情况，在土地所有者和农业劳动者之间又出现了一个新的经济主体——租地农场主。租地农场主并不享有土地所有权，为了取得土地占有权和使用权，他必须向地主支付一定的租金。总而言之，在私有制条件下，如果土地产权权能发生分离，那么土地对于土地所有者来说代表一定数量的地租，土地的使用者必须支付一定数量的地租才能获取土地的占有权和使用权。

（四）土地产权的商品化和配置市场化

1. 土地产权商品化

马克思在考察土地产权时，很多时候是将其当作商品来考察的。马克思指出土地产权商品化是社会生产的发展和土地产权私有化的必然结果。马克思认为："随着社会的发展……对土地本身的直接需求也会增大，因为土地本身对一切可能的，甚至非农业的生产部门来说，都是进行竞争的生产条件。"⑤ 然而，在土地产权私有的条件下，"一些人拥有土地私有权，意味着另一些人丧失土地所有权"⑥，这就导致没有土地产权的人，无论是为了个人基本生活还是为了扩大再生产，都必须首先获取土地产权，这就使得土地产权在事实上充当商品进行交

---

① 马克思恩格斯全集（第30卷）［M］. 北京：人民出版社，1995：475.
② 资本论（第3卷）［M］. 北京：人民出版社，2018：896.
③ 资本论（第3卷）［M］. 北京：人民出版社，2018：892.
④ 陈征. 《资本论》解说（第3卷）［M］. 福州：福建人民出版社，2017：599.
⑤ 资本论（第3卷）［M］. 北京：人民出版社，2018：717 – 718.
⑥ 资本论（第3卷）［M］. 北京：人民出版社，2018：917 – 918.

易。马克思认为，如果说在封建土地私有制下，土地产权商品化还不是一件普遍的、显而易见的事情，那么在资本主义生产条件下，土地产权商品化已经成为普遍存在、显而易见的事情。

2. 土地产权配置市场化

当土地产权商品化之后，它就可以"借助于商品的各小部分的所有权证书，一部分一部分的投入流通"①。简言之，土地产权成为商品之后，就成为一种可以在市场中流通的物品，从而实现其与其他生产条件的组合。马克思在《资本论》中分析了土地产权这个商品交易的两种方式。一是通过土地产权的出租。例如，在资本主义生产条件下，租地农场主一般不拥有土地，其为了使自己的雇佣工人能够运用劳动资料作用于劳动对象，从而榨取剩余价值，就不得不定期向土地所有者支付租金以获得土地占有权和使用权。二是买卖土地产权。马克思分析了土地产权买卖的两种形式。其一，直接买卖。例如，马克思指出在小块土地所有制下，"耕者必须投入一笔资本购买土地"②，这样土地所有者就将土地所有权及其附属权出让给了土地购买者。其二，土地股权的买卖或终极所有权的买卖。在资本主义发展的进程中出现了这样一种趋势，"要把全部生产，工业生产和农业生产，以及全部交往，交通工具和交换职能，都集中在交易所经纪人手里，这样，交易所就成为了资本主义生产本身的最突出的代表"③，即股份制在资本主义生产中所发挥的作用越来越重要。随着股份制成为资本主义的普遍现象，土地抵押也就越来越普遍，银行逐步成为抵押土地所有者；随着股票交易的发展，抵押土地的所有权也就随着银行股票一并转入了交易所手中。

（五）土地产权的重要实现形式：地租

马克思认为地租是土地产权的重要实现形式。马克思在谈到地租时，经常将其与资本主义土地私有产权制度联系起来加以考察。马克思指出，资本主义地租是从封建地租中逐步产生的，是土地所有权在经济上的实现形式，并且详尽研究了资本主义地租的三种主要形式——级差地租、绝对地租和垄断地租，同时还对资本主义条件下土地价格进行了充分的考察。

---

① 马克思恩格斯全集（第31卷）[M]. 北京：人民出版社，1998：332.
② 资本论（第3卷）[M]. 北京：人民出版社，2018：913.
③ 资本论（第3卷）[M]. 北京：人民出版社，2018：1028.

1. 资本主义地租的产生

马克思指出资本主义地租是从封建地租的发展中逐步产生的。马克思指出前资本主义地租包括三种形式——劳动地租、产品地租和货币地租。其中，劳动地租和产品地租是封建社会自给自足的自然经济占统治地位时期的主要地租形式，到了封建社会后期，随着商品经济逐渐发展起来，自给自足的自然经济便逐步瓦解了，劳动地租和产品地租就逐渐被货币地租所代替。马克思指出，地租"一旦取得货币地租的形式，同时，交租农民和土地所有者的关系一旦取得契约关系的形式……也就必然出现租赁土地给资本家的现象"①。当农业资本家出现以后，农业领域中出现了"三个并存的而又互相对立的阶级——雇佣工人、产业资本家、土地所有者"②。在这种生产方式下，"租地农场主成了这种农业工人的实际指挥官，成为了他们剩余劳动的实际剥削者，而土地所有者现在只和这种资本主义租地农场主发生直接关系，而且是单纯的货币关系和契约关系。因此，地租的性质也发生了变化"③，封建地租便过渡为资本主义地租。

2. 地租的本质：土地所有权在经济上的实现

马克思指出："地租是土地所有权在经济上的实现，即不同的人借以独占一定部分土地的法律拟制在经济上的实现。"④ 也就是说，马克思认为地租的存在与土地所有权有着密切的联系，地租的存在必须以土地所有权为前提，土地所有权的性质决定地租的性质。在资本主义条件下，租地农业资本家向土地所有者租赁土地，雇用农业工人进行农业生产，将他们从农业工人那里剥削来的一部分剩余价值当作地租缴纳给土地所有者。因此，地租"是土地经营赖以进行的社会关系产生的结果。它不可能是土地所具有的多少是稳固的持续的本性的结果。租来自社会，而不是来自土壤"⑤。

3. 级差地租、绝对地租与垄断地租

马克思在《资本论》中研究了资本主义地租的三种形式——级差地租、绝对地租与垄断地租。

（1）关于级差地租。马克思指出级差地租是等量资本投在等量面积的土地上，所具有不同生产率产生的超额利润转化而成的地租。级差地租又分为级差地租Ⅰ和级差地租Ⅱ。马克思指出超额利润之所以能够产生是因为农业资本家长期

---

① ③　资本论（第3卷）［M］. 北京：人民出版社，2018：903.

② 　资本论（第3卷）［M］. 北京：人民出版社，2018：698.

④ 　资本论（第3卷）［M］. 北京：人民出版社，2018：715.

⑤ 　马克思恩格斯选集（第1卷）［M］. 北京：人民出版社，2012：268.

租种较优土地，从而对较优土地进行长期的经营，形成了对较优土地经营权的长期垄断，因此能够稳定地获得超额利润。但是由于土地所有权的存在，土地所有者便要求农业资本家将超额利润作为级差地租交付，否则，便收回土地。

（2）关于绝对地租。马克思指出："土地所有权的恰当表现，是绝对地租。"① 也就是说，农业资本家无论租种何种类型的土地都必须向土地所有者支付地租。马克思认为绝对地租是农业工人创造的一部分剩余价值，这一部分剩余价值是由于农业有机构成低于工业有机构成而导致农产品的价值高于其社会生产价格形成的。再加上土地所有权的存在，阻碍了资本向农业部门的自由投资，从而阻碍了农业部门参与利润平均化的进程，最终使得这部分剩余价值转化为绝对地租。

（3）关于垄断地租。马克思指出垄断地租是由垄断价格造成的。那么垄断价格是如何决定的？由于某些土地具有独特的性质，能生产出其他土地所不能生产的某些独特农产品，这些农产品的价格就可以高于它的价值出卖，于是就形成了一个垄断价格。这个垄断价格"只决定于购买者的购买欲和支付能力"，它"既与一般生产价格所决定的价格，也与产品价值所决定的价格无关"。② 这种垄断价格与价值的差额即垄断利润，由于土地所有者的所有权，便转化为垄断地租落入土地所有者手中。

4. 土地价格

"土地不是劳动的产品，从而没有任何价值。"③ 既然这样，为什么土地却可以拥有价格，当成商品出卖？这是因为，"在这个不合理的形式的背后，隐藏着一种现实的生产关系"④，这就是在资本主义条件下，"任何一个货币收入都可以资本化，都可以看作一个想象资本的利息"⑤。例如，假定利息率为5%，一块土地每年的地租为100元，那么这100元的地租就可以看成2 000元资本的利息，2 000元就可以看成这块土地的购买价格。但是，"实际上，这个购买价格不是土地的购买价格，而是土地所提供的地租的购买价格"⑥。

---

① 马克思恩格斯全集（第34卷）［M］. 北京：人民出版社，2008：371.
② 资本论（第3卷）［M］. 北京：人民出版社，2018：876.
③ 资本论（第3卷）［M］. 北京：人民出版社，2018：702－703.
④⑥ 资本论（第3卷）［M］. 北京：人民出版社，2018：703.
⑤ 资本论（第3卷）［M］. 北京：人民出版社，2018：702.

二、马克思土地产权理论的当代价值

(一) 为新农地产权制度改革提供了思路

1. 促进土地产权的明晰与落实

马克思认为："商品不能自己到市场去，不能自己去交换。因此，我们必须寻找它的监护人，商品占有者。"① 也就是说，在商品经济条件下，商品交换要顺利进行，必须明晰各个商品的产权边界，使它拥有明确的主体。马克思在考察土地产权时，是将其当作"商品"来看待的。根据马克思的理论，既然土地产权是"商品"，那么土地产权就应该去寻找自己的"监护人"，否则，土地产权这一"商品"，就不能像其他商品一样在市场经济的活动中顺利地流通。马克思认为土地产权是一个以土地所有权为核心的权能束。没有土地所有权也就谈不上土地产权的其他权能，因此明晰土地产权首先应该明确所有权。

20世纪50年代中后期，经过了农业合作化运动、人民公社化运动之后，农地小农所有制被农地集体所有制代替，到了60年代之后，"三级所有、队为基础"的农地集体所有制最终确立。在这一时期，农村土地集体所有、集体经营，所有权与经营权高度统一，因此，集体所有权权能十分强大。改革开放之后，农村率先推进家庭联产承包责任制改革，在确保集体所有权的前提下，将承包经营权赋予农户，形成了所有权与承包经营权"两权分离"的格局。虽然家庭联产承包责任制改革是在农地集体所有的前提下实施的，但是，从20世纪80年代中期开始，集体所有权的权能不断缩小，承包经营权的权能不断扩大②，出现了所有权虚化、淡化的倾向。党的十八大以来，在全面深化改革的背景下，农地产权从"两权分离"转为"三权分置"，党中央提出在落实集体所有权的前提下，将土地承包经营权进一步分离为农户承包权、土地经营权。推动"三权分置"改革的关键和前提在于落实集体所有权，"落实'农民集体所有的不动产和动产，属于本集体成员集体所有'的法律规定，明确界定农民的集体成员权，明晰集体土地产权归属，实现集体产权主体清晰"③。落实集体所有权，既要防止将集体所有

---

① 资本论（第1卷）[M]. 北京：人民出版社，2018：103.

② 叶兴庆. 集体所有制下农用地的产权重构 [J]. 毛泽东邓小平理论研究，2015（02）：1-8+91.

③ 中共中央办公厅 国务院办公厅印发《深化农村改革综合性实施方案》[EB/OL]. 中国政府网，http：//www. gov. cn/zhengce/2015-11/02/content_2958781. htm，2015-11-02.

权权能搞得过大，将落实集体所有权与稳定承包权、放活经营权对立起来，搞集体所有、统一经营、统一劳动；又要防止在稳定承包权、放活经营权的情形下，将农村推进的"土地确权颁证"工作误认为是将承包权、经营权与集体所有权脱钩，虚化、弱化集体所有权。现阶段落实集体所有权的核心问题在于厘清集体所有权的具体权能。根据中共中央办公厅、国务院办公厅2016年印发的《关于完善农村土地所有权承包权经营权分置办法的意见》，集体所有权包含的权能应该包括："土地集体所有权人对集体土地依法享有占有、使用、收益和处分的权利。集体所有权包含农民集体对承包地发包、调整、监督、收回等各项权能。通过建立健全集体经济组织民主议事机制，切实保障集体成员的知情权、决策权、监督权，确保农民集体有效行使集体土地所有权，防止少数人私相授受、谋取私利。"①

2. 推动土地产权权能进一步分离

在马克思看来，以所有权为核心的土地产权既可以结合起来由一个产权主体来行使，又可以将所有权与其他权能分离开来由多个产权主体来行使，形成不同的土地产权制度。马克思研究了土地私有制和公有制不同情形下，土地产权结合与分离的不同形态，这一理论为我国现阶段土地"三权分置"改革提供了思路和方向。

改革开放以来的家庭联产承包责任制改革，在坚持土地集体所有的前提下，将土地的承包经营权赋予农户，从而将土地的占有权、使用权、收益权、处分权等权能赋予农户，本质上就是农地产权各项权能不断分离的过程，其产权权能的安排就是对马克思土地产权权能结合与分离理论的实践探索。实践证明，家庭联产承包责任制改革极大地促进了农村经济社会的发展，这也说明了马克思的土地产权权能集合与分离的理论是符合我国的现实情况的。现阶段，家庭联产承包责任制下，农地集体所有、家庭承包经营的弊端随着农业的进一步发展而逐渐显露。因此，农地产权制度必须进行深化改革。只有沿着马克思土地产权结合与分离理论的思路进行改革，在保持土地集体所有的前提下，进一步推动承包经营权的分离，以达到"落实集体所有权、稳定农户承包权、放活土地经营权"的目标，才能既使新中国成立以来形成的农地产权制度中的优秀成果得以保存，又使农地产权制度的新一轮改革能够顺利推进。

---

① 中共中央办公厅　国务院办公厅印发《关于完善农村土地所有权承包权经营权分置办法的意见》[EB/OL].中国政府网，http://www.gov.cn/xinwen/2016-10/30/content_5126200.htm，2016-10-30.

（二）为土地产权流转市场化提供指导

第一，根据马克思的土地产权理论，土地产权作为一种商品，具有交换价值，是能够在市场进行流通的，而且应该在市场中进行流通。现阶段，在"三权分置"改革的背景下，土地经营权流转实质上就是土地经营权的商品化。在现行农村基本经营制度下，土地所有权归集体所有，是不能进行买卖的，能够进行交易的只有农地经营权。根据马克思的土地产权商品化理论，一方面，一些通过集体成员资格取得经营权的农户由于某些原因不从事农业生产，另一些拥有少量土地经营权或者没有土地经营权的经济主体要从事大规模农业生产，就必须取得大量土地经营权，使得这部分土地经营权容易被当作商品来进行交易；另一方面，在社会主义市场经济条件下，商品经济的发展和土地经营权的有偿流转实际上已经表明土地经营权商品化了。

第二，马克思关于土地产权配置市场化的理论，为建立合理有效的土地流转机制提供了理论指导。马克思论述了土地产权配置的多种形式，包括土地产权的出卖、出租、转租、抵押以及股份合作等方式，为土地产权的流转提供了多样化的形式。不仅如此，马克思关于地租和土地价格的理论，使我们深刻地认识到了地租的本质和决定、认识到了土地产权价格的运动规律，为构建科学有效的土地流转价格机制提供了理论支撑。

总而言之，马克思关于土地产权商品化和配置市场化的理论，不仅论证了我国土地产权流转的合理性，而且为我国土地产权流转提供了具体的流转机制，对我国构建土地产权流转市场体系具有重要的指导意义。

（三）明确了土地产权制度改革的发展趋势

改革开放以来，家庭联产承包责任制显示出了巨大成效的同时，也出现了诸多的问题。针对家庭联产承包责任制存在的问题，我国学术界围绕土地产权的改革方向进行了激烈的探讨。目前学术界关于土地产权改革方向的主要观点有三种。

一是实行土地私有化。这部分学者认为只有通过"农民集体将农地彻底平分给集体内成员，实行有管理的农地私有制"[①] 才能促进农地资源的优化配置和最大限度地调动农民的生产积极性。二是主张实行土地国有化。这部分学者认为农

---

① 文贯中. 吾民无地：城市化、土地制度与户籍制度的内在逻辑 [M]. 北京：东方出版社，2014：111.

地产权制度改革的方向应该是土地国有化，应该从法律上废除集体所有制，确立土地国有制。[①] 学者们对于土地国有化的具体实现方式也进行了探讨。其中，杨勋[②]、陈明星[③]等学者提出土地国有私营能够实现改革成本最小化的同时将改革效果最大化，从而促进农业增长方式的有效转变。郑林、郑彧豪[④]则主张在土地国有化制度下，由国家直接将经营管理权赋予集体的同时，赋予农户承包经营权。安希伋[⑤]、贾康和梁季[⑥]等则认为国有永佃制是中国农地产权制度改革的方向。三是主张在坚持集体所有制的前提下，推进农地产权制度的改革。这部分学者认为当前农地产权制度改革具有必然性[⑦]，但是土地私有化和土地国有化都不是土地产权制度改革的选项，中国的土地改革应该沿着集体所有制的道路继续前行[⑧]。

　　由此可见，学术界对农地产权制度改革的方向充满了争议。农地产权制度改革究竟何去何从，其实马克思早已给出了提示。首先，土地私有化不能成为我国农地产权制度改革的方向。第一，根据我国的历史经验来看，土地私有化不仅不能很好的保护农民利益，反而会造成大量农民失去土地。对此，恩格斯指出："企图保护小农的所有权，这不是保护他们的自由，而仅仅是保护他们被奴役的特殊形式而已，这种形式的奴役延长着他们求生不成求死不得的状况。"[⑨] 第二，马克思指出无论是在小农业还是大农业中，土地私有制都是阻碍农业发展的根源。其次，土地国有化不能成为现阶段农地产权制度改革的直接目标，土地国有化应该是社会主义生产力更加发达的条件下农地产权制度改革的未来目标。根据马克思的理论，土地国有化虽然是无产阶级在夺取政权之后应该采取的措施，但采取这一措施是有前提的，那就是在资本主义大农业占据优势的国家里采取这样

① 杨经纶. 论我国农村土地制度总体改革 [J]. 中国农村观察，1985 (02)：12 – 15.

② 杨勋. 国有私营：中国农村土地制度改革的现实选择——兼论农村改革的成就与趋势 [J]. 中国农村经济，1989 (05)：23 – 29.

③ 陈明星，肖兴萍. 国有私营：中国农村土地制度改革的方向 [J]. 当代经济科学，1995 (06)：18 – 23.

④ 郑林，郑彧豪. 非改制状态农村集体经济组织的运行矛盾及其有效治理 [J]. 中州学刊，2015 (03)：37 – 44.

⑤ 安希伋. 论土地国有永佃制 [J]. 中国农村经济，1988 (11)：22 – 25.

⑥ 贾康，梁季. 市场化、城镇化联袂演绎的"土地财政"与土地制度变革 [J]. 改革，2015 (05)：67 – 81.

⑦ 李太森. 马克思主义基本原理与当代中国土地所有制改革 [J]. 中州学刊，2017 (09)：31 – 40.

⑧ 洪名勇. 马克思土地产权制度理论研究——兼论新中国农地产权制度改革与创新 [M]. 北京：人民出版社，2011：482 – 494.

⑨ 马克思恩格斯选集（第 4 卷）[M]. 北京：人民出版社，2012：363.

的措施，在小农生产占据优势的国家里只能采取集体所有制这样的方式来实现私有制向公有制的过渡。现阶段，中国特色社会主义进入新时代，但我国仍处于并将长期处于社会主义初级阶段的基本国情没有变。社会主义初级阶段的新时代下，我国的大农业虽说有了较大程度的发展，但是远没有达到像马克思讲的那样，大农业在农业生产领域占据绝对优势。因此，现阶段还不宜将土地国有化作为农地产权制度改革的方向。第三，当前土地产权制度改革不应动摇集体所有制，应该在保持和落实集体所有制的前提下，继续探索集体所有制的多种实现形式。在社会生产力获得了极大程度的发展之后，才进一步考虑将集体所有制逐步引向土地国有制。

第二节　列宁的土地制度理论

土地问题是贯穿俄国革命和建设的中心问题，土地问题不解决，俄国革命、建设就难以取得成功。列宁自投身俄国革命伊始，就非常重视俄国土地问题，随着列宁对俄国基本国情深入研究与对俄国革命、建设的实践进程的深刻把握，形成了以土地所有权制度与土地经营制度为核心的土地制度理论。

一、列宁的土地国有化理论

（一）列宁的土地国有化理论的发展脉络

列宁的土地国有化理论的形成不是一蹴而就的，而是随着俄国革命形势的发展逐步形成的。概括地说，列宁的土地国有化理论的形成经历了三个阶段。

最初，为收回割地而斗争（1905年革命之前）。列宁认为，1861年农奴制改革，虽然在一定程度上解放了农民，但由于沙俄政府实施的"赎买政策"和"割地政策"使农民仍然处于被奴役和被剥削的地位。因此，列宁在《工人政党和农民》及《俄国社会民主党的土地纲领》中提出了"收回割地"的主张，"把1861年从农民手中割去的土地归还农民"[①]。而对于当时马尔丁诺夫等提出的"土地国有化"观点，列宁则提出"在原则上我们完全赞同这个要求"，但是在当时是不合时宜的。列宁指出，在当时"土地国有化"的主张虽然比"收回割

---

① 列宁全集（第41卷）[M]. 北京：人民出版社，1986：73.

地"的主张更进一步，但是"收回割地"的主张却更"能激发当前农村中的阶级斗争"，"相反，土地国有化的要求在某种程度上却会使人忽视农奴制最突出的表现和最厉害的残余"。① 同时，列宁认为马尔丁诺夫等提出的"土地国有化"主张在当时不具备成熟的民主政治前提，实施"土地国有化"的要求会"使人热衷于国家社会主义的荒谬实验"和"模糊阶级斗争这个唯一的革命原则，助长一切官僚习气"。②

继而，向土地国有化转变（1905 年革命前后）。1905 年革命的爆发，使得列宁意识到从前对农民在资产阶级民主主义运动中的革命热情估计不足，认识到了"收回割地"的主张已不能适应革命发展的形势和农民对土地的要求。列宁 1907年在《社会民主党在 1905 年—1907 年俄国第一次革命中的土地纲领》中提出"在俄国资产阶级革命中的纲领只能是土地国有化"，"土地国有化不仅是彻底消灭农业史中的中世纪制度的唯一方式，而且是资本主义制度下可能有的最好的土地制度"。③ 这一时期，列宁重点探讨了土地国有化的内涵、实现条件以及土地国有化是资产阶级民主革命的最高限度等内容。

最后，土地国有化的发展与完善（1917 年十月革命前后）。1917 年二月革命胜利之后，俄国出现了资产阶级临时政府与工农兵代表两个政权并存的局面。为了完成资产阶级革命未能完成的任务，并将资产阶级革命推向社会主义革命，列宁在《四月提纲》中提出："国内一切土地收归国有，由当地雇农和农民代表苏维埃支配。把各个大田庄建成示范农场，由雇农代表进行监督，由公家出资经营。"④ 1917 年 5 月，列宁在全俄农民第一次代表大会上进一步指出："土地私有制应该根本废除，即全部土地的所有权只应属于全体人民。土地应该由地方民主机关来支配。……把每个大的地主庄园建成用优良农具共同耕种的模范农场。"⑤由此可见，列宁对土地国有化提出了诸如土地国有化后归谁支配、如何经营等许多新的更加详尽的要求。不仅如此，列宁还进一步思考和阐述了土地国有化的局限性，即不能消灭贫穷及其应对措施、土地国有化的历史意义等问题。

（二）列宁的土地国有化理论的主要内容

列宁运用马克思主义基本原理分析俄国革命的历史进程，得出了俄国彻底解

① 列宁全集（第 6 卷）[M]. 北京：人民出版社，1986：310.
② 列宁全集（第 6 卷）[M]. 北京：人民出版社，1986：310 - 311.
③ 列宁全集（第 16 卷）[M]. 北京：人民出版社，1988：292 - 393.
④ 列宁全集（第 29 卷）[M]. 北京：人民出版社，1985：115.
⑤ 列宁全集（第 30 卷）[M]. 北京：人民出版社，1985：136 - 137.

决农民土地问题的唯一办法就是土地国有化的结论。

第一，土地国有化的内涵。其一，列宁认为"以经济现实为依据的土地国有化概念，是商品社会和资本主义社会的范畴"①。受农奴制压迫的农民群众及反映其要求的民粹主义，由于看不到新社会的资本主义的属性，其关于土地国有化的概念"根本没有把土地转归人民同任何稍微确切的经济学概念联系起来"，即他们所提出的土地国有化仅仅是"赶走地主，'废除'地界，摆脱份地占有制的羁绊，巩固小农经济，用'平等、博爱、自由'来代替不平等（地主大地产）"②，由此可见，其关于土地国有化的思想是有严重缺陷、不可能实现的。马克思主义者列宁则将土地国有化的概念置于俄国当时正在发展的资本主义经济关系中进行考察。他指出土地是俄国资本主义生产关系发展最重要的一个因素，俄国农民"愈少受土地的牵掣，愈彻底地摆脱地主的压迫，摆脱中世纪土地占有关系和土地占有制度的压抑，摆脱盘剥和专横现象，农民经济自身中的资本主义关系就能愈蓬勃地发展起来"③。土地国有化就是旨在使农民摆脱这些掣肘，尽快促进俄国农民经济中资本主义生产关系的发展。其二，列宁指出，土地国有化的概念是与地租概念不可分割地联系在一起的。列宁指出俄国"在资本主义关系下实行土地国有化，无非就是把地租交给国家"④。这里的地租就是指资本主义地租，即"资本主义社会里特种阶级（土地占有者阶级）的特种收入"⑤。马克思将资本主义地租分为级差地租和绝对地租。"级差地租是由于土地有限，土地被资本主义农场占用而产生的，它同是否存在土地私有制、同土地占有形式完全无关。"⑥ 因此，"在资本主义农业中，即使土地私有制已全部废除，级差地租还是不可避免地要形成的"⑦。在实行土地国有化的资本主义农业中，级差地租将由国家获得，而绝对地租则不同，"绝对地租产生于土地私有制，产生于土地占有者的利益同社会其他人的利益的对立。实行土地国有化就能消灭这种地租"⑧。

第二，土地国有化是土地关系方面资产阶级民主改革的最高限度。"马克思主义十分肯定地证明，土地国有在资产阶级社会中也是可能的、可以设想的，它不会阻碍而会促进资本主义的发展，它是土地关系方面的资产阶级民主改革的最高限度。"⑨ 然而，俄国马克思主义者普列汉诺夫提出当时在农民中广泛流行的土地全民所有制思想即农民的土地国有化思想是反动的、空想的，因而否定土地

---

① 列宁全集（第16卷）[M]. 北京：人民出版社，1988：260.
②③ 列宁全集（第16卷）[M]. 北京：人民出版社，1988：259 - 260.
④⑤⑥⑦ 列宁全集（第16卷）[M]. 北京：人民出版社，1988：261.
⑧ 列宁全集（第16卷）[M]. 北京：人民出版社，1988：263.
⑨ 列宁全集（第12卷）[M]. 北京：人民出版社，1987：227.

国有化的改革措施。但是在列宁看来，在当时俄国资产阶级革命运动中，虽然农民的土地国有化思想带有一定的反动、空想成分，但是这并不能否定俄国农民运动的一般革命民主主义性质。相反，列宁认为社会民主党必须从中清除反动、空想成分，抽出其中革命民主主义的成分，不能否定农民废除土地私有制的诉求，应该"开诚布公地和坚决地向农民说，土地国有是资产阶级的措施，这种措施只有在一定的政治条件下才是有益的"①。

第三，土地国有化的实现条件。当时俄国不少马克思主义者教条地认为只有在资本主义高度发达的阶段才有条件实现土地国有化。列宁则提出这种观点无论从理论上还是在实践中都得不到支持。列宁指出土地国有化不仅是资本主义高度发展的结果，同时也是资本主义迅速发展的条件。如果说土地国有化只能在资本主义高度发展的阶段实现，那么就否认了土地国有化是资本主义迅速发展的条件，从而也就否认了土地国有化是资产阶级进步的措施。列宁指出，既然是资产阶级的进步措施，那么必然是在资本主义尚未充分发展的情况下由资产阶级提出的促进资本主义发展的措施。到了资本主义高度发达的阶段，资本主义社会的矛盾已彻底暴露，已经造成十分强大的、直接追求社会主义的无产阶级。此时，土地国有化已经不可能由资产阶级提出。此外，列宁还分析了马克思所提出的实现土地国有化的两个障碍："激进的资产者害怕社会主义攻击一切私有制"和"资产者已经弄到土地了"。列宁指出这两个障碍在当时的俄国都不存在，一方面，激进的资产者——俄国农民没有弄到土地，他们不用担心遭到无产阶级的攻击，因此他们自然不会害怕社会主义革命；另一方面，资产阶级也没有弄到土地，因此，资产阶级的耕作者也十分可能为废除地主土地所有制而斗争，进而实现资产阶级彻底的"土地解放"，即土地国有化。

第四，土地国有化的意义。一方面，列宁指出土地国有化是反封建的重要手段，能够有效防止复辟。列宁提出相比土地地方公有等土地纲领，土地"国有化在资产阶级土地变革的条件下是最彻底的手段，因为它能摧毁整个中世纪土地占有制"②。"无论什么办法都不能象国有化那样彻底地扫除俄国的中世纪残余，那样彻底地革新在亚洲式制度中几乎腐烂了的农村，那样迅速地推动农艺上的进步。"③ 实行土地国有化，废除了地主土地占有制之后，可以使资本主义经济得到迅速发展，从而使旧土地关系的复辟成为几乎不可能的事情，因为资本主义的

---

①　列宁全集（第12卷）[M]. 北京：人民出版社，1987：227.

②　列宁全集（第16卷）[M]. 北京：人民出版社，1988：293.

③　列宁全集（第16卷）[M]. 北京：人民出版社，1988：289.

发展是任何力量也不能阻止的。另一方面，列宁认为土地国有化是促进资本主义经济发展的进步措施。列宁指出土地国有化可以摧毁俄国地主土地占有制，可以为俄国土地经营者自由经营土地铲除一切障碍，有利于最大限度地保证土地自由交换、自由扩大经营规模、农民自由迁居，从而为资本主义经济发展扫清道路。

第五，土地国有化的局限性。列宁指出，土地国有化作为资产阶级的进步措施，虽然消灭了土地地主占有制，消除了资本与土地进一步结合的障碍，为资本主义经济发展扫清了道路，但是并不能消除贫穷。广大穷苦农民依然没有农具、没有牲畜、没有金钱来经营土地，他们只能沦为资本家的附庸，成为雇佣工人，受雇于资本家勉强维持生计。正如列宁所说，只要"还存在着资本的权力、货币的权力，没有钱，即使有最自由的土地，即使有什么'尺度'，也不能经营，因为只要货币存在，雇佣劳动也就依然存在"①。

二、列宁的土地经营制度理论

早在十月革命之前，列宁就已经开始思考土地国有化制度的实现问题，即土地经营制度的问题。十月革命胜利后，苏维埃俄国颁布土地法令，实施土地国有化的土地纲领，根据这一法令苏俄废除了土地私有制，土地收归国有，苏俄农民的土地要求得到了最大程度的满足。土地法令的颁布和推行，意味着土地国有化制度在苏俄的初步建立。土地国有化制度初步建立之后，列宁更加深入地思考土地国有化制度的实现问题。列宁关于土地经营制度的理论随着苏俄革命与建设的实践历程，不断发展与完善。

（一）土地平均分配使用

十月革命胜利初期，苏维埃俄国政权将一切包括教会、地主、皇室等在内拥有的土地收归国有之后，在列宁的倡导下将一切土地按照平均使用的原则分配给农民进行经营。不仅如此，根据苏俄政权通过的土地法令，苏俄政权将没收的原属于教会、地主、皇室等的耕畜、农具、农用建筑及一切附属物等一同平均分配给农民使用。列宁之所以主张将土地及农用生产资料平均分配给农民是出于以下考虑决定的。

其一，列宁在对当时俄国农业生产的基本情况调查研究之后，发现俄国当时的农业生产力十分落后，俄国农业生产工具还是传统的犁，而且其中有 2/3 是木

---

① 列宁全集（第30卷）[M]. 北京：人民出版社，1985：151－152.

犁，仅有 1/3 是铁犁，只有少量的农业机械，根本没有拖拉机和汽车。列宁指出在如此落后的生产条件下，与之相适应的只能是小生产形式。其二，列宁经过调查之后发现当时的俄国农民迫切地想拥有自己的一份土地，他认为应该尊重农民自己的选择，苏维埃俄国政权不能违背农民的意愿。列宁指出："我们既是民主政府，就不能漠视下层人民群众的决议，即使我们并不同意。"① "我们相信农民会比我们更善于正确地妥当地解决问题。"② 其三，列宁认为将土地平均分配给农民使用对社会主义的事业没有危害，而且在经过一段时期的实践之后农民会开始自觉抛弃平均使用土地的主张。十月革命胜利初期，许多马克思主义者并不同意将土地平均分配给农民使用，他们认为这不符合社会主义的原则。但是列宁认为："只要政权掌握在工农政府手里，只要实行了工人监督，实行了银行国有化，建立了指导（调节）整个国民经济的工农最高经济机构等等，土地平均使用等办法是决不会危害社会主义的。"③ 不仅如此，列宁认为："只要把这个决议运用到实际当中去，在各地实行起来，那时农民自己就会通过实际生活烈火的检验懂得，究竟什么是对的。"④ 即在经过一段时期的实践之后，农民会认识到平均分配土地、进行个体经营的弊端，他们会自觉放弃其主张。

（二）实行共耕制

十月革命胜利后，土地法令的颁布和实行使得土地国有化在苏俄成为现实，俄国农民获得了土地使用权，而这也使得俄国农村成为小生产者的"汪洋大海"，并没有从根源上解决俄国农民的极端贫困问题。更为严峻的是，十月革命胜利之后俄国国内发生了反革命的武装叛乱，英法美日等国也对刚刚成立的苏维埃俄国进行武装干涉，试图扼杀刚刚成立的无产阶级政权。战争的爆发对于俄国农民来说，可谓是雪上加霜。在这种情况下，列宁多次强调："在土地平分这个要求中，把小农生产普遍化和永久化的空想是反动的"。⑤ "分土地只在开始的时候是好的。它是要表明土地从地主手里转到农民手里。但这是不够的。只有实行共耕制才是出路。本来你们没有这种认识，但生活本身会使你们产生这种信念。公社、劳动组合耕种制、农民协作社，——这就是摆脱小经济的弊病的出路，这就是振兴农业，改进农业，节省人力以及同富农、寄生虫和剥削者作斗争的手段。"⑥

---

① 列宁全集（第 33 卷）［M］．北京：人民出版社，1985：20.
②④ 列宁全集（第 33 卷）［M］．北京：人民出版社，1985：21.
③ 列宁全集（第 33 卷）［M］．北京：人民出版社，1985：100.
⑤ 列宁全集（第 6 卷）［M］．北京：人民出版社，1986：310.
⑥ 列宁全集（第 35 卷）［M］．北京：人民出版社，1985：174.

共耕制就是指土地归全民所有的前提下，在农村实行集体集中耕种土地、集体统一经营、集体统一分配的制度。列宁将共耕制分为三种形式：一是农业公社，在农业公社内部，无论是生产资料还是生活资料都实行公有制，公社成员进行统一劳动、产品平均分配，在公共食堂免费吃饭；二是农业劳动组合耕种制，实行土地和生产资料公有制，农民统一劳动，劳动成果按劳动日进行分配，农民还可以拥有少量副业；三是农民协作社，生产资料中除土地实行公有制外，农具牲畜等生产资料实行农民私有制，农民统一劳动，部分产品集中统一分配。

由于苏维埃俄国农村处于小生产的"汪洋大海"中，且苏维埃俄国生产力落后不能为推进共耕制提供农业机械和先进农业技术，所以在推动农民走共耕制道路时"要想用某种快速的办法，下个命令从外面、从旁边去强迫它改造，使其成为社会主义的大经济，是完全荒谬的"①。列宁在引导农民走共耕制道路时，创造出了一系列行之有效的措施，具体来说包括以下几条：一是榜样示范＋苦苦相劝＋传授知识的办法；二是共耕制组织可以在土地、耕畜以及农具方面获得优待；三是注重宣传和不怕重复；四是给农民以实际帮助。

然而，1919 年和 1920 年两年期间，实行共耕制的集体组织为国家提供的余粮仅有 25 万余普特，不足这两年收集总余粮的 0.04%；而且到 1921 年参加共耕制组织的农户仅占苏俄农户总数的 0.9%。② 由此可见，共耕制并没有实现列宁振兴农业、改进农业的设想，没有实现列宁所预期的农业生产率的大幅改善，也没有受到农民的欢迎。究其原因，"战时共产主义时期"执行的"余粮收集制"政策，不仅将农民的余粮征收了，有时甚至将农民的部分口粮和种子都当作余粮征收了。再加上共耕制组织，实行统一劳动、平均分配，导致共耕制组织生产效率极其低下。

（三）农民自由选择土地使用形式

共耕制不仅没能实现列宁发展农业、提高农民生活水平的设想，而且引起了广大农民的反感。这些情况很快引起了列宁的重视，他正确地估量了当时的形势，提出："公社只是引起农民的反感，'公社'这个名词有时甚至成了反对共产主义的口号，而且这种情形不仅是在荒唐地强迫农民加入公社的时候才发

---

① 列宁全集（第 37 卷）［M］. 北京：人民出版社，1986：360 - 361.
② 杨承训，余大章. 论列宁从共耕制到合作制的战略思想转变［J］. 中国社会科学，1984（02）：73 - 90.

生。"① 列宁对实行共耕制实践的失败进行了反思："现在还不能设想向社会主义和集体化过渡"。② "小农只要还是小农，他们就必须有同他们的经济基础即个体小经济相适应的刺激、动力和动因。"③ 即列宁认为目前的苏维埃俄国还不能急于集体化过渡，必须制定出与小农经济相适应的土地使用制度，允许农民自由选择土地耕种形式、允许农民掌握自己的劳动所得、允许农民进行自由贸易。

在上述思想的指导下，列宁领导的苏维埃俄国开始对土地使用制度进行战略性调整。1921 年，俄共（布）第十一次代表大会通过《党在恢复经济方面的当前任务》的决议中提出了土地使用制度的三个原则：一是毫不动摇地保持土地国有化；二是巩固农民的土地使用权；三是给农村居民以选择土地使用形式的自由。1922 年，苏维埃俄国先后颁布了《关于土地劳动使用的基本法》和《俄罗斯社会主义联邦苏维埃共和国土地法典》。这两部法律的颁布更加有效地巩固了土地国有化、稳定了农民的土地占有权和使用权、保护了其土地使用形式的选择权、允许土地出租和使用雇佣劳动等，使农民的土地权益有了确切的法律依据。

（四）发展合作社

十月革命胜利后，列宁一直思考如何引导苏俄农民走上社会主义道路。直到逝世前不久，列宁在对其以往的实践工作和理论工作进行反思和总结的基础上，最终确认合作社制度是引导苏俄农民走向社会主义道路最好的方法。列宁逝世前口述的《论合作社》一文全面而系统地阐述了列宁的合作社思想，在该文中列宁对合作社的认识上升到了一个新的高度。

第一，列宁阐述了通过合作社引导农民走社会主义道路的可行性。列宁认为以往的合作社工作者试图用和平的手段来改造资本主义社会是不可行的，注定是走向失败的幻想。"因为他们没有估计到阶级斗争、工人阶级夺取政权、推翻剥削者阶级的统治这样的根本问题。"④ 他们试图通过合作化来化解剥削阶级与被剥削阶级之间的矛盾，这样做似乎是浪漫主义的，但是这么做最多只能生产出海市蜃楼，不可能实现社会主义。但是，十月革命之后的俄国已经产生了翻天覆地的变化，"现在国家政权既已掌握在工人阶级手里，剥削者的政权既已推翻，全部生产资料（除工人国家暂时有条件地自愿租让给剥削者的一部分生产资料外）

① 列宁全集（第 37 卷）［M］．北京：人民出版社，1986：362.
② 列宁全集（第 40 卷）［M］．北京：人民出版社，1986：177.
③ 列宁全集（第 41 卷）［M］．北京：人民出版社，1986：55.
④ 列宁全集（第 43 卷）［M］．北京：人民出版社，1987：366 – 367.

既已掌握在工人阶级手里"①，那么对苏维埃俄国来说，"合作社的发展也就等于（只有上述一点'小小的'例外）社会主义的发展"②。

第二，列宁认为合作社是引导农民走社会主义道路的最好途径。其一，列宁分析了合作社企业的性质。列宁指出，合作社企业在不同的社会制度下，其性质有所不同。在资本主义制度下，合作社企业首先是私人企业，其次才是集体企业。但在社会主义制度下，合作社企业是集体企业，与社会主义企业是没有区别的。因此，合作社可以成为引导农民走社会主义道路的有效方法。其二，合作社的商业性质容易为农民所接受。列宁指出，"在新经济政策中，我们向作为商人的农民作了让步，即向私人买卖的原则作了让步；正是从这一点（这与人们所想的恰恰相反）产生了合作社的巨大意义"③。由此可见，列宁所讲的合作社是商业领域的合作社。而这种合作社容易将"私人买卖的利益与国家对这种利益的检查监督相结合"④，因此，"在采用尽可能使农民感到简便易行和容易接受的方法过渡到新制度方面"⑤，这种合作社是最好的途径。

第三，列宁分析了走合作社道路应该注意的问题。首先，引导农民走合作社道路应该注意"采用尽可能使农民感到简便易行和容易接受"⑥，不能急于求成，"在最好的情况下，度过这个时代也到一二十年"⑦。其次，"在经济、财政、银行方面给合作社以种种优惠"⑧，"而且要使这种优待成为纯粹资财上的优待。"⑨再次，列宁强调了在农民中进行文化革命的重要性。列宁指出如果农民不能做到人人识字、会读书看报，没有一定的文化水平，则不可能实现合作化。最后，列宁指出实现合作化还应该"改造我们原封不动地从旧时代接收过来的简直毫无用处的国家机关"⑩。

三、列宁的土地制度理论的现实意义

列宁在研究土地问题时自觉运用马克思主义的立场和方法，将土地问题与农业农村问题紧密联系在一起，在认真研究马克思、恩格斯关于土地问题理论的基础上，对解决俄国土地问题提出了深刻的、革命的、科学的见解，对于推进我国农地产权制度改革具有重大借鉴意义。

---

①②⑩ 列宁全集(第43卷)［M］. 北京：人民出版社，1987：367.

③④⑤⑥ 列宁全集（第43卷）［M］. 北京：人民出版社，1987：362.

⑦⑧ 列宁全集（第43卷）［M］. 北京：人民出版社，1987：364.

⑨ 列宁全集（第43卷）［M］. 北京：人民出版社，1987：363.

（一）土地制度改革必须注重基础理论研究

列宁一贯重视理论创新对于实践的指导作用，早在 1902 年完成的经典著作《怎么办》中，列宁就提出了著名的论断："没有革命的理论，就不会有革命的运动。"1905 年，列宁指出俄国社会民主党在研究土地纲领中存在的缺陷："都是实践上考虑多，理论上考虑少；政治上考虑多，经济上考虑少。"[①] 由此可见，列宁在思考俄国土地问题的过程中，同样非常重视理论问题的研究。具体来说：

其一，列宁要求原原本本学习马克思、恩格斯关于土地问题的基本理论。列宁在研究土地问题时，对马克思、恩格斯的相关著作（如恩格斯《法德农民问题》、马克思《资本论》以及马克思发表在《新莱茵报》上的相关文章等）进行了深入的研究，并且作了大量摘录，科学地、正确地阐释了马克思、恩格斯关于土地问题的相关理论。其二，列宁善于在遵循马克思土地理论的前提下，对俄国土地问题进行理论上的创新。例如，列宁在研究"土地国有化"的理论内涵时，正确地运用了马克思历史唯物主义的基本方法与地租理论的基本原理，科学地阐释了"土地国有化"的基本内涵。其三，列宁注重对不同流派土地理论的批判和吸收。列宁在研究俄国土地问题的过程中，不仅阅读了马克思主义的相关著作，而且对其他流派（如民粹主义、资产阶级、小资产阶级及社会主义民主党内部的机会主义分子等）关于土地问题的理论进行了批判和吸收，对不同流派理论的错误之处展开了不可调和的斗争，对其正确部分则给予了肯定。

当前，我们在进行土地制度改革时，应该继承和发扬列宁重视理论研究的精神，必须重视土地问题基础理论的研究。一方面，必须认真研究马克思主义经典作家关于土地问题的相关理论，对于马克思主义经典作家的相关理论应该原原本本地学习，不得随意歪曲、篡改。在推进农地"三权分置"改革的今天，我们尤其要认真学习马克思的土地产权理论、列宁的土地制度理论，从中汲取理论营养用以指导中国的农地产权制度改革。另一方面，我们在学习马克思主义经典作家的相关理论时，又不能照抄照搬、教条主义、本本主义，必须结合中国的实际情况，创造出中国特色社会主义的土地理论。

（二）土地制度改革不能脱离"三农"问题

农业和农民问题是贯穿列宁土地制度思想的一条主线。1922 年，列宁在第九届全俄中央执行委员会第四次常会上的讲话中强调："土地问题，即如何安排

[①] 列宁全集（第 16 卷）[M]. 北京：人民出版社，1988：258.

绝大多数居民——农民的生活问题。"[①] 列宁在领导俄国革命和建设中制定土地纲领时，完整地贯穿了这一理念，在解决俄国土地问题时，一直将农民问题置于中心位置。详而言之：

其一，列宁在制定土地纲领时一直将农民利益置于首位。列宁强调"人民的利益是最高的法律"[②]。列宁从最初的不赞成土地国有化，到最后赞成土地国有化，最重要的就是因为其认识到了"收回割地"的主张已经完全不能满足农民对土地的诉求。十月革命胜利后，列宁之所以倡导共耕制就是为了"真正能使农民群众更快地过上文明生活、真正能使他们同其他公民处在平等地位的出路"[③]。但是，当列宁发现共耕制不仅没能实现提高农民生活水平的目标，甚至还在一定程度上导致农民生活水平的恶化时就立即停止了共耕制的政策，转向了能够激励农民发展生产的自由选择土地使用形式的土地经营制度。其二，列宁在制定土地纲领时一直强调尊重农民意愿。十月革命胜利初期，苏维埃俄国政权施行土地平均分配使用的政策，遭到了一部分人的反对，他们认为将土地平均分配给农民使用，是俄国小资产阶级政党提出来的，并不符合社会主义的原则。列宁则耐心劝导他们："我们布尔什维克本来是反对土地社会化法令的。但我们还是签署了这个法令，因为我们不愿违背大多数农民的意志。对我们来说，大多数人的意志永远是必须执行的，违背这种意志就等于叛变革命。"[④] 在引导农民向共耕制过渡时，列宁同样强调不能违背农民的意志，强迫他们加入共耕制组织，而应该采取榜样示范、苦苦相劝等措施，让农民认识到共耕制组织的优越性。直到 1921 年，加入共耕制组织的农户占全俄农户总数的比重仍不足 1%[⑤]，亦足以说明这一点。列宁认识到共耕制不受农民欢迎时，果断放弃了引导农民走共耕制道路的设想，尊重农民的意愿，确立了农民自由选择土地使用形式的政策。其三，列宁在制定土地纲领时非常重视振兴农业。十月革命胜利后，列宁推行共耕制的初衷是为了摆脱内外困境，实现农业的大发展。但是，经过实践之后，列宁认识到共耕制并不能达到既定的目标，于是开始探索其他道路。1923 年，列宁找到了一条新道路，那就是发展合作社。列宁认为合作社可以将农民个人利益同集体利益、国家利益有效结合起来，是农民容易接受和简便易行的道路，能够将农民引上社会主

---

① 列宁全集（第 43 卷）[M]．北京：人民出版社，1987：245.
② 列宁全集（第 33 卷）[M]．北京：人民出版社，1985：189.
③ 列宁全集（第 35 卷）[M]．北京：人民出版社，1985：357.
④ 列宁全集（第 35 卷）[M]．北京：人民出版社，1985：174.
⑤ 杨承训，余大章．论列宁从共耕制到合作制的战略思想转变 [J]．中国社会科学，1984（02）：73 – 90.

义道路的同时将小农经济联合成为发达的社会主义大农业。

列宁将农业和农民问题作为贯穿其解决土地问题的一条主线，对于中国推进农地产权制度改革具有重要启示。正如 2021 年中央一号文件所提出的，"三农"工作依然极端重要，须臾不可放松，务必抓紧抓实，必须将解决好"三农"问题作为全党工作的重中之重。推进农村土地产权制度改革，必须遵循以人民为中心的根本立场，尊重群众的意愿，从农业农村发展深层次矛盾出发，促进农业高效高质、乡村宜居宜业、农民富裕富足，聚焦于农业农村现代化。

（三）土地制度改革不能脱离生产力与生产关系的辩证统一

生产力与生产关系是辩证统一的，生产力和生产关系的相互作用形成了生产力和生产关系的矛盾运动，而生产力和生产关系的矛盾运动形成了生产关系一定要适应生产力状况的规律：一是生产力决定生产关系的性质与变化，生产关系的变化取决于生产力状况；二是生产关系反作用于生产力，生产关系的适合与否，对于生产力的发展起着促进或者阻碍的作用。列宁一直思考如何通过改变落后的生产关系促进生产力的发展，从而振兴农业并改善农民生活水平。早在十月革命胜利之前，列宁就指出俄国农民之所以生活极端困难，其根源就是小农经济，依靠小农经济无法使农民走出困境，实现生活水平的提高。因此，他提出必须废除小农经济，改变旧的经营方式，必须按照新的经营方式来组织农业生产。十月革命胜利后，列宁开始提出引导农民从个体农户向共耕制过渡的任务。在对共耕制实践失败的反思中，列宁意识到在俄国生产力十分落后的情况下，是无法向共产主义制度直接过渡的。他深刻地认识到，脱离生产力发展的实际状况，人为地变更生产关系来促进生产力发展的企图是不可能实现的。1921 年，列宁在转向允许农民自由选择土地使用形式的同时，继续深入思考如何在小农经济的状况下，实现农业的发展。他指出还是必须通过合作的方式，但是以商业合作社的形式进行。因为"只要小农还是小农，就必须保证小经济有一定的流转体系，否则小农便不能生存"①，而"合作社这一商业形式比私营商业有利，有好处"，"便于把千百万居民以至全体居民联合起来，组织起来"，"合作制政策一旦获得成功，就会使我们把小经济发展起来，并使小经济比较容易在相当期间内，在自愿联合的基础上过渡到大生产"。②

列宁解决俄国土地问题的实践经验与理论思考，再一次雄辩地证明了生产力

---

① 列宁全集（第 41 卷）［M］. 北京：人民出版社，1986：24.
② 列宁全集（第 41 卷）［M］. 北京：人民出版社，1986：214－215.

与生产关系辩证统一的真理。我们在推进新一轮土地产权制度改革时，必须遵循生产力和生产关系相互作用的客观规律，实事求是、因地制宜、循序渐进。正如习总书记所指出的："推进农村改革，必须保持历史耐心，看准了再推，条件不成熟的不要急于去动。对涉及土地、耕地等农民基本权益特别是改变千百年来生产生活方式的事情，一定要慎之又慎，牢牢守住土地公有制性质不改变、耕地红线不突破、农民利益不受损的底线。"①

第三节　中国共产党农地产权制度改革理论②

一、中国共产党农地产权制度改革理论演进的历史

中国共产党自建党以来一直非常重视农地问题，在领导农民解决农地问题的伟大实践中，始终坚持以农地所有权制度和生产经营制度为核心内容，不断推动农地产权制度改革理论的创新发展。在不同历史时期，随着社会主要矛盾和历史任务的发展变化，中国共产党农地产权制度改革理论也经历了不同的发展变化。

（一）新民主主义革命时期：农民土地所有制理论的提出

在新民主主义革命时期，党在领导废除封建土地制度、解决农民土地问题的实践中，逐步形成和发展了农民土地所有制理论。第一次国内革命战争期间，中国共产党提出了"耕地农有"③的主张，认为要使中国农民摆脱极端贫困的生活，其根本办法是要废除地主土地所有制，实行"耕者有其田"，免除农民每年向地主缴纳的地租。土地革命期间，中国共产党对农村阶级关系、土地占有状况进行深入调查，首次提出了一条正确的土地革命路线，明确指出农民是为了取得土地所有权而不是使用权才参加革命的。因此，必须将农民殷切盼望的土地所有权赋予他们。④抗日战争期间，中国共产党对新民主主义革命的性质、对象、任务及前途有了明确的认识，指出新民主主义革命本质上是资产阶级革命，而不是

---

① 习近平. 加快建设农业强国推进农业农村现代化 [J]. 求是，2023 (06)：4 – 17.

② 参见陈晓枫，陈瑞旭，裴文霞. 中国共产党农地产权制度改革理论的百年演进 [J]. 河北经贸大学学报，2021，42 (06)：65 – 72.

③ 第一、二次国内革命战争时期土地斗争史料选编 [M]. 北京：人民出版社，1981：39.

④ 第一、二次国内革命战争时期土地斗争史料选编 [M]. 北京：人民出版社，1981：493.

无产阶级革命，其革命的对象"是封建压迫和民族压迫"；新民主主义革命应该"保护私有财产"，而不是"废除私有财产"①。因此，新民主主义国家"应该没收地主土地，将其分配给无地少地农民……将土地变为农民的私产"②。解放战争时期，中国共产党进一步提出："在消灭封建性和半封建性剥削的土地制度、实行耕者有其田的土地制度的原则下，按人口平均分配土地"，并且将"没收地主阶级的土地归农民所有"③上升为新民主主义三大经济纲领之首。

新民主主义革命时期党的农民土体所有制理论的科学内涵主要包括三个方面：一是无偿没收封建阶级的土地即地主阶级的全部土地以及富农的部分土地，按人口分配给农民。二是"土地一经分定，土地使用权、所有权通通归农民"④。三是土地分给农民之后，"租借买卖，由他自主；田中出产，除交土地税于政府外，归农民所有"⑤。

（二）社会主义革命和建设时期：集体土地所有制理论的形成

新中国成立后，中国共产党在全国范围内进行土地改革，建立农民所有的农地产权制度。1952年底，随着土地改革的完成，国民经济也基本恢复，我国进入了向社会主义社会过渡时期。如何引导农民向社会主义过渡需要进行新的理论探索，中国共产党在马克思主义土地产权理论的指导下，从中国的实际出发，逐步形成了富有中国特色的集体土地所有制理论。

第一，确立了社会主义农地产权制度改革的基本方向：建立集体土地所有制。农民土地所有制确立后，农村陷入了小生产的"汪洋大海"，由于小生产的局限性，造成农业扩大再生产困难、农民出现了贫富分化等问题，不仅不利于实现共同富裕，而且影响工农联盟的巩固。党中央明确指出："土地改革后，农民发生了分化。如果我们没有新东西给农民，不能帮助农民提高生产力，增加收入，共同富裕起来……那末工农联盟就很不巩固了。"⑥为了引导广大农民走上社会主义道路，大力发展农村生产力，实现共同富裕，中国共产党提出"农民的基本出路是社会主义"⑦，"个体所有制必须过渡到集体所有制，过渡到社会主

① 毛泽东选集（第三卷）[M]. 北京：人民出版社，1991：1074.
② 毛泽东选集（第二卷）[M]. 北京：人民出版社，1991：768.
③ 毛泽东选集（第四卷）[M]. 北京：人民出版社，1991：1253.
④ 第一、二次国内革命战争时期土地斗争史料选编 [M]. 北京：人民出版社，1981：502.
⑤ 毛泽东文集（第一卷）[M]. 北京：人民出版社，1993：256.
⑥ 建国以来重要文献选编（第7册）[M]. 北京：中央文献出版社，1993：308.
⑦ 毛泽东文集（第六卷）[M]. 北京：人民出版社，1999：295.

义"①，从而确立了农地产权制度改革的发展方向。

第二，明确了向集体土地所有制转变的途径：农业生产合作社。一方面，农业生产合作社有利于清除农村中的私有制经济，铲除封建剥削的根源，带领农民走共同富裕道路②；另一方面，农业生产合作社与社会主义工业化是相辅相成、辩证统一的，只有加强农业生产合作社建设，才能筑牢社会主义工业化的根基。③

第三，逐步形成"三级所有、队为基础"的农地产权制度。在引导农民向社会主义过渡与建设社会主义的实践中，中国共产党对农业生产合作社发展规模的认识经历了一个发展过程。社会主义改造完成以后，出于加快社会主义发展的考虑，产生了"一大二公"以及办"大社、公社"等急于求成的思想。认为农业生产合作社规模如果过小，则不利于农业机械化的迅速实现，不利于农业生产的进一步发展，仍然束缚生产力的发展。④ 建立大型的综合性的人民公社是领导农民加快社会主义建设，提前建成社会主义并进入共产主义的有效方略。由此，中国农村迅速展开人民公社化运动，提高农地公有化和集体经营规模化程度。然而，事实证明，这种组织形式并不利于农业生产发展，没有达到调动农民建设社会主义积极性的预定目标。中国共产党在认识到"一大二公"的"左"倾错误之后，遵从一切从实际出发、实事求是的思想路线，根据广大农村的生产力发展水平，适时提出农业生产合作社规模应该由农民自主决定，以团结农民、发展生产、改善经营、便利农民监督。在这一思想的指导下，土地所有权从人民公社下放到了生产队，形成了"三级所有、队为基础"的农地产权制度。

（三）社会主义建设与改革开放新时期：家庭联产承包责任制理论的创新

在集体土地所有制理论的指导下，广大农村实现了农地产权制度由私有制向公有制的蜕变，党和国家成功领导农民走上了社会主义道路，促进了社会主义革命和建设事业的发展。但在集体土地所有制理论指导下建立起来的高度集中统一的生产经营制度，脱离了生产力发展的实际，严重挫伤了农民的生产积极性，农业生产效率难以提高，导致农民吃饭问题迟迟未能得到解决。改革开放以后，中国共产党在解放思想、实事求是原则的指导下，在农地产权制度和农村生产经营

---

① 毛泽东文集（第六卷）［M］. 北京：人民出版社，1999：301.
② 毛泽东文集（第六卷）［M］. 北京：人民出版社，1999：437.
③ 毛泽东文集（第六卷）［M］. 北京：人民出版社，1999：432.
④ 中共中央文件选集（第27册）［M］. 北京：人民出版社，2013：315.

制度上实现了新的理论创新。

第一，家庭联产承包责任制成为集体土地所有制的有效实现形式。改革开放初期，针对党内有些同志对实行家庭联产承包责任制的疑惑，邓小平指出，家庭联产承包责任制"是社会主义制度下责任制的一种形式"①，其实行按劳分配，符合集体所有制的基本原则，可以有效激发农民的生产积极性，快速发展社会主义集体经济。江泽民进一步指出家庭联产承包责任制"本身就是农村集体经济最有效的实现形式"②，家庭联产承包责任制与发展农村集体经济是辩证统一的，如果不能稳定家庭联产承包责任制，农村集体经济就不能实现发展，甚至会动摇农村集体经济的根本。

第二，在依法、自愿、有偿的基础上实行土地承包经营权流转。随着家庭联产承包责任制的实施，有些地方出现了农民自发流转土地的经济活动，也引起各种关注和争议。江泽民多次强调："有条件的地方可以按照依法、自愿、有偿的原则进行土地承包经营权流转。"③ 进入21世纪以后，土地流转规模愈发扩大，与此同时也出现了不少乱象，为使土地流转规范化，胡锦涛进一步提出："要切实保障农民对土地承包经营的各项权利，健全在依法、自愿、有偿的基础上的土地承包经营权流转机制。"④

第三，家庭联产承包责任制的发展方向是向高水平集体经济过渡。邓小平指出，虽然家庭联产承包责任制也是集体经济的一种形式，但这是适应落后生产力的一种低水平形式。随着生产力水平的提高，家庭联产承包责任制必须向适应发达生产力的高水平集体经济过渡。邓小平指出，所谓发达生产力是指"机械化水平提高、管理水平提高、多种经营形式、农村商品经济发展以及集体收入提高"⑤。邓小平还指出了促进生产力的发展、实现高水平的集体化必须依靠政策和科学，尤其要依靠科学技术的发展。⑥

（四）中国特色社会主义新时代：农地"三权分置"改革理论的发展

21世纪以前，中国农业生产方式以追求提高土地生产率为主；进入21世纪以后，中国农业生产方式不再以提高土地生产率为主，而是转向以提高劳动生产

---

① 邓小平思想年编：1975－1997［M］. 北京：中央文献出版社，2011：381.
② 江泽民文选（第二卷）［M］. 北京：人民出版社，2006：213.
③ 江泽民文选（第三卷）［M］. 北京：人民出版社，2006：546.
④ 胡锦涛文选（第二卷）［M］. 北京：人民出版社，2016：421.
⑤ 邓小平文选（第二卷）［M］. 北京：人民出版社，1994：315－316.
⑥ 邓小平文选（第三卷）［M］. 北京：人民出版社，1993：17.

率为主，即中国农业正在由传统农业向现代农业转变。① 如何适应和引导这一转变、发展现代农业，以习近平同志为代表的中国共产党人作出了划时代的理论创新，提出"要好好研究农村土地所有权、承包权、经营权三者之间的关系……把农民土地承包经营权分为承包权和经营权，实现承包权和经营权分置并行"②，"抓紧研究探索集体所有权、农户承包权、土地经营权在土地流转中的相互权利关系和具体实现形式"③。农地"三权分置"改革的新意在于：

第一，坚持农地集体所有权是"三权分置"改革的前提。2013年习近平在中央农村工作会议上的讲话中分析了农村土地集体所有制与农村基本经营制度、土地承包经营权的辩证关系，强调了农村土地集体所有制在农村制度中的统领性地位。他指出："坚持农村土地农民集体所有，这是农村基本经营制度的'魂'。农村土地属于农民集体所有，这是农村最大的制度。农村基本经营制度是农村土地集体所有制的实现形式，农村土地集体所有权是农村土地承包经营权的基础和本位。坚持农村基本经营制度，就要坚持农村土地集体所有。"④ 总而言之，推动农村土地制度改革"不能把农村土地集体所有制改垮了"⑤。

第二，稳定农地家庭承包权是"三权分置"改革的基础。习近平经过深入调查研究之后指出："要看到的是，经营自家承包耕地的普通农户毕竟仍占大多数，这个情况在相当长的时间内还难以根本改变。还要看到，有不少地方的农户，因自然条件限制，生产活动即便只能解决自身温饱问题，那也是对国家做出的贡献。"⑥ 因此，"农村集体土地应该由作为集体经济组织成员的农民家庭承包，其他任何主体都不能取代农民家庭的土地承包地位……现有农村土地承包关系保持稳定并长久不变，这是维护农民土地承包经营权的关键"⑦。

第三，放活农地经营权是"三权分置"改革的关键。习近平指出："土地流转和多种形式的规模经营是发展现代农业的必由之路，也是农村改革的基本方向。"⑧ 而推动农村土地流转和发展多种形式的规模经营的关键就在于实现承包

① 刘守英. 中国的农业转型与政策选择 [J]. 行政管理改革，2013 (12)：27 – 31.
② 十八大以来重要文献选编（上）[M]. 北京：中央文献出版社，2014：670.
③ 关于引导农村土地经营权有序流转发展农业适度规模经营的意见 [M]. 北京：人民出版社，2014：6.
④ 十八大以来重要文献选编（上）[M]. 北京：中央文献出版社，2014：668.
⑤ 十八大以来重要文献选编（上）[M]. 北京：中央文献出版社，2014：671.
⑥ 十八大以来重要文献选编（上）[M]. 北京：中央文献出版社，2014：672.
⑦ 十八大以来重要文献选编（上）[M]. 北京：中央文献出版社，2014：668 – 669.
⑧ 习近平李克强就做好耕地保护和农村土地流转工作作出重要指示批示 [EB/OL]. http://www.gov. cn/xinwen/2015 – 05/26/content_2869149. htm，2015 – 05 – 26.

权与经营权分置并行从而放活农地经营权。习近平指出，放活农地经营权、推动农地经营权流转还须注意以下两个方面：一方面，把握好农地流转的原则，坚持因地制宜、循序渐进，依法、自愿、有偿，不得损害农民、集体经济组织及相关利害关系人的利益，坚持流转土地农业用途，优先用于粮食生产[①]；另一方面，把握好农地经营权流转的度，要与城镇化水平、农村劳动力规模、农业科技进步、生产手段改进程度以及农业社会化服务水平相适应[②]。

二、中国共产党农地产权制度改革理论演进的逻辑

一百多年来，中国共产党农地产权制度改革理论经历了几次重大转变，取得了一系列重要理论成果，包括农民土地所有制理论、集体土地所有制理论、家庭联产承包责任制理论、农地"三权分置"理论。通过对中国共产党农地产权制度改革理论演进史的梳理，可以清晰地发现，赋予农民土地产权、提高农民收入（即通过赋予农民土地产权来优化生产关系，从而促进农业生产力的提高，进而促进农民收入的提高）一直是贯穿中国共产党农地产权制度改革理论演进的一条主线。

农民土地所有制理论的基本内容就是要没收封建地主的土地，从而将其分配给无地、少地农民，建立耕者有其田的农地产权制度。在半殖民地半封建社会的旧中国，农村土地占有高度集中，一方面，不到一成的农村人口拥有八成农村土地；另一方面，八成农村人口却只拥有两成土地。[③] 这种不平等的封建地主土地所有制严重阻碍了农业生产力的发展，是农民生活困苦的根源。要发展农业生产力，改善农民生活，就必须废除封建地主土地所有制，从而消灭地主进行剥削的制度基础。废除封建农地产权制度之后，应该建立何种农地产权制度，中国共产党经过长期的理论和实践探索，形成并完善了农民土地所有制理论。在农民土地所有制理论指导下，中国共产党率领广大农民开展艰苦卓绝的土地改革运动，终于 1952 年底在全国除新疆、西藏之外的广大地区完成土地改革，确立了农民土地所有制。在农民土地所有制下，农民获得了完整的土地所有权、使用权、处分权与收益权，农民的生产积极性空前高涨，农地资源的配置效率得到了有效提

---

① 农村土地经营权流转管理办法［EB/OL］. http：//www. gov. cn/zhengce/zhengceku/2021 - 02/04/content_5584785. htm，2021 - 02 - 04.

② 十八大以来重要文献选编（上）［M］. 北京：中央文献出版社，2014：671.

③ 毛泽东农村调查文集［M］. 北京：人民出版社，1982：26.

高，有效促进了农业生产力的发展，促进了农民收入的增加。据统计，1949～1952 年，全国粮食产量由 11 318 万吨增长至 16 392 万吨，粮食产量增加了 44.83%，其中，从 1950 年到 1952 年粮食产量增长率分别达到了 16.74%、8.75%、14.08%。[①]

农民土地所有制的确立虽然使农民拥有了土地，但是"单个农民所拥有的农业生产资料以及农业生产技能却很少，不能满足农业生产的需要"[②]，对农业生产力的提升有限，也无法从根本上改变农民极端贫困的生活状况。据对 23 个省15 342 户农户的统计，土地改革完成后，每个农户平均占有耕畜 0.64 头、犁0.54 部、水车 0.1 架。[③] 由于小农生产的局限性，农村又重新出现了两极分化的趋势，一部分农民由于经营不善等原因很快再次失去土地，长此以往，广大农民刚刚获得的土地必然会再次失去，最终沦为贫雇农，再次回到土地改革之前的状态。

为了保护好土地改革的胜利果实，继续推动农业生产力的进步，中国共产党适时将农民土地所有制理论发展为集体土地所有制理论。在集体土地所有制理论的指导下，中国共产党通过合作社逐步将农民引导上了社会主义道路，在农村建立起了农地集体所有、农业生产合作社经营的农地产权制度。农地集体所有制建立之后，中国共产党对农业生产合作社的规模问题即公有制的程度进行了艰辛探索，以期找到最能促进农业生产力发展的公有制程度。1958 年，中国共产党领导开展了人民公社化运动，期冀迅速提高农业生产力。然而，由于公有制程度过高，脱离了农村生产力发展的客观实际，再加上连续几年自然灾害，不仅没能促进农业生产力的发展，甚至还对农业生产造成了严重的损害。资料显示，粮食产量由 1958 年的 20 000 万吨下降到 1959 年的 17 000 万吨，下降幅度达 15%，1960 年下降到 14 350 万吨，下降幅度达到 15.59%。中国共产党及时调整了人民公社体制，形成了"三级所有、队为基础"的农地产权制度，合作社规模恢复到了高级农业合作社的水平，农村生产关系得到了有效调整，也促进了农业生产力的恢复和发展。粮食产量在 1962 年之后得到了明显恢复和增长，1962 年达到16 000 万吨，较 1961 年增加了 1 250 万吨；1965 年达到 19 453 万吨，基本接近1957 年 19 505 万吨的水平；1976 年达到了 28 631 万吨，比 1965 年增加了 9 178

---

① 新中国五十年统计资料汇编 [M]. 北京：中国统计出版社，1999：33.

② 刘灿. 农村土地产权制度改革的理论逻辑与实践经验：新中国 70 年 [C]//全国高校社会主义经济理论与实践研讨会领导小组，教育部高等学校经济学类专业教学指导委员会. 社会主义经济理论研究集萃（2019）——砥砺奋进的中国经济，西南财经大学经济学院马克思主义研究院，2019：24.

③ 王琢，许浜. 中国农村土地产权制度论 [M]. 北京：经济管理出版社，1996：40.

万吨。① 总而言之，在农地集体所有制理论指导下建立起来的农地集体所有、农业生产合作社经营的农地产权制度实现了将土地保留在农民手里的目标，有效阻止了土地占有的两极分化趋势，有效调整了农村生产关系，从而促进了农民收入的提高。

虽然"三级所有、队为基础"的农地产权制度一定程度上促进了农业生产力的恢复和发展，但是农业生产力的发展却相当缓慢。具体来说，在这种农地产权制度安排下，一方面，农户作为农业生产合作社的社员共同劳动、平均分配，难以激发劳动者的生产积极性；另一方面，"由于政社合一，经济运行受到了行政力量的干扰，经济组织无法作为经济主体享受自主权"②，因此，无法进一步提高农地资源的配置效率，对于农业生产力的提高和农民收入的增加亦是有限的。鉴于此，中国共产党肯定、总结和提高了农民首创的包产到户、包干到户的实践经验，并在此基础上创立和完善了家庭联产承包责任制理论，家庭联产承包责任制在全国范围内迅速得到推广。家庭联产承包责任制在坚持集体土地所有制的同时，赋予农民承包经营权，"使农民拥有了较为稳定的农地占有权、自主的农地使用权、实实在在的农地收益权以及日益完善的农地处分权"③，提高了农地资源的配置效率。由于获得了农地承包经营权，从而直接拥有了农地占有权、使用权、处分权、收益权，广大农民的生产积极性得到了充分调动，促进了农业生产力的提高，推动了农业的快速发展和农民收入的提高。统计表明，1978～2007 年农业生产总值年均增长 13.34%，远高于人民公社时期的 4.92%，农民人均纯收入也从 1978 年的 133 元增加到 2007 年的 4 140 元，年均增长 12.48%。④

随着农村生产力的发展，一方面，一家一户分散经营的家庭经营方式已经无法适应现代农业发展的基本要求，必须推动农地经营权的适度集中，实现农业的规模经营。简言之，农业生产力发展要求实现农地经营权的流转。另一方面，据调查，2007 年农地流转面积只有 0.64 亿亩，占全国家庭承包总耕地面积的 4.8%；然而到 2017 年农地流转面积快速上升到 5.12 亿亩，占全国家庭承包总

---

① 新中国五十年统计资料汇编 [M]. 北京：中国统计出版社，1999：33.

② 张旭，隋筱童. 我国农村集体经济发展的理论逻辑、历史脉络与改革方向 [J]. 当代经济研究，2018（02）：26-36.

③ 陈晓枫，陈瑞旭. 新中国 70 年农地经营权制度演进的逻辑与经验 [J]. 马克思主义与现实，2020（01）：155-162.

④ 罗红云. 中国农村土地制度研究（1949—2008）[M]. 上海：上海财经大学出版社，2012：191 + 238-246.

耕地面积的 37%。^① 这表明，广大农民进行土地流转的意愿已经越来越强烈。总之，无论是客观方面还是主观方面，适度推进农地经营权的流转都成为必然要求。如何在保护农民权益的基础上顺应农民进行土地流转的要求，促进农业生产力的发展，成为中国共产党亟须解决的难题。为了解决这个难题，中国共产党提出了农地"三权分置"理论。其核心要义就在于在落实集体所有权和保护农民家庭承包权的基础上，顺应农民流转土地的意愿，将承包权与经营权分设，并放活农地经营权，促进土地流转。总而言之，承包地"三权分置"制度，既能使新型农业经营主体获得适度规模的农地经营权，优化资源配置，在推动农业规模化的基础上实现农业现代化；又可以在坚持农地集体所有权、将农地承包权保留在农民手里的基础上，使农地经营权真正成为有保障的、可实现的财产性权利，为提高农民收入发挥应有的作用。

三、中国共产党农地产权制度改革理论演进的特色

纵观中国共产党农地产权制度改革理论的百年演进史，可以发现其发展演进是一个连续的、独立自主的创造过程，是服从于中国经济社会发展大局的。

（一）农地产权制度改革理论演进的连续性

中国共产党农地产权制度改革理论从农民土地所有制理论、集体土地所有制理论再到改革开放以后的家庭联产承包责任制理论、农地"三权分置"理论的发展过程，体现了党的农地产权制度改革理论演进的连续性。

改革开放之前党的农地制度改革理论主要是解决农地所有权制度的问题。新民主主义革命初期，中国共产党在共产国际的影响下提出并践行了土地国有化的主张，随着土地革命斗争的深入，中国共产党认识到不可能实现由封建地主所有制向公有制的直接转变，于是，提出了首先由封建地主土地所有制向农民土地所有制转变，然后再逐步向土地公有制转变。随着农民土地所有制的确立，中国共产党开始思考如何领导农民向土地公有制转变，适时创立了集体土地所有制理论。在集体土地所有制理论的指导下，成功实现了由私有制向公有制的转变。

改革开放之后，中国共产党农地产权制度改革理论更加关注如何通过土地产权的细分，促进土地资源的优化配置问题，即集体土地所有制的实现形式问题。

---

① 朱冬亮. 农民与土地渐行渐远——土地流转与"三权分置"制度实践 [J]. 中国社会科学, 2020 (07)：123 – 144 + 207.

家庭联产承包责任制的确立，意味着随着新的经济活动的产生与发展，承包经营权这一新的从集体所有权派生出来的产权得到了正式承认。中国共产党不断充实与完善承包经营权的各项权能，具体表现为不断收缩集体所有权的占有、使用、收益、处分等权能，扩大承包经营权的占有、使用、收益、处分等权能[①]，极大提高了农地资源的配置效率。进入新世纪以后，农地流转规模愈发扩大，承包权与经营权合一设置已经不能实现农地资源的最佳配置。因此，党的十八大以后，中国共产党提出将承包权与经营权分置并行，进一步健全农地经营权的流转机制，从而实现农地经营权的最佳配置。

（二）农地产权制度改革理论演进的创新性

创新是中国共产党农地制度改革理论的重要特色。能够不断创新的根本原因就在于中国共产党成功地运用马克思主义土地产权理论指导中国土地改革的实践，在改革实践中不断推进马克思主义土地产权理论的中国化，创立和完善适合中国国情的农地产权制度改革理论。

新民主主义革命初期，党经过总结经验、独立探索，最终形成和发展了农民土地所有制理论，并且在领导进行土地革命的过程中形成了一系列关于农地没收、农地分配的政策，极大地满足了农民的土地要求。社会主义革命和建设时期，毛泽东提出了马克思主义与中国实际第二次结合的任务，他在《论十大关系》一文中指出："特别值得注意的是，最近苏联方面暴露了他们在建设社会主义过程中的一些缺点和错误，他们走过的弯路，你们还想走？过去我们就是鉴于他们的经验教训，少走了一些弯路，现在当然更要引以为戒。"[②] 中国共产党以苏为鉴、自主寻求，创立了独具中国特色的集体土地所有制理论，成功引导中国农民走上了社会主义道路。改革开放以后，中国共产党恢复了解放思想、实事求是的思想路线，赓续了马克思主义土地产权理论在中国的发展，先后创造出中国特色社会主义的家庭联产承包责任制理论和农地"三权分置"理论。

（三）农地产权制度改革理论演进的全局观

中国共产党农地产权制度改革理论不仅仅局限于农地问题，而是将农地问题置于国民经济和社会发展的全局中统筹考察，将农地问题与中国新民主主义革命、社会主义革命与建设、改革开放中的重大问题联系起来，紧紧抓住中国革

---

① 叶兴庆. 集体所有制下农用地的产权重构 [J]. 毛泽东邓小平理论研究，2015（02）：1-8+91.
② 毛泽东文集（第七卷）[M]. 北京：人民出版社，1999：23.

命、建设和改革中的基础性、根本性、关键性问题进行全盘考虑。

新民主主义革命时期，中国共产党的中心任务就是带领人民群众取得革命战争的胜利，农民土地所有制理论强调废除封建地主所有制，确立农民土地所有权，以激励农民参加革命战争的热情。同时，也强调应该考虑革命战争发展的具体情况，如抗战时期中日民族矛盾已经成为主要矛盾，为了团结国内一切愿意抗日的阶级共同抗日，必须暂缓实行没收地主土地的政策，改行"减租减息"政策，待到将来抗战胜利以后，建设新民主主义国家时再实行没收地主土地的政策。

新中国成立前夕，中国共产党在七届二中全会上提出了建设"工业国"与"社会主义国家"的历史任务。中国共产党认为没有"农业社会化"，就不可能建成"社会主义工业化国家"。因此，在集体土地所有制理论的指导下所建立的农地产权制度，为新中国在较短时间内初步建成相对独立完整的工业体系，起到了至关重要甚至决定性的作用。[①] 从 1952 年至 1978 年，从农业部门流向工业部门的净资金额高达 3 120 亿元，约等于同期非农业部门 73% 的产值。[②]

改革开放之初，中国共产党提出为了在 20 世纪实现"中国式的四个现代化"，应该分两步走，首先解决温饱问题，然后向"小康之家"[③] 迈进。家庭联产承包责任制的理论和实践，促进了农地资源的优化配置，解放和发展了农业生产力，成功地解决了农民的吃饭问题，并且成功带领农民走上了小康之路。

党的十八大之后，中国共产党指出"我们比历史上任何一个时期都更接近、更有信心和能力实现中华民族伟大复兴"[④]，必须为了实现中华民族伟大复兴而努力奋斗。中国共产党认为"民族要复兴，乡村必振兴"[⑤]。为了全面推进乡村振兴，实现中华民族伟大复兴的中国梦，中国共产党提出现阶段农地产权制度改革的基本方向就是顺应农民意愿，促进土地流转和发展多种形式的规模经营，为了实现这一目标，中国共产党创立了农地"三权分置"理论。

---

① 胡怀国. 中国现代化进程中的土地制度：百年变革的理论逻辑 [J]. 当代经济研究，2021 (06)：15 - 23 + 113.

② 孔祥智，刘同山. 论我国农村基本经营制度：历史、挑战与选择 [J]. 政治经济学评论，2013 (04)：78 - 133.

③ 邓小平文选（第二卷）[M]. 北京：人民出版社，1994：237.

④ 习近平谈治国理政（第三卷）[M]. 北京：外文出版社，2020：12.

⑤ 中共中央　国务院关于全面推进乡村振兴加快农业农村现代化的意见 [M]. 北京：人民出版社，2021：2.

四、中国共产党农地产权制度改革理论演进的经验

中国共产党农地产权制度改革理论对促进新民主主义革命、社会主义革命与建设以及改革开放的伟大胜利有着历史性的贡献。回顾百余年来中国共产党农地产权制度改革理论的发展演进，可以给我们不少的经验启示。

（一）党的领导是农地产权制度改革理论守正创新的根本保证

百余年来农地产权制度改革理论发展的历史充分证明了党的领导是农地产权制度改革理论守正创新的根本保证，也是领导中国农民解决土地问题、实现农业农村现代化、走向共同富裕的基本经验。具体来说有以下几个方面。

第一，中国共产党能够以辩证思维来观察和应对不同历史阶段的主要矛盾和挑战。正是在辩证思维的指导下，中国共产党才能够科学地把握不同历史时期的社会主要矛盾和历史任务，从而在领导农民解决土地问题的过程中创造出符合中国国情的农地产权制度改革理论。

第二，人民立场是中国共产党的根本立场。中国共产党在发展农地产权制度改革理论时，总是将农民根本利益放在首位。具体来说，农民土地所有制理论的根本目的就是废除封建地主土地所有制，实现耕者有其田，从而改善农民生活；集体土地所有制理论是为了避免农村重新产生两极分化，实现农民共同富裕；家庭联产承包责任制理论是为了解决农民吃饭问题，带领农民走向小康；农地"三权分置"理论则是为了盘活农民手中的农地资源，促进农业现代化，共享改革发展成果。总而言之，中国共产党能够在维护和发展农民利益的基础上推动农地产权制度改革理论的创新和发展。

第三，中国共产党具有勇于自我革命的宝贵精神品质。习近平总书记《在庆祝中国共产党成立 100 周年大会上的讲话》中指出："勇于自我革命是中国共产党区别于其他政党的显著标志。"① 正因为如此，中国共产党才能对不符合经济社会发展要求的农地产权制度改革理论进行反思和革新，从而使党的农地产权制度改革理论永葆活力。因此只有始终坚持党的领导，才能推动农地产权制度改革理论的创新与发展。

---

① 习近平. 在庆祝中国共产党成立100周年大会上的讲话［J］. 求是，2021（14）：4-14.

（二）问题导向是农地产权制度改革理论守正创新的内在要求

"理论创新只能从问题开始。从某种意义上说，理论创新的过程就是发现问题、筛选问题、研究问题、解决问题的过程。"[1] 中国共产党历来是在解决中国土地现实问题的进程中，发展和创新农地产权制度改革理论的。

在半殖民地半封建社会的旧中国，为了消灭封建剥削，改善农民生活，必须废除封建地主土地所有制，为此，中国共产党创造和发展了农民土地所有制理论。社会主义革命与建设时期，在完成土地改革之后，为了规避农村土地和财富向少数人集中的趋势以及更多地发展农业以支持工业发展，中国共产党创造和发展了集体土地所有制理论。

改革开放初期，为了解决农民吃饭问题，中国共产党在总结农民实践经验的基础上提出和完善了家庭联产承包责任制理论。家庭联产承包责任制虽然基本上解决了农民的温饱问题，但当其制度潜力释放完毕之后，就很难进一步推动农业发展。再加上随着农业劳动力向其他产业的转移和城镇化水平的提高，承包权与经营权合一设置已经不能实现农地资源的最佳配置，会阻碍农业现代化的进程。为了解决这些问题，中国共产党创立了农地"三权分置"理论，在坚持农地集体所有权的根本前提下，稳固了农户的承包权，有利于进一步放活农地经营权，提高农地资源的配置效率，为农业现代化增添助力。总而言之，推动农地产权制度理论守正创新，必须坚持问题导向，认真研究重大时代问题。

（三）实践原则是农地产权制度改革理论守正创新的本质要求

中国共产党的农地产权制度改革理论不是虚无缥缈的海市蜃楼，而是具有鲜明实践色彩的科学理论。中国共产党农地产权制度改革理论的发展过程就是在实践中不断形成、不断验证、不断改进的过程。

一方面，如前所述，中国共产党农地产权制度改革理论的发展演进源自党领导农民解决土地问题的生动实践。面对经济社会发展过程中存在的重大矛盾和现实挑战，中国共产党积极主动总结经验并将其上升为理论学说，形成了独具中国特色的以农地所有权制度和生产经营制度为核心的农地产权制度改革理论。另一方面，实践也是检验党的农地产权制度改革理论是否符合经济社会发展需要的唯一标准。中国共产党所创立的农地产权制度改革理论经历了革命、建设和改革生动实践的检验，极大地推动了中国革命、建设和改革的进程。新民主主义革命时

---

① 十八大以来重要文献选编（上）[M]. 北京：中央文献出版社，2014：326.

期，以农民土地所有制理论为指导，中国共产党着手解决中国的土地问题，满足了农民的土地要求，调动了中国农民的革命热情，极大地支援了中国新民主主义革命。社会主义革命和建设时期，中国共产党践行了集体土地所有制理论，成功地引导农民走上了社会主义道路，并且为新中国工业化提供了数千亿元的建设资金。改革开放以后，在家庭联产承包责任制理论的指导下，中国共产党在广大农村地区确立了家庭联产承包责任制，提高了农地资源配置效率，推动了农业产量的迅速提高，在 20 世纪 80 年代末 90 年代初有效地解决了农民的吃饭问题。进入社会主义新时代以来，通过贯彻落实农地"三权分置"理论，中国共产党找到了一条既能够保护农民财产权益，又能够提高农地资源配置效率的农业现代化道路。

第四节　本 章 小 结

马克思的土地产权理论由以下五个方面构成：其一，马克思深刻地批判了资产阶级经济学家关于土地产权本质的片面解读，指出土地产权本质上是指不同经济主体之间的社会关系；其二，马克思系统地考察了土地产权的历史演变过程，指出土地产权的第一个形态是原始的土地公有产权制度，此后依次经历私有产权制度、社会主义公有产权制度，并指出土地产权将在共产主义社会走向消亡；其三，马克思发现了土地产权是一个以终极所有权为核心的，由所有权、占有权、使用权、收益权、处分权等权能构成的权能束，并且可以形成不同的组合形态；其四，马克思在考察土地产权时，经常将其当成商品来考察，对土地产权商品化进行了透彻的论述，阐述了土地产权商品化的成因以及土地产权市场化配置的途径；其五，马克思对地租——土地所有权的实现形式进行了深入的考察，揭示了地租的本质及其不同表现形式。马克思的土地产权理论是一个科学、完整的理论体系，为我国深化农地产权制度改革指明了方向、提供了思路。

列宁在解决俄国土地问题的实践进程中，继承和发展了马克思土地产权理论，形成了符合俄国国情的土地制度思想。列宁土地制度思想主要围绕两个方面的内容展开：一是土地所有权制度思想。列宁在解决俄国土地问题的实践中，逐步提出和完善了土地国有化思想，对土地国有化的内涵、性质、实现条件、意义以及局限性进行了科学的阐释。二是土地经营制度思想。十月革命胜利后，列宁进一步深入思考了土地国有化制度的实现形式即土地经营制度问题，先后探索了土地平均分配使用、共耕制、农民自由选择土地使用形式以及合作社等几种土地经营制度。列宁在解决俄国土地问题中形成了独具特色的土地制度思想，对于我国新农地产权制度改革有着重要的理论借鉴意义。

中国共产党在领导中国革命、建设和改革的实践进程中，在马克思列宁主义土地经济理论的指导下，创造了一系列具有中国特色的农地产权制度改革理论。具体来说，在新民主主义革命时期，中国共产党提出和创造了以"耕者有其田"为基本目标的新民主主义土地制度理论。社会主义革命和建设时期，中国共产党土地制度理论由新民主主义转向社会主义，形成了以"集体土地所有制和农业合作社"为主要内容的集体土地所有制理论。改革开放和社会主义现代化建设新时期，中国共产党土地制度理论获得了重大突破，创造和发展了以"家庭联产承包责任制"为核心的中国特色社会主义土地制度理论。中国特色社会主义新时代，中国共产党从"土地归谁所有、如何种地、谁来种地"三个方面发展了家庭联产承包责任制理论，创立了"三权分置"理论，中国共产党农地产权制度改革理论获得了全面升华。

新农地产权制度改革与农民财产性收入

第一节　新中国成立以来农地产权制度改革的实践进程

一、社会主义革命和建设时期：集体土地所有制的确立

社会主义革命和建设时期，在中国共产党的领导下，中国农地产权制度的改革经历了两个阶段：第一阶段是 1949～1952 年土地改革时期逐步确立了"耕者有其田"的农民土地所有制；第二阶段是 1953～1976 年集体化时期逐步形成和确立了"产权主体集中统一"的农地集体所有制。

（一）土地改革时期的农地产权制度：农民土地所有制

1. 农民土地所有制的形成

解放战争时期，党已经领导人民在解放区展开土地改革运动，在解放区内宣布施行"耕者有其田"的土地政策。直到新中国成立前夕，党领导的各个老解放区基本完成了土地改革的任务，基本消灭了封建地主所有制的土地产权制度，建立了"耕者有其田"的土地产权制度。但是在新解放区内，广大农村尚未进行土地改革，仍然保留着以封建地主所有制为核心的土地产权制度。因此，在广大新解放区推进土地改革，消灭封建地主所有制、建立"耕者有其田"的土地产权制度就成为新中国成立初期的重要任务之一。为此，党中央多次开会讨论如何在新解放区推进土地改革的工作，在总结解放战争期间老解放区推进土地改革经验教训的基础上，制定了在新解放区内推动土地改革的路线、方针和政策。1950年6月6~9日，党的七届三中全会的召开，通过了在全国范围内推进土地改革的决议，并确立了土地改革的总路线："依靠贫农、雇农，团结中农，中立富农，有步骤有分别的消灭封建剥削制度，发展农业生产。"随后，中央人民政府颁布了《中华人民共和国土地改革法》《城市郊区土地改革条例》《关于划分农村阶级成分的决定》和《农民协会组织通则》以进一步指导土地改革运动在全国范围内的开展。

土地改革运动是分三个阶段完成的。第一阶段实质上是"政治斗争的过程、是建立农民政治优势和组织优势的过程"①。在中国共产党的领导下，成立了各级土地改革委员会、土地改革工作队，广泛地向群众宣传、发动群众，使广大群众认识到封建地主土地所有制是不合理的，是他们生活贫困的根本原因，提高了广大群众的阶级觉悟。在这个过程中，发现和吸收农村群众中的积极分子，建立以贫雇农为核心的农民协会，作为土地改革的执行机关。在此基础上，通过"讲阶级、评阶级、通过阶级和批准阶级"为下一阶段的工作做准备。第二阶段是没收、征收和分配的阶段。没收和征收一般是在农民协会的领导下，没收和征收地主多余的土地、房屋、粮食和其他生产资料。分配是指将没收来的土地、房屋、粮食等生活和生产资料，在各户原有土地的基础上，以人口为单位进行分配。第三阶段是复查阶段。在土地分配完成之后就进入复查阶段，以纠正土地改革过程中出现的失误，进一步巩固土地改革的成果。

1952年底，新解放区的广大农村除新疆、西藏等地区之外，经过上述三个阶段，基本上完成了土地改革。土地改革的完成，使农村的封建剥削制度基本被消灭，建立起了农民土地所有制的土地产权制度。

2. 农民土地所有制的进步性

第一，消灭了封建剥削制度。农民土地所有制的确立，标志着在中国农村存在了2000多年的封建剥削制度被彻底消灭了。农村封建剥削制度的消灭表现在以下两个方面：一方面，地主多余的土地、房屋、粮食等生活资料和生产资料被没收、征收，失去了进行剥削的物质基础。土地改革前，占农村人口10%的地主和富农占了农村土地的70%以上，而且是农村最好的土地②，这构成了封建地主剥削制度的物质基础。土地改革之后，地主多余的土地等生产资料被没收，从

---

① 杜润生. 杜润生自述：中国农村体制变革重大决策纪实 [M]. 北京：人民出版社，2005：8.
② 洪名勇. 马克思土地产权制度理论研究——兼论新中国农地产权制度改革与创新 [M]. 北京：人民出版社，2011：129－130.

而改变了农村土地不合理的占有关系，使得地主失去了依赖地租过生活的基础。另一方面，广大贫雇农获得了土地，农民成为土地真正的所有者，彻底改变了农村的社会阶级状况，农民的经济地位获得了前所未有的提高，从而使农民在政治上也成了国家的主人。

第二，增加了农民的财产和收入。由于农民土地所有制的确立，农民的财产和收入都获得了增加。其一，广大贫雇农由于无偿分得了土地、粮食以及房屋等物质资料，占有的物质资料增加，这是农民财产的直接增加。据统计，土地改革前，贫雇农户均占有土地 0.42 公顷、中农户均占有土地 1.06 公顷；而土地改革完成之后，贫雇农户均占有土地增加到 0.81 公顷、中农户均占有土地增加到 1.24 公顷。① 也就是说，土地改革完成之后，占全国90%的贫雇农以及中农占有的土地都有所增加，而贫雇农占有的土地更是增加了将近一倍。除此之外，农民还分得耕牛 297 万头、农具 3 954 万件、房屋 3 807 万间、粮食 105 亿斤。② 其二，由于地主土地所有制的消灭，农民还免去了每年要向地主缴纳的大约700亿斤的粮食地租。其三，由于广大农民获得了土地、耕牛以及耕具等生产资料，农民的生产积极性获得前所未有的提升，农业产量获得很大提升，农民生活水平大幅提高。据陕西省临潼县雨金区八乡典型户调查：1951 年，农民用于购买生产资料的开支，雇农较解放前增加了 294%，贫农增加了 518%，中农增加了 212%。粮食的消费，雇农较解放前增加了 15.5%，贫农增加了 12.2%，中农增加了9.66%。油、盐、肉、文化、医药等其他生活资料消费，雇农较解放前增加了107%，贫农增加了89.2%，中农增加了51.63%。③ 这些统计资料反映了农民收入在土地改革后获得了大幅增长。

第三，出现了社会主义经济的萌芽。农民土地所有制确立之后，部分农民在党和政府的领导之下自觉地形成了互助组的劳动模式。这种互助合作的形成是由于广大农民缺少劳动资料在生产上遇到许多困难，为了克服这些困难，一些农民自觉地组织起来，进行互助合作。据统计，截至 1953 年，共产生互助组 745 万个。④ 党中央在经过分析之后，认为互助组这种农业生产模式是引导农民走向社会主义道路的中间环节。按照当时的情况，互助组主要有三种形式——临时互助组、常年互助组以及在常年互助组基础上发展起来的以土地入股为特征的土地合

① 杨一帆. 中国农民社会保障制度建构与农地制度变迁 [D]. 成都：西南财经大学，2010.
② 洪名勇. 马克思土地产权制度理论研究——兼论新中国农地产权制度改革与创新 [M]. 北京：人民出版社，2011：209.
③ 王琢，许浜. 中国农村土地产权制度论 [M]. 北京：经济管理出版社，1996，11.
④ 王琢，许浜. 中国农村土地产权制度论 [M]. 北京：经济管理出版社，1996：45.

作社。在临时互助组和常年互助组中，可以说已经出现了社会主义经济的萌芽。在临时互助组中，农民在农业生产上自觉地组织起来互相帮助，这与社会主义劳动合作有了一定的相似性。如果说在临时互助组中社会主义萌芽表现得还不够明显，那么在常年互助组中社会主义因素就表现得较为明显了。常年互助组是在临时互助组的基础上发展起来的，在这种互助组中已经出现了一些简单的生产计划。不仅如此，在有些常年互助组中，已经开始逐步设置了少量的公有生产资料，积累了少量的公有财产。因此，可以说常年互助组已经有了较多社会主义因素，出现了社会主义萌芽。而在土地合作社这种以土地入股为形式的互助组，已经可以说是半社会主义性质的经济成分了。总之，在党的领导之下构建的"耕者有其田"的农地产权制度，已经催生了社会主义的因素，产生了社会主义的萌芽。

3. 农民土地所有制的局限性

一方面，小农经济条件下，不利于农业生产的改善。土地改革完成后形成的"耕者有其田"的农地产权制度，从本质上来说还是一种分散的、自给自足的小农经济，具有十分明显的弊端。其一，这种分散的、自给自足的小农经济，由于力量分散、规模狭小、生产简陋，无力修建一些大型农业公共设施（例如统一的灌溉系统）。除此之外，当面临一些农业生产过程中的困难如自然灾害时，这种小农经济根本无力应对，十分容易破产。其二，这种小农经济积累率很低，有时甚至连简单的再生产也无法维系。土地改革完成后，虽然农民获得了生产资料，但是仍不足以进行扩大再生产。据对 23 个省 15 432 个农户的调查，土改完成后，平均每个农户购买商品的货币支出，贫农为 135.5 元，其中购买生活资料的支出占 77.6%，购买生产资料的支出占 22.4%，而直接用于购买生产工具的，只有 3.5 元；中农为 208.4 元，其中购买生活资料的支出占 61.7%，购买生产资料的支出占 38.3%，而直接用于购买生产工具的也只有 7.6 元。[①] 由此可见，小农经济条件下，农业生产的积累率是相当低的，不用说采用先进的生产技术进行扩大再生产，就是进行必要的简单再生产也有一定的困难。其三，在小农经济条件下，小富即安的小农意识在广大农民中根深蒂固，也阻碍了农业扩大再生产的正常进行。

另一方面，小农经济的两极分化，旧式剥削又有重新抬头之势。土地改革过程中，虽然有部分农民在党的领导下自觉地走上了互助合作的道路，在农村中也出现了社会主义经济的因素，有了社会主义的萌芽。但是，在广大农民群众中，

---

① 王琢，许浜. 中国农村土地产权制度论［M］. 北京：经济管理出版社，1996：40-41.

"随着农村经济的恢复与发展，农民自发力量是发展了的，它不是向着我们所要求的现代化和集体化的方向发展，而是向着富农的方向发展"①。即在小农经济条件下，只有部分农民是在党的领导下朝着社会主义的方向前进，而农民的自发性还是倾向于走富农方向即走资本主义道路的。不仅如此，在农民中间，旧式剥削亦有重新抬头之势。这些问题主要表现在以下四个方面：其一，买卖土地。土地改革完成后，虽然农民获得了土地等生产资料，但是农民所拥有的生产资料和资金还是严重不足的，难以克服生产中遇到的困难。对于贫雇农来说，情况就更为糟糕。因此，一些农民在遇到灾荒或者重大疾病时，就不得不将无偿获得的土地再次出卖以渡过眼前的难关。根据当时山西省忻县地委对143 个村进行的调查，发现有 8 253 户农民出卖土地，占总户数的 19.5%；出卖土地 2 661 公顷，占卖地户总面积的 28%，占调查村土地总面积的 5.57%。从出卖土地的时间看，有逐年增加的趋势。1949 年出卖的占 3.95%，1950 年出卖的占 30.99%，1951 年出卖的占 51.15%，1952 年出卖的占 13.09%。② 其二，一些农户重新陷入租佃经营的境地。农民将土地出卖之后，就只能向土地拥有者租赁土地从事农业生产以维持生活。据 1953 年对湖北、湖南、江西三省农村的典型调查反映，出租土地的农户占农户总数的 12.52%，租入土地的农户占农户总数的 18.69%。租额一般为 35% ~ 45%，最高达 60% 以上。③ 其三，农村出现了雇工的情况。一些善于经营的农户，在买入土地，扩大生产规模之后就出现了雇工生产的情况。据中共中央华北局 1952 年在山西省 7 县 22 个村的调查统计，雇工农户总共有 475 户，占调查总户数的 20%。④ 其四，农村高利贷也有所发展。据湖北、湖南、江西、广东四省调查，其中湖北、湖南、江西三省贫农借债户数约占贫农总户数的 33.33%，而广东省贫农借债户数占贫农总户数的 50%。⑤

（二）集体化时期的农地产权制度：农地集体所有制

1. 农地集体所有制的形成与确立

由于小农私有的农地产权制度固有的局限性及其不符合走社会主义道路的要求，农民土地所有制必然不会成为新中国农村土地产权制度的最终选择。正是在这种背景下，中国共产党领导农民逐步走上了集体化的道路，逐步确立了农地集体所有制。农地集体所有制是通过三个阶段逐步确立和巩固起来的。

第一阶段是集体化的初建时期，即初级农业合作化时期（1953 ~ 1956 年）。

---

① 建国以来重要文献选编（第 2 册）[M]. 北京：中央文献出版社，1992：353 – 354.
②③④⑤ 王琢，许浜. 中国农村土地产权制度论 [M]. 北京：经济管理出版社，1996：33.

从 1953 年开始，全国开始了大规模的社会主义改造，率先发起的就是农业的社会主义改造。1953 年 2 月，中共中央通过了《关于农业生产互助合作的决议》，认为在广大农村地区办好互助组，仍然是目前阶段的主要任务，只是在群众互助合作经验较为丰富和党的领导比较好的地区，则应该进一步引导发展以土地入股、统一经济为特点的农业生产合作社。然而，1953 年底，中共中央通过《关于发展农业生产合作社的决议》，这一决议认为发展农业生产合作社已经成为党领导的互助合作运动向前发展的重要任务。此后，农业生产合作社得到了迅速的发展。到 1956 年 4 月，《人民日报》发表文章宣布我国农村基本上实现了农业生产合作化。① 这一时期农业生产合作社又称为初级社，其主要特点是在保留农户拥有土地的所有权的前提下，合作社对土地进行统一经营，使农村的土地产权制度具有了半社会主义的性质。

第二阶段是集体化的确立时期，即高级农业合作化时期（1956～1958 年）。1955 年 7 月底，中央召开了全国省市委书记会议，毛泽东在会议上作了题为《关于农业合作化问题》的报告。在报告中，毛泽东认为："在全国农村中，新的社会主义群众运动的高潮就要到来。"② 1956 年初，毛泽东主编的《中国农村的社会主义高潮》一书出版，在书中毛泽东大力提倡初级社向高级社和大社过渡。在这一思想的指导下，全国农村在 1956 年掀起了办高级社的高潮。截至 1956 年底，全国已有 96.1% 的农户加入合作社，全国共有 76.4 万个合作社，其中高级合作社有 48.85 万个，占总数的 63.9%，平均每个高级社有 206 户农户。③ 高级农业生产合作社废除了农民土地私有制、确立了集体所有制，是完全社会主义性质的。高级农业合作社的普遍化标志着农地集体所有制的确立。

第三阶段是集体化的固化时期，即人民公社时期（1958～1978 年）。社会主义改造完成后，中国全面进入社会主义建设时期。如何建设社会主义，成为中国共产党面临的一个全新课题。在经过党中央多次研究之后，1956 年召开的党的八届二中全会上将社会主义建设时期的总路线确定为："鼓足干劲、力争上游、多快好省地建设社会主义。"在"左"倾思想的影响下，农村中出现了小社并大社的现象，拉开了人民公社化的大幕。1958 年 9 月初，全国掀起了人民公社化的高潮，到 9 月底，全国参加人民公社的农户达到全国农户总数的 90.4%，平均每

---

① 中国共产党中央委员会、中华人民共和国国务院　关于勤俭办社的联合指示［N］. 人民日报，1956 – 04 – 04（001）.

② 毛泽东文集（第六卷）［M］. 北京：人民出版社，1999：418.

③ 王琢，许浜. 中国农村土地产权制度论［M］. 北京：经济管理出版社，1996：96.

个公社有 4 797 户农户参加。① 这一时期的人民公社直接拥有土地等生产资料，并且以公社为单位对农业生产和产品分配进行管理。由于脱离生产力的发展，一味追求公有制程度的提高，再加上接下来的三年困难时期，造成了农业生产产量的严重下降。这种严重的局面，使党中央认识到必须纠正"左"倾错误，对人民公社进行调整，以促进农业生产的恢复和发展。通过两次调整，到 1962 年确立了以生产小队为基础，将生产资料所有权、生产管理和产品分配下放到生产小队，"队为基础、三级所有"的新的人民公社体制。

2. 农地集体所有制的优势

第一，有利于克服小农经济的局限性。农地集体所有制，有效克服了小农经济力量分散、不利于推进大规模农业基础设施、无力采用先进生产技术进行农业生产等先天不足的问题。这种农地产权制度充分发挥了集中力量的优势，促进了农业基础设施的大规模建设和提高了农业机械化的程度。一方面，人民公社时期，农业基础设施得到了快速的发展。以农田水利为例，1958 ~ 1966 年期间，修建了一大批可以综合利用的水库，使得全国农田的有效灌溉面积翻了一番，从15 933.3 千公顷增加到 32 066.7 千公顷；1967 年以后，农田水利建设以旱涝保收、稳产高产为目标，北方地区进行机井修建，井灌面积从 1965 年的 10 000 千公顷提升到 1979 年的 13 333.3 千公顷，南方地区建设了大批水电站，极大提升了电力提水灌溉的能力。② 另一方面，农地集体所有制的产权制度，也促进了先进农业生产技术的采用。以农业机械化为例，据统计，农业机械总动力 1970 ~ 1978 年间年递增 24%，1978 年是 1970 年的 5.4 倍；机耕面积年递增 11%，1978年是 1970 年的 2.2 倍，1979 年全国农田机耕率达到了 42.4%。③

第二，促进粮食产量和农民收入的稳步增长。农地集体所有制，改变了广大农民过去涣散的状态，使得广大农民被有效地组织起来，对农业生产和农民增收起到了一定的积极作用。据统计，1953 ~ 1957 年期间，全国粮食总产量从 16 683万吨提升到 19 505 万吨，每公顷产量从 1 317 千克提升到 1 459 千克；农民平均消费水平由 1953 年的 72 元提升到 1957 年的 82 元。虽然在人民公社化初期，由于"大跃进"和三年困难时期造成农业产量和农民收入的大幅度下降。但是，在人民公社的生产关系得到重大调整之后，农业产量和农民收入又实现了稳步增

---

① 王琢，许浜. 中国农村土地产权制度论 [M]. 北京：经济管理出版社，1996：113.

② 洪名勇. 马克思土地产权制度理论研究——兼论新中国农地产权制度改革与创新 [M]. 北京：人民出版社，2011：145.

③ 罗平汉. 农村人民公社史 [M]. 北京：人民出版社，2016：435.

加。据统计，1962～1978年期间，粮食总产量逐年增长，由15 441万吨提升到30 476.5万吨，每公顷产粮由1 270千克提升到2 527千克；农民人均消费水平从1962年的93元提升到1978年的138元。[①]

第三，为国家工业化提供了大量的原始资金积累。工业化建设需要大量的资金投入，尤其是重工业的发展更需要大量的资金投入，没有相当的资金投入，工业化不可能成功起步，也不可能进行工业化建设。英国、法国、美国等西方资本主义国家工业化的启动和建设资金来源于国内农业剩余产品的剥夺和国外殖民掠夺。中国共产党发展工业不能也不应该走西方资本主义工业化道路，而是应该走出一条符合中国自己实际情况的工业化道路，中国共产党找到了符合中国实际的工业化道路，那就是通过农业集体化的发展，既实现了农业的发展，又支持了工业化建设。据统计，1950～1979年期间，农业部门为工业部门提供的资金约为4 500亿元，平均每年155亿元。[②]

3. 农地集体所有制的不足

第一，农地产权残缺。农地的集体所有制虽然有效克服了小农经济的局限性，促进了粮食产量和农民收入的稳步增长，但并不表明这种农地产权制度是完美无缺的，它依然存在着不足之处，并导致了农业生产和农民收入的增长缓慢。据统计，从1958年到1978年，农业总产值年均增长率为4.92%，粮食总产量年均增长率为2.93%；而农民消费水平从86元增加到138元，20年间农民的消费水平仅仅提高了52元，20年间农民消费水平年均增长率仅为2.5%，这表明20年间农民收入增长非常缓慢。[③] 为什么土地集体所有制对农业生产增长和农民增收的促进作用没有达到预期目标？究其根本，就是因为这种集体所有制是一种残缺的产权安排，并不能有效发挥出产权的激励、约束、资源配置等功能，从而导致了土地集体所有制的效率低下。

由于这种集体所有制在大部分时间里以人民公社的形式呈现出来，因此，下文以人民公社为例来说明其产权残缺的具体表现。"人民公社的基本特点是'一大、二公、三拉平'。在这种制度下，虽然土地的产权名义上属于集体所有，但由于土地的产权属公社所有，而公社又是国家的基层代表，再加上人民公社制度

---

① 罗红云. 中国农村土地制度研究（1949—2008）[M]. 上海：上海财经大学出版社，2012：142 - 198.

② 《农业投入》总课题组. 农业保护：现状、依据和政策建议 [J]. 中国社会科学，1996（01）：56 - 71.

③ 罗红云. 中国农村土地制度研究（1949—2008）[M]. 上海：上海财经大学出版社，2012：194 - 198.

下政社不分，因此，土地集体所有制实际上演变成土地国有制。事实上，农村土地的使用权、收益权、处置权是由国家来行使的。因为土地的用途是由政府决定的，也就是在土地上生产什么、生产多少以及如何生产都是由公社根据国家的统一计划决定的。同时，国家还通过对农产品实行统购统销制度并以压低农产品价格的形式将农村土地的部分收益隐蔽地转移到国家手中。国家还规定，农村土地不允许买卖、租赁或转让，这意味着，土地的处置权也是由国家掌握的。此外，在人民公社制度下，农民失去了自己劳动力的产权。由于农村劳动力实际上是由人民公社来统一指挥、统一使用、统一调配以及统一分配报酬的。因此，国家实际上掌握了农村劳动力资源的产权。"① 简言之，这种集体所有制在所有权、使用权、收益权、处置权等各个方面都为国家所侵蚀，由此便形成了对生产队决策者激励低下、生产队所有权被侵犯、产权残缺导致的行为扭曲、生产队统一经营下的监督困难和社员努力激励不足，并导致农业生产效率低下、农民收入增长缓慢和普遍的贫困。②

第二，农民负担过重。农业集体化时期，农民负担过重，其中最主要的负担来自国家为了保证工业化建设所需的粮食征购。据统计，1958～1978 年的 20 年间，"国家的粮食净征购率一般都在 15%～20% 之间"③。除此之外，由于人民公社是政社合一的政治经济组织，公社内部机构多、干部多，再加上公社内部医疗卫生体系和教育体系中的非生产人员，这些脱产半脱产人员的工分补贴经常占到社员的 10% 以上，更有甚者高达 30%～40%④，这也给公社内部的成员带来了严重的负担。

二、改革开放和社会主义现代化建设新时期：农地"两权分离"改革

（一）农地"两权分离"改革的提出与确立

由于农地集体所有制的产权制度安排严重束缚了农民的生产积极性，使得农业生产发展缓慢，农民生活长期困难。为了提高农民的生产积极性，促进农业生

---

① 阿不都热依木·哈力克. 新疆农村集体所有制土地产权制度的变革及理论分析［J］. 新疆社会经济，1999（02）：47－51.
② 刘守英. 集体地权制度变迁与农业绩效——中国改革 40 年农地制度研究综述性评论［J］. 农业技术经济，2019（01）：4－16.
③ 国家统计局. 中国统计年鉴（1984）［M］. 北京：统计出版社，1984：370.
④ 罗平汉. 农村人民公社史［M］. 北京：人民出版社，2016：402.

产的发展、提高农民生活水平，改革开放以后实行将所有权和承包经营权相分离的家庭联产承包责任制。

事实上，早在改革开放之前的 1956 年、1959 年和 1962 年，中国农村就先后出现过三次"包产到户"的实践，但是都被当作"走资本主义道路"和"右倾机会主义"的重要表现而受到批判和制止。然而，这种"包产到户"的实践，并没有因为党中央的多次批判和制止而偃旗息鼓。1978 年 11 月，安徽省小岗村再一次掀开了"包产到户"的大幕。这一次"包产到户"的实践，不同于以往，在中央引起了一次大争论，支持者有之，反对者亦有之。同时，广大农民群众也没有因中央有争论就停止了"包产到户"的做法，反而，各种不同形式的"包产到户"实践在全国各地开始发展起来。中央经过调查研究之后，充分认识到了"包产到户"的生产责任制的科学性，结束了争论、达成了共识，并且在 1982 年以"一号文件"的形式系统地总结了 1978 年以来全国"包产到户"的实践经验，明确地肯定了家庭联产承包责任制的合法性，提出了推进和完善家庭联产承包责任制的任务。至此，家庭联产承包责任制成为一项制度被正式确立下来。

（二）农地"两权分离"改革的进步

1. 促进了农业生产的发展和农民收入的增加

家庭联产承包责任制实行"保证国家的、留足集体的、剩下都是自己的"这种分配方式。家庭联产承包责任制满足了农民对剩余农产品的索取权，就是肯定了"多劳多得、少劳少得"的分配原则。同时，因为满足了农民的剩余索取权，就激励农民多投入劳动资料、化肥等非劳动生产要素来提升产量、改良土地。因此，可以说家庭联产承包责任制正确地处理了公平与效率的关系，形成了合理的分配格局，使农民的切身利益得到了保护，有效地调动了农民的生产积极性，从而促进了农业生产的发展和农民收入的增加。具体来说，在农业发展上，1978 ~ 2020 年（以 1952 年为基期）第一产业实际增加值年均增长率为 4.3%，而 1952 ~ 1978 年为 2.2%;[①] 在农民收入方面，在实行家庭联产承包责任制之后，农村居民人均纯收入快速增加，从 1978 年的 133.57 元增加到 2020 年的 17 131.5 元。[②]

2. 激活了农村经济

一方面，促进了乡镇企业的发展。改革开放后，乡镇企业如雨后春笋般发展

---

① 罗斯炫，何可，张俊飚. 改革开放以来中国农业全要素生产率在探讨——基于生产要素质量与基础设施的视角［J］. 中国农村经济，2022（02）：115 - 136.

② 数据源于历年《中国统计年鉴》。

起来。据统计，1983 年，共有乡镇企业 13.46 万个，乡镇企业从业人员 3 234.63 万人，增加值 408.41 亿元左右，总产值 1 019 亿元左右，营业收入 928.7 亿元左右。到 1988 年，乡镇企业增加到 1 888.16 万个，乡镇企业从业人员达到 9 545.46 万人，增加值达到 1 742.04 亿元左右，总产值达到 7 502.44 亿元左右，营业收入 6 619.7 亿元左右。[①] 乡镇企业之所以能得到如此快速的发展，与家庭联产承包责任制改革有很大的关系。首先，粮食产量的迅速提升，为乡镇企业的发展提供了大量的农产品原料；其次，农民收入的迅速增加，为乡镇企业的发展提供了广阔的农村市场；最后，家庭联产承包责任制改革，极大地解放了农村劳动力，为乡镇企业的发展提供了充足的劳动力。

另一方面，推进了农村的市场化。改革开放前的 20 年，我国实行集体所有、集体经营的人民公社体制，在这种高度集中统一的计划经济体制下，广大农民没有独立进行生产和经营的条件与自由，严重阻碍了农村市场化的发展。改革开放后，我国实行家庭联产承包责任制，农户成为独立自主的生产经营单位，为农村市场化进程的启动奠定了重要基础。此外，家庭联产承包责任制改革，满足了广大农民对剩余农产品的索取权，随着农业产量的快速增加，农民手中的剩余产品也快速增多，为农村市场经济的快速发展奠定了物质基础。

3. 推动了城市化进程

改革开放前长期实行的人民公社体制具有很强的强制性和封闭性，其强制性体现在农民只能按照政府制定的计划进行生产经营，除此之外，没有从事其他行业的自由。封闭性体现在公社的农民不具有流动性，终其一生只能在公社内生活。这种强制性和封闭性的农地产权制度安排，严重阻碍了城市化进程。据统计，从 1949 年新中国成立到改革开放前夕，中国的城市化水平由 10.6% 增加到了 17.92%，30 年间城市化水平仅仅提升了 7.32%。[②] 改革开放之后，家庭联产承包责任制改革使广大农民从强制、封闭的农村体制中解放出来，成为能够自主生产经营的独立经济主体，使农民的流动和分化成为可能，在一定程度上具备了自由地选择职业和进行迁徙的能力，为城市化进程提供了充足的动力。因此，改革开放之后中国城市化进程才真正进入发展正轨。据统计，1978～2018 年，城市化水平由 19.92% 提升到 59.58%，其中，1978～1995 年城市化速度每年加快 0.7%。[③]

---

① 中国乡镇企业统计年鉴（2003）[M]. 北京：中国农业出版社，2003.
②③ 踪家峰，林宗建. 中国城市化 70 年的回顾与反思 [J]. 经济问题，2019（09）：1-9.

（三）农地"两权分离"改革的不足

1. 土地碎片化，经营规模狭小

包产到户家庭联产承包责任制实行之后，按照土地质量好坏将土地打乱平均承包给农户，使得土地碎片化十分严重，造成了经营规模狭小的现象。这种一家一户进行独立生产经营的模式，虽然在短期内激发了农民的生产积极性，使得过去长期被压抑的农民释放出了巨大的经营潜力，推动了农业生产的快速发展。但是，一旦被压抑的潜力被释放完毕之后，小农经营的局限性马上就凸显出来了。土地碎片化、经营规模狭小，不仅不利于农业机械化的推进，还造成了农业生产资料的严重浪费。例如，家庭联产承包责任制改革之后，农民对自己的直接利益关心较多，而对与他们息息相关的农业机械、水利设施、农具、车马以及仓库等集体财产关心较少，从而导致了这些农业生产资料中的70%被贱卖，30%被荒废。① 再加上农业经营成本逐年提升，使得家庭联产承包责任制改革的制度绩效在达到一定程度之后，就很难继续得到突破了。据统计，自人均粮食产量从1978年的1 076千克提升到1984年的1 320千克之后，此后20年间，人均粮食产量再也没有得到大的提升，一直在1 300千克左右徘徊。② 就连当初带领小岗村走上"包产到户"的严宏昌都说："分田到户之后，一年跨越温饱线，三十年未过小康关。"③ 由此可见，家庭联产承包责任制改革虽然在短期内释放出巨大的潜能，但是长期来讲，并不利于持续促进农业生产的健康发展。

2. 家庭经营力量薄弱，难以抵御市场风险

虽然1982年的中央一号文件就指出家庭联产承包责任制，"必须与当时当地的生产需要相结合，宜统则统，宜分则分，通过承包把统和分协调起来，有统有包"④。但是，地方政府在执行这一决策的时候，却偏离了这一正确的方向，在执行的过程中演变为一分了之。这使得统分结合的双层经营体制，"分"得太多，而"统"得不够，只剩下了家庭经营，统一经营则大多无从体现。农民重新陷入了过去的无组织状态，"原来人民公社内部的农民指挥系统、组织资源、动员能

---

① 翟新花. 我国农村集体经济体制变迁中的农民发展［M］. 北京：中国社会科学出版社，2015：153.

② 罗红云. 中国农村土地制度研究（1949—2008）［M］. 上海：上海财经大学出版社，2012：243 - 244.

③ 宋亚萍. "分田到户"改革的辩证性反思［J］. 华中师范大学学报（人文社会科学版），2016（05）：1 - 12.

④ 中共中央 国务院关于"三农"工作的一号文件汇编（1982—2014）［M］. 北京：人民出版社，2014：4.

力、整合机制等都在迅速溃散"①。这种状态下的农民生产经营能力有限、缺乏有效的社会服务体系，无法适应社会化大生产的发展，难以参与市场竞争，无力抵御市场风险，也无力承担竞争失败的后果。

3. 农村集体经济日渐衰弱

人民公社体制瓦解之后，不仅经过长时间建立起来的广大农民对集体的依赖感和归属感逐渐消失，而且中国共产党曾经极力培育和倡导的合作意识和合作能力也在"分田单干"的大潮之中近乎消失，导致农村集体经济的持续发展失去最根本的支持力量，造成了大量"空壳村"和"负债村"的出现。根据浙江师范大学农业农村研究中心课题组与农业部经管司联合完成的冀、黑、浙、云、疆5省（区）跟踪调查，2007 年村集体经营收益低于 1 万元的村占 55.13%，其中无任何经营收益的村占 45.4%，1 ~ 5 万元的村占 12.78%，5 ~ 10 万元的村占 10.4%，10 万元以下的村总共占 78.13%。到 2010 年末，上述 5 省（区）中当年无经营收益的村占 49.5%，有经营收益的村中，5 万元以下的村占 27%，5 ~ 10 万元的村占 8.8%，10 万元以下的村合计共占 85.3%。由此还可以发现，村集体贫困还有扩大的趋势。②

三、中国特色社会主义新时代：农地"三权分置"改革

（一）农地"三权分置"改革的形成与发展

1. 承包地"三权分置"改革

第一阶段：相关政策和改革方略的酝酿阶段。2013 年 7 月，习近平总书记在湖北调研时提出，深化农村改革，完善农村基本经营制度，要好好研究农村土地所有权、承包权、经营权三者之间的关系。③ 2013 年底，习总书记《在中央农村工作会议上的讲话》中首次提出"把农民土地承包经营权分为承包权和经营权，

---

① 宋亚萍."分田到户"改革的辩证性反思 [J].华中师范大学学报（人文社会科学版），2016 (05)：1 - 12.

② 王景新.影响农村基本经营制度稳定的倾向性问题及建议 [J].西北农林科技大学学报（社会科学版），2013 (05)：1 - 9 + 2.

③ 习近平在湖北考察改革发展工作时强调 坚定不移全面深化改革开放 脚踏实地推动经济社会发展 [EB/OL].中国政府网，https://www.gov.cn/govweb/ldhd/2013 - 07/23/content_2453761.htm，2013 - 07 - 23.

实现承包权和经营权分置并行"，并指出这是我国农村改革的又一次重大制度创新。①

第二阶段：具体政策及改革方略的正式出台阶段。2014 年 11 月，中共中央和国务院联合颁发的《关于引导农村土地经营权有序流转发展农业适度规模经营的意见》指出，要"坚持农村土地集体所有，实现所有权、承包权、经营权三权分置"。② 2015 年 11 月，中共中央办公厅、国务院办公厅印发《深化农村改革综合性实施方案》重申深化农村土地制度改革的基本方向是"三权分置"。2016 年 10 月，党中央、国务院出台了《关于完善农村土地所有权承包权经营权分置办法的意见》，这是我国第一部针对农地"三权分置"的专门性政策文件。

第三阶段：进一步巩固和完善阶段。党的十九大报告提出实施乡村振兴战略，明确指出要"巩固和完善农村基本经营制度，深化农村土地制度改革，完善承包地'三权分置'制度"，提出"保持土地承包关系稳定并长久不变，第二轮土地承包到期后再延长三十年"③。此后，"三权分置"改革的重要内容被写进了《乡村振兴战略规划（2018—2022 年）》《关于新时代加快完善社会主义市场经济体制的意见》，以及修正后的《中华人民共和国农村土地承包法》和《中华人民共和国土地管理法（2019 年修正）》（以下简称"新《土地管理法》"）以及《中华人民共和国民法典》《农村土地经营权流转管理办法》等一系列政策、法规中，进一步赋予农民充分而有保障的土地权利，稳定了农民土地承包经营预期。

2. 集体经营性建设用地入市改革

改革开放 40 多年来，农村集体经营性建设用地的制度设计经历了三次大的调整。第一次是 1986 年颁布的《土地管理法》规定"国有土地和集体所有的土地的使用权可以依法转让"，使得集体所有土地使用权可依法转让，且当时审批程序较为简单，带动了乡镇企业的蓬勃发展，也出现了农村建设用地自发的市场交易。

第二次是 1998 年修订后的《土地管理法》明确规定农村集体建设用地的使用权不得出让、转让或者出租用于非农业建设，使得农村集体建设用地使用权流转空间大大压缩。2004 年《国务院关于深化改革严格土地管理的规定》发布后，

---

① 十八大以来重要文献选编（上）[M]. 北京：中央文献出版社，2014：670.

② 关于引导农村土地经营权有序流转发展农业适度规模经营的意见 [M]. 北京：人民出版社，2014：2.

③ 习近平. 决胜全面建成全面小康社会 夺取新时代中国特色社会主义伟大胜利——在中国共产党第十九次全国代表大会上的报告 [M]. 北京：人民出版社，2017：32.

农用地转用的年度计划开始实行指令性管理，集体农用地转为集体建设用地的可能性大为降低。然而，随着经济社会的发展，农村集体建设用地的占有、使用、流转的实际情况早已大大超出了法律法规的边界。[①] 而且农村集体建设用地不能自由流转的规定无法提升农村土地的经济效益，也难以保障农民集体应有的利益。[②]

第三次是 2013 年以来的农村集体经营性建设用地入市改革。2013 年，党的十八届三中全会作出的《中共中央关于全面深化改革的若干重大问题的决定》指出："在符合规划和用途管制前提下，允许农村集体经营性建设用地出让、租赁、入股，实行与国有土地同等入市、同权同价。"[③] 这不仅大大拓展了农村集体经营性建设用地使用权的权能，进一步打开了入市一级市场的通道，也标志着集体经营性建设用地入市改革开始走向深化。2014 年 12 月，中央全面深化改革领导小组第七次会议审议通过了《关于农村土地征收、集体经营性建设用地入市、宅基地制度改革试点工作的意见》，北京大兴区等 33 个地区成为试点地区。各相关部门密集出台《农村土地征收、集体经营性建设用地入市和宅基地制度改革试点实施细则》《农村集体经营性建设用地入市土地增值收益调节金征收使用管理办法》《农村集体经营性建设用地使用权抵押贷款管理暂行办法》等制度，进一步完善了试点配套政策。在各地试点的基础上，2019 年集体经营性建设用地入市被写进了新《土地管理法》中，正式从法律层面确立集体经营性建设用地入市制度，实现了集体经营性用地改革的重大突破。2020 年 3 月，中共中央、国务院《关于构建更加完善的要素市场化配置体制机制的意见》进一步提出，"建立健全城乡统一的建设用地市场。加快修改完善土地管理法实施条例，完善相关配套制度，制定出台农村集体经营性建设用地入市指导意见"。2022 年 9 月 6 日，中央全面深化改革委员会第 27 次会议审议通过了《关于深化农村集体经营性建设用地入市试点工作的指导意见》（以下简称《指导意见》），进一步明确规定农村集体经营性建设用地与国有建设用地同等入市、同权同价，在城乡统一的建设用地市场中交易，适用相同规则。这标志着我国集体经营性建设用地入市改革从过去强调建立统一市场的层面转入完善落实交易规则的层面。2023 年 3 月 1 日，自然资源部出台《深化农村集体经营性建设用地入市试点工作方案》，并开展试点工作视频培训，标志着试点地区深化改革的正式启动。此番新政进一步明确了农

---

① 叶兴庆. 农村集体产权权利分割问题研究 [M]. 北京：中国金融出版社，2016：47 - 51.

② 陈寒冰. 农村集体经营性建设用地入市：进展、困境与破解路径 [J]. 现代经济探讨，2019 (07)：112 - 117.

③ 中共中央关于全面深化改革若干重大问题的决定 [M]. 北京：人民出版社，2013：13.

村集体经营性建设用地入市应抓住"两项前置条件",即加快完成国土空间规划编制特别是实用性村庄规划、完成集体土地所有权和使用权确权登记,紧盯"三项负面清单",即不能通过农用地转为新增建设用地入市、不能把农民的宅基地纳入入市范围、符合入市条件的土地不能搞商品房开发,并提出试点地区应探索"两项重点机制",即增值收益调节机制、权益保护机制,为试点地区深化集体经营性建设用地入市改革提供了更加详细的政策指导。

3. 宅基地"三权分置"改革

改革开放以来我国的宅基地制度经历了三个阶段。第一个阶段是改革开放后的 20 年,我国基本上延续了人民公社时期的宅基地管理制度,并出台法律法规,允许农村房屋和宅基地使用权一体转让。

第二个阶段是新世纪的前 10 年,这一时期宅基地制度的主要特征就是"集体所有、成员使用、面积限定、无偿取得、长期使用、限制流转"。

第三个阶段自 2013 年起至今,即宅基地"三权分置"阶段。2013 年,《中共中央关于全面深化改革的若干重大问题的决定》提出"保障农户宅基地用益物权,改革完善农村宅基地制度,选择若干试点,慎重稳妥推进农民住房财产权抵押、担保、转让,探索农民增加财产性收入渠道"[①],有关宅基地处分、收益权能的改革探索开始施行。国家选取了 33 个试点区逐步推进宅基地制度改革试点,并出台了《国务院关于开展农村承包土地的经营权和农民住房财产权抵押贷款试点的指导意见》等配套政策。2015 年 4 月,浙江义乌在全国率先提出农村宅基地所有权、资格权、使用权"三权分置"制度体系设计,对宅基地的取得置换、明晰产权、抵押担保、入市转让、有偿使用、自愿退出及民主管理七方面进行了制度创新。[②] 2018 年通过中央一号文件《关于实施乡村振兴战略的意见》的下发,正式提出探索宅基地所有权、资格权、使用权"三权分置",要求"落实宅基地集体所有权,保障宅基地农户资格权和农民房屋财产权,适度放活宅基地和农民房屋使用权"[③]。2019 年 9 月,中央农村工作领导小组办公室、农业农村部发布《关于进一步加强农村宅基地管理的通知》,文件提出,鼓励村集体和农民盘活利用闲置宅基地和闲置住宅,通过自主经营、合作经营、委托经营等方式,依法依规发展农家乐、民宿等。2020 年 3 月,《关于构建更加完善的要素市场化

---

① 中共中央关于全面深化改革若干重大问题的决定 [M]. 北京:人民出版社,2013:23.

② 俞佳友,陈晓文,傅柏琳. 义乌率先推进宅基地"三权分置" [N]. 浙江日报,2018 - 01 - 16 (01).

③ 中共中央国务院关于实施乡村振兴战略的意见 [M]. 北京:人民出版社,2018:33.

配置体制机制的意见》提出"深化农村宅基地制度改革试点"，"为乡村振兴和城乡融合发展提供土地要素保障"①。2020年6月30日，中央全面深化改革委员会审议通过了《深化农村宅基地制度改革试点方案》，明确要求积极探索落实宅基地"三权分置"改革的具体路径和办法。

（二）农地"三权分置"改革的意义

1. 有利于增加农民收入

农地"三权分置"改革是对农地产权制度的完善和优化，本质上是对产权的进一步界定和明晰。在现阶段仍然坚持按劳分配为主体、多种分配方式并存的基本分配制度的条件下，产权就成为分配的基本依据之一，产权的进一步界定和明晰，有利于优化收入分配的秩序。"三权分置"改革之后，农户的产权相较于"两权分离"时期更加清晰，因此，能够更有效的保护和增加农民收入。

2. 有利于进一步完善农村基本经营制度

1982年中央一号文件正式确认我国农村实行统分结合的双层经营体制，此后党中央也一直强调农村要坚持统分结合的双层经营体制。但是在农村实际发展的过程中，却片面强调家庭承包经营即"分"的方面，而忽视了"统"的方面。推进"三权分置"改革，就是在落实集体所有权的前提下，稳定农户的承包权、放活农地经营权。"三权分置"改革，既可以满足农民保留土地经营权，进行家庭单独经营的意愿；又可以满足农民流转土地经营权的意愿，鼓励和引导农民以土地股份合作、土地托管、代耕代种、土地出租等多种方式流转土地，适当地促进家庭农场、农民合作社、农业企业等多种形式的农业经营方式，从而推进基本经营制度实现形式的多样化。

3. 有利于提高农地资源配置效率，促进农业规模化经营

农地"三权分置"改革落实集体所有权是前提。落实集体所有权，就是要改变过去集体所有权虚化、淡化的状态，建立健全集体所有权的运行机制，确保集体所有权的各项权能的有效实现，从而确保集体所有权人在农地资源配置上依法有效地发挥作用。稳定农户承包权，就是保持农村土地承包关系稳定并长久不变和保持农户承包土地稳定，一方面，有利于在维护广大农民利益的前提下引导农民适度流转土地，将土地流转至生产经营能力更高的新型农业经营主体手中；另一方面，稳定农户承包土地稳定，也有利于新型农业经营主体稳定经营预期，加

---

① 中共中央　国务院关于构建更加完善的要素市场化配置体制机制的意见 [M]. 北京：人民出版社，2020：3.

大对流转土地的投入，提高农地利用效率。放活农地经营权，可以使得新型农业经营主体获得农地经营权的方式更加丰富多样，从而有效扩大生产经营规模。此外，放活农地经营权的重要内容还包括赋予农地经营权的抵押融资功能，拓宽了新型农业经营主体资金来源的渠道，有利于解决其资金短缺的问题，可以为新型农业经营主体扩大经营规模、增加资金投入提供制度保障。

第二节　新农地产权制度改革

一、新农地产权制度改革是新时代的呼唤

（一）全面深化经济体制改革呼唤着新农地产权制度改革

1992 年，党的十四大提出了中国经济体制改革的目标是社会主义市场经济体制，即要使市场在国家宏观调控下对资源配置起基础性作用。此后，中国共产党围绕政府和市场的关系进行了几十年的理论和实践探索。"党的十五大提出'使市场在国家宏观调控下对资源配置起基础性作用'，党的十六大提出'在更大程度上发挥市场在资源配置中的基础性作用'，党的十七大提出'从制度上更好发挥市场在资源配置中的基础性作用'，党的十八大提出'更大程度更广范围发挥市场在资源配置中的基础性作用'。"[1] 2013 年，习近平总书记在党的十八届三中全会上将市场在资源配置中的"基础性作用"修改为"决定性作用"，指出社会主义市场经济体制应该是"市场在资源配置中起决定性作用和更好发挥政府作用"[2] 的经济体制。至此，中国共产党对于市场和政府的定位及其相互关系形成了更加科学的认识。

之后，中国共产党一直按照党的十八届三中全会形成的科学认识全面深化经济体制改革，推动构建全国统一大市场。党的十九届四中全会通过的《中共中央关于坚持和完善中国特色社会主义制度　推进国家治理体系和治理能力现代化若干重大问题的决定》明确提出："公有制为主体、多种所有制经济共同发展，按劳分配为主体、多种分配方式并存，社会主义市场经济体制等社会主义基本经济

---

① 习近平谈治国理政（第一卷）[M]. 北京：外文出版社，2018：76.
② 习近平谈治国理政（第一卷）[M]. 北京：外文出版社，2018：75.

制度，既体现了社会主义制度优越性，又同我国社会主义初级阶段社会生产力发展水平相适应，是党和人民的伟大创造。"① 这一重要论述首次将市场经济体制纳入社会主义基本经济制度，凸显了市场经济体制在新时代经济发展中的战略性地位。2020 年，中共中央、国务院印发了《关于新时代加快完善社会主义市场经济体制的意见》，提出了按照"产权有效激励、要素自由流动、价格反应灵活、竞争公平有序、企业优胜劣汰"的要求"构建更加完善的要素市场化配置体制机制""建设高标准市场体系"的目标。② 党的十九届五中全会进一步提出："实施高标准市场体系建设行动。"③ 2022 年，中共中央、国务院发布了《关于加快建设全国统一大市场的意见》，提出在全国范围内建设一个"市场基础制度规则统一，市场设施高标准联通，要素和资源市场统一，以及商品和服务市场高水平统一，同时，市场的监管要公平统一，不当市场竞争和市场干预行为进一步规范的大市场"④。党的二十大报告进一步提出："构建全国统一大市场，深化要素市场改革，建设高标准市场体系。完善产权保护、市场准入、公平竞争、社会信用等市场经济基础制度。"⑤

新时代全面深化经济体制改革呼唤着新农地产权制度改革。当前构建全国统一大市场的一个重要卡点就是城乡要素市场不统一，而土地市场不统一又是城乡要素市场不统一的关键卡点。具体来说：其一，就农村耕地而言，仍然存在农地承包权和经营权的边界不明晰、土地流转对象的范围仍然狭窄等问题；其二，就农村宅基地而言，市场在宅基地的配置方面作用仍较为有限；其三，就建设用地而言，仍然存在城乡土地产权不平等以及土地资源计划配置等问题。⑥ 因此，必须全面深化农村承包地、集体经营性建设用地以及宅基地改革，进一步明晰产权归属、破除二元价格、规范交易流转，切实推进土地要素市场化配置。

---

① 中共中央关于坚持和完善中国特色社会主义制度 推进国家治理体系和治理能力现代化若干重大问题的决定 [M]. 北京：人民出版社，2019：18.

② 中共中央 国务院关于新时代加快完善社会主义市场经济体制的意见 [M]. 北京：人民出版社，2020：3－16.

③ 中国共产党第十九届中央委员会第五次全体会议文件汇编 [M]. 北京：人民出版社，2020：41.

④ 中共中央 国务院关于加快建设全国统一大市场的意见 [M]. 北京：人民出版社，2022：4－14.

⑤ 习近平. 高举中国特色社会主义伟大旗帜 为全面建设社会主义现代化国家而团结奋斗——在中国共产党第二十次全国代表大会上的报告 [M]. 北京：人民出版社，2022：29.

⑥ 高帆. 基于城乡关系视域的要素市场化改革与全国统一大市场建设 [J]. 马克思主义与现实，2022（05）：110－118.

（二）构建新发展格局呼唤着新农地产权制度改革

2020年10月，习近平总书记在十九届五中全会第二次全体会上的讲话中指出，推进农业农村现代化是构建新发展格局的重要着力点之一。[①] 可以说，没有农业农村现代化，便谈不上新发展格局；而没有新农地产权制度改革便没有农业农村现代化，构建新发展格局呼唤着新农地产权制度改革。具体来说，构建新发展格局农业发展的重点应该在农业产业链转型升级、现代农业经营体系建设以及农业科技创新三个方面。[②] 而农业产业链转型升级、现代农业经营体系建设以及农业科技创新都要以深化农地产权制度改革为前提。

首先，农业产业链转型升级需要解决农地产权问题。在市场经济条件下，仅依靠分散经营的小农是无法解决农业效益低、农民增收难问题的。要提高农业效益、增加农民收入必须促进农业产业链的转型升级，把农业产业链向前、向后延伸，将农业与现代工业、商业、运输业、金融、保险紧密结合起来，将分散经营的小农有效组织起来，形成农业产业化经营和合作化经营。而农地产权制度是将小农组织起来形成农业产业化经营和合作化经营的关键制约因素。[③] 为此，必须深入推进农地产权制度改革，尤其应推进承包地"三权分置"改革，以形成边界明晰、激励有效、保护严格、交易规范的农地产权制度。

其次，现代农业经营体系建设需要深化农地产权制度改革。现代农业经营体系是现代农业发展的重要载体和前提，没有现代农业经营体系就没有现代农业。在以小农经济和细碎耕地为主的中国[④]，构建现代农业经营体系必须充分发挥"统分结合"的农村基本经营制度的优势，将分散经营的小农有效组织起来，从而形成多层次、多形式、多元化的规模经营，这也是构建现代农业经营体系的关键和主要方面[⑤]。然而过去很长一段时间，我们并没有发挥出农村基本经营制度"统分结合"的优势，在很多时候很多地方仅仅是一"分"了之，因此，在未来必须注重加强"统"的方面以真正实现"统分结合"。那么如何发挥农村基本经营制度"统分结合"的优势？这必然要求深化农地产权制度改革，一方面要注意

① 习近平. 论把握新发展阶段、贯彻新发展理念、构建新发展格局 [M]. 北京：中央文献出版社，2021：13-15.

②⑤ 王博，毛锦凰. 论双循环新发展格局与乡村振兴战略融合发展 [J]. 宁夏社会科学，2021（02）：82-89.

③ 成德宁. 我国农业产业链整合模式的比较与选择 [J]. 经济学家，2012（08）：52-57.

④ 韩文龙，李强，杨继瑞. 习近平新时代农地"三权分置"的实践探索 [J]. 财经科学，2018（11）：37-50.

坚持和落实农地集体所有权；另一方面要将承包经营权分设为承包权和经营权，在稳定承包权的基础上放活经营权，从而实现土地集中和规模经营。

最后，农业科技创新也有赖于农地产权制度改革。相关研究表明，农地产权制度从技术供给和技术需求两方面影响着农业科技创新。在技术供给方面，农地产权制度通过影响土地流转、科研资金投入、科研政策制定与实施、科研人才供给等方面，促进农业科技供给及其内生化。在技术需求方面，农地产权制度通过影响技术应用的回报、农户意识、农地应用新技术条件以及农户获取技术的资金等方面促进了农业科技需求的增长及其内生。① 因此，必须深化农地产权制度改革，创造一个能够促进农业科技创新和应用的农地产权制度体系。

（三）建设社会主义现代化农业强国呼唤着新农地产权制度改革

2021 年 7 月 1 日，习近平总书记在天安门城楼上庄严地向全世界宣布："我们已经实现了第一个百年奋斗目标，在中华大地上全面建成了小康社会，历史性地解决了绝对贫困问题，正在意气风发向全面建设社会主义现代化强国的第二个百年奋斗目标前进。"② 2022 年 10 月，习近平在党的二十大上再次明确指出："从现在起，中国共产党的中心任务就是团结带领全国各族人民全面建成社会主义现代化强国、实现第二个百年奋斗目标，以中国式现代化全面推进中华民族伟大复兴。"③ 而实现中华民族伟大复兴最艰巨、最繁重的任务仍然在农村，正如 2023 年中央一号文件所指出的："强国必先强农，农强方能国强。"

"建设供给保障强、科技装备强、经营体系强、竞争能力强的农业强国"④，关键是要改变农业农村在资源配置和国民收入分配的不利地位，而要做到这一点，就必须给农民赋权。给农民赋权，最为重要的就是进行农地产权制度改革，只有这样才能彻底扭转农业农村在资源配置和国民收入中的不利地位，才能让农民富裕起来、农业现代化顺利推进、农村发展起来，为实现中华民族伟大复兴的中国梦奠定坚实的基础。

---

① 公茂刚，王学真. 农地产权制度对农业内生发展的作用机理及其路径 [J]. 新疆社会科学，2018（03）：51 - 60.

② 习近平谈治国理政（第四卷）[M]. 北京：外文出版社，2022：3.

③ 习近平. 高举中国特色社会主义伟大旗帜　为全面建设社会主义现代化国家而团结奋斗——在中国共产党第二十次全国代表大会上的报告 [M]. 北京：人民出版社，2022：21.

④ 中共中央　国务院关于做好 2023 年全面推进乡村振兴重点工作的意见 [M]. 北京：人民出版社，2023：1.

二、新农地产权制度改革的创新突破

（一）新农地产权制度改革的内容新

一方面，从"两权分离"到"三权分置"：压茬改革深度。"三权分置"改革压茬了农地产权制度改革的深度，具体体现为：一是将土地经营权从家庭承包经营权中分设出来，实现了所有权、承包权、经营权"三权分置"，落实集体所有权、稳定家庭承包权、放活土地经营权；二是《农村土地承包法》和《民法典》等法律进一步对土地经营权的性质、形成机制、体系结构等做了进一步规定；三是 2021 年发布的《农村土地经营权流转管理办法》进一步完善了土地经营权流转的基本原则、流转方式、流转合同以及流转当事人的权利与义务，完善了土地经营权流转的体制机制。

另一方面，从"承包地"产权制度改革发展为"承包地、建设用地"产权制度改革并行：拓展改革广度。建设用地产权制度改革主要包括两个部分：集体经营性建设用地入市改革与宅基地"三权分置"改革。关于集体经营性建设用地入市改革，一是党的十八届三中全会明确提出实行集体经营性建设用地与国有土地同等入市、同权同价；二是新《土地管理法》和《民法典》的实施，推动集体经营性建设用地入市真正入法，指出了集体经营性建设用地市场包括一级市场和二级市场，明确了集体经营性建设用地入市客体为使用权，完善了集体经营性建设用地使用权权能，规定了集体经营性土地主要用于工业、商业等经营性用途；三是 2022 年中央一号文件提出"推动开展集体经营性建设用地使用权抵押融资"[①]，2023 年中央一号文件则进一步提出"探索建立兼顾国家、农村集体经济组织和农民利益的土地增值收益有效调节机制"[②]。关于宅基地"三权分置"改革，一是明确宅基地所有权、资格权与使用权"三权分置"，落实宅基地集体所有权、保障宅基地农户资格权、适度放活宅基地使用权；二是《民法典》提出宅基地使用权人对宅基地享有占有和使用的权利，有权利用宅基地建造房屋及其附属设施；三是《深化农村宅基地制度改革试点方案》明确了在维护农民权益的

[①] 中共中央　国务院关于做好二〇二二年全面推进乡村振兴重点工作的意见［M］．北京：人民出版社，2022：21．

[②] 中共中央　国务院关于做好 2023 年全面推进乡村振兴重点工作的意见［M］．北京：人民出版社，2023：13．

前提下进一步放活宅基地使用权，要求启动宅基地"退出权"改革、探索打通宅基地与集体经营性建设用地的体制机制及宅基地和闲置农房的多种盘活利用方式。

（二）新农地产权制度改革的落脚点新

党的十八届三中全会提出"赋予农民更多财产权利"[①]。2017 年党的十九大明确提出："深化农村集体产权制度改革，保障农民财产权益。"[②] 2023 年中央一号文件在"赋予农民更加充分的财产权益"部分中进一步明确提出："深化农村土地制度改革，扎实搞好确权，稳步推进赋权，有序实现活权，让农民更多分享改革红利。"[③] 可以说"赋予农民更多财产权利"是推进新农地产权制度改革最重要的落脚点。

第一，形成合理产权结构，有助于保护和彰显承包地财产权利。推进承包地"三权分置"改革，首先必须落实集体所有权。落实集体所有权要求行使好农村集体在土地流转和承包经营上的管理监督权，同时发挥好为农民流转土地提供组织功能作用。无论是监督管理还是提供服务，都是为了更好地保障农民的土地财产权利。其次，稳定承包权。目前农村中经营自家承包地的普通农户仍然占大多数，稳定家庭承包权，就是维护大多数农户的土地财产权利。此外，对于那些将土地经营权流转出去的农户来讲，稳定家庭承包权，可以规避经营权侵蚀承包权，有效保护他们的土地财产权利。最后，放活经营权。放活经营权既要对依承包权获得的土地经营权赋予完善的产权权能，又要求对不同方式获得的经营权给予同等保护，这些都有利于更好地落实农民土地财产权利。

第二，"同权同价、统一市场"，能够有效激活和实现集体经营性建设用地的财产权利。首先，党的十八届三中全会提出建设城乡统一的城乡用地市场，允许农村集体经营性土地进入市场交易，实行与国有土地同等入市、同权同价，直接体现了完善农民集体经营性建设用地产权权能的改革目的。2019 年新修订的《土地管理法》落实了这一改革精神，赋予农民集体经营性土地较为完善的产权权能。其次，集体经营性建设用地入市改革，要求探索和完善城乡统一的建设用地市场制度，建立健全土地增值收益分配机制，是为了使农民土地产权权能得到

① 习近平谈治国理政（第一卷）［M］. 北京：外文出版社，2018：81.
② 习近平谈治国理政（第三卷）［M］. 北京：外文出版社，2022：25.
③ 中共中央　国务院关于做好 2023 年全面推进乡村振兴重点工作的意见 ［M］. 北京：人民出版社，2023：13.

充分的实现。最后，集体经营性建设用地入市改革，通过赋予农民较为完善的土地产权权能和构建土地产权权能的实现机制，盘活了农村闲置建设用地，从广度上扩大了农民的土地财产权利。

第三，完善退出、流转机制，有利于显化宅基地财产权利。首先，宅基地"三权分置"改革，将宅基地由"死产"变为"活产"。在过去，宅基地只起到保障农民居住权的作用，严重忽视了宅基地的土地财产权利。"三权分置"改革要求适度放活宅基地使用权，从根本上激活了宅基地的土地财产权利。其次，宅基地"三权分置"改革，有助于农民财产权利的实现。改革开放以来，由于城镇化水平快速提高，农村劳动力转移迅速，农村常住人口大量减少，然而农村宅基地数量却不减反增，再加上过去宅基地缺乏退出机制和流转机制，造成了大量宅基地闲置。宅基地"三权分置"改革，其重点在于适度放活使用权，以盘活农村宅基地资源，这有利于农民土地财产权利的实现。最后，宅基地"三权分置"改革，要求强化宅基地制度改革与农村集体经营性土地入市改革的衔接，丰富闲置宅基地的利用形式，这将有助于放大宅基地的土地财产权利。

第三节　新农地产权制度改革对农民财产性收入的影响

"劳动是财富之父，土地是财富之母。"土地是物质财富的重要组成部分，但是这种物质财富并不能直接为农民生成财产性收入，它需要在一定的条件下即在一定的农地产权制度下，才能为农民增收发挥应有的作用。否则，其不仅不能为农民增加财产性收入，还会限制农民财产性收入的提高。新农地产权制度改革对农民扩大财产性收入起着关键作用，具体来说，新农地产权制度改革对农民财产性收入的影响机理如图2-1所示。

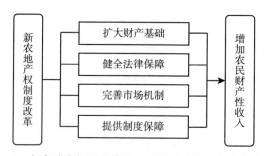

图2-1　新农地产权制度改革对农民财产性收入的影响机理

一、扩大农民财产性收入的财产基础

财产性收入是财产所有权在经济上的实现，没有财产便无所谓财产性收入，拥有财产是财产性收入的首要条件。因此，要增加农民财产性收入，必须扩大农民的财产基础。以承包地"三权分置"改革为例，其就是要落实集体所有权、稳定承包权、放活经营权，也就是说，要赋予农民更加清晰、明确、稳定、可分割性更强的承包权、经营权，这无疑对扩大农民财产基础有着积极的效应。

（一）赋予农民更加充分的农地产权

马克思在分析财产时指出："财产最初无非意味着这样一种关系：人把他的生产的自然条件、看作是自己的、看作是与他自身的存在一起产生的前提。"[①] 也就是说，在马克思看来，财产不是与人无关的、独立于人之外的一种物，而是一种人对作为财产的物的一种排他性的占有的关系。新农地产权制度改革就是力图通过赋予农民更多、更充分、更具排他性的农地产权权能来赋予农民更多的财产性权利以扩大农民的财产基础。

一方面，新农地产权制度改革通过农地确权赋予农民明确的农地产权，而农地确权是通过颁发证书以法律形式将农地产权赋予农民，将农地产权权能进一步明晰化，使农民农地产权的排他性进一步增强。排他性产权的确立，使农民有了属于他的产权，有利于进一步稳定农民从事农业生产的预期，调动农民积极从事农业生产和扩大农业投资的积极性，从而提升农业生产效率、增加农民收入。另一方面，新农地产权制度改革赋予农民更充分的农地产权权能。党的十八届三中全会通过的《中共中央关于全面深化改革若干重大问题的决定》（下文简称《决定》）对新农地产权制度改革提出了方向。《决定》提出要赋予农民更多的财产权利，具体到农地产权制度来说，就是要赋予更多更充分的农地产权权能。其一，《决定》提出赋予农民对承包地占有、使用、收益、流转及承包经营权抵押、担保权能，允许农民以承包经营权入股发展产业化经营；其二，《决定》提出保障农民集体经济组织成员权利，积极发展农民股份合作，赋予农民对集体资产股份占有、收益、有偿推出及抵押、担保、继承权；其三，《决定》提出保障农户宅基地用益物权，改革完善农村宅基地制度，选择若干试点，慎重稳妥推进农民住房财产权抵押、担保、转让。新农地产权制度改革按照《决定》所确定的方向

---

① 马克思恩格斯全集（第30卷）[M]. 北京：人民出版社，1995：484.

逐步推进，无疑会使农民拥有更多的财产权利，从而扩大农民财产基础。

（二）有利于促进农地流转

有关研究表明，合法转让权是财产权的核心，建立在合法转让权基础上的土地流转，可以为农民带来可观的收入。[①] 而农地"三权分置"改革最大的贡献就在于充分释放了土地要素的功能，为土地流转提供了制度保证。[②] 换言之，新农地产权制度改革有利于促进承包地、宅基地、集体经营性建设用地在土地市场上的流转与转让。

第一，新农地产权制度改革赋予农户稳定的农地产权权能。如承包地"三权分置"改革，2019 年《关于保持土地承包关系稳定并长久不变的意见》，对保持土地承包关系稳定并长久不变作出了具体解释，这一方面满足了广大农户长期拥有承包土地产权的期望，有利于鼓励农户将土地经营权流转出去；另一方面，也满足了新型农业主体对流转来的土地进行长期经营的意愿，有利于激励广大新型农业经营主体通过流转合同获取农地经营权从而扩大农业经营规模。又如宅基地"三权分置"改革充分保障了农户的宅基地资格权、使用权以及房屋财产权，有利于激励农户流转闲置宅基地使用权和房屋的积极性。第二，新农地产权制度改革赋予农户更加充分的农地产权权能。过去农户所拥有的农地产权权能是残缺的、不清晰的，这增加了农地转出和转入双方之间对交易对象和交易内容的不确定性，交易双方为此必须进行大量的谈判工作，无形之中增加了交易的难度、提高了交易的成本、降低了交易成功的概率。新农地产权制度改革之后，农户拥有了更加充分和清晰的农地产权权能，使交易双方极易明确交易对象和交易内容，极大地减少了反复磋商、讨价还价的过程，降低了交易难度和交易成本，从而提升了交易成功的概率。第三，新农地产权制度改革明确了集体所有者的土地产权权能。由于我国实行农地集体所有制，因此，集体在农地流转行为中必然要扮演极其重要的角色。但是，由于过去集体所有权权能的模糊化，导致集体组织在土地流转中没有发挥其应有的作用。具体来说，在农村土地流转中存在两种不同的倾向，即集体组织存在着功能缺位和功能模糊。[③] 新农地产权制度改革，对集体所有权的权能作了具体的规定，有利于正确发挥集体组织引导农地流转的作用，

① 北京大学国家发展研究院综合课题组，李力行. 合法转让权是农民财产性收入的基础——成都市农村集体土地流转的调查研究 [J]. 国际经济评论，2012 （02）：127 – 139 + 7 – 8.

② 洪银兴，王荣. 农地"三权分置"背景下的土地流转研究 [J]. 管理世界，2019 （10）：113 – 119 + 220.

③ 杨少垒. 土地承包经营权的动力机制研究 [J]. 经济与管理研究，2009 （06）：100 – 103 + 107.

避免出现农地流转中集体组织缺位和乱作为的情况。

（三）有利于促进现代生产要素下乡

发展经济学先驱张培刚先生指出："要使得现代的农业得以继续运行，归根到底就必须依赖工业的各个部门提供机器、肥料、动力、储藏设备及运输工具。"[①] 这提示我们现代生产要素是农业现代化的基础，中国农业要实现现代化，必须采用现代化的生产要素。[②] 在我国，小规模、分散化的家庭经营却阻滞着现代生产要素的引入。[③] 因此，必须全面深化现有农地产权制度，促进和提高农业规模化经营。在"三权分置"理论指导下全面深化农地产权制度改革，有利于突破这一"瓶颈"，有利于促进规模化经营，有利于将现代生产要素纳入农业生产过程，从而促进农业现代化，为农民收入增加奠定基础。

在现实中，生产要素投入是由投资推动[④]，而我国农业生产经营的主体——小农户，是无力承担这一要求的。同时，现代生产要素也是要由具备一定素质的主体才能应用，而我国传统小农户并不具备应用现代农业生产要素的相应素质，因此，必须培育具备现代农业生产、经营、管理等综合素质的新型农业经营主体。相关研究表明，农地"三权分置"改革能够有力地解决这两个问题：一方面，显著促进工商资本下乡，并且在此过程中，也带着科技、品牌、金融等现代要素下乡[⑤]；另一方面，为培育新型农业经营主体提供制度支持[⑥]。

二、健全农民财产性收入的法律保障

农地产权是关于土地财产一切权利的总和。[⑦] 没有获得法律保障的农地财产，是一项模糊的财产，这样的财产不能激发财产所有者对其进行保值增值的经济活动，也不能为财产所有者增加财产性收入作出应有的贡献。土地财产只有"在得

---

①　张培刚. 农业与工业化 [M]. 北京：中国人民大学出版社，2014：155.

②④　洪银兴. 中国特色农业现代化和农业发展方式转变 [J]. 经济学动态，2008（06）：62-66.

③　罗必良. 基要性变革：理解农业现代化的中国道路 [J]. 华中农业大学学报（社会科学版），2022（04）：1-9.

⑤　周力，沈坤荣. 中国农村土地制度改革的农户增收效应——来自"三权分置"的经验证据 [J]. 经济研究，2022（05）：141-156.

⑥　张广辉，方达. 农村土地"三权分置"与新型农业经营主体培育 [J]. 经济学家，2018（02）：80-87.

⑦　陈寒冰. 土地权利与农民财产性收入增长的关系 [J]. 郑州大学学报（哲学社会科学版），2019（04）：40-45.

到法律的界定之后，才能产生未来的收入流。同时，被交易的财产必须具有严格而明确的界定，才能在市场上获得交易权能进而获得财产性收入"①。改革开放40多年来，农地产权制度已经基本上形成了一套行之有效的改革策略，那就是改革一般先由群众自发发起，人民群众的自发尝试为农地产权制度的改革提供了可供选择的方案，然后再由党中央总结群众经验，形成改革的政策，在局部地区进行改革试验。在总结局部地区改革经验的基础上，形成和完善改革政策体系，最终将改革意见和政策体系上升为国家意志，推动法律修改，通过法律将改革成果固定下来。② 根据历史经验，新一轮的农地产权制度改革必将推动法律修改，并且事实上，新一轮的农地产权制度改革也已经启动了对相关法律的修改，有些甚至已经修改完成并加以实施了。

（一）进一步理顺土地产权结构

改革开放以来形成的家庭联产承包责任制是所有权与承包经营权"两权分离"式的土地产权结构，这种产权结构对于增加农民收入来说已经收效甚微。因此，必须进一步理顺土地产权结构，从而为增加农民收入起到应有的作用。2018年12月29日第十三届全国人民代表大会常务委员会第七次会议通过的《中华人民共和国农村土地承包法（2018年修正）》、2020年5月十三届全国人大三次会议通过的《中华人民共和国民法典》以及2021年农业农村部发布的《农村土地经营权流转管理办法》将农地"三权分置"改革方案和制度设计上升到了法律层面，有效地理顺了土地产权结构。

（1）将承包经营权分离，设立承包权和经营权。例如，新《土地承包法》将第二章第五节的标题修改为"土地经营权"。③《民法典·物权编》第十一章第三百三十九条和第三百四十条再次明确了承包经营权人有权向他人流转土地经营权，且明确提出保护土地经营权人在合同期内的正常权益。（2）对发包方、承包方和经营方三方的权利和义务进行了详细的规定，即对所有权、承包权、经营权赋予了更加清晰、充分的权利。（3）对土地经营权流转的行为加以规范化，新《土地承包法》第四十条至第四十七条共8条对土地经营权流转的原则、合同、受让方土地经营权的具体权利和义务进行了充分和详细的规定。2021年，农业

---

① 陈晓枫.中国居民财产性收入理论与实践研究［M］.北京：经济科学出版社，2014：116.

② 刘守英.直面中国土地问题［M］.北京：中国发展出版社，2014：173.

③ 全国人民代表大会常务委员会关于修改《中华人民共和国农村土地承包法》的决定［EB/OL］.中国政府网，http：//www.gov.cn/xinwen/2018–12/30/content_5353493.htm，2018–12–30.

农村部通过的《农村土地经营权流转管理办法》进一步细化了新《土地承包法》关于土地流转的规定，完善了土地经营权流转机制。总而言之，这一系列法律法规对土地产权权能进行了详细的规定，进一步理顺了农村土地产权的结构，为增加农民财产性收入奠定了法律基础。

（二）进一步完善农民的土地权益

2019 年 8 月 26 日，第十三届全国人民代表大会常务委员会第十二次会议通过了《关于修改〈中华人民共和国土地管理法〉〈中华人民共和国城市房地产管理法〉的决定》，将新农地产权制度改革推向了一个新的阶段，这次新修改的《土地管理法》有力地维护和发展了广大农民的土地权益。一是在土地征收方面，新《土地管理法》在土地征收范围、土地征收程序以及征地补偿方面作出了更加有利于广大农民的法律修改。二是在集体经营性建设用地方面有了重大突破，删除了原《土地管理法》第四十三条有关"任何单位和个人进行建设，需要使用土地的，必须依法申请使用国有土地"的规定，允许农村集体经营性建设用地直接入市。三是在宅基地管理方面，在原来一户一宅的宅基地管理制度的基础上，增加了户有所居和允许已进城落户的农民自愿有偿退出宅基地的规定，同时将宅基地的审批权限从县级人民政府下放至乡级人民政府。除此之外，此次修正之后的新《土地管理法》将"基本农田"全部改为"永久基本农田"，体现了对加强耕地保护的意志和决心。

（三）进一步增强土地增收的法律保障

虽然目前已经修改和完善了两部法律，但是农地产权制度改革是一项系统性的工程，绝不是修改两部法律就能完成的。因此，接下来还会通过更多、更全面、更系统的法律修改、制定来为新农地产权制度改革保驾护航，否则，新农地产权制度改革的成果将半途而废。可以预见，接下来将会进一步修改和完善其他法律如《民法典》中关于农地产权的条款，还将制定更加全面配套的法律法规，以增强相关法律法规的可操作性。其主要集中的方向应该是：进一步消除农村集体经营性建设用地入市的不合理限制，切实保障集体经营性建设用地与国有土地同地同权、同等入市；进一步完善土地抵押、租赁与转让二级市场；进一步改革宅基地制度，实行宅基地所有权与宅基地可分离，实行宅基地使用权与宅基地房屋权利的合一设置；等等。[①]

---

① 刘守英. 直面中国土地问题［M］. 北京：中国发展出版社，2014：174.

三、完善农民财产性收入的市场机制

马克思在《资本论》中深刻地指出，资本只有在不断地运动中才能实现价值的不断增殖，运动一旦停止，货币便不能带来剩余价值。正是因为资本只有在不断地运动中才能带来剩余价值，实现价值增殖，因此资本家总是通过不断地把货币重新投入流通来谋求无休止的价值增殖。同样地，社会主义市场经济条件下，农民作为产权主体，如果总是将土地产权紧紧地攥在自己的手中，不通过市场来让渡土地产权的权能，这样的土地产权对于农民来说只能是"死资产"，并不能为农民带来任何的财产性收入。只有通过市场来让渡农民土地产权的权能，才能激活土地产权的增值性能，才能为农民带来财产性收入。因此，构建完善的市场机制，才可以拓宽广大农民获取财产性收入的渠道。

（一）积极培育独立的市场主体

从市场主体的角度看，独立的市场主体是市场经济的基石。[①] 而新型农业经营主体作为农业生产经营的主体，已经成为农村市场最为重要的独立市场主体。正如孔祥智所言："新型农业经营主体通过企业化的运作，已经成为我国商品农产品最重要的生产者和供给者，正在引领中国农业发展的方向。"[②] 新农地产权制度改革对于培育新型农业经营主体有着非常重要的作用，尤其是放活农地经营权，对于培育新型农业经营主体来说至关重要。

一方面，新农地产权制度改革有利于新型农业经营主体解决土地规模狭小的问题。所谓新型农业经营主体就是以家庭经营制度为基础，具有相对较大的经营规模，与现代农业及市场经济相适应的农业经济组织。[③] 由此可见，具有较大经营规模是新型农业经营主体的必备条件之一。而前文已经阐述了新农地产权制度改革对于土地流转和农业规模化经营的促进作用。另一方面，新农地产权制度改革有利于为新型农业经营主体解决资金缺乏问题。"放活农地经营权，是农用地'三权分置'改革的重要目标，其本质上是为更多社会资金进入农业经营领域拓宽渠道，解决农业经营资金缺乏与效率低下的问题，为新型农业经营主体培育提供制度支撑。放活农地经营权主体为起点，以培育新型农业经营主体为途径，最

① 陈晓枫. 中国居民财产性收入理论与实践研究［M］. 北京：经济科学出版社，2014：117.
② 孔祥智. 新型工业经营主体的地位和顶层设计［J］. 改革，2014（05）：32－34.
③ 郭庆海. 新型农业经营主体功能定位及成长的制度供给［J］. 中国农村经济，2013（04）：4－11.

终形成一个从拓宽农业资金来源到提高经营资金使用效率的良性循环。"①

(二) 丰富和发展农村市场客体

从市场客体的角度看，市场客体是指能够进入市场交易的商品，只有促使市场客体的数量不断丰富、质量不断提高、结构不断改善，以及使其在市场交易的过程中能够按照市场规律自由流动，才能促进市场经济的不断完善和发展，从而使财产所有者能够拥有多元化的投资工具，才能为财产所有者获得财产性收入奠定物质基础。对于农村市场来说，最能为农民带来财产性收入的市场客体就是土地产权。新农地产权制度改革，就是为农民赋予更加充分、更加明确的农地产权，就是要使农民所拥有的农地产权能够更加清晰的分割，从而能够在市场上自由的流动——实践中，此次新农地产权制度改革已经有效促进了承包地经营权、集体经营性建设用地使用权以及宅基地使用权等在市场上流动——为农民带来更多的财产性收入。

(三) 完善农村土地市场结构

从市场结构的角度看，农村市场结构即农村产权流转交易市场，主要包括承包地经营权流转市场、集体经营性建设用地市场、宅基地使用权流转市场。② 新农地产权制度改革对完善农村市场结构有着不可忽视的作用。其一，新农地产权制度改革赋予农民更加确切、充分、可分割的农地产权，有效促进了承包地流转市场的发展与完善。其二，新农地产权制度改革有利于城乡建设用地市场的统一。过去我国城乡建设用地由于国有土地和集体土地产权的不平等，造成城乡建设用地市场泾渭分明，农村集体经营性建设用地必须先归国有，然后才能进入市场，极大地损害了农民的利益，导致农民从土地产权上获得的财产性收入远远少于城市居民。新农地产权制度改革之后，实现了农村集体经营性建设用地与国有土地同等入市、同权同价，极大地促进了城乡建设用地市场的统一。其三，新农地产权制度改革有利于促进建立健全宅基地使用权流转市场。过去我国主要施行"一户一宅、面积限定，无偿取得、用途多元，长期占有、限制流转"③ 的宅基

---

① 张广辉，方达. 农村土地"三权分置"与新型农业经营主体培育 [J]. 经济学家，2018 (02)：80-87.

② 陈清明，马洪钧，谌思. 农村产权交易市场发育现状及绩效评价——基于重庆市土地流转问卷调研 [J]. 调研世界，2015 (05)：32-35.

③ 岳永兵. 宅基地"三权分置"：一个引入配给权的分析框架 [J]. 中国国土资源经济，2018 (01)：34-38.

地制度，严重限制了宅基地使用权市场的发展。新农地产权制度改革之后，宅基地实行所有权、资格权、使用权"三权分置"，有利于放活宅基地使用权，建立健全宅基地使用权流转市场，提高宅基地资源的配置效率，唤醒宅基地这块沉睡的资产，从而拓宽农民财产性收入的来源。

四、提供农民财产性收入的制度支撑

制度是维护和增加人民群众财产性收入的重要影响因素。有关研究表明，农地产权制度对农民财产性收入的影响尤为明显，农地产权制度改革越彻底，农民财产性收入增加就越快；农地产权制度问题越多，农民财产性收入越少。[①] 新农地产权制度改革从以下三个方面完善和发展了农地产权制度。

（一）创新农地经营权制度

改革开放以来，我国实行的是农地所有权与承包经营权"两权分离"式的农地经营权制度。在这种制度安排下，农户承包权与土地经营权在权利设置上是合一的。随着我国留在农村专门从事农业生产的农民人数越来越少，越来越多的农民将土地流转出去。在这种背景下，承包经营权这种合一式的权利设置，不再适用于现实的情况，一方面，有可能导致为了保护承包权而弱化经营权；另一方面，又有可能导致为了保护经营权，促进农地经营权流转而使得农民丧失承包权。[②] 新农地产权制度改革，将集体所有权、农户承包权、土地经营权进一步分离，并且赋予所有权、承包权、经营权更加清晰、确切、充分的权利，这样就能够避免所有权、承包权、经营权权利设置模糊而导致三权互相倾轧的情况，能够在落实集体所有权的前提下，稳定农户承包权，放活农地经营权，促成所有权、承包权、经营权良性互动。

（二）构建城乡统一的建设用地制度

过去我国土地制度最大的弊端是集体土地与国有土地同地不同权。[③] 按照以往《土地管理法》规定，农村集体经营性建设用地是不允许直接入市的，不允许

---

① 丁琳琳，吴群．财产权制度、资源禀赋与农民土地财产性收入——基于江苏省1744 份农户问卷调查的实证研究 [J]．云南财经大学学报，2015，31（03）：80 - 88.

② 刘守英．直面中国土地问题 [M]．北京：中国发展出版社，2014：28.

③ 刘守英．直面中国土地问题 [M]．北京：中国发展出版社，2014：162.

其用来出让、租赁、抵押、融资，极大地阻碍了农村集体经营性建设用地利用效率的提高，极大限制了其增加农民财产性收益的功能。新《土地管理法》颁布以后，克服了以往土地制度的最大弊端，一是进一步扩大了集体经营性建设用地使用权能，提出"通过出让等方式取得的集体经营性建设用地使用权可以转让、互换、出资、赠与或抵押"。二是结束了多年来集体建设用地不能与国有建设用地同权同价、同等入市的二元体制，提出"集体经营性建设用地的出租，集体建设用地使用权的出让及其最高年限、转让、互换、出资、赠与、抵押等，参照同类用途的国有建设用地执行"。改革之后的集体经营性建设用地制度，将有利于盘活农村空闲和低效用地，推动农村新产业、新业态的发展，让集体和农民成为入市的主体，真正分享土地增值的收益。

（三）建立健全农村宅基地制度

"在中国的农村几项土地安排中，宅基地制度是最落后的一项制度安排。"[①] "谁申请、谁利用、不利用、限流转"[②]，是改革开放以来形成的宅基地制度的突出特点。这种宅基地制度突出强调了农村集体成员对宅基地的占有权，限制了农村宅基地使用权的流转。也就是说，这种宅基地制度强调的是成员权和资格权，弱化了宅基地的财产权利。[③]这种宅基地制度，如果说在改革开放初期其弊端没有明显呈现出来的话，那么随着改革开放的推进，经济社会发展水平的不断提高，其弊端就日益显现。随着城镇化的不断推进和长期外出务工的农民数量的增加，农村闲置的宅基地数量会越来越多，这种限制宅基地流转的制度，只能导致宅基地的无效利用。宅基地"三权分置"改革，通过落实集体所有权、保障农户资格权、放活使用权，在保障集体组织成员资格权的同时显示了宅基地的财产权属性，有利于实现农民对宅基地的完整用益物权，提高宅基地的配置效率，从而拓宽农民增加财产性收入的渠道。

第四节 本 章 小 结

本章在总结新中国成立以来农地产权制度变革的基础上，进一步阐述了新农

---

①③ 刘守英. 城乡中国的土地问题 [J]. 北京大学学报（哲学社会科学版），2018（03）：79-93.

② 岳永兵. 宅基地"三权分置"：一个引入配给权的分析框架 [J]. 中国国土资源经济，2018（01）：34-38.

地产权制度改革的内涵。指出新农地产权制度改革是在城镇化水平迅速提高和家庭经营制度潜力基本释放完毕的背景下，为赋予农民更多财产权利、提高农民收入，对农用地、宅基地以及集体经营性建设用地进行统一筹划，实施承包地和宅基地"三权分置"和集体经营性建设用地入市改革。随着新农地产权制度改革的深入，土地在增加农民财产性收入中发挥的作用也越来越明显。具体来说，新农地产权制度改革从扩大财产基础、提供法律保障、完善市场机制、提供制度支撑四个方面对增加农民财产性收入起到了重要作用。

新农地产权制度改革促进农民
财产性收入增长的着力点

第一节　承包地"三权分置"与农民财产性收入增长

土地制度是国家的基础性制度，事关经济社会发展和国家长治久安。党的十八大以来，我国农地制度改革进入了以承包地"三权分置"改革为核心的新的历史阶段。农地"三权分置"改革进一步赋予农民充分而有保障的土地权利，完善了农民对承包地的占有、使用、收益、处分（继承、馈赠、流转）等财产"权利束"，增加了农地流转收益等财产性收入。

一、承包地"三权分置"改革的基本要求

根据《深化农村改革综合性实施方案》和《关于完善农村土地所有权承包权经营权分置办法的意见》的相关精神，首先是落实集体所有权。集体所有权是我国农地产权制度的根本。其内涵是指：（1）集体所有权的权利主体是农民集体；（2）集体所有权人对集体土地依法享有完整的占有、使用、收益和处分的权利；（3）农民集体对承包地享有发包、调整、监督、收回等各项权能。农村土地集体所有制是中国特色社会主义经济的优越性所在，土地集体所有权是土地集体所有制的法律体现。"三权分置"改革不仅要坚持农村土地集体所有制，而且要具体落实土地集体所有权，使之归属明晰；在此基础上调整农村土地产权关系，形成更有利于农村经济发展的土地产权格局。

其次是稳定土地承包权。土地承包权是农地产权制度的基础，其内涵包括：第一，土地承包权的权利主体是本集体经济组织成员的农民家庭；第二，土地承包权人对承包土地依法享有占有、使用和收益的权利；第三，土地承包权具有使用、流转、抵押、退出承包地等各项权能。保持土地承包权的稳定是巩固和完善农村基本经营制度，深化农村土地制度改革的重要基础。在确定的承包期内应当切实维护农民家庭的土地承包地位，严格保护农户承包权，不得非法剥夺和限制农户的土地承包权。

最后是放活经营权。经营权是完善农地产权制度的关键，其内涵可以归结为：第一，经营权的权利主体是农业生产经营者，既可以是愿意自耕的承包农，也可以是依流转合同取得经营权的多元化新型经营主体；第二，经营权人对流转土地依法享有在一定期限内占有、耕作并取得相应收益的权利；第三，经营主体享有自主从事农业生产经营、依法依规改良土壤、提升地力，建设农业生产、附属、配套设施，优先续租、再流转、抵押、以流转土地入股、获得地上附着物及青苗补偿费等具体权能。放活经营权是"三权分置"改革的重要环节，其目的在于顺应农民土地流转的意愿，发展多种形式的适度规模经营，促进农村土地资源优化配置，加快发展现代农业。

二、承包地"三权分置"下土地权利的新阐释

(一) 集体所有权的性质与权能

落实农村土地集体所有权是承包地"三权分置"改革的前提，坚持集体土地所有权是社会主义公有制的基本要求，是我国农地制度改革的政策底线。我国《物权法》规定：所有权人对自己的不动产或者动产，依法享有占有、使用、收益和处分的权利。同样地，土地集体所有权人对集体土地依法享有占有、使用、收益和处分的权利。集体所有权属于自物权，根据《关于完善农村土地所有权承包权经营权分置办法的意见》，农民集体作为土地集体所有权的权利主体，其权利行使主要体现在对承包地发包、调整、监督、收回等各项权能上，以控制和约束农户承包权和土地经营权的不规范行使。[1] 具体来说，主要有：一是发包权，这是集体成员公平分享集体土地利益的权利保障。依据《农村土地承包法》

---

① 肖卫东，梁春梅. 农村土地"三权分置"的内涵、基本要义及权利关系 [J]. 中国农村经济，2016（11）：17–29.

（2018 年修正），农村集体经济组织、村民委员会、村民小组享有发包本集体所有的或者国家所有依法由本集体使用的农村土地的权利。二是调整权，在严格限制于法定情形下，农民集体有权因自然灾害严重毁损等特殊情形依法调整承包地。三是监督权，通过对承包地的用途监管，防止和纠正长期抛荒、毁损土地、非法改变土地用途等行为。四是收回权，是农民集体保护耕地红线、有效整合农用地资源的重要体现。收回权适用于以下情形：农民集体对到期的土地承包经营权的收回权；针对进城落户且放弃流转经营权的农户，农民集体依规收回承包地；针对土地使用人违反承包合同约定而行使的收回权。五是获得补偿权，即农民集体及其代表行使机构有权在集体土地被征收时依法获得补偿的权利。① 此外，还有农民集体对集体所有的土地行使民主决策、民主管理、民主监督等权利的管理权。② 只有明确了集体所有权的权利主体，并根据不同的历史条件不断丰富其权能，才能改变集体所有权的"虚置""虚化"状况。

（二）土地承包权的性质与权能

"两权分离"下的土地承包经营权是经法律确认的用益物权。《农村土地承包法》赋予了农户长期而稳定的土地承包经营权；《物权法》第三篇"用益物权"第十二章又专门规定了土地承包经营权，为土地使用权的市场化流转营造了良好的法律环境。《物权法》第一百二十五条明确了土地承包经营权人依法对其承包经营的耕地、林地、草地等享有占有、使用和收益的权利，有权从事种植业、林业、畜牧业等农业生产。《物权法》第一百二十八条规定土地承包经营权人有权将土地承包经营权采取转包、互换、转让等方式流转。

"三权分置"下的土地承包权依然保持用益物权性质。土地承包经营权是混合性的权利，它既包含着承担土地保障功能的权利（以成员权为基础，具有身份性），也包含着以土地为客体的纯粹的财产权利。③ 权利人可以选择自行使用用益土地获得收益，也可以通过设定、流转土地经营权实现其权益，承包权为财产权并非仅是身份权、成员权。若将承包权视为成员权，承包权就成为一种承包土地的资格，只体现在土地承包这个时点上，实质上丧失了物权是对物的支配这一核心内涵。在土地发生流转的情况下，与原来的土地承包经营权相比，土地承包

---

① 管洪彦，孔祥智. "三权分置"下集体土地所有权的立法表达 [J]. 西北农林科技大学学报（社会科学版），2019（02）：74 – 82.

② 韩松. 论农民集体土地所有权的管理权能 [J]. 中国法学，2016（02）：121 – 142.

③ 刘恒科. "三权分置"下集体土地所有权的功能转向与权能重构 [J]. 南京农业大学学报（社会科学版），2017（02）：102 – 112 + 153.

人除了享有部分收益权能和最终处分权能之外，其余的权能转归土地的实际经营者，也就是发生物权权利内容的变动，然而这种变动并不会改变土地承包权的物权性质，即"三权分置"下的土地承包权与土地承包经营权的性质依然相同，从这个意义上说"土地承包权＝土地承包经营权"。①

在此情况下，承包权的权能包括：其一，使用权。承包方有权自主组织生产经营和处置产品。其二，流转权。互换、转让土地承包经营权后取得对价收益。其三，退出权。农户自愿退出承包地后，获取补偿收入。其四，抵押权。流转承包地的经营权用于办理抵押贷款，增加农业生产中的资金投入支持。其五，承包地被依法征收、征用、占用的，有权依法获得相应的土地征收补偿。其六，参与集体决策、管理和分享集体收益的权利。

（三）土地经营权的性质与权能

"三权分置"下的土地经营权是用益物权。土地经营权是从土地承包权派生而来，即在土地承包经营权上创设土地经营权，这一设定本身正是承包农户行使土地承包权的表现。新创设这一土地经营权到底是物权还是债权呢？笔者以为并不能因为农地流转双方必须签订流转合同而将其简单地界定为债权，由于债权具有灵活便利的特点，债权债务只能在特定人之间生效，其内容由当事人在不违法的前提下自由议定，具有无限丰富性，债权说有一定的合理性；但若经营权止步于债权，则它不具备对抗第三人的法律效力，也不利于农地权利融资功能的实现，有可能造成经营者投资短期化，阻碍农地利用效率的提高，与"三权分置"改革的初衷相背离。物权制度必须遵循物权法定原则，对所有人都构成约束，将土地经营权视为物权可以稳定经营权人经营预期、推动农业长期投资和规模化经营。同时，由于当下土地承包经营权实际上具有土地所有权的几乎全部权能，农户在土地承包经营权上完全可以设置用益物权性质的土地经营权。② 这样双重用益物权的观点并不违反"一物一权"的基本原则。《关于完善农村土地所有权承包权经营权分置办法的意见》明确指出农村土地集体所有权是土地承包权的前提，农户享有承包经营权是集体所有的具体实现形式，在土地流转中，农户承包经营权派生出土地经营权。③ 因此，土地经营权派生于农户承包权，是土地承包

---

① 赵亮．"三权分置"下农村土地权利的重新厘清 ［N］. 农民日报，2016 － 11 － 8 （003）.

② 孙宪忠．推进农地三权分置经营模式的立法研究 ［J］. 中国社会科学，2016 （07）：145 － 163 ＋ 208 － 209.

③ 中共中央办公厅　国务院办公厅印发《关于完善农村土地所有权承包权经营权分置办法的意见》［EB/OL］. 中国政府网，http：//www. gov. cn/xinwen/2016 － 10/30/content_5126200. htm，2016 － 10 － 30.

经营权人行使其权利设定的次级用益物权。[①]

具体来看，经营权的权能包括：其一，耕作权。在经营期内，经营人在不改变耕地用途的前提下可以自主安排种植农产品的种类、方式等，不受其他权利人约束。其二，生产收益权能。经营权人有权获得承包地上的产出物，有权依法自主处置农产品。其三，获取补偿权能。在承包合同期限内，土地被征收的，经营人有权向土地所有人或承包人索取相应的经济补偿，补偿包括地上附着物及青苗补偿费。其四，获取农业补贴的权能。随着承包地流转的大规模进行，实际从事农业生产活动的不一定就是承包户。为了提高实际经营者的生产积极性，应把获取补贴的权利精准对口到经营权人身上，让补贴用到实处。其五，抵押权能。开展承包地经营权抵押是加大"三农"金融支持力度的重要举措，现有政策赋予了承包地经营权人该项权利。在实践中，要做好土地经营权价值评估工作，促进流转顺畅。

三、承包地"三权分置"下农民财产性收入增长逻辑

目前财产性收入在农民总收入中所占比重虽然不高，但随着承包地"三权分置"改革的不断推进和完善，各地积极创新"放活土地经营权"方式，农民财产性收入呈现持续快速增长且渠道多元化的发展趋势。

（一）强化土地财产权利，农民利用土地财产获利能力增强

每个人利用财产获利的能力大小，取决于其产权的实现程度。[②]"两权分离"下，农民在土地权利享有上存在着产权主体虚置、产权功能缺失、产权实现路径单一、产权保护不足等诸多问题，城乡土地权利财产价值的二元结构凸显。党的十八届三中全会提出，"赋予农民对承包地占有、使用、收益、流转及承包经营权抵押、担保权能，允许农民以承包经营权入股发展农业产业化经营"[③]。向农民充分赋权的目的就在于增加农民对土地的新型财产权，使农民自主选择农地权益价值的实现方式，最大化农地权益的财产价值。[④]"三权分置"强化了农民土地的财产权属性，保障了农民土地权益的价值实现：一是农民获得土地承包权主体地位；二是强化了农民以土地经营权为代表的土地处分权；三是拓宽了农民增

[①④]　蔡立东,姜楠. 农地三权分置的法实现 ［J］. 中国社会科学，2017（05）：102－122＋207.

[②]　约拉姆·巴泽尔. 产权的经济分析 ［M］. 上海：上海三联书店、上海人民出版社，1997：119.

[③]　中共中央关于全面深化改革若干重大问题的决定 ［M］. 北京：人民出版社，2013：22.

收路径，通过让渡土地经营权获得更多的财产性收入和兼业的工资性收入以及扩大农业生产的经营性收入；四是获得与城市居民同等的城乡改革和土地发展红利。[①]

（二）创新"放活土地经营权"方式，农民财产性收入来源呈多元化

承包地"三权分置"改革背景下，各地积极创新"放活土地经营权"方式，探索出了农地经营权资本化的多种实践方式。本书参考赵翠萍[②]等学者的做法，将我国农地资本化的具体实现方式总结为生息型经营权农地资本化（如出租、转包、土地银行、土地信用合作社等）、借贷型经营权农地资本化（如农地抵押、担保等）、要素型农地经营权资本化（如土地合作社、公司＋农户等）和金融型农地经营权资本化（如农地信托、农地证券化等）四种类型。不同类型的农地资本化方式将以地租、利息、股息、红利、增值收益等多种形式实现农民财产性收入增长，并带动农民经营性收入和工资性收入的提升，多渠道推动农民增收。

1. 生息型农地经营权资本化

生息型农地经营权资本化是指承包户通过主动让渡一定期限内的农地经营权给其他经营主体并获取地租类收益的一种资本化方式。[③] 根据马克思的地租理论，地租是土地所有权在经济上的实现；是超过平均利润以上的剩余价值部分，即超额利润。当土地产权权能发生分离（"三权分置"改革），土地的使用者（农地经营权流转受让方）必须支付一定数量的地租才能获取土地的使用权（即农地经营权），因此地租也是以土地所有权为基础的土地承包权的经济实现。实现生息型农地经营权资本化的核心在于经营主体能够获得一个超额利润用于支付归属于承包权人的地租，该部分地租的主要表现形式是级差地租，包括级差地租Ⅰ和级差地租Ⅱ。为此，农地承包权人可在不改变土地农业用途的前提下，通过出租、转包、土地银行等方式将因不同生产率而产生的超额利润转化为级差地租，获得土地财产收益。

土地托管合作社就是生息型农地经营权资本化的一种常见形式，大致有全托、半托、承租、土地入股等模式。通过出租、转包等方式发展土地托管合作社，有利于整合闲置、零散、细碎的农地，实现农业规模经营，降低农业生产成本，提升生产率和经营收益。例如，福建省周宁县纯池镇三门桥村的地丰土地托

---

① 吴群. 农民获得感与"三权分置"理论阐释 [J]. 改革，2017（01）：36 – 39.

②③ 赵翠萍，侯鹏，张良悦. 三权分置下的农地资本化：条件、约束及对策 [J]. 中州学刊，2016（07）：38 – 42.

管合作社，由村委会发起组建，采用"半托""全托""股份合作""流转中介"四种类型的土地托管模式，吸纳农户耕地用于发展农业规模经营。目前大多数农户以收益型全托形式（转包）加入合作社，每亩获益土地租金为350元。黑龙江省龙江县超越现代玉米种植农民专业合作社是该县规模最大的合作社，为农户提供"耕、种、管、收、售"整链、全程的服务，是典型的全程托管模式。2018年农户通过土地托管每亩耕地比土地流转多增收300元，农民增收4 920万元。①在托管保障机制方面，该合作社建立了农业生产全程托管"金融＋保险＋期货"机制，与金融企业实现互利互惠，保障农业生产全程托管收益每亩700元以上，为农民收益兜底。

"土地银行"是由政府出面组织的，通过"零存整贷"的方式将农户手中分散闲置的土地（指土地经营权、集体建设用地使用权、宅基地使用权）集合起来，再统一流转（一般是借贷形式）给经营主体和农业种植大户，成都市于2009年率先开展该试点。"土地银行"会根据地理位置、土地肥沃程度、升值潜力等，对农户的土地确定一个比较合理的储存价格，这部分的储存价格即农用地经营权价值变现的一种形式。甘肃张掖市临泽县成立"土地银行"后，农户的年收入由原先的2 000～3 000元（每亩地流转费100～150元）上涨到12 000～13 000元。②

2. 借贷型农地经营权资本化

借贷型农地经营权资本化是指承包户以农地经营权为抵押或担保从金融机构获得资金融通并在约定期限内还本付息，主要表现为农地抵押、担保等。③ 国务院于2015年发布的《关于开展农村承包土地的经营权和农民住房财产权抵押贷款试点的指导意见》拉开了农村承包土地经营权抵押贷款的序幕。次年中国人民银行等5部门发布《农村承包土地经营权抵押贷款试点暂行办法》（以下简称《暂行办法》），作为推进试点的指导文件。2018年出台的《农村土地承包法》（修正案）第四十七条规定："承包方可以用承包地的土地经营权向金融机构融资担保，并向发包方备案。受让方通过流转取得的土地经营权，经承包方书面同意并向发包方备案，可以向金融机构融资担保"，意味着农地经营权抵押担保上

---

① 黑龙江一个县最大合作社"土地托管"历程［EB/OL］. 东北网，https：//baijiahao. baidu. com/s? id＝1632687065796503128&wfr＝spider&for＝pc, 2019－05－05.

② 临泽县首家"土地银行"挂牌成立［EB/OL］. 张掖市人民政府门户网址，http：//www. zhangye. gov. cn/nyj/dzdt/xqdt/202102/t20210224_587628. html, 2021－02－24.

③ 赵翠萍，侯鹏，张良悦. 三权分置下的农地资本化：条件、约束及对策［J］. 中州学刊，2016（07）：38－42.

升到法的层面。

从试点来看，抵押贷款模式主要有以下几种：（1）直接抵押模式。即农户无须提供任何形式担保即可获得抵押款。比如浙江省长清县规定，农户若以农地经营权抵押申请小额信贷（限额 30 万元以下）的，无须再提供担保。（2）"抵押 + 第三方担保"模式。这里的第三方既可以是个体农户，也可以是村级组织或农业经营主体，一旦贷款出现不良，就应由保证人代偿，同时抵押人要把土地经营权定向处置给保证人。比如吉林省前郭县的"农户承包土地经营权抵押 + 同村农户或新型农业经营主体保证"模式、浙江缙云县的"农户承包土地经营权抵押 + 村级担保组织"模式。（3）"抵押 + 按揭贷款"模式。该模式主要适用于有大额、长期资金需求的农户，还贷期限长、利息较低。比如长兴县的农村承包土地经营抵押按揭贷款模式，其设定的贷款期限最长可达 10 年。（4）还有一种比较特殊的是"土地经营权抵押 + 农业保险 + 企业担保"模式。该模式运作比较成熟的有江西省安义县，它将担保企业所承担的一部分抵押风险转嫁给了保险公司，这在一定程度上削弱了企业为农户提供担保的顾虑，切实地提高了农户贷款的可获得性。①

3. 要素型农地经营权资本化

要素型农地经营权资本化是指承包户以农地经营权出资参与农业产业化并获取报酬或分红的资本化形式，主要表现为土地股份合作社、"公司 + 农户"、"合作社 + 农户"等农业产业化模式。以经营权入股的要素型农地经营权资本化方式是当前放活经营权的重要实践方向，按照马克思的股份制理论，信用制度是使单个资本集中并逐步转化为股份企业的基础，而竞争又使小资本通过股份企业实现了价值增值，股份制可以为社会生产迅速筹集大量资本，实现大规模社会化生产。在当前农村青壮劳动力不足、个体农户承包地小而分散的背景下，发展股份合作经济，引导农户自愿以土地经营权等入股龙头企业和农民合作社，是减少生产成本、提高农业生产效率、增加经营收入的一种高效方式。承包农户在将经营权以一定期限予以转让入股、入社的过程中，可以按股份均享分红收入，股权收益即为经营权价值的显化形式之一。纵览改革现状，农地经营权股份合作形式主要有以下两种形式：

一是成立土地股份合作社。贵州省安顺市平坝区塘约村在股份合作方面，成立以党支部为引领、村集体所有的"金土地合作社"，对全村土地资源进行统计，

---

① 乡村振兴战略背景下农地经营权抵押贷款长效机制探索［EB/OL］. 中国金融新闻网，https：//www. financialnews. com. cn/ncjr/focus/201808/t20180816_144236. html，2018 - 08 - 16.

按 500 元一股入股，实现户户入社、户户带股。合作社也把接受国家财政直接补助和他人捐赠形成的集体资产平均量化到成员，按比例分配给本社成员。通过这些改革，贵州塘约村的村集体经济从不足 4 万元增加到 202 万元，农民人均纯收入由 2014 年的不到 4 000 元提升到 2016 年的 10 030 元。①

二是"合作社＋公司/协会/农场"的产业链模式。河南省上蔡县五龙镇境内的久久粮食产业联合体，由龙头企业——河南久久农业科技股份有限公司牵头，联合 100 多家种植、养殖、农机专业合作社和农民协会、家庭农场，形成了紧密的农业生产经营产业链，联合体在五龙乡连片流转土地 1.56 万亩。②

4. 金融型农地经营权资本化

金融型农地经营权资本化即农地经营权在金融机构的运作下作为一种金融产品进入市场流通并使承包户获取收益的资本化方式，农地信托和农地证券化等都是其主要形式。③ 土地经营权进入金融市场交易是其资本属性得以实现的最高层次，是土地经营权实现物权化的最后一步，但其目前还不具备成熟的实践条件，适宜局部试点地区审慎探索。④

农地经营权流转信托，是指在坚持土地集体所有制和保障农民承包权的前提下，由政府出资设立的信托中介服务机构接受农民的委托，按照土地使用权市场化的需求，通过规范的程序将土地经营权在一定期限内依法自愿、有偿转让给其他公民或法人进行农业开发经营活动。通过土地流转信托，农民可享受到地租以及土地增值收益。典型的信托案例有：（1）"中信·农村土地承包经营权集合信托计划 1301 期。"该项目是国内第一单农村土地信托计划，由中信信托与安徽省宿州市埇桥区政府合作推出。从信托结构来看，农民以农村土地承包经营权为信托财产委托给当地村委会，并签订委托转包合同。然后村委会再与镇政府、镇政府与区政府签署土地委托管理合同，最终土地承包经营权流转到区政府手中，再通过区政府交付给中信信托。在这一过程中，信托收益的产生来源于中信信托将受托土地租赁给农业公司以及种植大户后获得的土地租金以及土地增值收益。这些收益由区政府、镇政府、村委会、农民共同参与分配。此外农民还可以得到土

---

①　贵州省委政研室联合调研组."塘约经验"调研报告 [N]. 贵州日报，2017 - 5 - 18 (5).

②　陈司，曹耀强，张培奇，范亚旭. 河南上蔡：土地流转兴了产业富了农民 [N]. 农民日报，2019 - 07 - 15 (007).

③　赵翠萍，侯鹏，张良悦. 三权分置下的农地资本化：条件、约束及对策 [J]. 中州学刊，2016 (07)：38 - 42.

④　韩立达，王艳西，韩冬. 农地"三权分置"的运行及实现形式研究 [J]. 农业经济问题，2017 (06)：4 - 11 + 1.

地固定租金方式收益，以及地租增值部分 70% 的收益。① （2）"北京信托·无锡阳山镇桃园村农村土地承包经营权集合信托计划。"该项目在进行收益分配时与中信·安徽宿州项目略有不同，它在信托期限的前 7 年将收益最大化地分配给农民，其他受益人不参与分配，村民一年就能获得每亩 1 700 元的租金收益。只有从第 7 年开始，村民、村委会、土地合作社才可以按照专业合作社年经营净收益 20% 、4% 和 1% 的比例获得浮动收益。②

农村土地资产证券化，是指农村土地开发者为了开发农业，以土地的未来收益向特设目的机构融资，特设目的机构对土地资产中的风险与收益进行分离与重组之后，通过证券市场向社会发行土地债券以融通资金的交易过程。③ 其将土地经营权转变为证券形态，使土地的价值由固定的资本形态转化为具有较高流动性的资本性证券，若农民选择将土地经营权证券化，将换得具有较稳定收益的土地证券；农民也可选择将土地证券卖出，获得一次性收入；当农民交回土地证券时，土地经营权权属关系重归该农民。惠献波运用经济模型及经济数学方法，实证得出农村土地经营权债券是一种风险较低、收益稳定的投资产品，在经济上是可行的。④ 但当前农村土地产权管理配套机制尚不健全，金融中介机构、信用评级机构的发展满足不了农村的金融需求，同时证券化过程中面临的经营权与所有权权属等问题，使得金融型农地经营权资本化不宜放开，经营权的证券化改革还是应持比较审慎的态度。2019 年 11 月，海南农垦在上海证券交易所成功发行"海垦控股集团土地承包金资产支持专项计划"，成为全国首种以国有土地租金收益权为基础资产的资产支持证券产品，这对全国范围内实施土地资本化、证券化具有重要的借鉴意义。⑤

第二节　集体经营性建设用地入市与农民财产性收入提升

2013 年《中共中央关于全面深化改革若干重大问题的决定》将农村集体经

---

①②　农村土地信托流转的现状与未来［EB/OL］. 用益信托网，http：//www. sohu. com/a/195021638_481798，2017 - 09 - 27.

③　周双，范亚东，张天文. 论我国农村土地资产证券化［J］. 中国商界（下半月），2009（10）：52 - 53.

④　惠献波. 农村土地经营权证券化经济可行性研究［J］. 金融理论与实践，2013（03）：47 - 49.

⑤　海南农垦成功发行全国首单土地租金资产证券化产品［EB/OL］. 中华人民共和国农业农村部网站，http：//www. nkj. moa. gov. cn/kqsd/201911/t20191107_6331472. htm，2019 - 11 - 07.

营性建设用地的流转形式进一步拓宽为"出让、租赁、入股"。次年，中央印发《关于农村土地征收、集体经营性建设用地入市、宅基地制度改革试点工作的意见》，选取了北京市大兴区等 33 个试点区开展试点任务。试点工作总结报告显示，截至 2018 年底，集体经营性建设用地已入市地块 1 万余宗，面积 9 万余亩，总价款约 257 亿元，收取调节金 28.6 亿元，办理集体经营性建设用地抵押贷款 228 宗、38.6 亿元，试点地区共获得入市收益 178.1 亿元。浙江德清已入市集体经营性建设用地 183 宗、1347 亩，农村集体经济组织和农民获得净收益 2.7 亿元，惠及农民 18 万余人，覆盖面达 65%。[①] 成都市郫都区开展集体经营性建设用地入市当年，农民人均直接获取土地财产性收益 2086 元。[②] 近年来，集体经营性建设用地入市经历了逐步扩面提速、改革日渐深入的过程。2023 年以来，我国相继出台一系列有关农村集体经营性建设用地入市的政策文件，推动入市工作制度、规则体系和配套支持措施更趋完善，从而释放更大的改革红利，为提高农民财产性收入增添了新动能。

一、集体经营性建设用地使用权的内涵

（一）集体经营性建设用地使用权的权利属性

由《民法典·物权编》第三百四十四条规定，"建设用地使用权人依法对国家所有的土地享有占有、使用和收益的权利，有权利用该土地建造建筑物、构筑物及其附属设施"，可知国有建设用地使用权是我国物权法上明定的一类用益物权。与此同时，《民法典·物权编》第三百六十一条规定，"集体所有的土地作为建设用地，应当依照土地管理法的法律规定办理"。那么是否能由此直接证成集体经营性建设用地使用权的权利属性？学术界主要有两种代表性的观点：一是可以证成，理由是集体建设用地使用权是建设用地使用权的下位概念，而集体经营性建设用地使用权是集体建设用地使用权的下位概念，那么集体经营性建设用

①　国务院关于农村土地征收、集体经营性建设用地入市、宅基地制度改革试点情况的总结报告——2018 年 12 月 23 日在第十三届全国人民代表大会常务委员会第七次会议上［EB/OL］.中国人大网，ht-tp：//www.npc.gov.cn/npc/c12491/201812/3821c5a89c4a4a9d8cd10e8e2653bdde.shtml，2018 - 12 - 23.

②　杨庆媛，杨人豪，曾黎，陈伊多.农村集体经营性建设用地入市促进农民土地财产性收入增长研究——以成都市郫都区为例［J］.经济地理，2017（08）：155 - 161.

地使用权理所应当是用益物权①；另一是不可以直接证成，理由是所谓"下位概念"，在使用权层面不能直接成立，因此，依据此条规定不能直接证成集体经营性建设用地使用权的用益物权属性。② 笔者认为，集体建设用地使用权属于建设用地使用权的下位概念，这是由《民法典·物权编》第三百六十一条已经确立的，但不能仅仅因此就认为集体建设用地使用权是用益物权，因为第三百六十一条仅仅表明了集体建设用地使用权适用于"土地管理法的法律规定"③。因此，问题的关键在于"土地管理法的法律规定"究竟包括哪些，只有确认"土地管理法的法律规定"的范围，才能依据此范围进一步确认集体建设用地的权利属性。新《土地管理法》第六十三条规定："集体建设用地使用权的出让及其最高年限、转让、互换、出资、赠与、抵押等，参照同类用途的国有建设用地执行。"由此可知，国有建设土地使用权的规定可以作为集体建设用地使用权的参照，因而可以进一步确认《民法典·物权编》中第十二章可以作为集体建设用地使用权的法律参照，也就可以确认集体建设用地使用权是用益物权。既然集体建设用地使用权是用益物权，那么集体经营性建设用地使用权作为其子权利，自然也是用益物权。

（二）集体经营性建设用地使用权的权能设定

新《土地管理法》明文规定，"通过出让等方式取得的集体经营性建设用地使用权可以转让、互换、出资、赠与或者抵押"。《农村集体经营性建设用地使用权抵押贷款管理暂行办法》明确，"以出让、租赁、作价出资（入股）方式入市的和具备入市条件的农村集体经营性建设用地使用权可以办理抵押贷款"。据现有法律与政策，赋予集体经营性建设用地使用权出让、租赁、互换、出资、赠与、抵押等权能。随着改革的不断推进，仍需继续完善集体经营性建设用地使用权权能。

二、入市改革开辟了农民财产性收入增长的新空间

（一）激活农村土地资产的潜在价值

自然资源部的统计数据显示，全国集体建设用地大约 16.5 万平方千米，其

---

① 房绍坤. 农村集体经营性建设用地入市的几个法律问题 [J]. 烟台大学学报（哲学社会科学版），2015，28（03）：15–22.

② 夏沁. 论农村集体经营性建设用地入市的规范体系——以《土地管理法》（修正）和《民法典》为基本法 [J]. 华中农业大学学报（社会科学版），2022（03）：177–187.

③ 高圣平. 论集体建设用地使用权的法律构造 [J]. 法学杂志，2019，40（04）：13–25.

中集体经营性建设用地占 13.3% 左右，主要分布在东部沿海、城市周边、乡镇中区位较好的地段。① 这些地区的农村经济较为发达，具备发展产业经济的基础，商业使用价值高。长期以来，受制于集体建设用地入市审批的限制，许多零散、小规模的土地因长久闲置成了沉睡资产。开展农村集体经营性建设用地入市交易，让市场机制参与配置土地资源，使得存量沉睡土地资产的潜在价值显现为货币化的土地财产价值，为农民增收提供财产基础。以福建省晋江市为例，依据以往政策，只有 10 亩以上的土地才能通过政府征收并由省里进行审批入市供应，安海镇桐林村的一块 8 亩地就这样闲置了十几年。得益于集体经营性建设用地入市政策的支持，该村顺利取得该地块的产权证，"荒地"得以入市交易和开发利用，村集体收入一年就增加了 10 多万元。相关数据表明，农民集体获得的入市收益远高于征收收益，如果仅是参与土地征收，农民集体在收益分配中所占比例约为 23%，但一旦能入市交易，则收益会高达 64% ~ 84%。②

（二）实现农民财产性收入增长方式的多样化

按照《农村集体经营性建设用地使用权抵押贷款管理暂行办法》和新《土地管理法》相关精神，集体经营性建设用地可以出让、租赁、作价出资（入股）方式入市，入市形式丰富。在入市交易获得土地收益后，除向政府缴纳土地增值收益调节金以外，农村集体与农民个人可以获得大部分土地增值收益，实践中发展出了形式多元化的拓宽农民财产性收入渠道。

1. 以土地征收形式获取土地增值收益

土地增值收益分红是农民土地财产性收入的重要组成部分。农村集体经营性建设用地入市改革，通过市场机制盘活了存量农村建设用地资源，显化了农村土地资产价值，直接增加了农民财产性收入。成都市郫都区集体经营性建设用地入市的增值收益以"二八开"的分配原则，入市当年农民可以获得 20% 的直接分红。③ 泉州晋江金井镇围头村 2016 年被列为晋江市首批农村集体产权制度改革试点村后，将农户退出的宅基地归整为经营性建设用地入市，在进行收益分配时明确商服用地增值收益调节金按成交价的 30% 缴纳，工矿仓储用地和其他类型用地按 15% 缴纳，其余部分归村集体所有，纳入农村资产统一管理。试点仅仅 3

---

① 黄征学，吴九兴. 集体经营性建设用地入市：成效与影响 [J]. 团结，2019（01）：34 – 38.

② 吴昭军. 集体经营性建设用地土地增值收益分配：试点总结与制度设计 [J]. 法学杂志，2019（04）：45 – 56.

③ 杨庆媛，杨人豪，曾黎，等. 农村集体经营性建设用地入市促进农民土地财产性收入增长研究——以成都市郫都区为例 [J]. 经济地理，2017（08）：155 – 161.

年，就已完成 20 多宗交易，成交额 4 081 万元，其中村集体收入 3 276 万元，极大调动了村集体、企业、群众参与改革的积极性。[①] 农村集体经营性建设用地作为集体资产入市是保障农民利益的重要手段，尽管收益分红目前比重不高，但仍有效促进了农民土地财产性收入的增长。在创新入市增值收益分配制度方面，海南省作了有益创新，《关于大力发展农村市场主体壮大农村集体经济的十八条措施》规定，"入市取得的收益，经市县政府与村集体商定，可提取一定比例的增值收益调节金，剩余收益归村集体和村民所有，作为村集体经济组织经营性资产追加量化成员股权"，为村集体成员提供较为稳定的持续性收入。

2. 以土地入股形式获取股份收益

股金是促进农民土地财产性收入的关键。成都市郫都区将村集体所得 80% 的入市收益中 50% 的收益作为集体经济组织的发展资金，由村集体经济组织成立的资产管理公司，用以发展壮大集体经济，村集体组织成员以资产管理公司股东的身份，每年享受股金分红，成为保障农民土地财产性收益增长的长效机制。[②] 泉州晋江鼓励村集体采取自主开发、村企联建、村民入股等模式盘活闲置集体经营性建设用地，开发电商、物流、标准厂房、农贸市场、乡村旅游等项目，这既提高了土地利用效率，也进一步发展壮大了集体经济。[③] 北京市大兴区采取"镇级统筹的土地股份合作社"模式，要求各集体将集体经营性建设用地入股转化为股份，组建具有独立法人资格的镇级土地联营公司（股份合作社），由镇级联营公司推动入市，各集体按股份分享入市收益。

3. 以建设租赁住房方式获取租赁收入

集体租赁住房是一种农村集体经济组织持有或农村集体经济组织以入股、联营等方式与其他类型经济组织合作共同成立联合体而持有的租赁物业，农民集体经济组织和农民可通过出租获取相应的财产收益。为缓解城市住房的供需矛盾，2017 年 8 月 21 日，国土资源部、住房城乡建设部发布《利用集体建设用地建设租赁住房试点方案》（以下简称"国家《试点方案》"），决定在超大城市、特大城市中开展集体建设用地建设租赁住房试点。此次试点主要面向有建设意愿的村镇集体经济组织、新市民居住需求旺盛的城乡接合部，或者是新毕业大学生较为集中的产业园、科技园、创新园、自贸区等功能园区附近。通过该试点探索能够起到以下四个作用：第一，缓解城镇用地指标紧缺难题，开通了农民集体经济组

---

①③ 刘益清，王敏霞，陈文经. 激活"三块地"，群众享红利 [N]. 福建日报，2019 – 07 – 08 (07).
② 杨庆媛，杨人豪，曾黎，等. 农村集体经营性建设用地入市促进农民土地财产性收入增长研究——以成都市郫都区为例 [J]. 经济地理，2017 (08)：155 – 161.

织利用集体土地建设住房这一新的途径，加快城乡统一建设用地市场的建立。第二，促进城乡人口有序流动，加快解决新市民住房问题，实现全体人民住有所居，增强新市民的归属感与幸福感。第三，促进建立租购并举的长效机制，对完善房地产健康稳定的长效机制起到积极推动作用。第四，盘活农村集体建设用地使用权，为农民集体经济组织和农民个人开辟一个长期稳定的财产性收入来源。经过两年多的试点建设，到 2019 年国土资源部、住房城乡建设部已批准沈阳、南京、杭州等 16 个城市的试点实施方案。本研究通过收集整理这 16 份试点实施方案，归纳总结了集体建设用地建设租赁住房试点的特点。

（1）租赁住房的运营机制。

国家《试点方案》中允许村镇集体经济组织通过自行开放运营，或是通过联营、入股等方式建设运营集体租赁住房。而在实际的运作中，各试点单位或是出于维护农民集体土地所有权的考虑，或是为提高集体租赁住房市场资源配置效率与收益率，各自选择了切合本地区农村经济发展的运营机制，具体有以下四种。

其一，集体经济组织自行开发运营，或是选择用联营、入股的方式与国有资本或社会资本合作。沈阳市、南京市、合肥市、广州市、佛山市、福州市、贵阳市等 9 个地市在试点实施方案中允许社会资本参与合作共建集体租赁住房。但为了防止社会资本参与"炒房"、扭曲了原本的政策意图，甚至危害农村集体土地所有权的根本地位，试点城市都提出了相应的补充说明。比如沈阳市、青岛市等地在试点实施方案中以"为主""优先"等字样，鼓励集体经济组织与国有企业合作建设运营；南京市要求以合作形式开发建设的，集体经济组织所占份额比例必须高于 50%。其二，集体经济组织自行开发运营，或与国有企业合作开发建设，如杭州市、武汉市、南昌市、青岛市、海口市 5 个地市。其三，集体经济组织与国有企业合作开发建设。厦门市规定项目仅能由集体经济组织与市、区属国有企业合作开发建设。郑州市采取村集体经济组织与国有控股公司成立租赁住房平台公司的方式建设运营。其四，政府主导、统筹规划，集体经济组织依据相关规定采取自行开发或合作形式开展住房租赁项目。肇庆市采用"政府主导，统筹规划"的政村合作模式建设租赁住房，鼓励国有企业参与试点建设工作，引导市场主体与经济实力偏弱、开发意愿不强的村集体经济组织合作开发建设运营集体租赁住房。成都市要求由试点区（市）县政府成立国有公司开展土地综合整理，县政府作为责任主体，对整个租赁住房项目进行监管，村镇集体经济组织可以自主开发运营，也可通过联营、入股等方式参与。

综上，各试点区在开展项目的过程中要统筹考虑集体经济实力，切实尊重农民意愿，确保集体经济组织自愿实施，有序、规范地引导各类经济组织参与开展住房租赁项目。集体经济实力雄厚、自主开发意愿强的农村集体经济组织可自行建设运营；集体经济实力较强、自主开发意愿不强的农村集体经济组织可通过联营、入股等方式选择社会建设运营主体，激活和带动集体租赁住房市场发展；集体经济实力偏弱、自主开发意愿不大的农村集体经济组织宜选择与国营资本合作运营。根据农民集体意愿，有条件的，也可由政府成立国有住房租赁企业，以协议出让等方式取得集体建设用地使用权，引领、带动和规范集体租赁住房市场。

（2）租赁住房的产权管理。

产权管理主要涉及两个问题：其一，经营集体租赁住房后，集体建设用地所有权、土地使用权和房屋所有权的归属问题；其二，集体经济组织内部成员持股比例问题。

首先探讨第一个问题。集体建设用地所有权属于农民集体所有，这是毋庸置疑的，集体租赁住房项目只是为农村集体经济组织提供一个可通过出租集体建设用地使用权获得持久性财产性收入的渠道，并没有改变土地所有权性质。按照相关规定，在取得集体租赁住房项目建设相关批准文件后，项目运营主体应当依法办理集体建设用地使用权不动产权登记手续。近年来，各地都在积极推进农村房地一体不动产登记工作，颁发不动产证既有利于解决权属纠纷，也让项目运营主体有了持续经营的"底气"。根据试点经验，土地使用权和房屋所有权登记应随项目运营主体而转移，主要分为三种情况：其一，若是以集体经济组织为申报主体的集体租赁住房，其土地使用权和房屋所有权登记至集体经济组织名下；其二，若集体经济组织与其他经济主体组建合作企业，并以合作企业作为申报主体的，则土地使用权和房屋所有权归新成立的合作企业所有；其三，集体经济组织与其他经济主体仅依靠协议合同合作经营、未联合组建新合作企业的，则涉及的土地使用权和房屋所有权登记至农村集体经济组织和合作企业双方名下。

接下来探讨第二个问题。试点单位中仅有厦门市、福州市在《试点实施方案》中明确"集体经济组织内部可享受权益的成员平均持股，严禁个别人多占股份。成员个人股禁止转让"，其他地区未有提及。笔者认为，厦门市、福州市两地的做法既保证了农村集体建设用地归农民集体所有的公有性质，也体现了公平公正的分配原则，应推广开来。集体租赁住房用地是经土地整理后清算出来的闲置且非耕地用地，在建设过程中遵循统一规划、统筹布局、统一建设的原则，故并没有牵涉集体成员对土地贡献的历史遗留问题。因此，在分配股利时，应倡导成员平均持股，严禁个别人多占股份，禁止成员个人股在集体经济组织内部或向外流转。

（3）租赁住房的收益分配。

集体建设用地是集体资产和资源的重要组成部分。由集体经济组织自行投资建设的租赁住房，通过出租获得的收益，归集体经济组织所有；由集体经济组织与其他投资主体合作建设的租赁住房，通过出租获得的收益，双方按入股、联营合作协议确定的方式分配，原则上实行按股分配。合作协议中的必要条款至少应包括房屋的租赁年期、经营方式和租金分配等事宜。合作双方协商后需签订书面合同。集体经济组织获得的收益主要用于发展壮大集体经济、支持脱贫攻坚、建设美丽乡村、兴办公益事业等。同时，还应充分考虑集体经济组织成员享受分红，本集体经济组织成员可以根据在经济合作社或股份经济合作社中拥有的股份或份额，参与集体收益分配，共享集体建设用地的租赁收入。为了使集体经济组织与农民能够获得持续、稳定的财产收益，必须强化租金管理，稳定租金价格，由地方政府与集体经济组织共同事先商议、划定年度租金涨跌幅范围，让租赁收益可预期，让承租方住得安心。此次的集体租赁住房项目多是由国有开发商参与承建的，建设统一化程度较高，可看作相对标准化的产品，具备"稳租金"的实施条件。此外，也可以借鉴海口市的做法，将集体租赁住房委托给专业化运营企业进行管理和运营，提高租赁业务和物业管理的标准化、专业化水平。

三、影响集体经营性建设用地入市收益分配的因素

（一）土地规划用途

农村集体经营性建设用地入市的价格受土地规划用途的影响较大，相比工业用地和仓储用地，商服用地的入市收益明显较高。以成都市郫都区为例，商服用地、工业用地和仓储用地的入市平均收益分别为 955.84 万元/公顷、562.50 万元/公顷，50.90 万元/公顷，商服用地的平均收益是仓储用地的 18.78 倍；土地用途不同，为集体和农民个人创造的收益也不同：商服用地、工业用地和仓储用地入市为集体带来的收入分别占总收益的 46%、28% 和 26%，为农民创造的收益分别占总收入的 71%、10% 和 19%。[①]

---

① 杨庆媛，杨人豪，曾黎，等. 农村集体经营性建设用地入市促进农民土地财产性收入增长研究——以成都市郫都区为例 [J]. 经济地理，2017（08）：155－161.

（二）土地入市收益分配标准

参与集体经营性建设用地入市收益分配的主体包括地方政府、村集体经济组织和具有集体组织成员资格的农民个人。

1. 政府与农村集体经济组织之间的利益分配

为了建立兼顾国家、集体、个人的土地增值收益分配机制，保障农民公平分享土地增值收益，2016年财政部和国土资源部印发了《农村集体经营性建设用地土地增值收益调节金征收使用管理暂行办法》（以下简称《调节金征收使用管理暂行办法》），规定"农村集体经济组织通过出让、租赁、作价出资（入股）等方式取得农村集体经营性建设用地入市收益，以及入市后的农村集体经营性建设用地土地使用权人，以出售、交换、赠与、出租、作价出资（入股）或其他视同转让等方式取得再转让收益时，应向国家缴纳调节金"。"调节金分别按入市或再转让农村集体经营性建设用地土地增值收益的20%～50%征收。"①

在《调节金征收使用管理暂行办法》提出的20%～50%的增值收益调节金征收比例基础上，各试点地区自主设置土地收益调节金比例。泉州晋江规定商服用地增值收益调节金按成交价的30%缴纳，工矿仓储用地和其他类型用地按15%缴纳②；成都郫都区针对不同土地用途、区位条件以及入市方式差异化地征收增值收益调节金：其一，工矿仓储用地，采取招标、拍卖、挂牌方式入市的，按成交价的13%计提；采取协议方式入市的，按成交价的23%计提。其二，商服用地，采取招标、拍卖、挂牌方式入市的，一、二、三级土地分别按照30%、24%和15%计提；采取协议方式入市的，一、二、三级土地分别按40%、33%和25%计提。入市后再进行转让、出租的，以土地收益的3%缴纳与契税相当的调节金。③ 从试点情况来看，各地区所设置的调节金比例并非只限定在《调节金征收使用管理暂行办法》所规定的比例范围内，即便是同一地区的不同地块之间的征收比例也存在差异，一般商服用地的征收比会高于其他地块。

2. 农村集体经济组织与农民之间的利益分配

农村集体经济组织以现金形式取得的土地增值收益，按照壮大集体经济的原则留足集体后，在农村集体经济组织成员之间公平分配。从当前试点来看，主要

---

① 国土资源部：农村集体经营性建设用地入市须征收增值收益调节金［EB/OL］. 中国政府网，https://www.gov.cn/xinwen/2016–06/14/content_5081937.htm，2016–06–14.

② 刘益清，王敏霞，陈文经. 激活"三块地"，群众享红利［N］. 福建日报，2019–07–08（07）.

③ 杨庆媛，杨人豪，曾黎，等. 农村集体经营性建设用地入市促进农民土地财产性收入增长研究——以成都市郫都区为例［J］. 经济地理，2017（08）：155–161.

有三种分配方式：一是将入市流转收益通过"折股量化"的方式分配给集体经济组织成员；二是将获得的收益直接以现金形式分配给集体成员；三是采取折股量化与现金分配相结合的方式进行收益分配。通过股权分配方式获得集体股权的农民能够享受持续性的股份分红收入，而采取现金给付形式的，仅是得到一次性分配收入。从分配比例来看，成都郫都区在扣除政府提取的土地增值收入调节金和转让收益调节金后，剩余收益以 8∶2 的比例在集体经济组织与村民之间分配。①

第三节　宅基地"三权分置"与农民
财产性收入来源的拓展

　　长期以来，宅基地是保障农村居民安居乐业的基础，但在我国城镇化加速推进的背景下，大量农村人口向城镇转移，"人减地增"的畸形现象日益凸显，宅基地闲置低效问题成为社会的关注焦点，更是乡村振兴必须突破的短板制约。据中国社会科学院的一项调查显示，全国农村居民点闲置用地面积约为 200 万公顷，每年因农村人口转移新增农村闲置住房 5.94 亿平方米，这部分的闲置住房折合成市场价值约为 4 000 亿元。② 当宅基地作为农民居住基础和生存保障的功能逐渐弱化时，当城镇建设用地指标收紧时，宅基地的财产功能便有了发挥的空间，如何盘活闲置宅基地、挖掘其经济价值成为深化农村土地改革的方向。

　　2015 年 4 月，浙江义乌在全国率先提出农村宅基地所有权、资格权、使用权"三权分置"制度体系设计。2016 年，《关于完善产权保护制度依法保护产权的意见》提出"落实承包地、宅基地、集体经营性建设用地的用益物权，赋予农民更多财产权利，增加农民财产收益"。2018 年，宅基地"三权分置"的制度安排正式出现在《中共中央　国务院关于实施乡村振兴战略的意见》中。2017 年 11 月，宅基地制度改革试点由 2015 年刚开始时的 15 个拓展到全部 33 个试点县，并延期至 2018 年底。截至 2018 年底，全国 33 个试点地区共腾退出零星、闲置

---

　　① 杨庆媛，杨人豪，曾黎，等. 农村集体经营性建设用地入市促进农民土地财产性收入增长研究——以成都市郫都区为例 [J]. 经济地理，2017（08）：155 - 161.

　　② 房建恩. 乡村振兴背景下宅基地"三权分置"的功能检视与实现路径 [J]. 中国土地科学，2019（05）：23 - 29.

的宅基地 8.4 万亩，办理农房抵押贷款 5.8 万宗、111 亿元。① 2020 年 5 月颁布的《关于新时代加快完善社会主义市场经济体制的意见》进一步强调指出要"探索农村宅基地所有权、资格权、使用权'三权分置'，深化农村宅基地改革试点"。2020 年 6 月，中央出台了《深化农村宅基地制度改革试点方案》。宅基地的"三权分置"既适应了农村生产力发展和现实需要，也有利于农村宅基地的流转和闲置农房的收益率，拓宽了农民财产性收入增收渠道。

一、宅基地"三权分置"改革的要点

根据《中共中央　国务院关于建立健全城乡融合发展体制机制和政策体系的意见》（下称《意见》）、《深化农村宅基地制度改革试点方案》② 等文件相关精神，农村宅基地"三权分置"改革的要点主要包括以下几个方面。

（一）落实宅基地集体所有权

宅基地集体所有权是农民集体土地所有权的权利形式之一，所有权人即农民集体依法享有占有、使用、收益和处分的权利。落实宅基地集体所有权的关键就是要赋予农民集体更丰富的处分权和收益权，充实农民集体在宅基地流转中的角色定位。

其一，宅基地集体所有权之处分权体现在农民集体对宅基地的分配、收回和退出制度。一般来说，宅基地申请、退出、经济性利用需要向农民集体报备并征得其同意后方可进行，现有实践也是如此操作。依据国家目前出台的宅基地管理相关政策，农村村民要在征得宅基地所有权人同意的前提下，才能在本集体经济组织内部向符合宅基地申请条件的农户转让宅基地，这也是处分权能的体现。同时《意见》明确，"推动各地制定省内统一的宅基地面积标准，探索对增量宅基地实行集约有奖、对存量宅基地实行退出有偿"③。统一面积标准是前提，在该尺度下只对"存量"的宅基地实行退出有偿是今后的发展趋势。

---

① 国务院关于农村土地征收、集体经营性建设用地入市、宅基地制度改革试点情况的总结报告——2018 年 12 月 23 日在第十三届全国人民代表大会常务委员会第七次会议上［EB/OL］. 中国人大网，http://www.npc.gov.cn/npc/c12491/201812/3821c5a89c4a4a9d8cd10e8e2653bdde.shtml，2018-12-23.

② 注：2020 年 6 月 30 日，中央全面深化改革委员会审议通过了《深化农村宅基地制度改革试点方案》，但该方案全文尚未向社会公布，文中涉及该方案的内容依据相关新闻报道而得。

③ 中共中央　国务院关于建立健全城乡融合发展体制机制和政策体系的意见［M］. 北京：人民出版社，2019：7.

其二，农民集体的宅基地收益权体现在农民集体可以自主作为宅基地流转的出让人参与宅基地流转并获得经济收益，也可以在农民利用和流转宅基地过程中收取宅基地使用费或提取其他收益。① 比如，在利用宅基地建设经营性项目或集体住房租赁项目时，农民集体可以收取土地增值收益费；或者农户使用宅基地面积超标、违规搭建时可以向其收取有偿使用费。

（二）保障宅基地资格权与农民房屋财产权

一方面，保障"宅基地农户资格权"。首先要厘清集体经济组织成员身份，保障其成员权属性，维护好农户的基本住房权利。宅基地农户资格权与使用权不同，前者享有的权利具有无期限性，行使权利对象只能是集体经济组织内的成员，而宅基地使用权是有期限的，行使主体非限定在集体成员内。因此要制定相关制度，在宅基地使用权的得丧变更中对宅基地农户资格权区别对待。宅基地是农村村民的基本居住保障，应严禁城市居民到农村购买宅基地，严禁工商企业利用农村宅基地建设别墅大院和私人会馆等行为，也不得以退出宅基地作为农民进城落户的条件。

另一方面，保障"农民房屋财产权"。加快推进宅基地"房地一体"确权登记颁证工作，向农户发放宅基地不动产权证，使农户的宅基地使用权和房屋所有权得到法律确认和保护，为农民增加财产性收入提供产权保障。在确权登记过程中，也要及时解决一户多宅、农房超标等历史遗留问题，维护好集体经济组织内其他成员的权益。村集体经济组织和地方政府在开发改变宅基地使用用途的过程中，一定要切实尊重农民意愿，不得强制农民流转宅基地，不得违法征收农户合法取得的宅基地，确保集体经济组织自愿实施，使农民和农村集体通过出租房屋、联营入股等方式获得长期稳定收益。允许依法合规开展农民房屋财产权抵押融资。

（三）适度放活宅基地和农民房屋使用权

在守住农民、农村、农业不失"地"的底线上，适度放开宅基地流转的地域和身份限制，在稳定宅基地社会保障功能的基础上探寻宅基地多样化的经济利用。适度允许农民集体或农民将宅基地和房屋使用权通过转让、租赁、抵押等方式向社会主体流转。对于进城落户的农民，村集体应坚持维护其宅基地使用权，不能强制放弃，允许采取适宜的引导方式，鼓励依法自愿有偿转让该项权益。允

---

① 陈小君. 宅基地使用权的制度困局与破解之维［J］. 法学研究，2019（03）：48-72.

许村集体和农民通过自主经营、合作经营、委托经营等方式盘活利用闲置宅基地和闲置住宅，依法依规发展农家乐、民宿、乡村旅游等项目。鼓励建立宅基地退出和流转的市场定价机制，尽可能地减少政府定价，通过推动价格机制的透明化，最大限度地保障农户在宅基地退出和流转中的合法权益。

值得注意的是，宅基地制度和集体经营性建设用地入市两项改革具有明显的联动效应，应该加大宅基地制度改革与集体经营性建设用地入市改革的衔接力度，尤其是应该加强宅基地退出与集体经营性建设用地入市改革的有效衔接。促进乡村土地资源的优化利用，实现乡村生产、生活、生态合理布局，是鼓励、引导农民退出闲置、废弃、超占宅基地的重要目的。而加强宅基地退出与集体经营性建设用地入市改革的有效衔接，不仅有利于优化退出宅基地的配置，而且可以进一步显化退出宅基地的财产权益。如山西省泽州县通过将退出宅基地调整（即将退出宅基地调整为集体经营性建设用地）入市，既实现了农村宅基地科学合理的布局，又提高了村集体经济组织和农民的收益（泽州县四分街村通过调整入市，共获得了 550 万元入市收入，村民人均收益 1 300 多元）。[①] 因此，在新一轮改革中，需要明确农村宅基地与集体经营性建设用地之间的划分标准和变更程序，增强改革的系统性、整体性与协同性。[②]

二、"三权分置"下宅基地产权的细分

在现行"三权分置"制度框架下，宅基地产权被划分为集体所有权、集体经济组织成员资格权以及在此资格权上派生出来的使用权。宅基地的所有权属于村集体所有；资格权归集体经济组织的成员，是永久的、固有权益；使用权的行使主体是非固定的，可通过一系列方式适度流转给社会主体。宅基地资格权和使用权都是一种财产权利。

（一）宅基地产权的性质

1. 宅基地农户资格权兼具成员权和财产权两种属性

宅基地农户资格权是由集体成员权衍生出来的，以保障农户合法的居住权利

---

① 任琴. 农村宅基地制度改革路径研究——以山西省泽州县为例 [J]. 经济研究导刊，2020（03）：18 – 19.

② 提速农村宅基地改革，中央深改组又"安排"上了 [EB/OL]. 中国网，http：//news. china. com. cn/2020 – 07/02/content_76229447. htm，2020 – 07 – 02.

为核心、以提升土地资源利用效率和农民财产性收入为价值导向的一系列权利。[①] 宅基地资格权的第一属性是身份权性质，它是基于成员身份而获取的全部利益的权利化与法治化，核心是保障集体成员分享宅基地所有权中的固有居住权利，集体成员以户为单位凭借资格权向集体经济组织无偿申请一处宅基地。宅基地资格权是一种原始使用权或者资格使用权，它为宅基地使用权（指资格权上剥离出来的使用权）的适度流转限定了范围、标准与前提，也为农村人口的有序流动起到稳定器作用。同时，宅基地资格权也是一项财产权利，它与土地承包权类似，依然保持用益物权性质。宅基地资格权人可以在遵循土地总体规划的前提下，按照自己的意愿，通过宅基地使用权的流转来实现农户对宅基地的收益权能。

2. 宅基地使用权是用益物权

宅基地使用权既实现了生活居住功能，也发挥其他财产价值。《物权法》规定："宅基地使用权人依法对集体所有的土地享有占有和使用的权利，有权依法利用该土地建造住宅及其附属设施。"从条文来看，并没有提及宅基地使用权人的收益权能，宅基地使用权人所拥有的用益物权并不完整。2015 年国务院发布了关于农民住房财产权抵押贷款试点的相关文件，允许宅基地和农房一并抵押，赋予了宅基地使用权人的抵押权能。2018 年中央一号文件提出宅基地"三权分置"后，将资格权中的使用权剥离出来，允许宅基地使用权可以适度流转给第三方社会主体，使得宅基地资格权人、流转受让方都可以通过利用宅基地获得经济利益的收益权能，完善了宅基地使用权的用益物权属性。不同于宅基地资格权仅限定在集体成员内，宅基地使用权主体则具有可变性。为严格落实宅基地用途管制，我国有关农村宅基地的法律法规对宅基地使用权主体作了硬约束，规定集体成员在使用宅基地过程中要遵守"一户一宅"、建设面积等标准。而作为流转受让方（社会主体）——如城镇居民、工商资本等租赁农房用于居住或开展经营——按规定租赁合同期限不得超过 20 年。

（二）宅基地产权的细分

1. 宅基地集体所有权

宅基地集体所有权反映的是农民集体对宅基地的所有权权能，完整的集体所有权包括占有、使用、处分、收益权能。（1）占有权能体现了农民集体对宅基地

---

① 刘双良. 宅基地"三权分置"的权能构造及实现路径［J］. 甘肃社会科学，2018（05）：228 – 235.

的实际支配和控制的权利，包括宅基地分配权、规划管制权等。（2）使用权能即实际利用宅基地的权利。农民集体在充分考虑集体成员意愿后，依据农村发展规划，拥有集中整治闲置低效宅基地的权利。（3）处分权能则是村集体作为集体土地所有权人通过监督、调整、收回等方式处置宅基地的行为。监督权指在集体成员取得宅基地使用权后，农民集体有权对宅基地用途变更、使用权流转开展监督。收回权是针对一户多宅、宅基地面积超标，或因户籍流动不再属于本集体成员所造成的宅基地长期闲置等情况，农民集体可以鼓励农户自愿退出宅基地。所退出的宅基地使用权回到农民集体手中，农民集体可再次行使分配权，将宅基地分配给其他无房农户，或者依据土地总体规划，改变原宅基地使用用途。（4）收益权能是集体所有权主体基于自身权能获得收益的权利。它表现为利用宅基地建立村办企业或股份合作社时获得相应的股份收入和公益金；在国家征用宅基地时获得补偿收入；在农户流转宅基地使用权时，按比例分享一定的流转收益；以及通过入股、联营等方式利用宅基地建设经营性项目时获得财产收益。

2. 宅基地农户资格权

宅基地农户资格权的权能表现在宅基地分配权、管理权、收益权等方面。其一，宅基地分配权。农户拥有请求集体经济组织依据相关法规无偿分配一定面积的宅基地使用权的权利。宅基地分配权是实现集体成员住有所居的重要依托，在行使时具有一次性。一旦资格权人行使过分配权利，不得再要求集体无偿提供相关权益。依据《土地管理法》的规定，资格权人出卖、出租住房后，不得再向集体经济组织申请宅基地。从这点来看，宅基地分配权只有在宅基地使用权初始取得时才能行使。其二，宅基地管理权。表现在集体经济组织在分配宅基地、变更宅基地的使用用途时，农户能够凭借资格权参与村民议事会议，行使表决权、监督权。其三，宅基地收益权。包含两类：一是流转收益。资格权人通过出租、转让、入股等方式流转宅基地使用权后获得的对价性收益。二是自愿退出宅基地补偿收益。对于放弃农村集体成员权的农民，通过一体退出农村宅基地资格权与使用权，获得退出补偿收入。

3. 宅基地使用权

宅基地使用权是在集体所有的土地上建筑房屋及其附着物的权力，具有较为完整的占有、使用、收益和处分的权能。在"三权分置"改革通过资格权的设置有效分担了原本由宅基地使用权承担的社会保障功能的情况下，使用权能实现去身份化。资格权人可以基于资格权从集体取得使用权，受让人可以从资格权人或使用权人手中取得使用权，受让人在向所有权人和资格权人支付经济费用后，获得"准所有权"的地位。① 宅基地使用权流转适度放开后，转让、互换、出租、入股、抵押、担保等方式的流转行为均被法律认可，收益权能得以拓展。

三、宅基地使用权流转与农民财产性收入的提升

宅基地制度改革是在坚守住其居住保障功能的基础上，探寻其财产功能的显化方式。宅基地"三权分置"，即通过完善集体所有权体现保障社会公平的意志，保障农户资格权实现户有所居，适度放活宅基地使用权，实现资源优化配置和农户财产权利。② 宅基地使用权的财产价值是需要通过适度流转交易才能实现的，大致可分为两类途径：一是通过健全农村土地产权流转交易市场，探索放活使用权转让、出租、入股、抵押担保等途径，优化宅基地资源配置效率，实现农民土地（宅基地）财产收益增长；二是探索宅基地有偿退出，打通宅基地与集体建设用地转换通道，通过盘活闲置的宅基地，赋予其完整的权能。前者的流转行为参与主体多是农民个体，而后者多为村集体代为行使。

（一）宅基地使用权流转的主要方式

宅基地使用权的转让主要涉及以下几种情况：其一，农户独自将闲置宅基地的使用权让渡给有住房需求的人，发展农房租赁业务，宅基地资格权人获得租金收入。其二，村集体统一集中收储闲置宅基地，农户以宅基地使用权入股合作社，由村集体向外部人员发布招租信息，农户按股份分享租赁收入。其三，农民在集体经济组织内部流转宅基地使用权，宅基地估价高的一方获得对价收入。

（二）宅基地成片开发的实例

1. 晋江：综合开发利用模式

自 2015 年被列为全国农村宅基地制度改革试点城市以来，晋江共探索了组团片区改造、旧村整体改造、生态景观提升、空心村盘活、产业带动和借地退出 6 种宅基地综合利用模式，通过指标置换、资产置换、货币补偿、借地退出 4 种退出方式，实现宅基地的节约集约和多元开发利用。③ 2020 年，晋江市再次被列

---

① 徐忠国，卓跃飞，吴次芳，等. 农村宅基地三权分置的经济解释与法理演绎 [J]. 中国土地科学，2018（08）：16－22.
② 刘俊杰. 探寻宅基地"三权分置"实现路径 [N]. 经济日报，2021－03－17（09）.
③ 刘益清，王敏霞，陈文经. 激活"三块地"，群众享红利 [N]. 福建日报，2019－07－08（07）.

为新一轮全国改革试点城市，在上一轮试点成果的基础上，晋江以落实"三权分置"为主线，通过组织架构、科学规划布局、完善基础信息、规范确权登记，聚焦依法取得、节约利用、权能完整、流转有序、管理规范的新型农村宅基地制度，扎实推进宅基地制度改革。晋江市通过深化农村宅基地制度改革，有效促进了闲置宅基地和农房的盘活利用，活化了宅基地的各项权能，具体来说：一是"成片资源"集中建设。鼓励支持农村宅基地成片退出，建设多层单元式农村集合式住宅小区，试行颁发"居住权证"，既解决了农民居住保障问题，又解决了"集资房、小产权房"问题。二是"闲置资源"入市盘活。有序引导村集体通过集体经营性建设用地入市，将成片闲置宅基地转为商服、工业、公共管理与公共服务等其他用途用地，解决村集体发展问题。如内坑镇长埔村已清理退出 64 户、4.2 亩闲置宅基地，将建设 3 590 平方米的农村集合式住宅小区，解决 32 户农民住房问题，同时腾挪 2.1 亩集体用地投建物业资产，预计每年可增加村财政收入30 万元。三是"细碎资源"改造提升。按照"建景观、引业态、活经济"的思路，结合农村人居环境整治，在全省率先利用房前屋后闲置边角地块建设乡村微景观。四是"沉睡资源"权能显化。支持涉农银行开发一体化抵押登记、价值评估、一键放贷管理系统，通过大数据系统分析和市场调查，建立宅基地使用权基准价值体系，实现宅基地使用权抵押贷款，累计完成 5 453 宗、贷款金额 31 亿元；2 个村获得银行整村授信共 1 亿元，全市各村累计授信 30 亿元。①

2. 张家界：城乡居民合作建房

2019 年张家界市自然资源和规划局发布《张家界市城乡居民合作建房管理办法（征求意见稿）》（以下简称《管理办法》），允许返乡下乡人员（包括城镇居民、法人或其他组织）、农村集体经济组织或依法取得宅基地的农户，在符合村庄规划的前提下，利用宅基地和其他存量集体建设用地，联合新建、改建、扩建、改扩建或装修装饰房屋，用于自住或发展休闲农业、康体养老、旅游开发、民宿客栈、创新创业、互联网＋等产业。政府为合建双方办理不动产权证。《管理办法》鼓励商业银行对已经取得城乡居民合作建房不动产权证书的农户和返乡下乡人员依法开展土地使用权和房屋所有权抵押贷款业务，并允许已取得不动产权证方以转让、抵押、入股等方式办理转让手续。从政策梳理来看，参与合作建房的农民可从中获得租金、股份、抵押贷款等收益。

---

① 传承发展"晋江经验"释放更多改革红利——晋江市深化农村宅基地制度改革试点［EB/OL］. 中国网，http：//www.china.com.cn/zhibo/content_77864126.htm，2021－11－10.

3. 海南：盘活人才用房

乡村振兴，关键在人。2021 年，中央一号文件《关于全面推进乡村振兴加快农业农村现代化的通知》将"人才振兴"纳入"乡村五大振兴"的重要内容；2 月中央又印发了《关于加快推进乡村人才振兴的意见》，指出建立健全乡村人才培养、引进、管理、使用、流动、激励等机制是实施乡村振兴战略的基本需要。要想把人才留在乡村，首先要解决的就是人才的住房问题，而盘活闲置宅基地和农用房是最高效的解决方式之一。《关于加快推进乡村人才振兴的意见》提到要建立各类人才定期服务乡村制度，"鼓励地方建设人才公寓"，吸引城乡人才留在农村。海南省在准确把握中央文件精神的基础上，结合海南省实际情况颁发了《关于大力发展农村市场主体壮大农村集体经济的十八条措施》，提出允许"盘活闲置宅基地建设乡村人才公寓，用于为下乡人才或入驻企业提供房屋租赁服务"。

（三）宅基地有偿退出实例

1. 安徽金寨县的"宅基地换房"模式

安徽金寨县为了改善山区贫困户的住房条件，将宅基地制度改革与易地扶贫搬迁结合在一起，探索出一条置换式的宅基地退出方式，即在国家法律政策框架内，按照一定的置换标准，农民以宅基地使用权及地上附着的建筑物、构筑物换取在"三区"（即村庄聚居区、集镇规划区、建制镇规划区）内统一建设的住房或一定数额的货币。① 金寨县按照"补偿 + 奖励"的原则来设计宅基地退出制度。将属于有偿退出的补偿分为两类：一是地上房屋拆除补偿，按房屋结构不同，分为四种补偿标准；二是宅基地退出补偿，按照是否已确权发证及符合规定面积标准给予不同的补偿。据测算，这两部分加在一起平均每户可以获得补偿 8 万元，但远不够农户到县城买房，因此当地创设了奖励金。奖励按照购房地址分为三种：一是到县城购房奖励补贴。按购房面积给予 800 元/平方米房票奖励，最高不超过 100 平方米。自愿放弃申请宅基地的，再给予额外的 2 万元/户奖励。并且为每户提供 20 万元以下的免抵押贷款。二是集镇购房奖励补贴。按购房面积给予 200 元/平方米房票奖励，最高不超过 100 平方米。自愿放弃申请宅基地的，再给予 1 万元/户奖励。提供每户 10 万元以下的免抵押安居贷款。三是中心

---

① 张勇. 农村宅基地有偿退出的政策与实践——基于 2015 年以来试点地区的比较分析 [J]. 西北农林科技大学学报（社会科学版），2019（02）：83 – 89.

村庄建房奖励。对于人均建房面积小于30平方米的农户，优先分配宅基地用于新建住房。① 属于移民户的，再享受一定标准的额外补助。② 截至2023年，全县自愿有偿退出宅基地404宗、93.65亩，兑现补助3 284.89万元。在收费与补贴的双重影响之下，金寨县全县4万余户农户自愿退出宅基地，腾退复垦宅基地4.5万亩。③ 与此同时，为了在更大范围内促进已退出宅基地的高效利用，显化土地级差收益，安徽省在金寨县探索宅基地复垦腾退的建设用地指标在省域范围内有偿调剂使用。这一政策实施仅两年（2016～2018年），就已经成功交易2.06万亩宅基地节余指标，成交金额达90亿元，大大促进了农民集体和农户个体的财产性收入。④

2. 浙江义乌的"市场化交易"模式

浙江省义乌市作为全国宅基地改革试点地区之一，探索出了"市场化交易"模式。2016年4月26日，浙江省农村土地制度改革试点工作领导小组批复了《义乌市"集地券"管理暂行办法》；同年10月20日，浙江省国土资源厅发文，全力支持义乌开展"集地券"改革试点。具体来说，集地券模式即：浙江义乌将农民退出的宅基地整治为耕地，腾出的建设用地指标留足农村发展所用后，节余部分以"集地券"方式通过交易显化土地资产价值，纯收益返还农民和村集体。村级集体经济组织和宅基地使用权人持有集地券交易后，镇人民政府（街道办事处）在集地券成交价款中扣除土地整治等成本后发放收益给集体和农户，其中由宅基地使用权人持有集地券的，在扣除村级集体经济组织计提纯收益的10%之外归宅基地使用权人所有。针对农民退出宅基地所形成的"集地券"，由政府按每平方米600元保护价兜底回购。到2017年12月，"集地券"试行一年多时间，义乌市已累计回购"集地券"130.24公顷，统筹用于民生和产业项目，为村集体和农民累计增加收入近4亿元，让村集体和农民都分享了宅基地制度改革中的土地收益。⑤

---

① 收费使用＋有偿退出，宅基地开启村庄撤并新时代 [EB/OL]. 搜狐网，http://www.sohu.com/a/334174789_99937517，2019 – 08 – 16.

② 夏树，王翔，魏龙飞，等. 大山深处的"农民宅改"——安徽金寨县农民宅基地制度改革调查 [J]. 农村工作通讯，2019（23）：25 – 28.

③ 伏金宝，张婧. 保障农民住房财产权充分释放政策红利 [EB/OL]. https://www.ahjinzhai.gov.cn/zwzx/bmxx/36714505.html，2023 – 09 – 27.

④ 黄晓芳. 沉睡的农村土地加快苏醒 [N]. 经济日报，2018 – 10 – 23（015）.

⑤ 张勇. 农村宅基地有偿退出的政策与实践——基于2015年以来试点地区的比较分析 [J]. 西北农林科技大学学报（社会科学版），2019（02）：83 – 89.

3. 宁夏平罗的收储模式

宁夏平罗将宅基地有偿退出与移民搬迁安置、扶持新型农业经营主体、房屋土地整治以及集体经营性建设用地入市等相结合，由村集体对进城农民退出的宅基地和房屋统一进行收储并登记造册。具体来说，一是将盘活进城农民闲置资产与生态移民搬迁安置工程相结合，以"本地农民自愿有偿退出、生态移民插花安置"方式，有效盘活了进城农民的承包地、宅基地和房屋，实现了退出农民财产性收入增加、政府安置移民成本降低、存量建设用地盘活、新增建设用地刚性需求减少、移民脱贫致富加快的"多赢"社会效益；二是将闲置宅基地利用与扶持新型农业经营主体发展相结合，对村庄规划范围外的零星闲置宅基地和房屋，由村集体收储后流转给工商资本和专业大户建设仓储、晒场、厂房等，保障了农业规模化经营用地；三是将农户自愿有偿退出闲置宅基地和房屋与土地整治相结合，由村集体闲置宅基地和房屋收储后，通过闲置宅基地复垦、增减挂钩、土地开发整理等项目增加有效耕地面积，全部由村集体流转给新型农业经营主体经营；四是将闲置宅基地综合整治利用与集体经营性建设用地入市相结合，对符合规划的闲置宅基地由村集体主导予以收储，调整为集体经营性建设用地予以入市，为农村一二三产业发展提供用地保障。[1] 平罗县城关镇星火村许多农户已进城十余年，空置的宅基地一直未得到有效利用，地方政府大胆尝试将农户自愿有偿退出的共计 5.57 亩宅基地收储在村集体，并调整为集体经营性建设用地，农机制造公司以 33 万元的价格承包经营，扩大了集体经营性建设用地入市的客体范围，最大限度地盘活了农村闲置土地资源，给村集体及农民带来了可观的财产性收入。

（四）农民住房财产权抵押贷款

泉州晋江创新宅基地权益实现方式，把宅基地价值和房产价值放在一个评估范围内，使得贷款额度从 40% 提升至 60%。试点实施 4 年多（2015 年 3 月到 2019 年 7 月），全市已办理宅基地和农房抵押 3 751 笔，发放贷款 23.49 亿元，位居全国前列。晋江农商银行对磁灶镇东山村、安海镇前蔡村整村批量各授信 1 亿元，开创全省先河。[2]

浙江青田县在开展农民住房财产权抵押贷款试点后，农民用自己的住房进行

---

① 宁夏回族自治区人民政府．平罗县多措并举推进农村闲置资产与宅基地整治工作［EB/OL］．https：//www.nx.gov.cn/ztsj/zt/msss/msxw/201811/t20181115_1168761.html，2018 – 11 – 15.

② 刘益清，王敏霞，陈文经．激活"三块地"，群众享红利［N］．福建日报，2019 – 07 – 08（07）.

抵押担保的一般利率仅在基准利率上上浮30%，较原来常用的信用贷款利率（一般在基准利率上最高可上浮145%）少上浮115%，利率仅为商业贷款利率的一半左右，大大降低了农户的融资成本，减轻了农户财务负担。试点一年多，全县新增农民住房财产权抵押贷款余额达约1 900万元，试点工作取得显著成效。①

第四节 本 章 小 结

我们已经"在中华大地上全面建成了小康社会，历史性地解决了绝对贫困问题"②，我们要进一步巩固脱贫攻坚成果，将脱贫攻坚与扎实推动共同富裕有效衔接起来，必须充分发挥新农地产权制度优势，以完善产权制度和要素市场化配置为重点，激活主体、激活要素、激活市场，实现农民财产性收入持续增长。当前新农地产权制度改革是在坚持集体所有不变的条件下，通过细分土地权利、丰富权能内涵，让农民成为农村土地产权的实际占有者，扩大了农民手中所能支配的财产基数，充分赋予农民对土地资产的处分、收益权利，为农民提供稳定、持续的财产性收入来源。

从地区试点经验来看，承包地"三权分置"将经营权从土地承包经营权中分离出来，允许适度放活经营权流转，让农户可以入股、信托、抵押担保等形式支持农业产业化、规模化发展，并从中获得租金、股份分红、借贷资金等收入。集体经营性建设用地入市制度以构建城乡统一建设用地市场为导向，赋予集体经营性建设用地使用权出让、租赁、互换、出资、赠与、抵押等权能，让农民能享受到土地增殖收益。并通过组建资产管理公司、开发集体租赁住房项目等形式建立保障农民财产性收入增长的长效机制。分析认为，土地规划用途、入市收益分配标准是影响农民所获收益的重要因素。宅基地所有权在"三权分置"制度框架下，将资格权永久、固有的归属于集体成员，允许宅基地使用权适度流转给非固定的社会第三方主体。这项改革既适应了农村生产力发展和现实需要，也有利于提高闲置宅基地农房的利用率与收益率，农民财产性收入也通过流转、抵押、有偿退出等制度设计获得了持续性增长来源。

当前农村土地改革聚焦产权制度创新，只有以马克思土地产权理论为指导，

---

① 浙江省财政厅. 青田县深入推进农民住房财产权抵押贷款试点工作［EB/OL］. http：//czt. zj. gov. cn/art/2017/8/11/art_1164173_9398941. html，2017－04－29.

② 习近平. 在庆祝中国共产党成立100周年大会上的讲话［M］. 北京：人民出版社，2021：2.

以健全土地流转市场为保障，系统总结农村承包地"三权分置"制度、集体经营性建设用地入市、宅基地制度改革试点经验，增强改革之间的系统性、整体性、协同性，才能实现农民财产性收入持续增长的目标，为农民开辟稳定、增值效应强的收入来源。

第四章

新发展阶段农地产权制度
改革面临的"瓶颈"

　　农地产权制度与农民财产性收入之间有着千丝万缕的联系，很多学者已将农地产权制度改革视为促进农民财产性收入增长的一味良药。2021 年两会审议通过的《中华人民共和国国民经济和社会发展第十四个五年规划和 2035 年远景目标纲要》明确要深化农村集体产权制度改革，完善产权权能，巩固完善农村基本经营制度，发展壮大新型农村集体经济。然而现有的承包地、集体经营性建设用地、宅基地等产权制度模糊不清，导致实践中承包地经营权市场化流转不畅、集体经营性建设用地入市受阻与宅基地使用权流转困难重重，以致土地在促进农民财产性收入增长中未能发挥出应有的作用。

第一节　承包地经营权流转的难点

　　2022 年中央一号文件明确提出，要抓好农村改革重点任务落实，开展第二轮土地承包到期后再延长 30 年整县试点；深化集体林权制度改革，健全农垦国有农用地使用权管理制度；巩固提升农村集体产权制度改革成果，探索建立农村集体资产监督管理服务体系，探索新型农村集体经济发展路径。从试点地区调研情况看，承包地经营权流转"瓶颈"突出表现在有效供给不足、市场化流转受阻、征收补偿不规范和农业补贴错位、抵押担保融资困难等方面，阻碍农民财产性收入的进一步增长。

一、承包地经营权有效供给不足

农地"三权分置"改革将承包经营权分设为了承包权和经营权，清晰地界定了承包权和经营权之间的边界，为放活农地经营权奠定了基础。然而，实现承包权和经营权分设，并不意味着农地经营权能够实现顺利流转，即经营权从承包经营权中独立出来只是农地经营权流转顺利实现的必要条件，并不是充分条件。目前的实践表明，农村剩余劳动人口、农地转出意愿以及承包地质量是影响承包地流转的重要因素。

（一）农村劳动力转移速度放缓

相关研究表明，农村劳动力转移对承包地流转率具有显著影响，且农村劳动力就地转移与承包地流转率的正相关性较弱，农村劳动力异地转移与承包地流转率之间的正相关性则较强。[①] 本课题组的调研亦充分证明了这一点。以课题组调研的福建省为例，福建省承包地流转率大约在35%，而在农村劳动力转移程度较高的沙县（众所周知，改革开放以后，沙县农民外出经营小吃者众多），承包地流转率却达到了将近75%，为福建省最高。

国家统计局统计数据显示，农民工增长率从2010年的5.4%下降到了2022年的1.1%；其中，外出农民工增长率由2010年的5.5%下降到了2023年的0.1%，本地农民工增长率由2010年的5.2%下降到了2022年的2.4%（见表4-1）。十几年来的农民工增长率变化充分表明了近年来我国农村劳动力转移正在放缓，而劳动力异地转移放缓速度更甚，未来推进农村劳动力转移的任务相当艰巨。由此推断，未来很长一段时间内，承包地转出供给将趋于放缓。

表4-1	2010~2022年农民工增长率		单位：%
年份	农民工增长率	外出农民工增长率	本地农民工增长率
2010	5.4	5.5	5.2
2011	4.4	3.4	5.9
2012	3.9	3	5.4

---

① 杜鑫，李丁. 中国农户劳动力转移与土地流转决策研究 [J]. 价格理论与实践，2022（02）：74-78+200.

年份	农民工增长率	外出农民工增长率	本地农民工增长率
2013	2.4	1.7	3.6
2014	1.3	1.3	2.8
2015	1.3	0.4	2.7
2016	1.5	0.3	3.4
2017	1.7	1.5	2.0
2018	0.6	0.5	0.9
2019	0.8	0.9	0.7
2020	−1.8	−2.7	−0.4
2021	2.4	1.3	4.1
2022	1.1	0.1	2.4

资料来源：2010~2022年国民经济和社会发展统计公报。

（二）承包地转出意愿并未显著提升

相关研究表明，农地确权并不能有效提升农民转出承包地的意愿。[1] 数据显示，截至2023年上半年，我国土地流转总面积在5.5亿亩左右，相当于全部农民承包地的1/3，但到达该规模之后，农地流转的进展较为缓慢。农户转出承包地的意愿之所以未能进一步提升，主要有以下几个原因。

其一，农地确权以后，农户实际获得的租金不能达到预期。一方面，土地确权以后，农户预期租金显著提升。据学者罗必良于辽宁、江苏、广东、山西、河南、江西、宁夏、四川、贵州9个省份54个县域2000余户农户的调查显示，农地确权以后，农户流转土地期望租金提高了41.46%。[2] 主要原因有两个：一是农地确权以后，农户产权意识大大提高，"地权"在握，更加关注农地的市场需求与未来预期，禀赋效应进一步加强，且承包地越是稀缺、越是自给性生产、农户年龄越大，禀赋效应就越强，简而言之，农户往往高估其经营权的价格[3]；二是承包地流转出去以后，形成了规模经营，往往可以降低成本、提升利润，此时，部分农户会以毁约退地相要挟提高租金，经营者为了维持连片经营被迫接受

---

①②③ 罗必良. 科斯定理：反思与拓展——兼论中国农地流转制度改革与选择 [J]. 经济研究，2017 (11)：178–193.

抬高后的价格①。另一方面,承包地流转实际租金较低。实际租金较低存在两种情况:一是承包地流入方难以承担高额租金。承包地流入方在形成规模经营的条件下,有利于降低生产成本,增加农业生产利润。但增加的农业生产利润常常不足以弥补或仅够弥补增加的租金。在这种情况下,流入方是不会追加投入流入土地的。据李春生在皖北地区的调查,承包地流转资金为800~1 000元/亩,化肥、农药、种子等需投入500多元/亩,农机具、人工等需投入500元/亩,种植玉米、小麦夏秋两季收入约1 464元,每亩亏损超过360元。② 二是土地预期收益被低估。如前所述,承包地流入方在经营粮食作物时难以盈利,因此便转向非粮食作物经营以获得较高的农业生产利润。然而,承包地流入方是以种植粮食作物的价格标准流入农地的,流入承包地后却经营了其他经济作物。在这种情况下,由于承包地预期收益被低估,因而其制定的承包地流转价格也较低。在中部某些地区,承包地流入价格甚至只有1元/平方米,农户自己经营比流转出去收益要高1 000元/亩,严重影响了农户流转土地的积极性。③ 综上所述,农地确权以后,在农户对于农地租金的预期收益大幅提升,而现实难以满足农户预期的情况下,农户转出承包地的意愿便不会显著提升,甚至有可能下降。

其二,社会化保障体系不完善。我国农民大多数是兼业农民,他们除了从事农业以外,还从事二、三产业。其中,一部分农民之所以还从事农业,并不是因为农业生产利润高,而是因为他们依然将土地作为退路,土地对于他们来说还是重要的保障。之所以如此,是因为我国农村社会保障体系依然较为薄弱,广大农民在就业、教育、医疗、养老等方面的保障远远低于城镇市民。因此,在外部世界不确定性高,农户依然有后顾之忧的情况下,农户对流转土地一般持消极态度。

其三,农民对承包地经营权流转的认知不足。主要表现为:一是缺乏流转农地经营权对于自身和国家发展重要意义的认识④;二是缺乏市场观念,担心土地流转以后失去土地或者以后的土地征用补偿款;三是缺乏法律意识,不善于以书面合同保障和维护自身权益⑤。

---

① 姚志,文长存. 中国农村承包地确权:政策变迁、衍生问题与制度设计 [J]. 经济体制改革,2019 (05):81-87.

② 转引自匡远配,陆钰凤. 我国农地流转"内卷化"陷阱及其出路 [J]. 农业经济问题,2018 (09):33-43.

③⑤ 张亮,江庆勇. 引导农村土地经营权有序流转的政策建议 [J]. 经济纵横,2019 (01):99-106.

④ 黄建伟,刘文可,陈美球. 农地流转:演进逻辑、现实困境及破解路径——基于文献分析 [J]. 农林经济管理学报,2016,15 (04):381-389.

（三）承包地质量参差不齐

在承包地产权清晰且农户具有流转意愿的前提下，承包地能否顺利流转还受到其质量的约束。一般来说，承包地流入方所需要的是质量较高的土地，而在现实中高质量的承包地往往属于稀缺性资源，大多数承包地质量参差不齐。据国土资源部发布的《2016 年全国耕地质量等别更新评价主要数据成果》显示，截至2015 年末，全国耕地质量等别调查与评定面积为 13 462.40 万公顷（20.19 亿亩），其中，低等地占比 17.79%、中等地占比 52.72%、高等地占比 26.59%、优等地占比 2.90%，优高等地不到三成，其余七成多均为中低等地（见图 4-1）。具体来说，我国承包地质量参差不齐主要表现在以下两个方面。

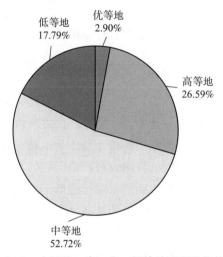

图 4-1　全国优、高、中、低等地面积比例构成

一方面，承包地碎片化严重。土地碎片化是指在一定区域内，农户所经营的地块分散、数量较多、单一地块面积较小。在我国，土地碎片化一般是由自然（地形地貌）和土地制度安排（家庭联产承包责任制）两个方面的原因造成的。土地碎片化，一是影响和降低劳动力投入、机械化应用、资本投入、技术投入等的效率，从而不利于农业生产率的提高；二是由自然原因造成的土地碎片化，通过土地流转也难以改变自然条件约束，难以形成土地的规模化经营，达不到流转土地的预期；三是由土地制度安排造成的土地碎片化，虽然可以通过土地流转达到规模化经营的预期，但由于产权主体较多，土地流入方需要与众多承包经营者进行交易，这无疑也增加了交易难度、提高了交易费用。总而言之，土地碎片化增加了生产费用，不利于农业生产效率的提高，导致农业生产利润难以提高，制约着农业生产规模的扩大，阻碍着承包地流转的顺利实现。[①]

另一方面，农业基础设施落后。农业基础设施是农业生产的必备基础条件，在很大程度上影响着农业生产效率的高低，因而，农业基础设施与农地流转也呈较强的正相关关系。具体来说，流入农业基础设施完善的承包地，不需要流入方追加相关投资，可以降低流入方的生产成本，并且有利于自然风险的防范，从而有效提高农业生产利润；反之，则需要流入方追加相应的投资，大大增加了生产成本，不利于农业生产利润的提高，且不利于防范自然风险。虽然近年来，党中央高度重视农业基础设施建设，不断加大农业基础设施投资力度，大大改善了农业基础设施条件，但由于需求量大、基础贫乏，再加上重建设轻维护、投资决策不科学等原因，基础设施作为我国农业发展的短板，依然没有彻底得到弥补。[②]

二、承包地经营权市场化流转不畅

将经营权从承包经营权中剥离出来，充分肯定了经营权财产属性在流转过程中所扮演的重要作用。农地"三权分置"改革的独创性在于要彻底放活经营权，加快推进承包地经营权的市场化流转，以实现农民收入增长。从当前的实践看，流转程序与流转方式不规范、流转关系不清晰、流转纠纷解决困难、土地评估机制不健全是经营权市场化流转不畅的重要原因，制约着承包地经营权财产属性的实现。

（一）流转程序与流转方式不规范

流转程序与流转方式不规范是制约经营权市场化流转的重要因素。从试点地区的实践分析来看，流转程序的不规范主要是由法治观念缺失与法律规定不明双重叠加因素导致的。由于现行承包地经营权流转法律规定的过于笼统和抽象、部分农民法治观念淡薄、"熟人社会"型农村体制等因素，使得当前的土地流转大多是乡里乡亲的口头协议流转，一些村民根本没有流转登记的概念，承包地经营权流转合同也具有很大随意性，如果承包地流转给亲戚、熟人、邻居的话，交易双方或不会签订任何书面流转合同，更缺少向村集体工作人员备案的意识。正是

---

① 熊航，江鹏，鞠聪，等.农户自发性土地流转行为机制研究：仿真、验证与应用 [J].管理世界，2023，39（06）：71 - 85 + 99 + 86 - 89.

② 张亮，江庆勇.引导农村土地经营权有序流转的政策建议 [J].经济纵横，2019（01）：99 - 106.

由于很多地区土地流转程序不规范，一旦土地流转相关主体权益受损，仅凭口头协议，没有书面合同，无法进行有效的法律维权，因为进入土地流转市场化的经济行为主体都是趋利避害的，谁也不愿意承担相应的经济损失，造成承包地经营权流转矛盾纷争不断。此外，当前法律仅仅笼统界定了流转登记程序，对于土地互换程序、土地转让程序、土地流转管理程序都没有给出相应的说明与规定，所以现有的土地流转混乱不堪也就见怪不怪了。

承包地经营权是重要的用益物权，对于用益物权的流转方式则缺少相应的法律说明。比如《农村土地承包法》已经明确界定了转让、出租、转包、互换、继承、入股、抵押、代耕8种承包地经营权流转方式，而实践中的土地流转方式则远远超出了以上八种，比如赠与、联营、返租倒包、拍卖、出让等方式并未得到法律的有关说明①，不利于承包地经营权的大范围流转。现行法律法规虽有注明"其他流转方式"，但是却并没有给予这些新流转方式相应的法律空间，极易造成出现问题却无法可依的尴尬局面。通过承包地经营权的大规模流转本可以加速农业现代化进程，加速流出方土地财产性权益的规模化实现，促进农民财产性收入的快速增长，而土地流转程序与流转方式不规范却大大延缓了这一进程，亟须有关部门加以重视。

（二）经营权流转纠纷解决困难

在农业现代化战略的有序推进、农业税的废除、农业补贴力度加大等一系列政策红利的多重叠加优势下，土地交易似乎变成了一桩稳赚不赔的买卖；绿色无公害食品、鲜花、水果等经济作物供不应求的市场行情不断提高土地的市场价格。而市场中的交易主体往往具有逐利的本性，有些人在利益的蛊惑下，不惜违反规定、撕毁合同，催生大量经营权流转纠纷矛盾。经营权流转纠纷出现后，问题迟迟得不到解决则是阻碍经营权健康流转的又一重要原因。虽然《农村土地承包法》明确规定，承包地经营权矛盾纠纷双方可通过协商、调解、仲裁、司法起诉等渠道解决问题，可现实情况是协商、调解、仲裁渠道要么形同虚设，要么发挥作用有限，难以有效解决纠纷；司法起诉渠道受限于我国农村"熟人型"社会的典型特征，首先面临着立案难的尴尬窘境。现有的土地流转纠纷协商解决机制很难适应农村的实际情况，发挥的作用有限，极容易导致农民特别是弱势群体的财产性权益受损。在土地流转中，政府的强制性流转和村集体的集中流转往往忽

---

① 黄静."三权分置"下农村土地承包经营权流转规范问题研究［J］.河南财经政法大学学报，2015（04）：67-75.

视个体农户的需求，个体农户缺乏相应的社会资源和知识积累故也处于流转双方的信息弱势地位，再加上当前经营权纠纷解决的综合社会成本及经济成本较高，地方政府、村集体、个体农户均不愿独自承担，造成经营权矛盾纠纷一直处于悬而未决的状态，附着在承包地经营权上的财产价值在市场化流转中也始终得不到充分释放。

（三）经营权价值评估不合理

承包地经营权价值评估不合理主要给农民财产性收入带来两大不利影响。一是经营权价值估值方法的不科学直接导致农民可获得的财产性收入减少；二是评估机制不合理引起流转违约风险增加，间接引致农民财产性收入的减少。各试点在承包地经营权价值评估中采取的主要估值方法分为以租金为基准的估值和以收益为基准的估值两种。前者的评估"基准"为当年的土地租金，假设在承包地经营期限内的未来租金都等于当年土地租金，这种评估方法显然忽略了土地价格的市场因素。后者的评估"基准"为年平均净收益，年平均净收益取自近三年种植物净收益的平均值。无论是前者的"直接等同"法还是后者的"取平均值"计算都忽略了承包地经营权的市场价格变动，前者的"直接等同"弊端太大，试点地区现已较少采用，后者的"取平均值"选用的是历史数据而没有考虑到未来的预期收益，同样不能保障农民在土地上的合理财产性收益。而且在实际操作中由于运作成本太高、观念缺失、相关指标难以考察量化，毫无标准参照胡乱评估的做法比比皆是，严重损害了农民在土地上的财产性权益。[①] 此外，评估机制不合理会引起流转违约风险增加。由于多数试点地区土地流转市场仍不完善，缺少经营权流转价格等指标数据信息，有些试点随意采用历史收益数据或流转案例中的租金数据，忽略了土地不同区位、肥力、种植物种类所产生的对土地价格的影响。当前承包地经营权的价格主要由流转双方协商确定，没有专业的第三方机构参与评估，土地价格的随意确定极容易催生经营权价格扭曲（即流转的经营权价格并不能很好反映市场供求），使得承包地作为生产要素的资源价值与作为农民财产应有的财产价值均得不到很好的释放。这不仅无法给农民带来相应的财产性收入，甚至最终会威胁到农民基本的生存保障。

---

① 张晓平，崔燕娟，周日泉. 农村土地"三权分置"下承包经营权价值评估研究 [J]. 价格理论与实践，2017（07）：62－65.

三、承包地征收补偿不规范和农业补贴错位

土地是农民最重要的生产要素与财产要素，是农民生活保障与增产增收的重要来源。在土地征收过程中补偿标准不合理、征收程序不规范，使农民常处于征地补偿与分配的"边缘地带"；农业补贴对象错位，难以发挥政策的激励效应，不利于土地的高效生产与农民财产性收入的增加。

（一）缺乏合理规范化的征收补偿标准

承包地经营权流转后土地被征用补偿款的归属问题成为影响农户流转积极性的重要方面。在土地征收补偿进程中，征收补偿标准是衡量承包地财产价格的重要尺度，直接影响农户在土地征收进程中最终可获得财产性收入的多少。[①] 现有法律体系对于集体土地征收的补偿标准是根据补偿涉及的权利性质、权利主体、权利来源加以确定的，比如土地经营权、使用权、地役权等用益物权与抵押权等担保物权的权利属性有较大不同，现行的征收补偿标准也不同。但是关于经营权流转后土地被征用补偿款的归属问题，我国《民法典》和《物权法》等法律明确了土地承包经营者（法律主体对应的承包经营权权益唯一）可获得相应征收补偿，而对"三权分置"新时期涉及的承包地经营权，其权利流出方与权利承继方征收补偿的权益关系缺少相应的法律规定和说明，致使当前一些承包地征收涉及的经营权权益补偿纠纷迟迟得不到合理解决。比如补偿内容缺损，承包地经营权的市场增值收益部分未纳入农民的补偿标准，农民得不到合理的增值收益，获得的财产性收入一直处于低位[②]；补偿数额偏低，现行征地补偿标准难以弥补农民被动城市化成本；补偿归属模糊，补偿究竟是归于该地块的所有权人、承包人还是实际经营者，对于同一地块的征地补偿在不同权利主体之间的分配比例，均无明确的法律界定[③]。这些关于征收补偿标准的法律漏洞直接影响农民这一权利承继人合理征收补偿收益的获得，从而难以带来实实在在财产性收入的增加。目前我国大部分具体实施的承包地征收方案仅仅是根据土地的原有用途进行补偿，并根据被征收土地的年产值明确了补偿和安置费标准。这种补偿从某种程

① 贺雪峰. 农民利益、耕地保护与土地征收制度改革 [J]. 南京农业大学学报（社会科学版），2012（04）：1–5.

② 高飞. 征地补偿款分配问题研究 [J]. 中国不动产法研究，2018（01）：3–19.

③ 程晓波，郁建兴. 城镇化进程中地方政府的征地机制完善与制度创新 [J]. 南京社会科学，2016（11）：56–62.

度上来说，没有考虑到土地自身所具有的潜在价值，完全忽视土地市场化流转蕴藏的巨大市场价值，原土地使用者所获得的补偿只占到土地巨大价值的极小比例，极大地损害了农民的土地财产权益，不利于农民财产性收入的可持续提升。

（二）农民处于征地补偿与分配的"边缘地带"

对农民而言，土地承载着重要的社会保障功能，是安身立命之本。在市场经济条件下，农民的土地权益是农民财产权的重要组成部分。随着市场经济的发展与城镇化的快速推进，基础设施建设和城镇化用地需求旺盛，大量城郊土地随着市场变化而增值。然而，在土地征收过程中，农民对土地的权益常常无法保障，严重阻碍由土地增值带来的财产性收益的增加。一是补偿范围的边缘化。根据现行法律有关规定：耕地征收补偿范围包括土地补偿、安置补助和地上附着物及青苗补偿三项，农民集体经济组织可获得土地补偿费和安置补助费，失地农民个体仅可获得地上附着物及青苗补偿费。由于土地补偿和安置补助在征收补偿中占比较大，农民最终到手的征收补偿金额微乎其微，使得失地农民处于征地补偿与分配的"边缘地带"，不利于农民财产性收入的增加。二是补偿标准的边缘化。根据《土地管理法》的规定，征收耕地的土地补偿费最高仅为该耕地前三年平均年产值的十倍，安置农业人口的安置补助费最高仅为被征收耕地前三年平均年产值的十五倍，土地补偿费和安置补助费的总和最高为土地征收前三年平均年产值的三十倍。在市场经济条件下，集体土地征收转换为国有土地后，土地市场价格发生了巨大变化，而当前的征收补偿标准主要依据征收耕地的年产值予以平均计算，较少考虑到集体土地征收转换为国有土地后，土地在市场经济条件下的增值收益，农民无法从土地"农转非"后产生的巨大级差地租中获益。三是失地农民社会保障的边缘化。耕地是农民最为稳定的生计保障，在农村社会保障体制尚未健全的背景下，一旦耕地被征收，安置工作不到位，失地农民就失去了稳定的就业机会和收入来源，处于"既失地又失业"的危险困境。失地农民主要依靠的政府征地补偿并不能为其提供长远的生计来源，造成失地农民社会保障的边缘化。他们主动或者被动离开了土地，在农民和非农民之间徘徊，其身份的认同呈现出代际差异。他们失去了土地，却又难以融入城市生活，因为他们之中很大一部分人没有技能、文化偏低，很难在现行的市场化的劳动就业机制中获得生存性的安排，始终处于劳动力市场边缘，其就业权受到很大影响。在农村土地征收中，失地农民权益的土地权益、社会保障权、就业权受损已成为普遍性的问题，其根源在于现有农地产权制度的固有缺陷，比如失地农民补偿制度不合理和失地农民社会保障制度缺失，迫切需要加以关注和完善。

（三）农业补贴对象错位，激励效应不明显

农业补贴是政府为扶持农业生产对农业进行的专项转移支付，该补贴政策如果实施得当，则会对农业经营者产生巨大的激励效应，促进农业的规模化与产业化经营，在增加经营者农业收入的同时，也为经营权流出方提供不菲的收入，达到"强农惠农"的目的。

近年来，国家对农业的扶植力度逐渐加大，推行粮食直补、农资综合补贴、良种补贴、农机补贴等一系列农业补贴种类，使农民得到了实惠。然而农业生产实践中也出现补贴对象不明确、激励效应不明显等问题，与农业补贴政策的初衷相悖。以试点地区利益矛盾冲突最激烈的粮食直接补贴政策为例，伴随着土地承包权与经营权日益"分离"，承包地的实际经营权人如种粮大户、家庭农场和农民合作社等新型农业生产经营主体正逐步变成比较重要的农业生产主体，影响着承包地最终的生产经营效益，粮食的直接补贴理论上应该补贴给实际经营者（即直接从事粮食生产的经营主体），但实践中为操作之便，许多地区仍按照"两权分离"时期旧的政策，粮食的直接补贴根据农户当初承包的土地面积发放（即补贴给了农地承包人而非实际经营者），使得粮食直接补贴政策缺乏应有的利益导向功能。[①] 承包地"三权分置"改革后，农地由过去的分散经营逐渐走向规模化经营，出现了以种粮大户、农民合作社、家庭农场为代表的一批新型经营主体，而当前的农业补贴政策对这些新型主体的政策扶持力度明显不足，激励效应尚不明显，影响了经营权规模流转的积极性，不适应承包地规模经营的深入推进以及农业现代化的要求，从而也难以实现附着在土地上的财产价值向财产性收入的转化。除此之外，还缺乏针对粮食购销、加工环节的专项补贴。购销和加工环节对提高我国粮食产业竞争力至关重要，通过补贴政策引导工商企业投入粮食购销和加工环节，在保证粮食总产量得到顺利实现的同时，相对延长产品附加值，为农民增收创造条件。尽管近年来国家出台了一系列促进农产品加工业和农业产业化经营的政策，但这些优惠政策实际上是针对各种中大型农产品的销售和加工企业实施的，对资金需求量大、风险大、盈利水平低的粮食购销和加工企业很少能享受到这些优惠政策。

---

① 彭超. 我国农业补贴基本框架、政策绩效与动能转换方向 ［J］. 理论探索，2017 （03）：18 – 25.

四、承包地经营权抵押融资难度较大

承包地经营权抵押融资是落实"放活经营权"的关键举措，对于盘活农村各类资源、拓宽农民融资渠道、实现农业增效具有重要意义。但受限于承包地经营权交易市场不完善、抵押登记手续难以办理，多种风险因素的普遍存在，导致农民财产性收入增长乏力。

（一）抵押登记手续难以办理

抵押登记手续是承包地经营权实现抵押融资必经的法律认可通道，决定着经营权能否通过抵押实现其财产性价值。承包地经营权抵押融资一般需要历经抵押申请、确权登记、调查评估、审批备案、日常监督、收回贷款等流程。根据现行法律规定，以招标、拍卖等方式取得的"四荒地"土地承包经营权，为法律规定的可以抵押的财产；而土地承包经营权若是以家庭联产承包方式取得，则权利流转方式仅限于转包、出租、互换或者其他方式。2007年颁布的《物权法》明确规定以家庭联产承包方式取得的农村土地承包经营权为禁止抵押财产。虽然新修订的《农村土地承包法》第四十七条规定："承包方可以用承包地的土地经营权向金融机构融资担保，并向发包方备案。受让方通过流转取得的土地经营权，经承包方书面同意并向发包方备案，可以向金融机构融资担保"，但同时又补充"土地经营权融资担保办法由国务院有关部门规定"。我国《物权法》中并不存在"土地经营权"这一权利类型，由此也不可能存在土地经营权的市场交易规则与抵押融资规定；《民法典》中同样也没有对土地经营权抵押的清晰规定。事实上，现行法律体系中，并不存在"承包地经营权"这一权利类型，法律上尚无"承包地经营权"依法产生的规则和进入交易机制的规则，缺少承包地经营权相关抵押融资细则的规范性说明，导致实践中抵押登记相关手续办理困难，中央提出的该权利可转让、可抵押的要求事实上无法落实。从承包地经营权抵押贷款试点地区的一些做法看，各地颁发的土地经营权流转交易鉴证书印刷规范各不相同，以此为资质的贷款抵押流程不一致，登记受理与监管抵押融资业务的部门也没有统一的规定，一些地区鉴定书的备案工作形同虚设，备注栏没有任何该机构的融资信息方式以及是否具备对第三方的对抗效力的相关说明。这些法律漏洞使得承包地经营权抵押登记手续的办理十分混乱，抵押融资行为面临重重的法律障碍与市场交易风险，制约着农民的融资渠道，不利于相应财产性收入的增加。

（二）多种风险因素的普遍存在

在试点地区承包地经营权抵押融资进程中，农民违约风险、生产风险、政策性风险的普遍存在，阻碍其作为财产功能的有效发挥，难以实现经营权财产价值向农民财产性收入的转化。

首先，地方政府的"兜底"行为加剧了农民违约风险。由于抵押物处置交易成本较高，银行一般不愿意开展承包地经营权抵押融资业务，而现实中银行等金融机构逆市场规律给农户放贷的根本原因在于政府财政的"兜底"行为，地方政府的增信基金能够承担银行高达70%的放贷损失，集体经济组织也只需承担农户10%的放贷损失，农业保险、贷款信用保险与意外伤害保险农民的参与性很低，大多由政府主导。① 政府的出发点是好的，但是一些大包大揽的做法打破了市场规律。出于抵押贷款是属于"政府福利"的预期，农民盲目贷款极易出现违约风险，而无论是银行还是集体经济组织都没有足够的约束力去阻止农民违约。贷款调查程序、贷款审核程序、抵押物处置、仲裁诉讼程序等风险防控体系的措施都因为市场交易成本的高昂而缺失或形同虚设，导致承包地经营权抵押贷款极易出现农民无法按时履约还款的情况，使得承包地经营权的抵押担保融资不具备较强的可持续性与普遍推广性，也无法给农民带来"普惠性"的财产性收入的增加。

其次，承包地经营权抵押融资受到生产风险的影响。由于农作物生长周期较长且易受台风、洪水、干旱等灾害性天气影响，农业生产具有天然的弱质性，一旦受到不可抗力的影响时，承包地经营权抵押价值就会受到一定损失，金融机构也会因为不可预测的灾害蒙受巨大的经济损失。我国农村相关经营主体都已考虑到农业生产风险因素，纷纷在政府的鼓励之下办理农业保险，但是目前我国的农业保险以政策性保险为主，保额低、资金回笼周期长，一旦遇到农作物减产或绝收，很难快速恢复农业生产，部分地区的风险补偿基金对于金融机构而言也是杯水车薪。因此生产风险的普遍存在及对政策性保险估计不足导致承包地经营权无法以合理的价格进行抵押融资担保，承包地经营权的普遍低估直接引致交易成本的大幅增加并最终转化为农民财产性收入的大大减少。

最后，政策性风险也影响着经营权抵押融资进程。我国农村土地属于集体所有，农户承包土地均有一定的承包年限。承包地经营权的抵押价格取决于"地租

---

① 马婷，刘新平，张琳，马鑫. 农村土地承包经营权抵押的困境与出路——以新疆昌吉州呼图壁县和玛纳斯县调查为例 [J]. 经济研究导刊，2018（03）：42-44.

的资本化"价值，即未来一定时限内土地流转地租转化为收入流的经济价值。从 1997 年开始的农村土地第二轮承包预计到 2027 年到期，潜在性政策性风险使得现有的土地流转合同大多持续 3～5 年，使得很多种粮大户不敢对承包地经营权进行评估，进而实现承包地经营权的抵押融资担保，这严重影响承包地经营权价值的实现①；有些经营主体为了解决资金链断裂问题不得已进行抵押，也只能以较低的承包地经营权价值进行融资，严重束缚了承包地经营权价值的财产性融资渠道，从而影响农民财产性收入的增长。

（三）"薄市场"现象进一步凸显

目前我国农村土地流转市场尚处于初级阶段，承包地经营权的挂牌交易受制于农地流转"薄市场"环境，在短期内难以真正发挥作用，由于抵押物处置交易成本较高，依靠集体经济组织协商回购和仲裁诉讼的可行性也大大降低。② 一些地区虽然建立了产权交易平台，却没有行使好关于土地流转信息公开和价格发布的职能，使得很多闲置土地资源无法通过产权交易平台进行及时流转，土地经营权流转范围有限造成土地资源的大量浪费。此外，承包地经营权流转以一次交易为主，即从农户或村集体直接一次性流转交易给了相关农业经营主体，缺乏二次流转及多次流转的市场支持，这在一定程度上加大了承包地经营权抵押担保融资的市场风险。当农业经营主体对土地经营权的抵押贷款无法按约定归还本息时，涉及的资金就很难通过对所抵押土地经营权再次流转从而顺利收回贷款本息，这就给承包地经营权抵押贷款的风险管理带来很大的不确定性，必然会导致银行及其工作人员进一步限制承包地经营权抵押贷款的额度，加剧"惜贷"现象的恶化，农民也无法通过承包地经营权的合法流转获得相应的财产性收入。

从一些试点地区的做法来看，地方政府的"兜底"行为使得承包地经营权抵押融资的"薄市场"现象进一步凸显。承包地经营权抵押担保融资主要以地方政府扶持资金的推动为主，靠农户自发进行的市场化经营权担保融资较少。以福建明溪某合作社的抵押贷款项目为例，县政府为了扶持该合作社作为示范典型，不仅给予其县政府的贴息补助，还为其申请到国家农田整治项目款 200 万元和大棚设施补贴 100 万元作为配套资金，该合作社得到政府补助后，没有充分考虑市场需求，盲目扩大生产经营规模，最后因经营不善，面临破产的风险，之前承诺给入股成员的分

①　淳道松. 关于农地经营权抵押融资的思考［N］. 中国农村信用合作报，2019-10-09（007）.
②　马婷，刘新平，张琳，马鑫. 农村土地承包经营权抵押的困境与出路——以新疆昌吉州呼图壁县和玛纳斯县调查为例［J］. 经济研究导刊，2018（03）：42-44.

发红利也荡然无存。不得不说，政府的强行推进和过度补贴某种程度上打破了市场运作的发展规律，降低了农业经营者的风险防范意识，比如一些合作社为了获取政府补助，无视农产品的市场规模限度，最终无法应对市场风险而陷入困境①，进而使得农民依靠承包地经营权抵押融资增加收入的希望落空。

第二节　集体经营性建设用地入市的现实困境

2019 年，党中央提出要全面推开农村土地征收制度改革和农村集体经营性建设用地入市改革，加快建立城乡统一的建设用地市场。2021 年中央一号文件指出要积极探索实施农村集体经营性建设用地入市制度，完善盘活农村存量建设用地政策。2022 年中央一号文件进一步明确要稳妥有序推进农村集体经营性建设用地使用权抵押融资。2023 年中央一号文件再次强调深化农村集体经营性建设用地入市试点，探索建立兼顾国家、农村集体经济组织和农民利益的土地增值收益有效调节机制。从顶层设计来看，党中央关于集体经营性建设用地入市改革蹄疾步稳、布局合理，然而试点地区的入市实践反映出当前法律制度体系不完善、使用权入市流转不畅、入市收益分配不合理、入市后二元不平等矛盾突出，已经严重阻碍其使用权财产价值向财产性收入的转化进程，亟须有关部门加以重视和解决。

一、相关法律制度建设相对滞后

新《土地管理法》明确规定集体经营性建设用地只要由村民代表大会或者村民会议 2/3 以上成员同意就可以直接入市，充分肯定城乡建设用地同等的入市地位，为城乡一体化发展扫除了部分制度障碍。但是就入市主体、入市途径、入市范围等细则规定缺少权威的法律界定，成为集体经营性建设用地入市需要迫切解决的首要问题。

（一）入市主体缺少明确的法律界定

新《土地管理法》主要从集体土地所有权的角度将入市主体规定为集体土地

---

① 马莉莉. 宁夏农用地承包经营权确权登记的困境及对策研究［D］. 西安：西北农林科技大学，2018.

的所有权人，主要包括村民小组、村农民集体以及乡（镇）农民集体三种类型，允许所有权人可以通过出让、出租等方式将土地交付其他单位或个人使用。对于农民集体的法律内涵、法律性质及内部治理结构等入市主体细则却无相关法律说明。现行中央政策对于入市主体涉及哪些权利法人及在入市后的实现形式等关键法律概念也存在着相当严重的法律漏洞。由于入市主体缺少明确的法律界定，集体经营性建设用地入市后产权归属模糊，再加上配套设施不完善，很多金融机构并不认可入市后集体经营性建设用地使用权的财产属性，不允许以使用权在该机构进行抵押融资，造成相关使用权主体融资困难①，进而限制使用权财产属性的发挥，阻碍其向财产性收入的转化。

由于缺少入市主体的顶层法律设计，试点地区关于入市主体的规定也莫衷一是。一些试点地区将入市主体明确为集体土地的所有权人（如上海松江区将入市主体明确为农民集体经济组织行使所有权；辽宁海城将入市主体明确为农民集体行使所有权）；一些试点地区将入市主体确定为由农民集体授权的相关入市实施主体，比如土地合作社与土地专营公司等②（如陕西西安高陵区将入市主体明确为农村集体经济合作社，由合作社代表集体行使所有权；浙江德清县将入市主体规定为镇资产经营公司，村民小组土地可委托该公司进行入市）；还有一些试点地区针对不同的所有权确定不同的入市主体，如河南长垣县出台地方条例予以明确：对于乡集体所有的土地，入市主体规定为乡集体经济组织；对于村集体所有的土地，入市主体为村委会；对于村民小组所有的土地，由村民小组委托村委会作为入市主体。试点地区的入市主体多元化是入市主体存在法律漏洞的必然现实反映，这不利于使用权入市后农民集体之间关于土地财产收益的分配以及跨区域交易市场的形成。③

（二）入市途径缺少明确的法律规范

新《土地管理法》仅仅对集体经营性建设用地的入市条件及入市后的管理措施加以明确和说明，对入市途径的相关内涵则仍处于法律空白状态，各个试点地区对于入市途径的规定不尽相同，入市途径与本地区现实情况不匹配比比皆是，

---

① 岳永兵. 集体经营性建设用地入市实施主体对比分析［J］. 中国国土资源经济，2019，32（06）：29 – 34.

② 周应恒，刘余. 集体经营性建设用地入市实态：由农村改革试验区例证［J］. 改革，2018（02）：54 – 63.

③ 陆剑，陈振涛. 集体经营性建设用地入市改革试点的困境与出路［J］. 南京农业大学学报（社会科学版），2019（02）：112 – 122 + 159.

导致入市效率极其低下，土地增值收益收窄等问题也频频出现，直接影响入市范围的进一步扩大及农民财产性收入的持续性增长。

试点地区结合相关政策文件精神，探索出就地入市、异地调整入市与整治后入市三种主要途径。就地入市途径主要是针对村内依法取得、符合规划且具备开发建设基本条件的工矿仓储、商服等明确在本村直接使用的农村集体经营性建设用地，可以通过协议、出让、出租、招标或者挂牌等交易方式直接就地入市；异地调整入市途径主要是针对村内较为零星分散的集体经营性建设用地，可根据土地利用与整治规划，由上一级政府批准调整到相关产业集中区实行异地入市①；整治入市途径主要是针对市区开发建设的城中村集体经营性建设用地，先依据规划统一进行土地整治及基础设施配套完善，然后根据政府主导、多方参与的指导原则，在优先保障安置住房用地后，重新确定剩余土地的产权归属，由农民集体作为所有权主体进行入市②。

就地入市途径由于开发成本低、手续简单、操作方便、周期时间短、管理难度小等优势深受当地政府的喜爱，也是试点地区主要的入市途径。但是关于土地使用者缴纳的租金是否返还及返还比例不清晰，引起集体所有者和土地使用者的纠纷僵持案件不在少数，严重阻碍集体经营性建设用地的入市进程。异地调整入市途径的优势在于能够突破固定空间区位的限制，偏远农村地区的土地通过"空间转移"交易可以释放出更多的土地级差收益从而带动农民财产性收入的增长，但是由于项目周期时间长、收益分配复杂、实施成本较高，尚未在试点地区大面积推广。③ 整治入市由于整治周期长、资金不足、拆迁困境等因素也未在试点地区大面积推广，从而影响集体经营性建设用地入市进程，也阻碍了由整治改造带来的土地综合产出效益及土地价值的极大提升，而土地价值及效益的提升恰恰为农民集体提供了可观的土地财产性收入。

（三）入市范围缺少明确的法律说明

入市范围的不明确是入市法律体系不完善的又一重要表现，哪些集体土地可以入市，哪些不能入市，入市范围的确定究竟是依据法无禁止皆可为还是法无授权不可为的原则，这一系列重要问题的回答，关系着可以进行入市流转的集体经

---

① 梁燕. 农村集体经营性建设用地入市路径选择 [J]. 农业科学研究, 2014 (03)：62-66.

② 张占录, 赵茜宇, 林超. 集体经营性建设用地入市亟须解决的几个问题 [J]. 中国土地, 2015 (12)：20-21.

③ 陈寒冰. 农村集体经营性建设用地入市：进展、困境与破解路径 [J]. 现代经济探讨, 2019 (07)：112-117.

营性建设用地之数量与质量问题。根据新《土地管理法》对入市范围的相关规定:"对符合土地利用总体规划确定为工业、商业等经营性用途,并经依法登记的集体经营性建设用地可以入市交易。"对于集体公益性建设用地和宅基地能否入市交易则无相关法律说明。

对于可入市交易的建设用地到底属于"存量"用地还是"增量"用地,也没有在新《土地管理法》中进行明确。对此,相关政策制定者明确指出,并不是所有的集体建设用地都可以入市,只有符合规划和用途管制的集体经营性建设用地才能入市,即将入市范围潜意识地限定为存量集体经营性建设用地。在"盘活存量"的政策背景下,集体经营性建设用地的入市客体严格限定在存量范围,增量集体经营性建设用地入市一直没有得到相关法律的许可,使得真正可入市交易的土地数量大大减少。当然,先"盘活存量"的政策出发点是好的,无论是村集体成员还是乡镇集体成员都有"化公益为经营""化农用为经营"的利益冲动,因此,必须严控新增集体建设用地数量。然而现有的集体经营性建设用地数量不多,据自然资源部统计,全国集体建设用地大约16.5万平方千米,占建设用地总面积的72%,其中集体经营性建设用地占13.3%左右。[①] 并且现有集体经营性建设用地具备入市条件的地块小、分布散,部分土地产权关系不清、存在法律经济关系问题,周边基础设施和公共服务配套不足。[②] 实践中将公益性建设用地、废弃建设用地、宅基地综合性统筹利用的进展,无法实现"三块地"的联动发展,使入市举措带来的改革红利大打折扣,农民很难通过集体经营性建设用地的市场化流转享受到土地财产带来的增值收益。

二、集体经营性建设用地流转受阻

当前集体经营性建设用地使用权法律性质模糊、入市流转机制不完善、抵押融资机制不健全,使得使用权入市流转受到诸多限制,其市场增值潜能得不到充分释放,严重影响土地增值收益向财产性收入的转化进程。

(一)使用权法律性质模糊

现行《物权法》根据所有权归属的不同将土地物权划分为国有土地物权与集

① 黄征学,吴九兴. 集体经营性建设用地入市:成效与影响 [J]. 团结:2019 (01):34-38.
② 丁琳琳,王大庆. 中国农村集体经营性建设用地入市问题的再认识 [J]. 价格理论与实践,2022 (08):51-54.

体土地物权两种。在集体土地物权下根据土地用途的不同又细分为占有权、使用权、收益权、处分权等各项具体权能，集体土地使用权根据土地的性质划分为农地承包经营权与宅基地使用权两种用益物权，但是对于集体经营性建设用地使用权则无相关用益物权的法律说明，它既没有涵盖在集体建设用地使用权之下，又没有从农地和宅基地使用权中独立出来。因此，集体经营性建设用地使用权至今尚未得到法律的明确界定。尽管《物权法》在第一百一十八条规定"集体所有的自然资源，单位、个人依法可以占有、使用和收益"①，但这只是原则性笼统的概括和描述，集体经营性建设用地使用权是否应归属在集体土地使用权用益物权之下，是否能和农地承包经营权及宅基地使用权并列成为独立的第三种集体土地使用权的用益物权尚处于模糊状况。《民法典·物权编》承袭了《物权法》对待集体建设用地的态度，其第十二章之建设用地使用权通篇以国有建设用地使用权为蓝本予以规定，这使得集体建设用地使用权的民事规则供给严重缺位。② 使用权本质属性的模糊直接引致关于使用权一系列法律性质的模糊，比如使用权的客体范围是什么、权利界限在哪里、产权结构如何进一步划分、使用权收益分配机制如何确定等派生的法律性质问题也将归于模糊，这将给集体经营性建设用地入市实践带来一系列的法律障碍，增加了使用权市场化流转难度，农民也很难得到使用权市场增值带来的级差地租收益③，从而不利于农民财产性收入的增加。

（二）市场流转机制不完善

2022 年 9 月 6 日通过的《指导意见》指出农地集体经营性建设用地要试点先行，暂不全面推开；党的二十大报告亦指出必须审慎稳妥推进农村集体经营性建设用地使用权入市改革；2023 年 3 月，自然资源部关于深化集体经营性建设用地入市试点工作的培训时评会议亦仅仅提出了一些原则性的规定。由此可见，关于农村集体经营性建设用地入市虽然在宏观层面的顶层设计方面取得了一定的进展，但依然不完善，更不用说形成关于农村集体经营性建设用地在入市流转实践中成熟完善的具体操作细则了。

第一，使用权流转范围过于狭小。绝大多数试点地区将使用权人的主体范围限定在与集体存在依附关系的企业或单位，即强调企业必须由集体独资创办或入

---

① 高圣平. 论集体建设用地使用权的法律构造［J］. 法学杂志，2019，40（04）：13 – 25.

② 宋志红. 集体建设用地使用权设立的难点问题探讨——兼析《民法典》和《土地管理法》有关规则的理解与适用［J］. 中外法学，2020（04）：1 – 21.

③ 姚健. 集体经营性建设用地使用权入市法律问题研究［D］. 太原：山西财经大学，2018.

股联营,这大大限制了使用权的流转范围,使得很多小规模的个人独资创办的乡镇企业被排除在外。

第二,使用权流转平台建设较为滞后。试点地区集体经营性建设用地的所有权主体有使用权流转需求却找不到合适的企业,一些亟须通过租用土地使用权扩大生产规模的企业却苦于没有途径的供需矛盾现象较为常见。

第三,使用权流转程序不规范容易催生政府部门的寻租行为。在使用权流转过程中流转程序不明晰、监督管理机制缺失、市场流转信息不透明,政府顺利摆脱了仅仅起管理与服务的"守夜人"角色,原本的农民集体与企业之间两方博弈的市场流转转变为农民集体、政府、企业之间构成三方博弈的市场流转,一定程度上扰乱了使用权流转市场运行体系。[①]

第四,信息沟通交流机制不完善使得土地流入方难以消除信息不对称的风险。乡镇企业一般规模小、集中度不高、企业财务信息不透明,缺乏专业金融人才,在使用权流转融资方面处于劣势地位,而银行金融机构没有该企业的信用记录,对申请贷款的企业经营状况、抵押物登记的真实有效性也不甚了解,双方信息沟通均存在交流机制障碍,从而影响使用权市场化流转。[②]

第五,基准地价形成机制不健全导致的集体经营性建设用地入市收益的流失。由于在基准地价形成过程中缺乏机制规范,很多集体经济组织和个人为图方便快捷,没有经过专业的科学评估与分析,就以较低的市场价格随意流转集体经营性建设用地使用权。[③] 这进一步刺激了集体建设用地使用权在"场外"的隐形流转,造成集体土地资产的大量流失,不利于农民财产性收入的提升。

(三) 抵押融资机制不健全

集体经营性建设用地使用权抵押融资是实现"同等入市、同权同价"的重要内容,对于促进集体经营性建设用地入市有着重要意义。然而,目前集体经营性建设用地抵押融资的实践效果却不尽如人意,金融机构对此也不温不火。

首先,政策法律风险偏大。传统行业抵押贷款项目一般会面临市场变动风险、信用恶化风险、操作不当风险三种主要风险,相对于传统行业的抵押贷款项目,集体经营性建设用地使用权抵押贷款项目除了受到市场、信用、操作三个层

---

① 毕琳琳. 集体经营性建设用地使用权流转市场规制研究 [J]. 农业经济,2019 (11):91-92.

② 毕云龙,相洪波,徐小黎,盛昌明,谭丽萍,李勇. 海城集体经营性建设用地入市试点调查研究 [J]. 中国国土资源经济,2018 (09):68-73.

③ 北京大学国家发展研究院综合课题组,李力行. 合法转让权是农民财产性收入的基础——成都市农村集体土地流转的调查研究 [J]. 国际经济评论,2012 (02):7-8+127-139.

面的因素影响之外，也受到一些潜在因素的影响，其中在集体经营性建设用地使用权抵押贷款项目贷中阶段面临较大的政策与法律风险。比如在贷中阶段，政府变动土地用途规划或者抵押权人私自改变土地实际用途，都会带来抵押物管理与变现相关的棘手问题，阻碍了使用权的贷款融资进程①，不利于使用权财产价值的充分放活，也影响使用权财产属性向农民财产性收入转化的进程。

其次，用地企业融资成本过高。对于租用集体经营性建设用地使用权开展生产经营的乡村企业而言，一方面集体经营性建设用地使用权抵押贷款手续过于繁琐，在确权、登记、流转过程中需要不断地跟各种政府部门打交道，这对于缺乏经验的乡村企业来说，需要额外请专业机构代为办理，这无形之中增加了企业的融资成本；另一方面金融机构出于资金风险、授信成本等方面的考量，不愿意给集体经营性建设用地使用权贷款融资的中小企业授信，给中小企业抵押贷款融资设置重重程序障碍，使得需要资金的中小企业无法及时、低成本的运用使用权抵押融资，推高了企业的融资成本。

最后，资产评估缺乏统一标准。我国各地集体经营性建设用地基准地价普遍缺失，无使用权资产评估的统一标准。金融机构在对使用权做资产评估时，由于缺少估价标准及科学的参考价格作为依据，极容易低估使用权的市场价值，影响农民土地资产合法权益的获得。虽然相关法律明确规定，集体经营性建设用地使用权抵押价值评估标准原则上不应低于当地政府公布的同时期、同地区以及同类型国有建设用地的基准价格，但是对于一些区位差距悬殊的集体经营性建设用地，这一标准对于资产市场评估基本没有参考价值。农村集体经营性建设用地使用权资产评估市场缺乏竞争形成价格的机制及与国有土地相对应的统一的地价体系。

三、集体经营性建设用地入市收益分配不合理

入市收益如何合理分配是集体经营性建设用地改革的核心问题，关乎农民权益能否实现，也关系着入市改革的初衷能否落实。在当前的入市实践中，增值收益调节金征收不合理、收益分配不公平，直接影响农民合法财产性收入的增加。

（一）农户处于收益分配的弱势地位

集体经营性建设用地入市是农民寄予厚望的一项改革。农民希望通过使用权

---

① 王振江. 发达地区农村集体经营性建设用地使用权流转研究［D］. 杭州：浙江理工大学，2014.

入市流转后带来更多的财产性收入，进而提高生活质量。然而，农民在集体经营性建设用地入市利益机制中处于弱势地位，并且这种弱势地位很难在短时间内得到扭转。农村集体经营性建设用地从征收、开发到项目销售往往经过长达数年甚至十余年的时间，增值利润主要来源于土地的用途性增值、供求性增值、社会普遍性增值和外部辐射性增值，开发商投资利润率远高于其他行业投资利润率的平均水平，攫取了其不应获取的土地自然增值收益，但农民仅仅在最初的土地出让阶段获得较低的农地补偿，几乎完全被排斥在土地自然增值收益的分配之外，在土地增值收益分配中处于极不合理和不公平的地位。

农村集体经营性建设用地是否入市交易，通常是村委会决议，农民很难自主决定，这两者的利益经常不一致导致农民这一弱势群体利益受损。入市收益分配机制的决策群体多是政府部门，政府部门在法律约束缺失的情况下，出于短期政绩的考虑，往往会选择弱化农民群体的收益，以期尽快与开发商签订合约。[①] 农民群体却无力去争取自身合法权益，使入市收益成果旁落他人，自然使得分到手的财产性收入急剧减少。

在政府、村集体、农户三者之间分配入市收益的过程中，政府在土地增值收益获取中居于绝对主导地位。政府在参与土地增值收益分配过程中，按照国有土地出让金征收标准，以成交价代替土地纯收益作为入市调节金征收基准，模糊了政府与集体两者在土地增值收益形成中的贡献度，使政府、集体在土地增值收益分配中出现不公平。

农村集体经济组织财务制度不健全、资产运营管理混乱等也不利于对入市收益的合理分配，最终难以有效转化为农民的财产性收入。

（二）增值收益调节金征收分配不公平

增值收益调节金的征收分配通常是地方政府按照增值收益调节金征收标准先提取一部分之后再分给农民集体，农民集体把剩余增值收益按照相应比例分给农民个体。试点地区实践中征收标准缺乏科学依据、集体提留收益管理不规范，造成农民集体和农户个体获取的增值收益较低，从而给农民财产性收入增长带来不小的障碍。

一方面，征收标准缺乏科学依据。现阶段，以土地成交价代替纯收益作为集体经营性建设用地增值收益调节金的征收基准，模糊了地方政府与集体组织在土

---

① 陈红霞，赵振宇. 基于利益均衡的集体经营性建设用地入市收益分配机制研究［J］. 农村经济，2019（10）：55－61.

地增值收益形成过程中的贡献度，是增值收益在两者间分配不公平现象频发的直接原因。从试点地区的农村集体经营性建设用地入市增值收益分配过程看，政府按照 20% ~50% 的比例征收土地增值收益调节金，这种比例标准缺乏理论支撑，且在试点实践中屡次被突破，明显不利于村集体经济发展壮大，使农民群体也处于增值收益分配的弱势地位。比如个别地方按照成交价 48% 的比例收取增值收益调节金，在如此高昂的征收比例下，地方政府却没有出台相关文件说明哪些是政府的投资成本回收，哪些是集体土地的自然增值，模糊了地方政府与集体组织在土地增值收益形成过程中的贡献度，明显有损增值收益分配的公平性①，从而影响农民集体特别是农户个体财产性收入的获得。

按照中央改革方案，县（市、区）政府要按照合理比例收取农村集体经营性建设用地入市土地增值收益调节金。中央对于"合理比例"的确定只提了一条大原则，即保持入市增值收益在国家和集体之间分享比例的大致平衡。目前，各试点地区征收方式和标准呈现出多样性特点，既有按固定比例征收的，也有采取差别化征收的；差别化征收又存在交易环节、土地用途、转让方式等若干划分标准。② 根据改革出发点，土地增值收益调节金主要是承担国家和集体之间收益平衡的任务，这意味着它既不是税也不是费，而是政府为降低改革不确定性干预再分配的一种政策工具，在应用这一政策工具时，必须综合考虑各种因素确定土地增值收益调节金的合理标准。而目前征收标准不统一，且无科学依据作为理论支撑，在调节金征收过程中农民集体的财产性权益受到不公平对待，影响财产性收入的增加。

另一方面，集体提留收益管理不规范。关于集体内部提留收益分配，试点地区对于不同的入市主体都规定了收益分配方案的决定程序。在以集体、村委会、农村集体经济组织为入市主体的地区以通过村民大会 2/3 以上达成协议，在以股份合作社、资产经营公司为入市主体的地区，则规定需要全体成员 2/3 以上成员通过达成协议。在大多数地区，该协议需要经过镇政府审核通过才能够生效。大多数试点地区对于集体提留收益的处置办法做了宏观规定（如要求集体所得收益用于基础建设、医保的购买），只有四川泸县规定了其收益首先用于偿还集体所欠债务后再用于其他建设；部分地区对于集体成员个人所得也规定了上限，例如

---

① 朱一中，曹裕，严诗露. 基于土地租税费的土地增值收益分配研究 [J]. 经济地理，2013（11）：142-148.

② 王湃，刘梦兰，黄朝明. 集体经营性建设用地入市收益分配重构研究——兼与农村土地征收制度改革的对比 [J]. 海南大学学报（人文社会科学版），2018，36（05）：77-85.

河南长垣县规定了分配到个人手上的收益，原则上不超过征地所得的标准，其余的收益归集体所有。

试点地区一般按照不低于40%的原则设置集体提留收益比例，集体提留收益主要用于发展壮大集体经济和乡村公共服务设施建设。但是这些集体提留的收益管理使用不规范，并未充分发挥这些收益的财产性功能，直接影响农民财产性收入的持续增长。从试点地区的实践看，农村集体经济组织的制度建构不健全，很多地区根本没有集体经济组织，仅依靠本村村民委员会代行职能，缺乏落实提留收益的使用、管理的执行机关，造成资金运作效率低下，有些甚至沦为少数村干部的"个人财产"，严重损害农民群体的财产性权益①；集体组织中的利益表达机制残缺，农民群体难以成为真正的主人，集体组织内对集体提留收益的监督表决机制常常流于形式，农村集体组织内弱者和强者的势力对比鲜明，其集体提留收益重大事项的决策权往往由少数村干部等人把持，普通农民群体的财产性权益被边缘化；公权力过度干预集体提留收益比例现象普遍存在，有些地区经济不发达，缺乏良好的投资环境，没有必要留存过多的集体收益，但是往往会受限于公权力的政策干预，造成集体提留收益难以实现市场化增值，相反有些受到市场经济波动还会出现贬值，严重损害农民的财产性权益。②

四、城乡建设用地仍存在地权不平等矛盾

建立城乡统一的建设用地市场，是改革完善农村土地产权制度、推进城乡一体化发展、进一步完善社会主义土地市场体系、促进土地资源优化配置和合理利用、提高农民财产性收入及生活水平、促进社会公平的重大改革举措。当前集体经营性建设用地入市后，"同权同价"规则尚未完全形成、入市交易成本高，交易风险大；城乡二元分割效应大于其融合效应，城乡二元不平等矛盾凸显，不利于农村经营性建设用地使用权权能的放活，也阻碍着使用权财产性权能向农民财产性收入转化的进程。

（一）"同权同价"规则尚未完全形成

"同权同价"意味着国有建设用地与集体建设用地在使用权流转中享有同等

---

① 王小映．论农村集体经营性建设用地入市流转收益的分配［J］．农村经济，2014（10）：3－7.
② 陈建．农村集体经营性建设用地入市收益分配简论［J］．湖南农业大学学报（社会科学版），2017，18（06）：99－105.

的法律待遇与市场待遇，这有利于农村集体经营性建设用地使用权获得合理的市场流转价格①，保障农民集体合法财产性收益的顺利实现。新《土地管理法》明确指出对土地利用总体规划确定为工业、商业等经营性用途，并经依法登记的集体经营性建设用地，允许土地所有权人通过出让、出租等方式交由单位或者个人使用。这意味着集体经营性建设用地与城市建设用地一道都可以直接入市流转，基本扫除了"同等入市"的法律障碍，但是至今未在法律层面对"同权同价"的内涵进行科学界定，也没有对"同权同价"规则体系进行合理构建，从而给农民财产性收入增长带来不小的障碍。城乡建设用地能否真正实现"同权同价""同等入市"交易，还是个亟待解决的重要问题。

（二）入市交易成本高、交易风险大

集体经营性建设用地与国有建设用地相比，地块与产权的细碎化提高了入市的交易成本，造成使用权市场流转收益减少，不利于农民财产性收入的提高。地块的细碎化是由我国农村集体经营性土地本身的分散分布所决定的，产权的细碎化是由现有产权法律体系的不健全导致的，细碎化土地产权会影响市场对土地资源的配置效率。想要把这些细碎化的地块与产权集中起来，纳入统一的市场交易平台绝非易事，需要花费大量的交易成本且存在较大的交易风险。目前广大农村地区的集体经营性建设用地还停留在集体自营自用与内部流转的层面，使用权人也只能是集体经济组织，产权分割与流转均有明确的身份限定，这种产权并不完整。集体经营性建设用地使用权并未真正从以所有权代表的整体产权中分离出来，形式上分离出来的使用权也并非完整的用益物权，其排他性、可流动性均受到法律条文的明确限制。如现有的《土地管理法》《物权法》对于农民集体所有土地的流转和用途均有明确的法律限制，这给农民财产性收入增长带来不小的挑战。

健全的使用权市场流转机制也直接关系到交易安全和相关权利人的财产收益保障。新《土地管理法》允许农村集体经营性建设用地直接入市，这可谓是不小的进步。但是关于入市后使用权市场流转机制建设尚处于空白状态，产权分割登记程序不完善、使用权主体不明晰、集体经营性建设用地基准地价普遍缺失、使用权价值评估机制不健全等一系列市场流转机制的缺陷导致集体经营性建设用地入市交易成本高昂，交易风险巨大。从试点地区的实践看，很多金融机构考虑到

---

① 靳相木. 集体与国有土地"同权同价"的科学内涵及其实现［J］. 农业经济问题，2017（09）：12–18.

使用权流转的合法性不足、抵押融资资金不能按时收回、使用权价值评估成本高昂等因素，在集体经营性建设用地使用权抵押过程中，对使用权价值核算大打折扣，并增加一系列贷款约束，给使用权流转设置重重障碍。在试点地区集体经营性建设用地流转进程中，由于产权体系与流转机制不完善，如产权登记程序混乱、产权主体不明晰、使用权流转配套设施滞后，使得农民对于经营性建设用地享有哪些权利并不清楚，土地入股过程资本股、人头股如何划分和评估也没有统一的参考系统，交易成本与交易风险迅速上升，自然最终导致收益分配方向不明确，广大农民群体往往处于财产性收入分配的边缘地带。

（三）城乡二元分割效应大于其融合效应

推进集体经营性建设用地入市，需要充分发挥城乡融合的效应，为农民财产性收入增加开辟新路。从我国城镇化的发展实践看，农村的劳动力、资本、技术等要素自发地流向城镇，以地方政府为主导的土地征收由于其垄断性农村集体土地资源不可逆地人为地从农村流向城镇，阻碍了农村与城市土地资本的双向流动①，农村集体土地资源与国有土地资源无法实现有效的衔接和互动，城市对农村经济发展的"涓流效应"受阻，导致城乡之间"马太效应"日趋明显，城乡居民财产性收入差距也不断扩大。长期以来形成的城乡二元分割的局面并没有从根本上改变，尤其是城乡建设用地与农村集体经营性建设用地相对"孤立"运行的市场机制，不仅没有增加融合效应，反而使城乡分割效应增大，不利于实现农民财产性收入的良性增长。

城乡建设用地市场的分割效应主要是由存量供需失衡与权利主体收益的"暴损—暴利"矛盾两方面因素导致的。一方面是城乡建设用地的存量供需失衡困境难以解决，加剧了城乡建设用地市场的二元分割。在城乡建设用地相对"孤立"市场运行之下，由于农村经营性建设用地市场法律规制不健全、市场规则不完善，在巨大利益的诱惑之下极容易催生政府与农民集体非法串谋形成"灰色交易"，再加上地方政府极力推行农村集体经营性建设用地改变其土地性质（即纷纷转变为城镇建设用地），造成集体经营性土地资产大量流失，影响城乡建设用地市场的融合发展以及农民财产性收入的可持续增长。另一方面权利主体土地增

---

① 李永乐，舒帮荣，石晓平. 城乡建设用地市场：分割效应、融合关键与统一路径 [J]. 南京农业大学学报（社会科学版），2017，17（03）：103-111+158-159.

值收益的"暴损—暴利"矛盾显化了城乡二元分割效应。① 因法律政策限制、使用权市场流转机制缺失、市场配套设施严重滞后等因素存在，农村集体经营性建设用地"自愿性入市（使用权的自由市场交易）"通道受到重重阻碍。因土地增值收益诱惑、城市建设用地需求膨胀、城市发展区域扩张的需要，农村集体经营性建设用地"非自愿性入市（包括合法征地与非法征地）"通道则畅通无阻，地方政府垄断建设用地市场，为了所谓"公共"利益，低价征地然后高价出让现象屡见不鲜，使得农民对集体经营性建设用地的合法产权受到侵占，从而阻碍了农民财产性收入提升的实现。

第三节　农村宅基地产权制度改革的主要障碍

在农地产权制度改革中，农村宅基地无疑是较重要且较难进行的，这缘于宅基地是农民安身立命之所，宅基地使用权制度事关我国六亿多农民生存之本，因此每一项细微的突破都必须慎之又慎。宅基地"三权分置"改革是农村宅基地产权制度改革的重点，自试点工作开展以来，宅基地制度改革先后经历了"试点确立、联动探索、期限延长、范围拓展"等阶段，取得了一些经验和成绩，如西部地区的平罗经验、中部地区的余江样板、东部地区的义乌智慧等，但改革进程中也存在一些突出问题，限制了农民财产性收入的增长。

一、宅基地确权面临困难

宅基地确权问题是其制度改革的先决条件，是宅基地使用权市场化的坚实基础。试点中取得较好成效的地区无一不是较好地突破了宅基地确权的难题，进而释放了让农民获得土地财产性收入的新活力因子。当前宅基地确权主要存在以下三个问题：

（一）宅基地集体所有权虚化

新《土地管理法》第九条规定："农村和城市郊区的土地，除由法律规定属于国家所有的以外，属于农民集体所有；宅基地和自留地、自留山属于农民集体

---

① 黄贤金.论构建城乡统一的建设用地市场体系——兼论"同地、同权、同价、同责"的理论圈层特征〔J〕.中国土地科学，2019，33（08）：1-7.

所有。"① 这表明宅基地集体所有已经由法律正式确认下来。但是实践层面上，宅基地集体所有权大多情况下仅仅表现为一种法律概念，宅基地集体所有权并未能得到切实尊重和落实。

一方面，宅基地所有权主体虚化。一是宅基地所有权主体不明确。农地所有权制度本是为了保护农民对土地的利益而设的，但由于其在主体构造上存在致命缺陷，即真正的权利主体难以按照自己的意志在法律规定的范围内自由支配其所有物、行使所有权，由此带来了农地所有权制度的整体失效。② 因此，完全可以说主体不明确正是宅基地所有权制度的致命缺陷，由于这一弊端，导致了现实中宅基地资源配置中的各种乱象。在实践层面上，宅基地所有权主体不明确主要表现为主体多元化。虽然新《土地管理法》明确规定了宅基地归农民集体所有，但对于代表"农民集体"行使集体所有权的主体规定却较为模糊。新《土地管理法》规定集体所有权可由"村集体经济组织""村委会"或"村民小组"代为行使，导致集体土地所有权主体多元化，为宅基地集体所有权的落实带来了风险和困难。二是宅基地所有权主体存在发展不平衡、不充分的问题。四川大学杨继瑞教授等学者从经济性、自治性、成员性、社区性四个维度评价了宅基地所有权主体发展状况，研究发现，经济性和自治性水平偏低已成为约束所有权主体行使权利的重要"瓶颈"。③

另一方面，宅基地所有权权利束不完整。产权是由所有权、使用权、处分权、收益权组成的权利束，其中，所有权是产权的核心，处分权和收益权是最能体现所有权价值的。然而，中国农村宅基地产权制度安排中，所有权主体是没有完整的处分权和收益权的。④ 其一，农民集体对宅基地的处分权不完整。由于政府不断加强对宅基地的管理——在宅基地供应、回收、转让、新建、改建、翻建等方面，政府对宅基地的规划和管理权进一步加强——农民集体行对宅基地的独立处分权被不断削弱。⑤ 其二，农民集体对宅基地的收益权不完整。由于农民集

① 中华人民共和国土地管理法 [EB/OL]. 中国人大网, http://www.npc.gov.cn/npc/c2/c30834/201909/t20190905_300663.html? eqid = a2c157910022610700000046564545c.

② 束景陵. 试论农村集体土地所有权主体不明确之克服 [J]. 中共中央党校学报, 2006, 10 (03): 47 - 50.

③ 杨继瑞, 吕旭峰. 宅基地集体所有权主体发展问题研究 [J]. 海南大学学报 (人文社会科学版), 2021, 39 (05): 56 - 62.

④ 韩文龙, 谢璐. 宅基地"三权分置"的权能困境与实现 [J]. 农业经济问题, 2018 (05): 60 - 69.

⑤ 崔超. 逻辑与进路: 农村宅基地集体所有权实现与集体经济发展——基于马克思所有权理论的视角 [J]. 山东社会科学, 2022 (03): 135 - 142.

体对于宅基地的处分权不断削弱，导致农民集体缺乏统筹开发闲置宅基地的能力与动力，如回收闲置、超占、多占宅基地以及推动闲置宅基地转变为集体经营性建设用地入市等，从而限制了农民集体利用宅基地的收益能力。

（二）宅基地资格权尚未法定化

目前宅基地"三权分置"尚在探索中，而关于宅基地资格权的立法仍然处于空白状态。根据宅基地"三权分置"的政策意蕴，宅基地资格权是集体成员在宅基地分配中的一种资格，其内容是剥离原宅基地使用权中财产权部分后的剩余权利，旨在体现农户身份权利和保障剩余财产权利，主要表现为农户资格的取得权和退出权，其权能包括申请取得宅基地使用权、宅基地管理权和宅基地收益权。然而，宅基地资格权的立法空白——我国现行法律制度中并没有"农户资格权"的表达——不仅使宅基地确权登记存在困难，也制约了宅基地使用权的分离和流转。具体来说，宅基地资格权立法的空白主要表现在以下几个方面：一是未对农户资格权的来源进行阐释；二是对农户资格权的概念及性质缺乏明确的规定；三是对农户资格权的主要权能缺乏明确的界定；四是未能厘清农户资格权与使用权之间的联系和区别。

（三）宅基地使用权确权工作难以开展

宅基地使用权是集体经济组织成员所享有的在土地上建造和保护房屋用以居住的重要权利，而农村宅基地确权登记工作是维护农民土地权益，促进宅基地制度改革的一项重要工作。宅基地使用权确权不但能加速宅基地的流转，破除资本约束障碍，而且也是宅基地"三权分置"有效实施的重要前提。不仅如此，对农民来说，宅基地是他们出生和成长之地，宅基地确权既契合农民传统观念，又关系着消除户籍制度、打破城乡二元体制、推进城乡融合等重大目标的实现。2023年中央一号文件再次提出要加快推进房地一体确权，然而，目前宅基地房地一体确权工作依然存在着不少困难：第一，房屋与宅基地分管，一个为房产部门登记，另一个为国土资源部管理。房屋为农民所有，而农民只拥有宅基地的使用权，复杂的状况不利于确权工作的开展。第二，法律中虽明确规定宅基地只能由本村村民使用，但随着城镇化的加速，大量农户进城务工甚至定居，不少农户将其房屋转让给其他村民或外来人员；同时，不少村集体为追求更多的收益，建造、出售了不少小产权房，使得宅基地使用权难以确权。第三，由于种种原因，大量房屋存在档案资料不完整、遗失以及与档案不符现象，据课题组调查，福建农民宅基地房屋建设中符合规定、手续齐全、按规划建设的仅有 1/3，其余与档案不符合的宅基地房屋需要加以整改或者缴纳罚款才能颁证，但大多数农民既不愿意整改也不愿意缴纳罚款。第四，部分村民观念淡薄，对宅基地使用权确权工作的重要性认识不足，认为办不办证都不会产生任何变化，办证也不会增加收入、不办证也没有损失。第五，农村范围广泛，确权工作所需人手较多、缺乏专业的技能等诸多不利因素，增大了确权工作的难度。

二、宅基地退出机制不健全

有效利用宅基地，首先就是让不利用宅基地或不能有效利用宅基地的村民自愿让出宅基地的使用权。农村宅基地退出机制的不完善使得市场难以发挥作用、土地价值难以提升、农民福利难以改善，抑制了农民财产性收入的提升。通过探寻试点地区的改革进展，可以发现宅基地退出机制主要面临以下问题。

（一）退出补偿资金存在缺口

农村宅基地的退出，无论是收储还是补偿，都需要大量的资金。若补偿资金不足，农户往往不愿退出宅基地，甚至和村集体组织产生矛盾。首先，补偿标准太低。目前大部分试点地区大都参照征收补偿价格作为标准对农民进行补偿。而这个标准的补偿金额是非常低的，不足以让农民支付新建住房的成本，更不用说农民离开家园进城后增加的生活成本了。在实际操作过程当中，只是针对房屋面积进行补偿，很少会考虑到对宅基地面积给予补偿，更不要说配套的设施，极大地损害了农民的合法权益。其次，补偿方式比较单一。在目前的农村宅基地退出试点中，很多地方选择货币补偿、社会保险补偿、安置补偿或三种方式相结合的方式对退出宅基地的农民进行补偿。单一的补偿方式造成退宅农民的生计问题难以解决，这将导致农民生活不可持续，增加社会的不稳定性。最后，补偿资金来源缺乏。从法律角度看，农村宅基地的所有者是村集体组织，集体组织有权收回闲置的房屋。但是如果要收回农民个人的宅基地使用权，不能单方面进行操作，必须对权利人给予大量补偿。但在我国经济发展过程当中，很多集体经济组织没有足够的资金补偿农民。在没有足够的资金激励农民退出闲置、超占的宅基地的情况下，无法将闲置、超占宅基地改造成其他有利于集体经济发展的建设用地。

（二）退出的长效机制并未完善

农民自愿退出宅基地后的生产生活质量有无保障是试点中农民常有的疑惑或担心。从已有的经验来看，不少试点地区考虑到了退出宅基地后农民的生存状况而制定了不同的保障政策，但总体而言并未建立起长效的退出机制。目前各试点地区主要有两种保障政策：住房安置或资金安置。就住房安置而言，目前土地资源紧张，导致房屋建设成本加大，政府通过对农民居住面积的压缩来降低安置成本，农民生活方式发生巨大变化，幸福感受挫。就资金安置而言，由于尚未制定出科学统一的补偿制度，得到拆迁款的农民仍无力购买昂贵的城市房产，且由于农民失去农村土地缺乏稳定的经济收入，银行不会向其提供贷款。

分地区来看，西部地区通常村财收入不高，一般规定农民自愿退出宅基地后，给予不同程度的补偿，但不允许重新申请宅基地。中东部地区有较大村财收入的村集体则对退出宅基地后的农户有一定保障措施，规定在村集体规定的年限之内，只要进城后的农民不适宜城镇生活，就可以享受村集体优惠政策重新有偿甚至无偿申请宅基地，但超过规定年限后就无法获得该村的宅基地。实践中对自愿退出宅基地的农户补偿大都是短期且一次性的，方式单一，很少甚至没有对农户退宅后的发展权益给予考虑。宅基地长效退出机制的缺失，加深了农户对退出宅基地后生产生活的顾虑，影响了退出意愿。

（三）农民退出宅基地的意愿较低

据统计，我国现存 2 亿亩宅基地，《农村绿皮书：中国农村经济形势分析与预测（2018—2019）》的测算显示，2018 年农村宅基地闲置程度平均为 10.7%。尽管宅基地闲置、利用率不足，但不同地区农民退出宅基地的意愿差异分化明显。对山西省运城市农村宅基地退出意愿的抽样调查结果显示，样本中不愿意退出宅基地的农户占 78.6%，愿意退出宅基地的仅占 1.8%，处于观望、具体视补偿情况而定的占 19.6%。[①] 基于广西宅基地退出主体中最重要、最可行的群体——农业转移人口的调查研究发现，不愿意退出的比例达 56.1%，究其原因，既受传统观念的影响，更有在城市生产生活的稳定性和保障性的制约和远期利益不确定的约束。[②] 对安徽省 4 个县 821 户农户的问卷调查显示，有 48.5% 的农户不愿退出宅基地，但区域差异显著。意愿最高的县，有 83.7% 的被调查农户愿意退出宅基地，而退出意愿最低的县，占比仅为 17.5%。经济发展水平相对较高的

---

① 林超，张林艳. 农户分化、功能认知与农村宅基地退出意愿影响因素研究 [J]. 内蒙古农业大学学报（社会科学版），2020（03）：6-11.

② 韦彩玲，蓝飞行，宫常欢. 农村宅基地退出的农户理性与政府理性——基于广西农业转移人口宅基地退出意愿的调查与思考 [J]. 西部论坛，2020，30（02）：66-72.

地区的农户更愿意退出宅基地①，农户不愿意退出宅基地的原因与广西相仿。结合近几年关于宅基地退出意愿的大量研究成果，我们发现农户退出宅基地的整体意愿不高，主要影响因素涉及经济发展水平、社会保障程度、户籍制度改革、农地流转、退出补偿方式及条件等宏观层面和农户个体观念、家庭差异、文化水平等微观层面。

三、宅基地使用权流转不畅

（一）现行法律对使用权流转的规定模糊

根据我国《宪法》第十条："土地的使用权可以依照法律的规定转让"，宅基地使用权流转符合宪法规定。但我国《物权法》和《民法典·物权编》仅赋予宅基地使用权占有、使用权能，对宅基地使用权流转并未做出明确规定，仅以"宅基地使用权的取得、行使和转让，适用土地管理的法律和国家有关规定"一语带过。新《土地管理法》在坚持"一户一宅"，保障"户有所居"的基础上删除了原第六十三条"农民集体所有的土地的使用权不得出让、转让或者出租用于非农业建设"等限制，在第六十二条中增加了"国家允许进城落户的农村村民依法自愿有偿退出宅基地，鼓励农村集体经济组织及其成员盘活利用闲置宅基地和闲置住宅"的新规定。这是有助于农民实现土地财产权益的重大法律突破，但新《土地管理法》同样对于宅基地使用权转让规定不明。与法律规定层面的模糊性相伴而行的是改革试点中普遍出现的使用权出租、转让和抵押等多种方式，以及政策层面由紧到松动并带灵活性的政策倾向。如2019年9月发布的《关于进一步加强农村宅基地管理的通知》鼓励村集体和农民通过自主经营、合作经营、委托经营等方式，盘活利用闲置宅基地和闲置住宅。显然，在宅基地使用权流转上存在着上位法与下位法规定不统一、现行立法与政策及实践的冲突②，不利于使用权流转过程中纠纷的解决和权利人的权益保障。从近年来宅基地改革的实践来看，湖南省浏阳市允许街道辖区和园区规划建设范围外的宅基地面向全市符合宅基地申请条件的集体经济组织成员转让；浙江省德清县等地结合宅基地"三权分置"改革，允许农户将一定年限的宅基地和房屋使用权进行流转，宅基地有条件

---

① 张勇，彭长生，包婷婷. 农村宅基地利用、农户宅基地退出补偿　意愿调查与启示——基于安徽省821户农户问卷［J］. 国土资源科技管理，2017，34（02）：9–19.

② 吕军书，张晓. 论我国农村宅基地退出的立法构造［J］. 理论与改革，2020（04）：150–160.

转让主要发生在旅游风景区周边等具有良好生态环境的地区。不难发现，宅基地试点地区的改革突破了现行的宅基地法律制度，而这些成功的改革经验也说明了现行的宅基地制度已不适应农村生产力发展的需求甚至制约了农村生产力的发展。

（二）隐性流转市场降低农民增值收益

随着农村融资市场的需求增加，城镇化进程加快，农户对宅基地使用权流转的意愿不断加深，但是前述法律制度不完善导致了实践中法律适用的模糊性及宅基地"隐性交易"的大量存在。这种"隐性交易"主要包括三种形式：一是村集体经济组织的内部转让，这种形式经常出现在农村中，只需基于交易双方信任，因此交易比较简单；二是不同村之间的转让，即该村可以和外村、外县甚至外省的农户进行交易；三是村与城市之间的流转，即将宅基地使用权流转给城市居民，这是法律明令禁止的行为，但还是存在少量该种形式的交易。宅基地"隐性流转"，扰乱了市场秩序，增加了房地产统一管理的难度。对于城市近郊的农村土地而言，土地级差地租存在带来的巨大经济收益，促使当事人追求自身利益最大化，往往无视国家对土地资源的管制，大肆圈占宅基地，从而造成集体土地资源的大量流失。另外，由于"隐性流转"是游离于正式制度之外的交易形态，无法依靠国家法律保障其权利的实现。对交易双方而言，宅基地"隐性流转"的交易成本较高，亦侵蚀了本应归属农民和集体的土地收益空间。

（三）无健全的宅基地使用权流转市场

在各地开展的宅基地使用权流转试点过程中，均存在权益结构的失衡。征地中给予农民的补偿仅考虑到生存性补偿，并没有充分体现其发展权益。即使是广受好评的"地票"模式，给予农民的利益分配也往往停留在前期的补偿阶段。加之政府和农户的信息不对称，农户实际上难以充分享受到土地的增值收益。发展权益的实现与市场机制的完善密切相关。当前，城乡统一的土地市场尚未建立，宅基地使用权流转缺乏公开的市场平台，继而流转无章可循，从而缺少统一的价值衡量标准。而对于宅基地和房屋的价值核算是相当复杂且需要一定专业性的，农民不具备这样的专业水平，且分散的流转市场增加了农户获取信息的成本，致使交易费用过高，不利于土地资源的优化配置，进而限制了农民财产性收入的增长。同时，集体和政府对流转市场管理缺位，导致了交易中纠纷处理难，阻碍了宅基地流转市场的健康发展，价格体系和市场管理的缺失更进一步降低了农民的退出意愿。而且，流转收益分配机制缺失，宅基地流转各权能主体对自身利益最大化的追求必然带来各主体间的博弈，容易产生利益纠葛。

四、宅基地使用权抵押受限

（一）法律条文禁止宅基地使用权的抵押

现行的《物权法》《担保法》以及《民法典·物权编》均明确禁止宅基地使用权抵押（法律规定可以抵押的除外），随着城乡一体化的不断推进，宅基地使用权的抵押符合当前农村的现实需求，试点地区纷纷开展了各具特色的农村宅基地抵押贷款改革，也涌现出了一些典型模式。虽然一系列中央文件都规定可以尝试农村宅基地使用权抵押试点，由于法律无明文规定，不断出现法律上的纠纷，却无统一的评判标准等，各地试点都存在执行效果不强的问题。[1]禁止宅基地使用权设定抵押担保，不利于其财产属性的彰显。其一，试点地区的农房财产权抵押贷款的成效并不显著。由于政策将宅基地使用权的流转局限在村集体内部，农村内部市场又接近饱和，难以匹配到适合的受让人，进而影响金融机构开展抵押贷款的坚定信心。其二，金融机构的农房抵押接洽事项难以进行。虽然文件要求要完善抵押权、使用权的登记和地上房屋的处置以及风险负担等相关配套工作，但是当农房抵押权实现时，试点地区已经恢复现行法对宅基地使用权禁止抵押的规定，此时金融机构就面临着无法可依的困境。综上所述，应该在接下来的立法中修改完善宅基地使用权设定抵押的规定。

（二）宅基地使用权价值评估体系缺位

当前我国农村宅基地使用权价值的评判规则五花八门，再加上农村地势较为复杂，相关评估工作更加难以进行，造成宅基地交易与抵押对价不准确。我国建设用地使用权流转制度已实施多年，城镇住房交易市场较为成熟，大量的房产评价机构集中于城市，评估体系也较为完善。相较而言，农村宅基地制度改革试点时间短、范围窄，尚无专门的使用权价值评估制度，也缺乏专业的评估人员。出于风险考虑，金融机构即便有政策优惠，也不愿贸然接受宅基地使用权抵押。因宅基地使用权价值评估不合理，农民利益得不到保护，造成宅基地使用权抵押工作也难以顺利进行。宅基地使用权价值的高低影响着抵押人从金融机构实际融资的多少以及抵押物入市所获对价的高低。第一，就评估对象而言，基于我国的"房地一体"原则，设定抵押时地上建筑物和宅基地使用权一并处置，由此可知，

---

① 吕军书，张晓．论我国农村宅基地退出的立法构造 [J]．理论与改革，2020（04）：150－160．

两者一并评估是最为妥善的方案，故地上房屋的投入价值、装潢样式、建造年限等因素都会影响宅基地使用权的价值。然而宅基地使用权本身受占地面积、地理方位、交通状况、增值空间、潜在市场价值以及用途等条件的影响，给估量宅基地使用权价值和房屋的价值增加了许多无形的难度。第二，就评估方式而言，为了解决宅基地使用权和房屋的价值评估难题，聘请具有专业资产评估知识的精英运用其专业的评估本领进行估价就成为宅基地使用权抵押过程中极其重要的一环。比较传统的评估土地的方法主要有成本核算法、收益还原法和市场比较法等，但这些评估方式都有着各自的优缺点，这些因素加大了宅基地使用权设定抵押的困难。就目前来看，许多农村地处偏远、交通闭塞、人才流失严重，并不具备专业的资产评估专家，建立资产评估机构更是困难重重。若要评估农村的宅基地使用权和农房的价值，就必须寻求城市的资产评估机构，然而许多城市的资产评估机构却没有针对农村产权估价的业务。

（三）使用权抵押风险补偿机制不完善

宅基地使用权的抵押是我国近年来农村金融的一项重大创新，在试点区中不乏农民未经过慎重考虑就将自有宅基地进行抵押，往往造成无力偿还贷款而失去赖以生存的土地。宅基地使用权抵押存在着不少风险：一是宅基地抵押的政策并不完善。试点地区允许金融机构开展抵押贷款业务，但如何分担风险，政策上并未给出明确规定，而且对于金融机构来说，由于宅基地抵押贷款是额度小、成本高、收益率低的金融产品，其遵循政策的动力不足。在现行法律允许范围内，探索宅基地抵押贷款新途径，由于地方政府没有相关的成熟经验和案例，各主体单位在运行过程中可能会缺失适用于本地区的抵押机制体系和配套的法律法规文件。二是相关金融机构风险承担能力较弱。当前开展宅基地使用权抵押贷款业务的金融机构主要是农商银行、村镇银行等涉农金融机构，它们往往经营成本较高，风险管理能力较弱，承担着较大的信贷风险。金融机构按照抵押贷款法规，可以依法对抵押物进行拍卖，但是由于宅基地使用权流转市场、机制等各方面均不健全，增加了宅基地使用权的拍卖难度，金融机构无法进行贷款回收，这就造成较高的抵押物处置风险。三是宅基地抵押贷款对象大都是从事农业的农户及小微企业，宅基地使用权抵押风险补偿机制的缺失，进一步加剧了农户生产经营弱质性的特征。现行法律体系并不保护抵押双方的权益，容易产生法律纠纷，而中国大部分农民法律意识淡薄，在纠纷中，通常处于弱势一方，农民的合法权益往往得不到保障，这是客观角度上农户面临的风险。而且农业保险在农村地区尚不成熟，由于自然灾害等不可抗拒因素，进一步增加了农户还款的难度。

第四节　本章小结

　　完善的农地产权制度能够为农民财产性收入增长提供良好的制度环境。从理论界的研究情况与试点地区的实践情况看，农地产权制度与农民财产性收入之间密切的内在关联集中体现在农地经营权价值能否通过市场流转逐步转化为农民财产性收入、集体经营性建设用地入市之后的市场价值能否向农民财产性收入转化、宅基地使用权流转形成的财产价值能否转化为财产性收入三个层面。因此本章从农地经营权确权流转、集体经营性建设用地入市、宅基地产权制度改革的主要障碍三个层面分析在当前农地产权制度下提升农民财产性收入面临的现实"瓶颈"。承包地经营权流转的难点在于有效供给不足、市场化流转体系不健全、征收补偿不规范、经营权抵押融资困难四个方面，阻碍着经营权市场价值向农民财产性收入的转化；集体经营性建设用地入市的困境集中于法律制度体系严重滞后、使用权流转机制不完善、入市收益分配不合理、二元不平等矛盾凸显四大问题，阻碍着使用权市场价值向农民财产性收入的转化；宅基地产权制度改革的主要障碍在于确权进程受阻、退出机制不健全、法律体系的滞后、抵押融资机制的不完善四个层面，阻碍着使用权财产价值向农民财产性收入的转化。因此，迫切需要进行农地产权制度的改革创新，充分尊重基层的首创精神，总结经过实践检验的一些成功做法，尽快修改现行法中不符合实际的种种规定，不断丰富现有的理论体系，从而更好指导农地产权制度改革实践的开展，更好发挥农地产权制度对提升农民财产性收入的制度激励效应。

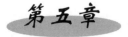

第五章

深化改革增加农民财产性收入的路径

　　新农地产权制度改革是农民财产性收入的新增长点。当前农地产权制度下农民财产性收入的增长受到承包地经营权流转、集体经营性建设用地入市与宅基地使用权流转困难等因素的严重制约，迫切需要深化改革。因此，应从农村"三块地"入手，不断突破各种"瓶颈"，加快疏解各种堵点，积极探索农民财产性收入切实可行的增长路径，充分放活农村土地资产收益权能，进一步加速土地资产向农民财产性收入转化，使农民切实享受到财产性收入提高带来的幸福感。

第一节　建立健全承包地经营权市场化流转体系

　　针对各县市承包地经营权有效供给不足、市场化流转不畅、征收补偿以及农业补贴不规范、抵押融资困难等原因造成的农民财产性收入增长困境，必须加快承包地经营权市场化流转体系改革，充分放活承包地的资产收益权能，为农民财产性收入提高奠定坚实的制度基础。

一、深化承包地经营权供给侧结构性改革

　　深化承包地经营权供给侧结构性改革是放活农地经营权的关键。将承包权分设为承包权和经营权，使得经营权独立出来，是深化承包地经营权市场供给侧结构性改革的关键一步，为放活农地经营权奠定了产权基础，但这并不意味着承包地经营权市场供给侧结构性改革已经完成，已经实现了放活农地经营权的目标。相反，经营权的独立仅仅为深化承包地经营权供给侧结构性改革打开了一个良好

的局面，只有在此基础上继续将承包地经营权供给侧结构性改革推向深入，才能实现放活农地经营权的目标。

（一）有序促进农村劳动力转移

研究表明，到 2025 年我国城镇化水平预计达到 67% 左右，我国农村人口规模依然会有 4.7 亿左右，其中劳动力有 2.6 亿、农业劳动力则有 2 亿左右，在目前农业生产力水平下，我国农业生产所必需的劳动力为 1.18 亿左右，这意味着我国有 1.4 亿～1.5 亿农村劳动力——包括 8 000 余万农业剩余劳动力，如果考虑到农业生产技术进步的因素，需要转移的就业农业剩余劳动力将更多。[①] 如前所述，2010 年是我国农村劳动力转移的一个转折点。2010 年以前，我国农村劳动力转移率较高，最重要的原因是转移之后能够有较多的就业机会和较高的收入。2010 年以后，我国农村劳动力转移速度逐步放缓，说明转移之后的就业机会和收入不能获得显著的改善。我国大多数农村劳动力之所以选择转移，是作为独立的经济主体根据自身资源禀赋、就业偏好以及外部市场环境进行的，是优化生产要素配置的结果。此时，加快农村劳动力有序转移，应该从以下几个方面着手：

1. 加大职业技能培训力度

实现就业，尤其是长期稳定的就业，是农村劳动力转移的基本前提。我国农村中有文化、有思想、有能力、年轻化的劳动力大多易转移到城镇选择外出务工，承包地也多流转出去，而剩下的基本上是一些素质偏低、能力较弱、思想老化、年龄较大的劳动力。这一部分劳动力实现转移就业难度较大，也恰恰是未来转移的重要组成部分（年龄较大的除外）。而想要将这类劳动力转移出去，就必须对他们加强职业技能培训，提高他们的素质、能力，解放他们的思想，使他们变得有能力、有想法，让他们可以从事除农业劳动以外的其他工作，从而显著改善他们的生活。与此同时，政府也应该为转移劳动力提供政策、资金、技术、信息等各方面的支持和帮助。

2. 强化创业支持和补贴力度

一方面，我国农村还有较多剩余劳动力需要转移；另一方面，我国农民工外出务工的热潮已经过去，今后将有越来越多的农民工返乡。然而，能够实现就地转移就业的机会总是有限的，因此，创业将成为今后农村劳动力转移越来越重要

---

① 谢玲红，吕开宇．"十四五"时期农村劳动力转移就业的五大问题［J］．经济学家，2020（10）：56－64．

的选项。目前农村劳动力创业面临着政策支持力度小、融资难等难题，必须强化政策支持，加大对农村劳动力创业的财政补贴力度，为农民工创业提供政策、工商、财税、融资、技术、信息、劳动人事档案、教育、住房等各个方面的支持。

3. 处理好户籍与公共服务的关系

深化户籍制度改革，进城农民工能够享受到与城镇户籍人口在养老、教育、医疗等各个方面同等的权利，使得进城农民工能够真正融入到城镇中去。

（二）调动农户流转土地积极性

提升农户土地流转意愿是促进土地流转的重要措施。针对影响农民土地流转意愿的几个原因，从完善土地价格评估体系和监督机制、完善农村社会保障体系以及加大宣传和培训力度等方面，有效调动农户流转土地的积极性。

1. 完善土地价格评估体系和监管机制

一方面，针对农民对土地租金预期大幅增加的心理，应该以权威、可靠、真实的市场评估来使农户及时认识到土地价格的市场波动，以消除农户过高的价格预期，形成合理的价格预期。土地价格评估体系是形成真实、有效的流转价格的重要环节，包括土地等级评估、土地收益评估等，需要请专门的土地评估机构来进行[1]，以帮助农户形成合理的价格预期。

另一方面，建立健全监管机制。如前所述，部分农地价格之所以被严重低估，是因为农地流转以后，农地用途转变导致对流入方农业生产利润的低估。因此，必须建立完善的监管机制，一是要确保农地用途的依法转变，二是要确保农地流转价格依农地实际用途进行评估，从而维护农户的合法权益。

2. 完善农村社会保障体系

由于存在城乡二元户籍制度差异，农村在教育、就业、医疗、公共基础设施建设等方面的社会保障水平严重落后于城市。农地的社会保障功能对普通农民而言依然非常重要，导致农民参与承包地经营权抵押融资的意愿不高。[2] 因此，必须加快农村社会保障的全面覆盖，适度降低农地的社会保障功能，充分挖掘承包地经营权的财产属性，调动农民参与承包地经营权流转的意愿，发挥承包地经营权的抵押作用，盘活承包地经营权的市场价值，为农民财产性收入的增加打下坚

---

[1] 匡远配, 陆钰凤. 我国农地流转"内卷化"陷阱及其出路 [J]. 农业经济问题, 2018 (09): 33-43.

[2] 焦富民. "三权分置"视域下承包土地的经营权抵押制度之构建 [J]. 政法论坛, 2016 (05): 25-36.

实的制度基础。

3. 加大宣传和培训力度

加大对农民的宣传和培训力度，让广大农民充分认识到农地流转对自身和国家发展的重要意义，提高农民的市场观念、法律意识、商业知识以及政策认知水平。除此之外，也要加强政府部门、基层干部对农地流转重要意义的认识，不断更新和提升其在政策、法律、商业等方面的相关知识，提升其土地开发咨询服务和管理水平，从而使其能够更好地服务和促进流转土地工作的开展。

（三）优化承包地供给质量

承包地质量参差不齐是阻碍土地流转的一个关键因素。农地经营权整合式流转、完善农业基础设施是提高承包地供给质量的有效手段，对于促进承包地流转有着积极意义。

1. 农地经营权整合式流转

针对我国承包地碎片化严重的问题，可以采取农地经营权整合式流转的方法，这种方法可以有效促进土地集中连片流转，同时有效降低土地流转的交易成本。要做到农地经营权的整合式流转，首先要做到对农地经营权的整合，这是最为关键的一步。可以通过以下几种方式来实现农地经营权的整合式流转：一是采取"确权确利不确地"①的方式，在不损害农民利益的前提下，有利于集体土地所有者直接将承包地流转给规模经营主体。二是通过"两次流转"的方式，第一次流转将土地流转给各类中介组织如实现农地经营权的整合，中介组织再将整合好的集中连片的土地流转给各类规模经营主体。这种方式需要注意的是中介组织的选择，一般来说，村"两委"、农村集体经济组织以及村民小组等各类村社组织具有比较优势。②

2. 完善农业基础设施

农业基础设施建设和改善是提高承包地质量的长久之计，也是实现农业规模化经营的必要之举。农业基础设施具有很强的公共产品性质，其建设和改善需要大量的资金投入。因此，必须加大财政资金的投入力度以促进农业基础设施的改善和建设。与此同时，还可以探索吸收社会资金参与农业基础设施建设，以减轻财政压力和开辟资金来源渠道。要注意的是，在农业基础设施建设和改善的投资上，应该注重提高经济效益，以提高农业基础设施的全生命周期的综合效益。在

---

① 叶兴庆. 集体所有制下农用地的产权重构［J］. 毛泽东邓小平理论研究，2015（02）：1 - 8 + 91.

② 孙新华. 土地经营权整合与土地流转路径优化［J］. 经济学家，2023（03）：120 - 128.

投入方向上，应该以加强耕地保护和用途管控、加强高标准农田建设、加强水利基础设施建设、强化农业防灾减灾能力建设为主。①

二、健全承包地经营权市场化流转机制

承包地经营权只有在流转市场中才能充分彰显财产收益权能，针对经营权市场化流转面临的层层阻碍因素，可以从法律制度的完善，流转程序的规范、多元化纠纷解决机制与科学价值评估体系的建立等方面进行改革，构建起整体协调、高效运行的承包地经营权市场化流转机制，实现农民财产性收入的持续增长。

（一）完善经营权流转法律法规

承包地经营权流转缺乏系统有效的法律保障是经营权市场化流转不畅的核心原因，需尽快完善相关法律法规体系，扭转经营权流转法律体系严重滞后的尴尬局面，积极主动适应经营权流转实践的发展需要。

1. 明确承包地经营权流转主体

随着农地信托、反租倒包、农地入股等新型农地流转形式的出现，承包地流转合同涉及的经济关系较为复杂，必须依据相关法律条文确定承包地经营权流转主体，避免因流转主体不明确而导致的不必要纠纷。

2. 健全承包地经营权流转登记和信息公开制度

各地应当建立健全县、乡（镇）、村三级的承包地经营权流转指导服务体系，依托农地流转服务平台，及时发布承包地经营权确权登记情况、流转供求信息、经营权价值评估标准等重要信息，并开展必要的政策咨询等配套服务工作，从而畅通经营权流转信息渠道，排除经营权流转过程中信息不对称情况，从而实现经营权流转市场的有效运行。

3. 加强承包地经营权流转的法律法规建设

对于一些已经在实践中出现但尚未得到法律认可的土地流转方式，要加快开展相关法律的修订工作，赋予那些在实践中出现的行之有效的农地流转方式相应的法律地位，并明确其适用原则与规范②；对于尚无法快速做出条文修改的法律

① 中共中央　国务院关于做好 2023 年全面推进乡村振兴重点工作的意见［M］. 北京：人民出版社，2023：5 - 6.

② 周娟，姜权权. 家庭农场的土地流转特征及其优势——基于湖北黄陂某村的个案研究［J］. 华中科技大学学报（社会科学版），2015，29（02）：132 - 140.

规范则应给出指导意见及可供参考的原则，并根据实践的成果及时反馈修改。

（二）建立多元化的纠纷解决机制

考虑到承包地经营权纠纷出现的乡土特征，建立村民民主协商、仲裁调解与常态化利益表达机制相结合的多元化纠纷解决机制是推进经营权确权登记纠纷快速解决的一剂良药。对于多元纠纷解决机制的构建，需做好以下制度安排。

1. 建立多元化主体纠纷解决机制

依托村民自治，构建多元主体（主要涉及当事人、乡村精英、党员代表、普通农民代表、退休村干部等）积极参与的纠纷解决机制。基层组织应当为相关人员提供法律知识专业培训，增强参与主体的纠纷解决能力。在民主协商进程中要尽量避免简单的"少数服从多数"原则，充分尊重基层干部、农民群体等每位参与者的意见，特别是要充分尊重妇女、老人等弱势农民群体土地权利的合法地位，充分发挥村级调解在确权登记纠纷化解中的"稳压器"作用。

2. 促进纠纷仲裁机构去行政化

加强非诉讼的调解机制的介入，积极彰显土地纠纷仲裁机构去行政化色彩。充分发挥村委会在调解民间纠纷中的重要作用，并将仲裁机构设为不附属于任何行政机关的独立机构，必要时可由村委会代为行使职能。建立工作人员定期培训的长效机制，确保确权登记纠纷解决的公正性。[①]

3. 建构多维连贯的常态化协调治理机制

对于一些涉及范围广、政策性强的经营权纠纷案件，应尽快建立涉及国土资源、信访、妇联、仲裁机构等多部门间的常态化沟通协调机制，充分利用和发挥各部门在纠纷处置中的资源与优势，排查解决各类可能存在的问题和困难，提高承包地经营权纠纷的治理效率。[②]

（三）健全经营权价值评估体系

当前承包地经营权价值评估不合理是由经营权价值评估体系不健全所致。结合试点地区经营权价值评估存在的种种问题，完善承包地经营权价值评估体系应从以下两个方面入手。

[①] 张占锋. 农地流转制度的现实困惑与改革路径 [J]. 西北农林科技大学学报（社会科学版），2017（01）：23－29＋38.

[②] 谢玲红，张姝，吕开宇. 城郊农村土地承包经营纠纷：基本特点、生成逻辑及化解对策——以北京市为例 [J]. 农村经济，2019（04）：31－39.

1. 制定承包地经营权价值评估指导手册

评估指导手册要解决的关键问题是评估方法的确定与选择，拟定承包地经营权估价规程及评估原则，规范开展经营权价值评估工作。试点地区探索形成的经营权价值评估方法主要有三种：成本重置法、收益还原法与市场比较法。要综合考虑每种方法各自的适用要求，选择合适的方法将其纳入评估指导手册，一般情况下成本重置法适用于经营权流转市场落后的地区；市场比较法适用于流转市场较为发达的地区；收益还原法适用于统计信息平台相对完善的地区。当然在流转市场较发达、统计信息平台较完善、经营权增值空间较大的地区也可以实现这三种方法的有机结合，在收益还原法基础上增加对承包地资本投入和市场性的考量，由农地产权交易中心测算出预期总收益、预期总费用及土地还原率等指标，形成经营权价值评估数据库。

2. 积极培育和完善专业评估机构

定期开展评估人员的专业技术培训工作，规范专业机构的评估行为，坚决遏制借评估之名侵害农民利益的现象，确保专业机构能够以科学谨慎的态度计算承包地预期收益额、收益年限和折现率，客观公正地从第三方的角度合理评估承包地经营权的市场价值，从而尽可能地保障农民对承包地拥有的合法利益，提高农民的财产性收入。

三、完善承包地征收补偿机制

承包地市场化征收补偿是保障承包地财产权益的重要内容，尤其是随着城镇化进程的快速推进，承包地的市场价值日益显现，建立合理的征收补偿机制，将给农民带来相当可观的财产性收入。然而从实际征收补偿情况看，征地纠纷矛盾突出，农民的土地权益常常得不到保障。征地纠纷频发归根到底是承包地征收补偿机制的不完善，因此必须进一步规范承包地征收程序，适度提高承包地补偿标准，建立失地农民权益保护制度，切实维护征地过程中农民的合法权益，加大农业补贴向直接生产经营者的倾斜力度，充分发挥补贴政策的激励效应，推进承包地经营权的进一步流转。

（一）规范承包地征收程序与补偿标准

承包地征收程序一般包括事业认定、确定征收范围、决定征地补偿金、征收完成四个阶段。从我国试点地区的实践看，事业认定阶段缺失、征地信息公开程度低、征地听证程序流于形式已成为亟须解决的迫切问题。

1. 强化公益事业认定

在国务院或者省级人民政府等土地征收审批机构内部成立专门的农地征收委员会来负责公益性事业认定工作，确保承包地征收适用的一致性。只有征地建设项目符合公共利益之时，才能进行承包地的征收，防止承包地征收权的滥用。①

2. 增强征地信息的透明度

县级以上政府要充分利用互联网、报纸、电视等的中介作用，定期向社会公开农地征地政策法规。乡镇政府应认真履行宣传政策法规的职责，定期组织基层干部学习政策法规的有关精神，并加大征地政策信息的宣讲力度。各级人大也应发挥监督职能，建立征地执法活动检查长效机制，并对相关核查结果给予及时公开披露。

3. 鼓励开展听证程序试点工作

在试点地区累积经验的基础上，制定具体的实施细则以指导听证工作的开展。要充分认识到听证制度在政府与被征地人之间相互交流的平台作用，切实保障每一位失地农民都有表达利益与诉求的机会，使承包地征地工作得以有序开展。②

（二）建立失地农民权益保护制度

对失地农民的权益保护制度应当贯穿于征地前、征地中、征地后全过程。

1. 构建征地信息公开监督机制

在征地前期需要建立征地信息公开机制，加大对征地政策法规的宣传力度，充分利用网络、报纸等媒介定期向社会公开征地信息，确保被征地农民能够全面了解征地政策，及时获取征地信息的最新进展，各级人大应充分发挥监督职能，加大执法活动检查力度，对征地信息是否规范合法予以重点检查并及时充分的披露。

2. 建立健全民主参与机制

在征地过程中需要构建民主参与机制。一方面，制定征地听证制度的实施细则，规范征地听证程序。征地听证程序是在被征地农民与政府之间搭建了一个良好的沟通平台，农民可以对征地补偿方式、补偿额度、安置方案等一系列征地细

---

① 程晓波，郁建兴. 城镇化进程中地方政府的征地机制完善与制度创新［J］. 南京社会科学，2016（11）：56－62.

② 黄祖辉，汪晖. 非公共利益性质的征地行为与土地发展权补偿［J］. 经济研究，2002（05）：66－71＋95.

节提出异议，并在征地听证会上将自己的意愿及利益诉求充分表达出来，有助于通过合法有序的渠道疏导和化解纠纷。另一方面，构建村级自治组织民主参与、民主决策与民主监督机制。村级自治组织是表达被征地农民意愿与维护征地农民权益的最后一道关口，必须做好相应的村务公开，确保有关征地补偿款使用与管理事项均处于"阳光之下"，充分保障农民群体关于补偿安置方案及补偿款使用管理的民主参与权、决策权与监督权。

3. 完善多元化补偿安置机制

在征地后则需要改变以一次性买断的货币补偿为主的承包地补偿方式，探索构建多样化的补偿安置机制。探索以物易物的置换补偿机制，在承包地征收时尝试使用其他合适的耕种土地与被征土地进行置换，合理评估两种农地的市场价值差异，将差价如数返还给农民，确保公平交易；针对重大工程项目导致失地农民不能在原有地区生产生活的情况，探索异地移民安置机制；对于一些建设周期长、收益稳定的交通设施征地工程项目，探索承包地股份合作制，允许农民以承包地或征地补偿费折价入股参与经营，为失地农民提供长效的生活保障等。

（三）农业补贴向生产经营者倾斜

针对农业补贴错位问题，应尽快改变现有的农业补贴分配方式，探索农业补贴新模式，农业补贴额度适度向实际生产经营者倾斜，充分发挥补贴资金对农业经营的激励作用，进而以农业的高效生产带来经营权流出农户财产性收入的持续增加。

1. 清晰界定承包权与经营权的占有权能

从农地"三权分置"改革的源头出发，清晰界定承包权与经营权两种权利在以土地补贴获取权为代表的土地剩余产权中的占有权能。占有农地承包权的转出方与占有农地经营权的转入方争夺农业补贴的实质是对农地剩余产权的界定；农地转出方凭借强势产权攫取本应归属农地实际经营者的农业补贴，阻碍了补贴资金对于农业经营激励效应的发挥，有可能会出现农地规模化经营倒退风险。因此，必须从法律上清晰界定农地承包权与经营权在农地剩余产权中各自的占有权能，并适度向实际生产经营者倾斜，以提高农地经营主体的种粮积极性。

2. 建立农业补贴监管机构

建立农业补贴监管机构，主要负责农业补贴拨付情况的追踪问效工作。农业规模化、产业化发展的动力源泉在于实际经营者的积极性与创造性，政府有必要通过行政手段建立农业补贴监管机构，制定对农业补贴获取主体的监管细则，对农业补贴发放进程进行全方位监管，确保承包地实际经营者能够获取农业补贴，以调动其长期从事农业生产经营的积极性。[①]

3. 实施弹性的农业补贴政策

改变原有的"一卡通"挂钩补贴方式，根据市场需求实施弹性的农业补贴政策。补贴额的确定需要综合考量农业经营面积、市场需求状况、农产品收入水平等因素，以市场需求为例，如果农产品价格偏低，出现供大于求的情况则实施高额补贴政策；反之，如果农产品价格偏高，出现供小于求的情况则实施低额补贴政策，以充分发挥农业补贴对实际生产经营者的激励效应。[②]

四、构建经营权抵押融资机制

承包地经营权抵押登记手续不规范，多种风险因素与"薄市场"现象普遍存在，严重阻碍了经营权抵押融资进程。可以从完善承包地经营权抵押登记制度、构建多层次的风险防范体系、建立承包地经营权抵押的市场化运营机制三方面入手，彻底放活经营权资产股份权能，为农民财产性收入增长奠定制度基础。

（一）健全承包地经营权抵押登记制度

承包地经营权是从过去"两权分离"体制中的承包经营权分化而来的次级用益物权，从而造成其权利内容与其他土地上的用益物权有很大不同。因此，要结合现行法律与承包地经营权自身的特殊性，对抵押登记制度作以适当安排，以抵押登记制度的有效变革带动经营权财产价值的充分释放。

1. 进一步明确承包地经营权抵押融资的法律地位

要从法律上明确承包地经营权可以作为抵押物，具有能够在市场中自由流转的优良品质，被用于抵押融资担保交易不应当存在任何的法律制度障碍。允许已经通过合法流转取得承包地经营权的权利主体[③]，基于融资需要行使债权人设定抵押权，适度还原承包地资源性生产要素属性，进一步凸显承包地的财产价值，充分发掘承包地的融资担保潜力，从而带动农民财产性收入的增长。

2. 明确承包地经营权登记生效模式

长期以来采用的登记对抗模式，无须通过登记公示物权变动进行抵押登记，

---

①　彭超. 我国农业补贴基本框架、政策绩效与动能转换方向 [J]. 理论探索, 2017 (03)：18 – 25.

②　周敏, 胡碧霞, 张阳. 三权分置、农业补贴争夺与农业经营激励——吉林省 J 村玉米生产者补贴分配博弈 [J]. 华中科技大学学报（社会科学版）, 2019, 33 (06)：61 – 68.

③　张晓娟. 三权分置背景下农村土地经营权抵押规则之构建 [J]. 重庆社会科学, 2019 (09)：17 – 25.

无法充分发挥承包地经营权所具有市场化的财产权利属性。① 应明确在先登记原则，采用登记生效模式，不动产各项物权变动以初始登记为准，只有先完成承包地经营权抵押登记手续，才能通过市场进行合法流转。从维护交易安全和物尽其用的角度出发，应鼓励承包地经营权尽量通过公开市场流转，避免"熟人社会"中流转与抵押登记程序不规范等固有缺陷②，从而实现经营权财产价值在公开市场中的充分释放，即更多的转化为财产性收入。

3. 规范承包地经营权抵押登记程序

要规范统一承包地经营权抵押登记机构，试点地区有些是在县级主管的农业部门登记，有些是在工商管理部门登记，而《物权法》则将承包地经营权抵押登记机构规定为县级以上人民政府，严重影响经营权抵押登记工作的效率，应当从法律层面尽快将经营权抵押登记交由统一的登记机关办理。目前，承包地经营权抵押登记仍采用以户为单位，多块承包地一并登记的人的编成主义模式，易增加交易相对人的查询成本。应尽快推广物的编成主义模式，即经营权登记抵押在土地经营权登记簿上进行，在市场交易中，物的编成主义模式中物权变动公示生效有利于降低协议成本、认识成本、风险成本等交易成本费用。一般而言，交易成本费用越低就越能增进资源的有效利用，促进社会财富的增长。

（二）构建多层次的风险防范体系

农民违约风险、生产风险与政策风险的普遍存在迫切要求建立多层次的风险防控体系，只有将经营权抵押融资可能遇到的风险扼杀在制度体系的"摇篮"里，农民才能切实享受到经营权抵押融资带来的实实在在的财产性收入的提升。

1. 建立以地方政府为主导的多元风险分担机制

合理划分地方政府、金融机构、集体经济组织、农民个体四方的风险分担比例，充分调动各自的参与积极性。比如在风险补偿基金的分担比例方面，由于承包地经营权抵押贷款还处于起步阶段，资产评估机制、资产处置机制、风险防范机制尚未完全建立，导致经营权抵押贷款交易成本高，农业又属于传统的弱质产业，使得经营权抵押资金规模偏小，因此在试点初期，可由地方政府与相关金融机构联合出资建立的风险补偿基金，根据农业的特殊性适度提高其补偿标准，以

---

① 郑涛. 农地抵押法制实践的困境与出路［J］. 华南农业大学学报（社会科学版），2018，17（04）：29 – 39.

② 刘瑜. 农用地经营权抵押贷款模式优化研究［D］. 西安：西北农林科技大学，2017.

降低金融机构的风险，激发金融机构参与的积极性。① 待各项配套机制完善起来之后，则可以适时取消风险补偿制度，将承包地经营权抵押融资完全交由市场进行配置，政府的风险承担比例可以逐渐降低，抵押贷款产生的金融风险则交由市场来承担，政府担任好公共服务的提供者足矣。

2. 完善风险防范机制

建立经营权抵押贷款损失补偿机制，一旦贷款发生违约，金融机构可以采取抵押物收购方式进行相应的贷款风险补偿，减少金融机构可能出现的不良贷款与处置亏损问题；以农民专业合作社为载体建立互助型专业担保机构为农户分担风险，实现贷款风险分散管理；探索抵押贷款与信用体系建设的联动机制，"信用村（镇）、信用户"等经营主体信用情况的评定工作与经营权抵押贷款项目双挂钩，对于优质信用的经营主体，在贷款抵押率与利率设定上给予适当倾斜，以充分发挥其示范引导作用，有效降低贷款风险。

（三）建立承包地经营权抵押的市场化运营机制

承包地经营权抵押融资令人担忧的"薄市场"现象的根源在于承包地经营权抵押融资市场运营机制不完善，应当从抵押融资交易平台、产品担保方式、抵押贷款模式三方面着手改革创新，构建完备高效的承包地经营权抵押市场化运营机制，以加速承包地经营权财产价值向财产收入的转化进程。

1. 尽快在产权交易中心设置承包地经营权抵押融资交易平台

一方面给予固定的交易场地、明确专门的组织机构负责；另一方面起草配套的管理制度与交易程序，确保该平台同时具备经营权抵押融资的"硬件"功能与"软件"功能，充分发挥平台的金融功能、信息传递功能、中介功能，让更多的农民充分了解承包地经营权抵押贷款程序与细则，实现农户和规模经营主体的良好对接，为抵押物提供快速、便捷、高效处置通道，充分释放承包地经营权的市场价值与财产属性。②

2. 创新承包地经营权抵押贷款的担保方式

扩大承包地经营权信贷抵押物品的范围，可以通过联合增信的方式探索更多的信贷产品，改变过分依赖以不动产为抵押物的信贷投放模式，比如建立村级互助担保协会，承包地经营权作为反担保物由该协会为其担保，农民可以从银行获

---

① 赵海. 建立健全农地经营权抵押配套制度［N］. 农民日报，2015－11－07（003）.
② 杨兆廷，尹达明. 农村土地经营权抵押贷款中土地估值和处置的问题研究［J］. 农村金融研究，2019（09）：53－58.

得小额贷款，有效改变因担保条件不足而无法获得抵押融资资金的尴尬境地。

3. 积极探索承包地经营权"抵押+信用"贷款机制

受制于农户承包土地的规模，目前农户单单依靠承包地经营权作价往往难以满足其资金需求，立足于农户缺乏其他有效抵押财产的实际情况，个人信用可以作为农户融资凭证的第二选择。① 地方政府可以加大财政投入，鼓励各村村委会采集全村居民的个人信用情况，并报上级有关部门备案，逐步建立起区域内的农民信用评价体系，由地方政府与相关金融机构协同确定不同信用等级农户的授信额度，便于农户尽快获取授信资金，为承包地经营权财产价值向财产性收入转化开辟"绿色通道"。

第二节　加快集体经营性建设用地入市制度建设

集体经营性建设用地作为农民手中的又一重要财产，应尽快从入市的相关法律制度、使用权入市流转制度体系、入市收益有效调节机制、城乡建设用地市场的融合发展四个方面，构建相对完善的集体经营性建设用地入市制度体系，促进集体资产的高效利用，拓宽农民财产性收入的增长路径。

一、完善入市相关法律制度

针对试点地区入市实践出现的新情况、新问题，完善入市相关法律体系是当务之急，也是在入市收益转化成农民财产性收入阶段，实现财产收益合理分配的必要法律前提。

（一）入市主体的界定

入市主体的相关法律内涵可以从以下三个方面进一步确定。

1. 根据土地所有者属性确定合适的入市出让主体与受让主体

在集体经营性建设用地入市过程中，应当明确由村农民集体所有的土地，出让主体为村集体，村集体所有权人可将土地出让流转、经营管理等具体事项交由村集体经济组织代为行使；由乡镇农民集体所有的土地，出让主体为乡镇，乡镇

---

① 罗兴，马九杰. 不同土地流转模式下的农地经营权抵押属性比较［J］. 农业经济问题，2017（02）：22-32+1.

集体所有权人可将土地出让流转、经营管理等具体事项交由乡镇企业代为行使；由村民小组集体所有的土地，出让主体为村民小组，村民小组集体所有权人可将土地出让流转、经营管理等具体事项交由村民委员会或村集体经济组织代为行使。

2. 明确"农民集体"充当入市主体的适用范围

在我国，农村土地属于集体土地，集体土地所有权人是"农民集体"①，"农民集体"范围一般包括村民小组、村农民集体以及乡（镇）农民集体三种类型。应当进一步明确，"集体经济组织""乡镇企业""村民委员会"不同于"农民集体"，入市出让主体只能由"农民集体"担任，"集体经济组织""乡镇企业"与"村民委员会"充其量只能是代理出让主体，农村集体经营性建设用地使用权入市流转应当在有关国土资源部门监督下进行，进一步明确以"农民集体"为出让主体的产权登记，规范出让方式与操作流程。

3. 积极推进农村集体组织"政经分离"

不断创新集体经济市场主体实现形式，加快培育集体经济组织作为实施主体，既可满足基层民主治理要求，又能解决集体所有权主体市场经济能力不足的问题。因此，党和政府要积极引导集体经济组织建设，但不能为了政绩过分强制要求每个村集体都要有集体经济组织，更不能强制集体经济组织代理入市，村集体经济组织是在党和政府的引导下随集体资产的不断增加而自觉形成的过程，实施主体的代理选择也应当以农民集体自愿委托为前提，要充分尊重农民利益，按经济发展客观规律办事，让农民群体切实享受到使用权入市带来的财产性收入的提升。

（二）入市途径的规范化

入市途径在集体经营性建设用地入市进程中承担着重要的桥梁作用，进一步规范入市途径，以充分释放在增加农民财产性收入过程中制度优势的需求，在未来的制度变革中显得格外迫切。

1. 因地制宜地选择合适的入市途径

根据本地区城镇化推进阶段、经济发展状况特别是乡村产业对集体经营性建设用地需求量的实际情况，因地制宜地选择合适的入市途径以适应本地区的流转需求。对于那些具备开发建设基本条件的工矿仓储、商服用地，应采取就地入市

---

① 房绍坤. 农村集体经营性建设用地入市的几个法律问题［J］. 烟台大学学报（哲学社会科学版），2015（03）：15-22.

途径，使现土地使用者直接获得合法身份，降低开发成本；对于零星分散或处于边远地区的集体经营性建设用地，应采用调整入市途径，通过空间置换方式一方面极大释放土地财产价值，另一方面为边远地区农民带来可观的级差收益，提高农民的财产性收入；对于已经纳入城市规划的近郊区城中村土地则应先整治后入市，以土地的高效利用换取土地价值的巨大提升，以实现土地财产效益的最大化。①

2. 探索地方政府、集体经营性建设用地所有者及使用者三方通力合作机制

地方政府要充分发挥宣传引导与沟通桥梁作用，调动所有者与使用者的参与积极性，不断磨合，选择符合双方利益的最恰当的入市路径，降低入市的交易成本，加快集体经营性建设用地入市进程。② 在地方政府统筹规划下，探索以集体经营性建设用地产权分割登记、按份共有等方式实现与社会资本共建共享，不断提高土地资源的利用效率，充分释放农村集体土地要素活力，挖掘集体经营性土地的市场价值，实现农民财产性收入的更大增长。

3. 打破用地分类限制，优化土地功能结构

允许集体经营性建设用地、集体公益性用地与宅基地之间依法转换，比如农村闲置宅基地可以变更登记为集体经营性建设用地进行入市、非公益性的新增用地可以不经国家征收直接入市交易、以指标交易实现集体经营性建设用地与宅基地的统筹入市。探索归类综合地块、政府异地统筹入市、"集地券"等新型入市途径，优化集体经营性建设用地的居住及工商业功能组合，最大化满足不同主体的利益诉求，进一步提高土地资源的配置效率，全面盘活农村集体存量用地资源并释放其应有的最大市场价值，使其尽快转化为农民实实在在财产性收入的提升。

（三）入市范围的确定与拓展

在新《土地管理法》中，闲置宅基地与废弃公益用地转变为经营性用地已明确："允许村集体在农民自愿前提下，依法把有偿收回的闲置宅基地、废弃的集体公益性建设用地转变为集体经营性建设用地入市。推动城中村、城边村、村级工业园等可连片开发区域土地依法合规整治入市。"这说明中央有关部门已经清

---

① 董秀茹，张宇，卢巍巍. 农村集体经营性建设用地入市途径选择研究——以黑龙江省安达市为例 [J]. 江苏农业科学，2017 (04)：275–278.

② 唐健，谭荣. 农村集体建设用地入市路径——基于几个试点地区的观察 [J]. 中国人民大学学报，2019 (01)：13–22.

楚地看到了空置宅基地与废弃公益用地转化为集体经营性用地能够带来巨大的改革红利,从而加快土地财产价值向农民财产性收入的转化。依据新《土地管理法》有关表述,未来入市范围的改革可以从以下两个方面入手。

1. 依法将部分农地或公益性建设用地转为集体经营性建设用地

依法改变部分农地或公益性建设用地的性质,使之成为增量集体经营性建设用地的一部分,并允许增量集体经营性建设用地入市交易。长期以来,建设用地指标一直由地方政府把控,是地方政府"土地财政"的基础,由于利益的驱动,地方政府将建设用地指标大部分留给国有建设用地而不愿意分配给农民集体,因为如此一来农民集体作为所有权人可以获得绝大部分的入市收益,地方政府只能获取少量的集体土地收益。① 而增量集体经营性建设用地入市可以从制度上改变这一不利局面,保障建设用地指标更多地向集体用地倾斜,农民集体可以更充分地享有土地增值收益,从而带来农民财产性收入的极大提升。

2. 依法将部分闲置宅基地转化为集体经营性建设用地

依法将农村中部分闲置宅基地转为集体经营性建设用地,实现入市流转。而要顺利推进空置宅基地资源的转变进程,首先要转变宅基地是"保障房"的错误观念②,当前理论界一些学者仍秉持"宅基地是国家无偿分配给农户居住生活的,其使用权具有居住保障的福利性功能"的既有认识,坚决反对进行经营性开发,实践中有些地区对自愿退出宅基地的农民未作公平补偿,甚至免费征用其宅基地,农民群体合法的土地财产性权益根本无法实现。因此,必须尽快普及城乡居民财产权和住房权平等观念,改变将宅基地单纯地看作农民"保障性、福利性财产"的观念,适度扩大入市范围,在农民自愿的前提下,农村闲置宅基地可以通过转为集体经营性建设用地实现入市流转。其次要大力借鉴推广试点地区的成功做法,增强改革的可行性。

二、健全使用权入市流转制度体系

疏解使用权入市流转困境,可以从明晰使用权法律性质、建立两级使用权流转机制、完善使用权抵押融资制度体系等方面着手,健全使用权入市流转制度体

---

① 杨遂全. 论集体经营性建设用地平等入市的条件与路径 [J]. 郑州大学学报(哲学社会科学版),2019(04):35-39.

② 陆剑,陈振涛. 集体经营性建设用地入市改革试点的困境与出路 [J]. 南京农业大学学报(社会科学版),2019,19(02):112-122+159.

系，充分释放使用权的市场增值潜能，从而有效提升农民的财产性收入。

（一）明晰使用权法律性质

随着集体经营性建设用地用途独立性与市场经济价值的日益凸显，应当将使用权物权化、使用权具体法律内涵的完善工作视为重中之重。

1. 开展基于物权法体系的农村集体经营性建设用地使用权的物权法定工作

有序推进物权法定工作，赋予集体经营性建设用地使用人直接支配该土地的合法权利，为使用人利用集体经营性建设用地开展经营活动提供法律保障，既有助于在集体土地所有权不变的情况下，实现集体经济利益与私人经济效益的和谐统一，也有助于实现农民财产性收入的稳定增长。可以将农村集体经营性建设用地使用权纳入《物权法》"建设用地使用权"体系之内予以界定①，从而将农村集体经营性建设用地使用权与国有建设用地使用权并列作为用益物权。具体说来，可以在"建设用地使用权"下设立"国有建设用地使用权"与"集体建设用地使用权"两个并列的概念，并在"集体建设用地使用权"下设立"集体经营性建设用地使用权"作为三级概念。这样既能够实现在结构层面上规范、理顺并构建起统一的建设用地使用权体系，还可以使"国有"与"集体"两类建设用地使用权及其用益物权处于统一的逻辑起点上从而实现"同地同权"。②

2. 明晰使用权用益物权的具体属性及其权利内涵

在集体土地与国有土地权利设定方面，我国普遍推行出让与划拨两种使用权设定方式，其中公益用地采用划拨方式，其余土地以出让方式设定使用权。我国农村集体经营性建设用地自然不属于公益用地，应当尽快纳入统一市场体系，依据市场法则，在合理评估土地价格的前提下，采取招标、拍卖、挂牌等主流市场出让方式设定使用权，确保农民能够获得集体经营性建设用地入市带来合理的财产性收入。在权利主体方面，应当尽快取消使用权流转主体的法律限制，允许所有权人自主选择交易方。在权利客体方面，进一步明确"集体经营性建设用地"的法律内涵是具有生产经营性质的农村建设用地，其外延是除农业用地、农村宅基地、未利用地、公益用地以外的集体土地。在权利内容方面，应明确集体经营性建设用地使用权是包括占有、使用、收益、支配、处分一体的完整用益物权。

---

① 韩松. 论农村集体经营性建设用地使用权 [J]. 苏州大学学报（哲学社会科学版），2014，35（03）：70－75＋191－192.

② 林旭霞，真煜茜. 同地同权：集体建设用地使用权赋权研究 [J]. 福建师范大学学报（哲学社会科学版），2023（01）：121－130.

应当尽快完善用益权制度体系设计，用益权制度不仅能够解决非所有人可以利用他人之物来满足自己生产生活需要的重大问题，更是为了充分实现众多资源都能够物尽其用的目的。从已经物权法定的农地承包经营权与宅基地使用权两种用益物权类型来看，从法律上为农地与闲置宅基地资源流转及优化利用提供了"快车道"，进而对农民财产性收入增长产生良好的产权激励效果。

（二）构建使用权市场化流转机制

针对现实中使用权自发流转与国家立法中使用权用途流转限制之间的矛盾困境，必须尽快构建使用权市场流转机制，以科学的规章制度规范其市场交易行为，以优质的服务体系引导其高效流转。

1. 逐步实现与国有建设用地两级流转市场体制的接轨

在一级流转市场中，拥有土地所有权的农民集体可以作为入市主体直接参与使用权市场交易，集体经营性建设用地可以与国有建设用地一道以"招、拍、挂"方式将使用权直接出让给土地使用者。除了"招、拍、挂"常规出让方式外，也可探索入股、联营及合作开发等方式盘活使用权。在二级流转市场中经过初次流转的使用权转让应当符合有关用途管制规定，并明确其转让行为属于民事法律范畴，其流转方式也应充分体现私法自治的精神，探索出租、赠与、继承、互换等多种方式继续转让使用权的剩余期限，充分挖掘使用权作为用益物权的更大范围潜能，达到物尽其用的目的。

2. 规范管理土地规划与登记工作

土地规划与登记是使用权入市流转的准备阶段。针对现实中违规登记、分散登记、多头执政等问题，一方面需要从法律上明确土地规划程序，适度增加公告与听证程序，自觉接受来自全社会的监督，保证规划制定的科学性与严肃性，提高农民群体对土地利用规划的可接受程度。另一方面要完善集体经营性建设用地登记制度，维护产权主体合法利益，保障交易安全。要做到登记进程中立法依据、登记机构、登记程序、登记权属证书、等级效力五个方面的统一，在依法保障交易公平的基础上提高使用权的市场流转效率，以规范化的土地登记为农民集体权益维护竖起一道坚实的法律屏障。

3. 尽快建立专业中介服务机构

使用权流转运行中要尽快建立专业中介服务机构，包括土地评估、土地融资、土地保险等中介服务机构，为农民集体提供投资咨询、市场风险预测、地价评估、保险及融资等方面的专业中介服务。具体来说：一是政府应鼓励农村居民通过中介机构进行产权交易，并大力支持社会力量参与及创办农村产权交易中服务机构。二是积极落实乡镇设立农地产权交易服务中心政策，同时积极鼓励农村合作经济组织成为中介机构，发挥其交易服务的桥梁作用。三是加强农村土地产权交易平台专业服务队伍的建设，构建持证上岗制度，不断完善和提高服务水平。四是建立多元的风险分担机制，通过农业保险制度、市场化的担保公司等，更好地防范农村土地产权抵押融资的风险。

4. 贯彻规制治理与保护权利的理念

要将规制治理与保护权利的理念贯穿于使用权市场化流转的全过程，消除传统的公权力管制色彩，以一种更多体现私权利保护理念、社会本位理念、弱势群体保护理念的全新制度安排，实现由"权力范式"的政府管制向"权利范式"的制度规制转变，确保农民集体能够享受到使用权作为用益物权在流转中带来的财产性收入的提升。

（三）完善使用权抵押融资制度体系

1. 完善法律体系，保持政策的稳定性

虽然新《土地管理法》第六十三条提出集体建设用地使用权的抵押可以参照同类用途的国有建设用地执行，但集体建设用地使用权与国有建设用地使用权毕竟还是有区别的，不能完全按照国有建设用地使用权的相关规定执行。因此，必须在尊重价值规律的前提下，充分发挥政府的职能作用，制定和完善适合集体建设用地使用权市场化抵押融资的相关条款，为集体经营性建设用地使用权抵押融资行为提供法律依据并尽快将其纳入法制化建设轨道，充分保障使用权抵押融资行为的合法性与规范性。政府完善好相关法律规定后，则需要保持政策的相对稳定性，为农民财产性收入增长提供良好的政策环境。比如政府在明确使用权抵押范围后，依托城市与乡村土地利用总体规划编制郊区与农村土地规划，最后根据制定好的规划付诸实施推行。在实践中可以根据本地区具体情况灵活调整实施方案，但是土地用途规划与流转主体的实际用途不能变，防止抵押物因价值的剧烈波动而导致挤兑风险。

2. 健全抵押贷款的市场服务体系

首先，构建统一的使用权抵押融资服务平台，为使用权抵押融资交易提供支持。尽快将农村中零散的服务机构如合作社、土地产权确权机构、市场化交易平台、流转中介机构等加以整合，地方政府为其提供综合的办公场所，统一平台服务，加强与金融机构的合作，只收取一次交易费用即可提供完整的产业链式服务，大大提高使用权市场融资效率，加快使用权财产价值向财产性收入的转化进程。其次，建立抵押融资业务的技术支持系统，确保使用权抵押贷款业务能够进行高效的市场化运作。针对传统信息流通范围小、跨省共享困难的现状，必须尽快建立数字化信息共享平台，将地区内采集到的集体经营性建设用地信息以数字化形式录入系统平台，并进行多地联网以实现信息跨省域共享，通过系统化数字平台建设实现使用权流转信息、价值评估与土地供需情况的有效对接，推动使用权的精准高效流转。

3. 构建合理的价值评估机制

鉴于目前基准地价的普遍缺失，应做好顶层设计，构建统一的地价体系，出台规范统一的使用权价值评估规程。首先，建立土地利用现状变更调查数据库，参照国有建设土地价值评估体系，建立集体经营性建设用地价格备案制度[①]，待一项使用权抵押融资项目成交后，及时在交易平台公布成交主体及成交价格，以成交台账的形式保存历次成交价格，为后续相关项目提供基础的价格支持。其次，建立评估机构备选库制度，吸收有资质的土地评估公司作为备选库成员承担评估业务，在国土资源部门相关使用权价值评估意见指导下，探索科学量化的估价方法以及有偿使用相配套的评估框架构建，为集体经营性建设用地使用权抵押融资提供可供参考的地价标准。最后，探索建立城乡统一的使用权抵押融资市场交易平台，由县级地方政府牵头，乡镇政府有关部门、村集体经济组织、农民群体代表多方参与，共同协商制定具体的供地流程、操作细则与配套措施[②]，确保相对公开透明的完全竞争市场交易平台能够顺利落地，充分显化集体经营性建设用地使用权价值，保障农民集体能够通过使用权抵押融资顺利获取附着在土地使用权上的财产性收入。

三、完善入市收益有效调节机制

集体经营性建设用地入市收益是集体经济组织收入的重要来源，同时关系着国家与农民在集体土地上合法财产权利的实现，必须对入市收益作以公平合理的分配，"探索建立兼顾国家、农村集体经济组织和农民利益的土地增值收益有效调节机制"[③]。

---

① 徐子尧，郑芳．农村集体经营性建设用地使用权的实物期权定价方法［J］．农村经济，2015（06）：34－38．

② 孙伟，吴涛．集体经营性建设用地使用权价格评估探索研究［J］．中国住宅设施，2018（11）：123－124．

③ 中共中央　国务院关于做好2023年全面推进乡村振兴重点工作的意见［M］．北京：人民出版社，2023：13．

（一）构建农户入市收益保护机制

鉴于农户经常处于入市收益分配的弱势地位，需要构建农户入市收益保护机制，使农户切实分享到使用权入市流转的级差收益成果，进而更多地转化为农民的财产性收入。

1. 合理界定参与收益分配主体的合理分配比例

使用权的入市收益分配涉及国家、集体经济组织与集体成员三者之间的利益博弈，必须理顺国家、集体经济组织以及集体成员之间的分配关系，尽快制定使用权入市实施细则，推动集体经营性建设用地与国有建设用地一道直接入市流转交易，实现在集体土地之上进行的基础设施建设及城市开发带来的土地增值收益作为对价分配给农户①，大力提升农户财产性收入。

2. 健全民主决策程序与监督制约机制

入市收益能否公平合理分配实际上要看民主制度与民主程序能否贯穿于收益分配的全过程。集体提留收益比例方案的拟定工作是重中之重，这其中包括集体经济组织应预留多少流转收益以及农民个体应获取多少流转收益等一系列问题。集体提留收益比例方案的起草过程中要保障农民对集体收益的知情权与监督权，即农民要知晓集体组织代表"农民集体"所有权人获得的土地收益情况，包括用地收益的收取与支出情况、用地收益的分配情况等，并予以公开监督；集体提留收益比例方案的最终确定要保障全体农民的民主参与权与决策权，即按照民主程序由全体村民共同并予以公正透明的表决。② 总之，由全体村民共同参与决定的民主决策程序与农民对集体有效的监督制约机制是实现流转收益内部公平合理分配的重要制度基础，只有将"权力"关进制度的笼子，才能切实保障农民的合法财产性收入。

（二）健全增值收益公平分配机制

增值收益的分配过程直接决定农民集体特别是农民个体得到的财产性收入的多少，其中农民集体提留收益用途如果规划得当，则又可以以集体分红的形式间接转化为农民的财产性收入。鉴于增值收益过程存在的种种不公平现象，可以从

---

① 杨雅婷. 农村集体经营性建设用地流转收益分配机制的法经济学分析［J］. 西北农林科技大学学报（社会科学版），2015，15（02）：15－21.

② 岳永兵，刘向敏. 集体经营性建设用地入市增值收益分配探讨——以农村土地制度改革试点为例［J］. 当代经济管理，2018，40（03）：41－45.

征收标准的合理设置、征收分配比例的平衡、集体提留收益的规范使用三方面构建增值收益的公平分配机制，确保农民财产性收入的持续增长。

1. 合理设置征收标准

构建增值收益公平分配机制需着重考量征收标准制定的合理性与科学性。合理设置征收标准应从以下三个方面着手：首先，统一规范征收基准。由于增值收益调节金实际上类似于土地增值部分的税收，应参考增值税的征收基准，不是与成交价挂钩，而是与土地增值纯收益挂钩，土地增值纯收益的计算可以将本地区近三年国有建设用地成本的均值作为集体经营性建设用地入市成本，用成交价格减去入市成本得到，这样可以保障农民集体与农户个体得到合理的使用权增值收益，从而保障其获得合法的财产性收入。其次，探索增值收益调节金相关税费项目改革，区分一级流转市场出让环节与二级流转市场转让环节营业税、所得税、印花税、城建税等税费收取标准，参照国有土地税费设置，出让环节与转让环节都需缴纳一定的管理费、服务费等费用；对于增量集体经营性建设用地入市还需要缴纳一定的耕地占用税、耕地开垦费、土地有偿使用费等费用，通过税费项目的合理取舍以及税费标准的进一步细化，合理确定切合本地区实际的最佳调节金征收标准。最后，明确增值收益调节金相关税费缴纳基数，税费征收缴纳比例要以该地区基准地价水平与集体经营性建设用地入市价格为参考标准，计算需要缴纳的调节金和相关税费额度①，促进使用权增值收益的公平分配。

2. 平衡征收分配比例

针对增值收益调节金征收比例差异过大等问题，需要尽快平衡调节金征收分配比例，确定最合适的增值收益分配方案，充分保障农民最终可分配到的财产性收入的数量。首先，灵活确定增值收益征收标准、税费比例、转让增值收益的分配方案。增值收益调节金征收标准国家可以不做统一要求，将标准制定权限下放至各省、自治区、直辖市政府，便于地方政府根据本地情况制定贴合实际的合理征收标准范围。其次，大幅提高集体公益性用地征收补偿标准，按照被征用土地最佳用途的市场价进行补偿，以此实现该区域内集体所有的农用地不论转为经营性用地还是公益性用地，农民集体所获的纯收益相当，进而保障最终转化为农民手中的财产性收入数量相当。最后，统一设置征收类别，灵活确定征收比例范围。加快构建集体经营性建设用地基准地价体系，并将其作为增值收益调节金的征收类别，以充分反映由区位、规划和用途的不同造成的市场价值差异；以试点

---

① 林超，曲卫东，毛春悦. 集体经营性建设用地增值收益调节金制度探讨——基于征缴视角及 4 个试点县市的经验分析 [J]. 湖南农业大学学报（社会科学版），2019，20（01）：76 - 81.

地区征收比例范围及当地地价水平、市场供需状况作为参考，确定相对集中符合本地实情的比例范围，避免征收比例区间的过于宽泛，坚持增值收益初次分配以市场调节为基础、二次分配以国家税制参与调节为主的分配体系，实现市场机制配置资源与政府宏观调控的优势互补，保障农民集体在土地上的合法财产性权益，以带动财产性收入的快速增长。

3. 规范使用集体提留收益

集体提留收益的规范使用方面，应探索"法定＋意定"相结合的管理模式，由相关法律对集体提留收益比例及主要用途做出限定，同时完善村民自治程序，赋予集体成员自治空间。首先，规范集体提留收益的用途。从试点地区一些成功做法看，要明确集体提留收益为集体组织内全体成员的共享集体财产，并规范收益的具体使用方向。鉴于多数农民生活水平不高、抗风险能力较差的客观现实，应当确保集体提留收益中有相当一部分能够投入农村公共设施建设与集体成员的社会保障方面，对集体提留收益的用途范围也应由地方性法规作以限定，以期望通过集体提留收益的有效用途管理①，实现集体提留收益的市场增值以及农村社会保障体系的日益完善，从而在保障农民利益的基础上适度带来财产性收入的增加。其次，立法规范集体提留收益最低比例，具体比例可由集体决议决定。集体经营性建设用地属于农民集体所有，不仅针对现有成员，未来新增成员同样有权享有集体土地的使用权的市场增值收益。考虑到未来新增成员的可能性及现有成员福利改善等问题，必须提留一部分增值收益用于公共服务等事项。为避免理性人的自利性和群体行动的盲目性可能导致的"多数暴政"，从法律上应该对集体提留收益的最低比例进行规定，并将具体比例的决定权交由村级集体组织行使，充分发挥法律制度下集体组织的民主自治功能。② 最后，规范基于集体决议的增值收益分配程序。参照《村民委员会组织法》、新《土地管理法》等相关法律规定，明确"集体经营性建设用地增值收益分配方案的最终确定必须经过村民大会的三分之二以上成员或村民代表同意，并报经县级人民政府农业农村部门登记确认生效"。明确集体提留收益优先用于社会保障与公共服务的重要原则，创新量化集体股权、留地、留物业等多元增值收益分配形式，探索重点解决农村社会保障问题，并将剩余集体提留收益用途作以合理规划使其能够保值增值，充分发挥

---

① 吴昭军. 集体经营性建设用地土地增值收益分配：试点总结与制度设计 [J]. 法学杂志, 2019, 40 (04)：45－56.

② 李永乐，舒帮荣，石晓平. 城乡建设用地市场：分割效应、融合关键与统一路径 [J]. 南京农业大学学报（社会科学版）, 2017, 17 (03)：103－111＋158－159.

集体财产管理的私权属性和团体自治属性，为农民财产性收入增长拓宽渠道。

四、构建城乡建设用地市场融合发展机制

实现城乡建设用地市场的融合发展，关键是如何实现集体用地与国有建设用地两类建设用地的使用权流转在同一个市场机制下的无缝对接与深度融合。这需要从完善"同权同价"规则体系的、健全统一市场流转服务体系、创新城乡市场融合关键举措的探索等方面入手，构建城乡建设用地市场融合发展机制，使城乡建设用地市场的融合效应日益超过其分割效应，形成统一、健康、协调的市场环境，为农民财产性收入增长奠定基础。

（一）完善"同权同价"规则体系

尽快修补现有"同权同价"规则体系的法律漏洞，是构建城乡建设用地市场融合发展机制的当务之急。

1. 赋予集体用地与国有建设用地同等法律保护

对两种土地所享有的各项权利给予平等的法律保护，保障其拥有同等的占有、使用、收益及处分权。加强用途管制，在特定用途之下，农村集体经营性建设用地可平等进入非农使用的建设用地市场并平等享有非农使用土地的各项权利[1]，农民因此也可以平等获得土地市场增值带来的财产性收入，为"同权同价"提供公平的法律保障。

2. 打破所谓"圈内"与"圈外"的边界区割

无论是"圈内"土地还是"圈外"土地都可以在不改变所有制的前提下入市流转，进行非农建设，对于集体经营性建设用地只要满足特定用途即可；明确城市建成区内的"圈内"土地（应是城市存量土地）属于国有，对于新增集体经营性建设用地，主要从事非农经济建设的"圈外"土地，可以不必经过政府征用转变用途直接保留为集体所有，采取"转权保利"或"保权分利"等方式[2]，保障农民群体的土地财产权益，给农民带来财产性收入的增加。

3. 赋予入市主体与客体平等的市场地位

当前城乡统一的建设用地市场中，存在着农民集体与地方政府两大入市主

---

[1]　郭瑞雪，付梅臣. 关于集体建设用地"同地同权同价"问题辨析［J］. 中国人口·资源与环境，2014，24（S2）：419-421.

[2]　刘守英. 中国城乡二元土地制度的特征、问题与改革［J］. 国际经济评论，2014（03）：9-25+4.

体、集体建设用地与国有建设用地两大入市客体以及大量土地的需求主体——用地企业。赋予入市主体与客体平等的市场地位，必须实现不论是农民集体还是地方政府，不分居民、企业、政府等城乡入市主体身份，只要产权明晰都可办理登记，平等入市，任何市场主体可以通过市场使用权流转，得到或让渡相应的土地权利。无论是集体建设用地还是国有建设用地，不分城乡土地地理区位差异，只要土地的使用性质相同，市场对两类土地的开放范围没有差别，集体经营性建设用地使用权与国有建设用地使用权可以享受同等的市场待遇，可以在市场上实现自由交易和流转，最大限度盘活使用权市场价值，为农民财产性收入增长奠定基础。

4. 消除抵押权利的不平等，加快金融服务均等化

总结集体林地承包经营权抵押经验及试点地区集体建设用地使用权抵押成功做法，完善使用权抵押融资相关法律规定，赋予集体建设用地与国有建设用地同等的抵押权利[1]，适度扩大农村有效抵押物范围，拓宽集体经营性建设用地使用权抵押及质押途径。在实现金融服务全覆盖与均等化的进程中，要提前论证网点布设规划合理性，积极推进网点布局调整，加快偏僻乡镇金融服务网点的布局工作，提高金融服务覆盖率[2]；着力提升县域网点服务质量与品质，发展手机银行、电话银行等现代金融工具，把"小银行"建到农民群众身边，有利于农民金融理财积极性的提高，便于挖掘集体财产的市场潜在价值，拓宽农民财产性收入的增长渠道。

（二）加强统一市场流转服务体系建设

加强市场流转服务体系的整体建设，降低交易成本与交易风险，加速使用权价值更多地向财产性收入转化。

1. 建立凭证管地用地制度

要求集体经营性建设用地入市之前必须完成土地所有权及使用权登记，做到产权明晰、没有纠纷。定期开展集体经营性建设用地使用权证排查工作，对有证与无证的集体经营性建设用地分类管理，严禁无证的集体经营性建设用地入市流转。对于尚未办证却已经占用集体经营性建设用地开展生产经营的工厂企业，制

---

① 文兰娇，张安录. 论我国城乡建设用地市场发展、困境和整合思路［J］. 华中科技大学学报（社会科学版），2017，31（06）：74－81.

② 王欢，杨学成. 关于建立城乡统一建设用地市场的风险评估［J］. 经济与管理，2016，30（01）：71－76.

定办证过渡期政策，要求必须尽快办理集体经营性建设用地使用权证①，最终将其全部纳入城乡统一建设用地市场管理体系，为规范化流转及交易费用的降低奠定基础，进而为农民财产性收入增长提供制度保障。

2. 建立集体经营性建设用地流转规划制度

从试点情况看，集体经营性建设用地流转规划主要是由乡镇政府为主决定推行，乡镇土地利用规划历来重城镇而轻农村的弊病明显，导致农民集体所有权人的合法利益常常受损。因此必须将规划决定权交由县级政府统筹科学决策，建立规划听证程序，保障农民的知情权与参与权，建立诉讼仲裁制度，当规划不合理造成农民利益受损时可以提起行政诉讼，合理解决纠纷，充分维护农民合法的财产性利益。

3. 加强防范使用权入市可能带来的一系列风险

针对集体经营性建设用地直接入市可能给房价带来的负面冲击，应制定相应的宏观调控措施，以实现房地产价格的软着陆；针对集体经营性建设用地直接入市可能给农民生活带来的负面冲击，加强权力约束与健全社会保障制度应双管齐下，一方面适度约束农民对土地资产的自由处分权，另一方面充分保障农民的生存权；针对集体经营性建设用地直接入市可能给建设用地市场带来的负面冲击，地方政府要完善城乡统一建设用地市场的相应的风险防范措施，加大对涉农信息平台、中介服务机构与媒体的扶持力度，减少信息的非对称性，降低交易风险与交易成本；针对集体经营性建设用地直接入市可能给农村金融服务机构带来的经营风险，地方政府考虑到农村金融业务成本高、回报率低、风险大的特殊现实情况，应给予农村金融机构普遍的服务补偿，以调动金融机构的参与积极性，提高农村金融服务供给。比如建立县域金融机构使用权抵押贷款增量的财政奖励制度，缓解乡镇企业融资难困境，盘活使用权的市场价值，拓宽农民财产性收入的增长途径。

（三）完善城乡建设用地市场融合机制

完善城乡建设用地市场融合机制，充分释放集体经营性建设用地使用权的市场价值，从而增加农民最终到手的财产性收入。

1. 构建统一的信息公开、发布及共享机制

为保证市场主体拥有良好而又畅通的信息获取通道，首先，应构建完善的土

---

① 汪晓华. 构建城乡统一建设用地市场：法律困境与制度创新［J］. 江西社会科学，2016（11）：162 - 168.

地信息机制，将城乡建设用地使用权登记及流转情况整理到相应数据平台，定期公开展示，以保证土地信息的公开透明及信息交流的畅通，将集体建设用地交易行为置于公众的监督之下，有利于减少投机行为及寻租腐败行为的发生。其次，对市场中的地价、地租等相关数据进行整理，将变化趋势及时公布，便于公众能够充分了解地价走势，从而更加科学地做出决策。最后，应对待开发土地信息、待出让与出租建设用地信息、政策税收变动信息进行收集整理并及时向公众公开，实现市场信息充分共享。

2. 构建统一的市场交易运行机制

土地产权交易应明确价格形成管理机制，重点形成包括作价原则、作价方法、申报及监督制度在内的价格体系，做到规定严格、执行有效，进一步防止土地交易主体随意定价，破坏土地市场价格管理体系和制度。以地方政府为主导，通过国有建设用地市场交易平台及现有农村产权交易平台的整合，建立城乡统一的建设用地交易平台①，主要承担市场交易的管理与服务职能，比如提供交易洽谈场所；将"招、拍、挂"出让方式纳入交易平台运行；引进中介服务机构，为交易双方提供市场行情预测、政策法律咨询、使用权转让文书起草、使用权价值评估及抵押融资等服务，以缩短交易时间、降低交易成本、规避交易风险。确保集体经营性建设用地与国有建设用地能够实现"两种产权、统一市场"的运作模式②，实现城乡建设用地使用权"公开、公正、公平"流转。

3. 构建城乡土地"增值链"与"收益网"耦合发展机制

城乡建设用地市场的整合不单单是市场形态的简单整合，还需要市场交易主体利益关系的重构，需要明确界定市场交易客体（即土地）的增值情况与市场交易主体的增值收益状况，深入考察非公益性使用权市场、公益性征地准市场及城乡土地发展权市场中土地的增值情况，揭示在不同的交易环节（一级流转、二级流转还是三级流转）中各交易市场土地的价值增值过程，总结土地"增值链"的增值原理；与此同时，分析利益相关主体对土地增值的利益诉求变化，厘清与土地"增值链"对应形成的"收益网"关系。③ 将利益主体的权能变化与土地增值的"贡献"一一比照，结合"增值链"与"收益网"的耦合机理，深入推进城乡土地公平税赋与规费改革进程，建立公平的收益分配机制。

---

① 李永乐，舒帮荣，石晓平. 城乡建设用地市场：分割效应、融合关键与统一路径 [J]. 南京农业大学学报（社会科学版），2017，17（03）：103－111＋158－159.

② 黄珂，张安录. 城乡建设用地的市场化整合机制 [J]. 改革，2016（02）：69－79.

③ 文兰娇，张安录. 论我国城乡建设用地市场发展、困境和整合思路 [J]. 华中科技大学学报（社会科学版），2017，31（06）：74－81.

第三节　稳慎推进宅基地"三权分置"改革

未来应从宅基地确权进程的推进、宅基地退出机制的构建、宅基地使用权流转难题的破解及宅基地使用权抵押限制的放宽等方面，构建起相对完善的宅基地"三权分置"改革的制度体系，进一步拓宽农民财产性收入的增长路径。

一、推进宅基地确权进程

（一）落实宅基地集体所有权

所有权在宅基地各项产权权能中起着决定性作用，是资格权和使用权的"母权"。[①] 因此，宅基地集体所有权的落实与否，对于能否有效保障资格权与放活使用权至关重要。

1. 明确宅基地集体所有权主体

如前所述，所有权主体不明确是宅基地所有权制度的重要缺陷。因此，要落实宅基地集体所有权首先必须明确所有权主体，确定一个能够有效维护所有者利益的主体。如何明确宅基地集体所有权主体？课题组认为应该实现宅基地所有权主体一元化，通过将所有权主体进一步法律化，即在法律层面进一步明确"农民集体"的概念和范围，明确宅基地所有权主体的法人资格，规范其权利和义务，从而进一步明确所有权主体，且实现代表唯一性。

2. 提升宅基地所有权主体素质

一方面，加强宅基地所有权主体经济能力。具体说来，普及科学文化知识及开展职业技能培训，提供创新创业指导及举办经营管理交流会，建立科学合理的人才选拔机制，将有能力、有担当的集体成员纳入所有权代表队伍中来，全面提升宅基地所有权主体的经济能力，增强其开发利用农村闲置宅基地资源的能力。[②] 另一方面，加强基层民主制度建设。充分发挥村民委员会、村民代表大会、村民大会的作用，使农民真正实现村民自我管理、自我教育、自我服务。深化宅基地

---

① 郎秀云．"三权分置"制度下农民宅基地财产权益实现的多元路径［J］．学术界，2022（02）：146－155．

② 张广辉，张建．宅基地"三权分置"改革与农民收入增长［J］．改革，2021（10）：41－56．

"三权分置"改革是涉及农民切身利益的事情，一切涉及村民核心利益的事情都要经过广大村民的协商讨论之后再做决定。① 如江西余江县在宅基地"三权分置"改革的过程中突出"村民自治对宅基地管理的作用"，使村民自治贯穿了宅基地管理的全过程，形成了"宅基地管理的自治模式"，从而有效强化了集体土地所有制。②

3. 完善集体所有权权能

落实宅基地集体所有权不仅要从法律上确定所有权主体，实现所有权行使主体的一元化，而且要进一步完善和强化集体所有权权能，尤其要完善和强化集体所有权的处分、收益权能，从而使宅基地所有者的权利得到充分落实。一方面，要合理确定农民集体与基层政府之间的关系，政府履行管理职能应主要体现在土地利用规划和用途管制的合法性审查方面③；另一方面，充实宅基地所有权的处分权及收益权，农民集体应充分享有对农户委托（或者入股）的宅基地进行统一开发、通过增减挂钩等手段形成之"指标"以及将"指标"依法转化落地形成集体经营性建设用地等的使用权及收益权，除此之外，还应享有集体经营性建设用地抵押权。④ 如余江县塑造的"县人民政府—乡镇人民政府—村委会—村民事务理事会"委托代理机制，既有效处理好了农民集体与政府之间的关系，在强化政府监督权的同时使农民集体享有了充分的使用权、处分权，又通过构建合理的宅基地收益分配制度，充实了农民集体的收益权，同时也提升了政府的财政收入。⑤

（二）实现资格权的法定化

宅基地资格权的法定化是其制度改革中的重要一环，尽管当前法律体系还未明确对宅基地资格权的法律内涵进行界定，但仍然能从《物权法》、新《土地管理法》等法律及规定中发现蛛丝马迹。针对其问题及重要性，我们可以从以下几

① 陈晓枫，陈瑞旭. 新中国 70 年农地经营权制度演进的逻辑与经验 [J]. 马克思主义与现实，2020（01）：155 – 162.

② 夏祝智. 论宅基地管理的自治模式——治理视角下的宅基地制度改革研究 [J]. 甘肃行政学院学报，2019（05）：85 – 93 + 127 – 128.

③ 杨一介. 论农村宅基地制度改革的基本思路 [J]. 首都师范大学学报（社会科学版），2019（04）：42 – 49.

④ 韩立达，王艳西，韩冬. 农村宅基地"三权分置"：内在要求、权利性质与实现形式 [J]. 农业经济问题，2018（07）：36 – 45.

⑤ 郭恩泽，等. 如何促进宅基地"三权分置"有效实现——基于产权配置形式与实施机制视角 [J]. 农业经济问题，2022（06）：57 – 67.

个方面来加快实现农村宅基地资格权的法定化。

1. 明确宅基地资格权的法律内涵

立法机关可以在《土地管理法》《物权法》等与土地管理密切相关的法律法规中明确提出宅基地资格权这一法律概念，并明确其内涵，如明确资格权为保障居住权，是农村集体经济组织成员依法以户为单位享有的占有、使用和一定期限流转宅基地的权利。只有使资格权成为一项明确的法定权利，才可以为更好地保障农民的宅基地财产性权益奠定法律基础。具体来说，一是明确取得宅基地资格的条件。对于明确资格权的取得条件，一方面有利于划定宅基地使用权的范围，识别宅基地占有的合法与否；另一方面也有利于促进宅基地流转、强化宅基地管理。然而，实践中不少退出农村集体经济组织的成员仍然占有和使用宅基地，随着宅基地"三权分置"改革的推进，其是否应继续享有资格权以及能否继承资格权等问题都需要法律法规予以明确。二是完善资格权取得机制，资格权这一权利设计旨在允许农户请求无偿使用宅基地的资格，根本目的在于保障本集体经济组织成员的居住权益，其特征是专属于集体经济组织成员，具有身份性。我国新《土地管理法》只规定了宅基地使用权的申请取得方式，但实践中资格权取得方式不一，因此在宅基地"三权分置"改革中应进一步明确宅基地的申请取得方式，保障农村集体成员的合法权益。

2. 明确宅基地资格权权能

宅基地资格权的权能是指宅基地资格权的实现方式，其应包括占有、收益和处分三项权能。其中，占有表现为保持分配地位的权利和转让宅基地的到期回收权；收益表现为征收补偿获取权和有偿退出权；处分表现为符合宅基地申请资格的集体成员自愿放弃申请宅基地和将宅基地退还给农民集体的权利。然而，这些权能都没有得到立法的确认。随着宅基地"三权分置"改革的深化，宅基地资格权成了宅基地"三权"中唯一具有身份权的权利，也是宅基地保障功能的重要载体。因此，有必要明确宅基地资格权的占有、收益和处分三项权能。

3. 完善资格权实现机制，坚持以"一户一宅"为主要形式

农户申请以"一户一宅"方式实现其宅基地资格权时，需要经过"农户申请—集体审查—政府审核—划定宅基地—不动产登记"五个步骤。农户宅基地资格权实现的过程，同时也是土地所有者设立宅基地使用权这一用益物权的过程，其中，"集体审查"应以土地所有者为主体执行，在设立了农村集体经济组织的地方，应由农村集体经济组织而非村民自治组织予以审查。在此过程中，政府履行土地利用监管职责。自"划定宅基地"的程序完成之时起，农户即已从事实上控制了被划定的宅基地地块，并从法律上享有了宅基地使用权，其宅基地使用权也具备了不动产登记的条件，建议不动产登记部门进一步优化宅基地使用权登记流程，规定在划定宅基地之后农户就可以申请宅基地使用权登记，以便实现宅基地使用权登记管理的精细化。

4. 健全资格权救济机制

首先，在立法层面上，《土地管理法》应当赋予农户资格权明确的法律地位，将其写入其中。当农户资格权上升为法律层面后，救济制度的建立和统一才能真正实现。其次，明确救济途径，形成多元救济方式。农户资格权人受到不法侵害时，其可以选择多种救济方式来保护自己的权益。调解是目前最直接、最便捷的方式，在我国当前人情环境下，在农村集体经济组织内部，依靠调解能够节约资格权人的成本，缩短解决纠纷所需的时间，有利于组织内部的稳定。调解过程中，第三方（村委会管理人员、基层干部）也扮演重要角色，起着解决资格权人与他人纠纷的作用。另外，仲裁和诉讼中也伴随着调解，贯穿案件始终。

（三）加快房地一体宅基地确权登记颁证工作

加快农村房地一体宅基地确权登记颁证工作，对于保障农户对宅基地的用益物权，赋予宅基地上的房屋抵押、担保、流转等权能具有重要意义，可以使换证发证后的农房与城市住房一样平等享有相同的财产权利①，从而为农民利用宅基地及附着其上的建筑物获得财产性收入奠定了坚实的基础。加快农村房地一体宅基地确权登记颁证工作，应着重解决以下几个方面的问题。

1. 对违法用地现象进行有效处理

在宅基地确权登记过程中发现违法用地现象频发，应加强相关管理及采取有效措施来杜绝此类现象发生。一方面，应采取严格管理、科学选址以及优化审批服务等措施来防止该现象的产生，同时要严格限制宅基地的申请条件，并加强对城镇居民在农村购买宅基地建造房屋等不法行为的严格监管，从而在根本上杜绝非法用地现象的产生。另一方面，应在对土地分布及使用情况了解的前提下，更多考虑农户宅基地选址的需求，尽量集中。

2. 落实"一户一宅"的方针

落实农村"一户一宅"的方针，有助于形成合理的宅基地占有格局，从而对推动农村宅基地的确权登记工作产生重大影响。宅基地改革进程中应该落实好"一户一宅"的方针，在落实这一方针的过程中，要坚持原则的坚定性和策略的

---

① 郭贯成，盖璐娇. 乡村振兴背景下宅基地"三权分置"改革探讨 [J]. 经济与管理，2021，35（03）：11-15.

灵活性，以广大农民群众可以接受的方式来落实。一方面，对过去已经形成的"一户多宅"的农户，要制定和实施补偿标准、方式和退出程序，积极引导农户退出多余的宅基地。另一方面，在新宅基地审批方面，要对农村居民申请与批准宅基地的工作进行严格审核，严格落实"一户一宅"的方针政策。

3. 规范宅基地及房屋面积管理

规范宅基地及房屋面积管理，对加快房地一体宅基地确权登记颁证进程具有重要的意义。针对实践过程中长期积累下来的复杂多样的情况，可借鉴试点过程中各地做法，采取差异化的限制措施，主要分成三种情况：一是1982年中国农村土地制度改革之前所建且并未扩建的宅基地，即使面积超过了当时标准，也给予合法确权；二是1982~1987年《土地管理法》实施前这段时间内所建且超过当时所规定的宅基地使用面积，只要是经过处理的，给予确权登记，而未经过相关部门处理的，仍不予确权登记；三是只要在1987年后所建宅基地面积超过当地标准，则按照建房实际批准面积来确权登记，对于超过部分不予确权。同时，应在土地登记簿及宅基地使用权证书栏内注明所超面积，待未来分户建房、现有房屋拆迁、改建、翻新及重新规划时，再对其作出相应处理，并且按照当地的规定重新确权登记。

4. 加大对农民的宣传力度

如前所述，一些农民对宅基地确权颁证的认知落后、观念淡薄也是阻碍农村宅基地房地一体确权颁证工作推进的重要因素。因此，必须加大宣传力度，让广大农民充分认识到确权颁证工作对于家庭、集体以及国家发展的重要意义。对农民宣传要注意方式方法，张贴告示、通知、标语和发放宣传材料一般来说效果有限，应该选择对宅基地确权颁证工作政策、意义十分了解的干部、骨干、技术人员深入农村以开座谈会、拉家常的方式进行交流、讲解。

二、构建宅基地退出机制

（一）完善宅基地的退出补偿机制

宅基地退出要先以使用权放活为前提，一方面不能违规买卖宅基地，另一方面要加强自身的造血功能。若仅仅只从集体经济组织本身来回收宅基地，那么宅基地就无法显现出其巨大的潜在价值。当前我国对宅基地退出补偿的标准还不够完善，补偿方式也较为单一，这不仅影响农民的退地意愿，还损害了农民的切身利益。

1. 制定合理的宅基地退出补偿标准

如何确定宅基地退出补偿的标准，既是宅基地退出的难点，也是宅基地退出的关键。① 一般而言，宅基地退出补偿范围应该包括两个部分：一是对宅基地的补偿，二是对宅基地上的房屋建筑及其他附属物的补偿。宅基地退出补偿标准可以适当参考宅基地所在村庄邻近的城镇住宅用地使用权价格或者所在村庄的集体经营性建设用地的市场价格。②

2. 实施多元化的宅基地退出补偿方式

宅基地退出补偿方式应在尊重农户意愿的基础上，实施多元化的退出补偿方式，从而满足不同农户的实际需求。例如可以采取货币补偿、置换住房、置换社保、宅基地取得权利保留以及置换国有土地上房屋等物业等补偿方式。③

3. 完善评价与反馈机制

对退出补偿后农民生产生活状况、农村地区经济发展状况、社会对农村宅基地退出实践的满意度等方面进行评价。通过对比实际绩效与预期标准，对制度政策和宅基地退出实践再认识，进而选择纠偏措施，再运用到农村宅基地自愿有偿退出实践中，激发更大的政策效应，提高制度政策可推广性。

（二）建立合理退出长效机制

1. 创新退出模式

当前退出模式的探索主要包括：一是宅基地换房模式（如安徽金寨），即农民以宅基地换取小城镇或规划区内的房屋，有利于实现城乡建设用地的统筹利用；二是宅基地收储模式，即地方政府（如宁夏平罗）和村集体（如福建晋江）出于各种目的开展宅基地收储工作，有利于提高农村宅基地的利用效率；三是市场化交易模式（如浙江义乌"集地券"制度等），即利用市场机制实现闲置宅基地的退出，有利于盘活农村房屋和宅基地，增加农民财产性收入和政府税收入入。各地在推进宅基地退出的过程中，可以借鉴以上三种模式的经验，同时也须因地制宜，从本地实际出发，探索适合本地实际情况的宅基地退出模式，审慎推进宅基地退出工作。

---

① 张勇，汪应宏．农村宅基地退出补偿研究综述 [J]．中国农业大学学报，2016，21（03）：151 – 160.

② 张勇，彭长生，包婷婷．农村宅基地利用、农户宅基地退出补偿意愿调查与启示——基于安徽省821户农户问卷 [J]．国土资源科技管理，2017（02）：9 – 19.

③ 岳永兵，万洁琼．宅基地退出：实践创新、现实困境与路径选择 [J]．中国国土资源经济，2020，33（07）：18 – 23 + 40.

2. 设置退出约束条件

虽然宅基地退出对于提高宅基地利用效率，从而促进农民财产性收入的可持续增长具有重要意义，但是在宅基地退出机制尚不成熟、退出保障尚不完善的情况下，设置约束条件以监督宅基地退出进程，对于帮助退地农户防范潜在风险具有重要意义，同时也有利于防范退出后矛盾纠纷的产生。具体来说，应该从退出农户的资格、宅基地退出的补偿标准、宅基地退出后的土地再利用方式以及宅基地退出过程中参与主体的权利义务四个方面设置相应的约束条件。[①]

3. 规范退出程序

退出程序是宅基地退出机制的重要组成部分，没有规范的退出程序，就难以保证宅基地退出的公正、公平、合理，宅基地退出长效机制便难以形成。具体来说，规范的退出程序应该包括以下内容：首先是提出申请，农民以户为单位向所在村集体提出自愿退出书面申请；其次是资格审查，由村集体和乡（镇）政府对农户申请分别进行初审与复审，然后对符合条件的农户家庭情况、拟退出宅基地和地上附着物的产权情况等进行调查，并将结果予以公示；再次是签订协议，由当地自然资源管理部门对宅基地及地上建（构）筑物进行实地丈量、登记造册，并委托专业的不动产评估机构对宅基地及地上建（构）筑物的价值进行评估，测算补偿费用；最后是农户退出宅基地，由乡（镇）政府将复审无误的退宅材料统一登记造册并报送县级人民政府审批，经批准后，农户按照签订的协议退出宅基地并获得相应的补偿。[②]

（三）健全社会保障制度，提高农民退出积极性

近年来，虽然农村社会保障水平在稳步提升，但是农村社会保障体系依然有待完善，因而宅基地在农村社会保障体系中依然扮演着重要角色[③]，这大大削弱了农户退出宅基地的意愿。因此，要提升农户退出宅基地的意愿，加快宅基地的退出进程，就需要不断完善农村社会保障体系。

1. 改善退地后住房水平

众所周知，住房保障是宅基地最基本也是最重要的功能。研究表明，退地后

---

① 黄健元，梁皓. 农村宅基地退出制度的源起、现实困境及路径选择［J］. 青海社会科学，2017（06）：132－139.

② 张勇. 农村宅基地有偿退出的政策与实践——基于2015年以来试点地区的比较分析［J］. 西北农林科技大学学报（社会科学版），2019，19（02）：83－89.

③ 宋戈，徐四桂，高佳. 土地发展权视角下东北粮食主产区农村宅基地退出补偿及增值收益分配研究［J］. 自然资源学报，2017，32（11）：1883－1891.

住房预期与宅基地退出意愿之间有显著的正相关关系，预期退地后住房水平越好的农户越愿意退出宅基地。[①] 因此，要提高农民退出宅基地的意愿，首要的就是要保障农户退地后住房水平能够得到改善，否则，难以鼓励农民退出宅基地。

2. 提高就业和养老等社会保障水平

除了退地后住房预期之外，就业和养老等问题也是影响农民退出宅基地意愿的重要因素。[②] 因此，在引导农户退出宅基地时还应着重考虑其就业和养老等社会保障水平。只有解决了退地后农民的就业和养老等问题，农户才能有稳定的收入来源，才能够对未来生活质量充满良好预期，才能顺利引导农户退出宅基地。

3. 构建城乡统一的社会保障体系

改革户籍制度，逐步消除城乡二元制结构，同时加强城乡基础设施的联系，形成城乡统一的社会保障体系。对于退出宅基地进入城镇的农民来说，保障他们享有与城市居民同等的社会保障待遇，能更好的在城镇生活，是提升农户退出宅基地意愿的重要手段。

三、疏解宅基地使用权流转困境

（一）明晰宅基地使用流转的法律规定

我国现行法律对宅基地使用权流转的规定过于模糊，主要表现为在宅基地使用权流转上存在着上位法与下位法规定不统一、现行立法与政策及实践的冲突等问题。[③]

1. 促进上位法与下位法的统一

所谓上位法与下位法不统一，主要是指虽然《宪法》中规定了"土地的使用权可以依照法律的规定转让"，但是在《物权法》《民法典·物权编》以及新《土地管理法》中却对宅基地使用权的流转尚未作出明确的规定，造成宅基地流转事实上无法可依。因此，应该进一步完善《物权法》《民法典》《土地管理法》以及相关法律，建立健全宅基地使用权流转机制，进一步明确宅基地使用权流转程序、方式等问题。

---

① 王兆林，杨庆媛，张佰林，藏波. 户籍制度改革中农户土地退出意愿及其影响因素分析 [J]. 中国农村经济，2011（11）：49 – 61.

② 彭长生，范子英. 农户宅基地退出意愿及其影响因素分析——基于安徽省 6 县 1413 个农户调查的实证研究 [J]. 经济社会体制比较，2012（02）：154 – 162.

③ 吕军书，张晓. 论我国农村宅基地退出的立法构造 [J]. 理论与改革，2020（04）：150 – 160.

2. 克服现行立法与政策及实践的冲突

总结宅基地使用权流转的改革政策和实践中的经验教训，将其上升为法律法规。例如对在改革政策中鼓励对闲置宅基地进行自主经营、合作经营、委托经营的多种经营方式，以及在改革实践中普遍出现的出租、转让、抵押等多种流转方式，进行总结，根据实践经验对相关法律进行修改，对与实践相矛盾的不利于宅基地使用权流转的法律规定进行修改，对原有法律中尚未规定的加以补充完善。同时，也应明确宅基地使用权的收益和处分权能。盘活利用闲置宅基地，其核心是扩大和完善宅基地使用权的权能，实现宅基地和住宅的经济价值，增加农户的收入。宅基地"三权分置"政策中的使用权权能包括占有、使用、收益和处分的权能。目前，我国《民法典》第三百六十二条规定了宅基地使用权人的占有和使用两项权能，而新《土地管理法》第二条明确了"土地使用权可以依法转让"，但缺乏关于宅基地使用权的收益和处分规则，因而有必要确定宅基地使用权的收益和处分两项基本权能，促进宅基地使用权的市场化流转。最后，明确宅基地使用权的流转方式。根据《土地管理法》第六十二条，宅基地使用权的流转方式有转让、出租和赠与三种，而改革试点中的流转方式包括转让、互换、出租、赠与、抵押和入股六种。鉴于我国《民法典》第三百三十九条和第三百四十二条已经认可土地承包经营权人采取出租、入股、抵押或者其他方式流转土地经营权，而宅基地"三权分置"又是沿袭了承包地"三权分置"的经验，同时宅基地"三权分置"政策与实践形成了转让、互换、出租、赠与、抵押和入股等宅基地的流转方式，因而，立法确认这些宅基地流转方式具有必要性和现实性。

（二）鼓励和引导宅基地使用权流动起来

所谓宅基地"三权分置"改革，即"落实宅基地集体所有权、保障宅基地资格权、适度放活宅基地使用权"，落脚点在于适度放活宅基地使用权，也就是鼓励和引导宅基地使用权的流动。

1. 赋予宅基地产权主体完整的处分权和收益权

首先，允许农户依法通过转让、置换、赠予、出租、抵押、入股、担保、继承等方式来处置宅基地。其次，应该放宽宅基地使用权流转的方位和方式，充分允许宅基地使用权在本集体内、跨集体经济组织以及允许农房随宅基地一同流转。最后，赋予农民充分的收益权，如建立宅基地使用权流转的合理收益分配机制，从而让农民享有合理的土地增值收益。

2. 拓宽宅基地使用权经营性用途

要在符合村庄土地利用规划和用途的前提下，尽量使用闲置的存量集体建设用地新办农业旅游项目、农家乐、民俗酒店等。① 从宅基地改革实践来看，部分地区尝试放开宅基地流转范围的限制，其中四川省泸县采取"共建共享"模式，即农户与投资者合作开发民宿、商业、旅游、健康养老等产业，允许社会主体在一定期限内取得集体经营性建设用地使用权；湖南省浏阳市允许街道辖区和园区规划建设范围外的宅基地，面向全市符合宅基地申请条件的集体经济组织成员转让；浙江省德清县允许农户将一定年限的宅基地使用权进行流转，即有条件转让给城市居民，这类流转主要发生在旅游风景区周边等具有良好生态环境的地区。

（三）完善宅基地使用权流转收益分配机制

党的十九届五中全会提出，坚持以人民为中心，增进民生福祉，不断实现人民对美好生活的向往。而宅基地使用权流转收益分配事关农民的切身利益，收益分配制度的优化当以增进农民的福祉为目标进行构建。合理的土地流转收益分配机制是产权主体流转的内生动力，是土地流转制度建设的重要环节。

1. 宅基地使用权流转收益分配主体

宅基地使用权流转收益的分配涉及政府、集体经济组织、使用权人三者的利益协调关系，应坚持利益兼顾原则，特别应当注重保障农民的合法权益。宅基地使用权流转收益分配与政府、土地所有者以及使用者有关，实践中应确立农户在土地增值中的主体地位，将增值收益尽数返还给农民及村集体经济组织。具体来说，首先，宅基地上的农房的流转收益归农民所有；其次，宅基地使用权交易产生的土地收益，比照当地城镇国有土地使用权交易的出让金形式且结合农村集体建设用地的基本交易价格，由转让者向集体组织缴纳，剩余部分收益归入农户。而政府可以在流转收益分配中通过征收土地增值税、调节金等形式参与增值收益的二次分配，以充分发挥政府的调节功能。②

2. 宅基地使用权流转收益分配比例

宅基地使用权流转收益分配比例应与各利益主体所承担的风险相对应，确保收益分配公平进行，保障各利益主体参与宅基地流转的积极性。此外，分配比例的确定应考虑各地区实际情况实行差异化分配，并向农户予以倾斜，确保流转后农户的生活水平不会下降。③

---

① 张克俊，付宗平."三权分置"下适度放活宅基地使用权探析［J］.农业经济问题，2020（05）：28－38.

②③ 王兆林，王营营，胡珑玉.农村宅基地流转收益分配研究综述与展望［J］.中国农业资源与区划，2023，44（05）：122－132.

3. 宅基地使用权流转收益分配模式

经过各试点地区的探索，主要形成了三种宅基地使用权流转收益分配模式：一是宅基地出租模式，即将宅基地使用权在一定期限内出租给承租人，宅基地出租租金按比例分配给集体和农户；二是宅基地入股模式，即企业与农户、集体签订合同，由集体将闲置宅基地整合起来后打包给企业，企业利用整合起来的宅基地生产经营，并定期给农户和集体分红；三是指标交易模式，即闲置宅基地通过复垦方式形成的建设用地指标由欠发达地区向发达地区转移，能够实现宅基地的资产价值显化并优化城乡建设用地布局。[①] 这三种模式各有优劣，到底选择何种模式应该根据本地区具体实际情况和农民意愿来确定，但无论选择何种模式，都应该保障农户在利益分配中的主体地位，在此基础上兼顾集体和政府的利益。

（四）构建较为完整的宅基地使用权流转市场

1. 健全使用权流转市场

市场是资源配置的有效手段，而完整的市场是实现资源有效配置的重要前提。市场机制要想发挥自己的作用，就必须构建起较为完整的宅基地使用权流转市场。完整的宅基地使用权流转市场应由三部分组成，即一级市场、二级市场和三级市场。宅基地使用权流转一级市场是土地所有者——农民集体经济组织将宅基地划拨、出让给组织内成员使用，亦称为宅基地使用权分配市场。二级市场上宅基地使用权既可无偿退还村集体，又可以转让、出租、抵押等不同形式流转给其他主体。三级市场是土地使用者将宅基地使用权再次以不同的形式流转给多元性的需求者，也可由农民集体收购。

2. 建立合理有效的流转机制

在社会主义市场经济条件下，这个机制只能是市场配置和宏观调控相结合的流转机制。一方面，宅基地使用权流转应该由市场决定其流转价格、去向。另一方面，政府也应该发挥其相应的作用：其一，应加强地价信息、建设用地信息、土地登记信息等服务，最大限度弥补市场信息的不确定性；其二，理顺政府职能，规范市场参与主体，促使市场能良好的运行。

3. 建立信息化的交易平台

为打破城乡二元制体系、改变乡村经济风貌，建立信息化的交易平台是重要手段。在互联网的时代背景下，运用好大数据、云计算等先进科技，还可以借鉴

---

① 王兆林，王营营，胡珑玉. 农村宅基地流转收益分配研究综述与展望［J］. 中国农业资源与区划：2023，44（05）：122-132.

国有土地建设用地使用权的在线交易模式，采取网上挂牌、线上竞价等方式。尤其是现今风靡一时的直播平台，为宅基地使用权交易中心提供了技术和市场的保障，可以让供需双方及时有效地获取和解决存在的顾虑，节约交易成本和时间，提高交易效率。

四、放宽宅基地使用权抵押限制

（一）修改并完善宅基地使用权抵押相关法律

1. 根据农村实际情况修改及增删相关法律

要顺利推进宅基地使用权抵押的有效进行，前提是将宅基地使用权抵押合法化，根据农村实际情况修改及增删相关法律，为宅基地使用权抵押提供法律保障。其一，规范《担保法》提到的宅基地使用权抵押的行为，删除其中关于"不得抵押宅基地使用权"的相关条例，对于宅基地使用权抵押人、主体范围等多项问题应详细规定，但也要以保障居民基本居住权利为前提。其二，《物权法》关于宅基地使用权抵押问题的规定可依《担保法》做出适当调整。明确农村房屋抵押的合法性，修改新《土地管理法》中对于集体土地使用权转让用途的约束条件，在农房抵押登记方面，删除《房屋登记办法》中与《物权法》相冲突的部分。其三，在符合用途的前提下可逐步放宽城市居民购买农村住房的政策限制，不断提高农村住房财产权流转渠道的透明化，加快农房及宅基地抵押贷款管理办法的出台，提升金融机构与司法部门的密切合作程度，破解价值评估、登记手续、诉讼、执行等困难。

2. 将合作治理理念纳入法治体系

在风险的治理主体方面将多元合作治理理念与强制性法律相结合，以法律的形式赋予政府之外的主体更多的治理责任。一方面，颁布相关法律，承认试点地区政策文件的合法性以及多元主体参与风险治理的必要性，同时政府应转变"大而广"的治理方式，减少过多的直接管理和行政干预，将主要精力集中于为风险合作治理提供基础服务上来，提升整体的风险治理水平。另一方面，应出台相关政策明确抵押物的流转收益分配比例，将分配的决策权转移至镇（街道）一级的行政单位。

（二）健全宅基地使用权抵押价值评估制度

在土地市场交易过程中，地价并不是土地的购买价格，而是地租的资本化，宅基地使用权价格是在一定时限内地租的购买价格，它是抵押双方所关注的重点。与一般商品的价格不同，宅基地并不全是劳动的产物，而是对自然形成的土地经过人类再开发所形成的，但宅基地使用权的价格仍然围绕其价值上下波动。对宅基地使用权抵押价值评估不应是单一的，而是要综合考虑地理位置、市场价值、未来升值、建造成本等多项因素，要确保宅基地使用权抵押价值评估的合理性与科学性，就必须要健全宅基地使用权抵押价值评估制度。

1. 建立专业的价值评估机构

价值评估机构作为独立于作为抵押人一方的农民及集体经济组织和作为抵押权人一方的银行等金融机构，应遵守回避原则，即避免与有可能影响客观性和独立性的利益关系的任何一方进行接触。该机构的设置应该充分发挥市场经济的优势，让市场参与进来，筛选出市场中土地价值评估业务能力强以及具备较多相应资质人员进入价值评估机构，并建立完善的监管体制，保证价值评估的公平、公正、公开。

2. 制定统一的价值评估标准

针对实践中存在的不同的中介机构采用不同的标准进行评估，导致价格悬殊的后果，可以通过制定统一的宅基地使用权价值评估标准来解决。将可能影响其价格的因素均考虑在内，同时还应从长远考虑，将其未来可能存在的风险以及发展潜力包括在内，当然由于我国不同地区发展差异较大，因此应该因地制宜，各地区标准应该有所差异。

（三）完善宅基地使用权抵押风险防范机制

1. 建立完善的政策支农机制

一方面，要加强政策支持力度，充分发挥政策支持的杠杆作用，积极引导、激励相关金融机构加大涉农信贷投放力度；另一方面，要给予相关金融机构一系列优惠政策及鼓励措施，通过减免营业税、调整存款利率等政策手段，降低宅基地使用权抵押融资的交易费用，提高相关金融机构支农服务的积极性和信心。[①]

2. 建立健全监督机制和风险分散机制

第一，要强化金融机构的内部管理。相关金融机构要合理控制抵押融资额度及期限、加强风险监管以及加强融资后期管理、风险评估工作力度。[②] 另一方面，加强外部金融监管和风险分散机制。各地可根据具体情况，设立集体土地抵押融

---

①② 惠献波. 宅基地使用权抵押融资模式、风险及防范策略分析 [J]. 农村金融研究，2016（02）：73－76.

资风险基金或组建专业性的农业担保公司，使农地金融风险由政府、金融机构、农户及利益相关者分担。①

3. 建立失地农户社会保障机制

农民抵押宅基地使用权是为了融资，但并不意味着不再具备成员资格权，之前获得的耕地收入依然可以是农民的生活来源。要健全风险防范机制，就要从医疗、养老、就业等方面进行制度构建，为农民生活提供保障，但同时又要注意"度"，既要让农户放心抵押宅基地使用权，又要避免农户盲目对宅基地进行抵押。另外，为失去宅基地的农户提供救济服务，保障农民的基本权利。政府可通过提出相关条件来施行农村公租房、廉租房等政策，为失去家园的农户依据相关政策提供优惠的保障性住房，解决失地农民无处可居的问题。

第四节　本 章 小 结

本章针对上章所提出的当前农地产权制度下提升农民财产性收入面临的"瓶颈"，提出承包地、集体经营性建设用地及宅基地改革的对应措施。对于承包地经营权流转出现的难点问题，应健全农地经营权市场化流转体系，放活资产收益权能。具体而言，对经营权市场供给侧结构性改革、市场化流转机制、征收补偿机制以及抵押融资机制四个方面做出了较为细致的分析。可以发现，增加农地经营权市场有效供给，应该从有序促进农村劳动力转移、调动农户流转土地积极性、优化承包地供给质量三个方面发力。对于构建经营权市场化流转体质，首先应规范流转程序，其次要建立多元化的纠纷解决机制，最后健全经营权价值评估体系。在完善征收补偿机制方面，应规范农用地征收程序，建立失地农民保护机制，增加生产经营者的农业补贴。对于构建经营权市场化抵押融资机制，要健全经营权抵押登记制度，构建多层次风险防范体系，建立市场化运营机制。

针对集体经营性建设用地出现的入市具体困境，也相应地提出了四条对应措施。本章对集体经营性建设用地入市的法律制度、流转制度体系、收益分配体系以及城乡建设用地市场的融合发展四个部分提出了较为详细的建议。我们认为，要完善入市的相关法律，应做到进一步界定市场主体、规范入市途径和扩大入市范围。为了健全使用权入市流转制度体系，应明晰使用权法律性、构建使用权市场化流转机制和完善其抵押融资制度体系。在完善入市收益分配体系方面，要构

---

① 邓小云. 我国农村土地抵押的实践困境与法制完善 [J]. 甘肃社会科学，2014 (05)：184－187.

建起收益保护机制和公平分配机制。要构建城乡建设用地市场融合发展机制，应完善"同权同价"规则体系、加强统一市场流转服务体系建设，创新城乡市场融合关键举措。

对于农村宅基地产权制度改革主要出现的宅基地确权、退出机制、使用权流转和使用权抵押四个问题分别提出了相应措施。在解决宅基地确权问题上，要首先落实宅基地集体所有权，其次实现资格权法定化，继而加快房地一体宅基地确权登记颁证工作。在宅基地退出机制上，应探寻合理的补偿标准与多元化的补偿方式、提升农民就业能力以及健全社会保障机制。针对宅基地使用权流转的困难，首先，要修改滞后的法律条款，加大普法宣传力度；其次，要积极引导和鼓励宅基地使用权流动起来；再次，健全宅基地使用权流转收益分配机制，强化农民收益权益；最后，构建较为完整的宅基地使用权流转市场。对于宅基地使用权抵押出现的困境，应完善使用权抵押相关法律，谨慎放开农户宅基地抵押贷款；健全宅基地使用权抵押价值评估制度，创造一个较为公平的交易环境；完善宅基地使用权抵押的风险防范机制，保障农户医疗、住房等社会福利问题。综上所述，应对"三块地"现存"瓶颈"所提出的一系列解决措施，是切实保护农民土地财产权益，增加农民财产性收入的有效路径。

第六章

新农地产权制度改革下提升
农民财产性收入的配套措施

第一节　发展新型农村集体经济，夯实财产性收入基础

一、发展多种模式的新型农村集体经济

新型农村集体经济是以农村集体所有制不变为前提，在市场经济发展下向产权明晰化迈进，并具有规模经营特征的新双层经营体制的经济形态，对赋予农民充分财产权益意义深刻。2023 年中央一号文件提出，要"巩固提升农村集体产权制度改革成果，构建产权关系明晰、治理架构科学、经营方式稳健、收益分配合理的运行机制，探索资源发包、物业出租、居间服务、资产参股等多样化途径发展新型农村集体经济"。这一要求，不仅是对新型农村集体经济的内容与实现途径的再明确，更是对此前新型农村集体经济制度改革及其主攻方向的赓续与深化。近年，在党中央的积极施策下，新型农村集体经济模式迎来多元化发展时代。各地在创新与借鉴中走出了各自适应市场化发展的道路，涌现出联合资源发展型、整合资金发展型、集中农业生产型等多种发展模式，让农村资源变资产、资金变股金、农民变股东，促成集体收益的"大河流水"淌入每个农民的"小河"中，显著增加农民个体财富的积累，让广大农民持续享有财产性收入。

（一）联合资源发展型

得益于良好的资源环境和政策基础，许多村集体将资源"统"合发展农村集体经济。村集体依托具有资源性、经营性的优势资产或盘活利用闲置村级资源、低效使用的资产，通过多种集体经营方式实现资本化、收益化，以带动更多的分散经营主体投入生产，拓宽其收入渠道。具体来说，联合资源发展型发展模式包括资源禀赋发展型和资源盘活发展型，两者都是依托充分发掘村庄自身特色优势，盘活整合资产、资源以及闲置劳动力，因地制宜地发展各类产业，在乡村新经济新业态中引入现代管理制度对产权结构进行明晰化，通过开拓市场的产业联动发展机制实现村集体的收益。农民个体以股民、劳动者等身份从中分取收益，拓宽增收渠道，为增加财产性收入打下基础。

在该模式下，许多"村社一体"合作社等新型农业经营主体在集体经济发展中应运而生，有效提高了农民的组织化程度，为增加农民的财产性收入提供了组织保障。贵州省安顺市平坝区乐平镇塘约村的金土地专业合作社是以党支部为引领，村集体所有的金土地合作社，村支两委与合作社两块牌子、一套人马，将承包到户的责任田通过自愿入股的方式全部集中到村集体，将农村资源统合起来，由金土地合作社统一经营。① 塘约村鼓励村民以承包地、宅基地及集体经营性资产等财产折价合股联营，将盘活利用的村庄资源实现收益化，为增加农民财产性收入拓宽渠道。土地流转和集体分红是塘约村农民财产性收入的重要来源，财产性收入的增加改变了塘约村居民的收入构成，由以往基本依靠工资性收入和经营性收入拓展为以工资性收入为主，财产性收入、经营性收入为辅的收入结构，为优化农民收入结构提供了宝贵经验。②

（二）整合资金发展型

整合资金发展型的村集体通常将统一筹集的货币资产，通过参股、投融资、投入农村新业态等方式转为经营资本，并获取股金、利息和利润收益等资本运营收入，完成将货币资产"统"起来、再合理"分"出去的收益过程。村庄整合资金的发展方式激发了村集体经济项目实施与发展的潜能，培育产业发展，形成集中力量办大事的优势，将资金投入符合产业规划、环保要求、市场需求的产业项目中。在各种农村新业态中，通过帮扶农民"家门口"就业、将村集体经济收入分红，使得农民收入渠道多元化。

---

①② 陈晓枫. 提升农民财产性收入的新路径［N］. 贵州日报，2018 - 09 - 25（010）.

2013 年，党的十八届三中全会提出混合所有制经济是基本经济制度的重要实现形式，明确了国有资本、集体资本与非公有资本可相互参股。2016 年底，中共中央、国务院印发的《关于稳步推进农村集体产权制度改革的意见》进一步提出："对集体所有的各类资产进行全面清产核资。"① 这一系列改革措施的落实，相继为村集体整合资金入股至国有企业等经营主体作了良好铺垫。许多村集体在先行村取得收益成效后纷纷效仿，使利用各级财政扶持资金和村级自筹资金组建发展集体经济基金池再投入政府国资公司运作的集体经济发展模式成为典型之一，让不少经济薄弱村有了持续稳定的收入来源。

内蒙古自治区通辽市奈曼旗苇莲苏乡下辖的行政村——西二十家子村作为典型的整合资金发展型村庄，善用资金合力撬动肉牛产业的高质量发展。西二十家子村为破解庭院养殖、人居环境等制约因素的"瓶颈"，整合了乡村振兴和脱贫攻坚衔接资金、京蒙协作资金、组织部壮大集体经济的三方面资金，用于支持标准化母牛繁育场和育肥牛场建设，并进行专业、科学、精细的养殖。在人畜分离的养殖小区的建成中，一大批肉牛养殖专业村及专业户涌现，实现了农民产业与就业双赢发展。2022 年，西二十家子村 95% 以上农户从事养牛业，养殖业收入占农户总收入的 70% 以上。在"牛"路子中，集体经济不断壮大，全年村集体经济收入超过 10 万元。②

（三）集中农业生产型

集中农业生产型是指村集体探索多种发展模式进行农业生产来推动集体经济发展。具体来说，集中农业生产型村集体主要包括以下三种类型：一是村集体发挥"统"的功能，为分散经营提供技术性生产支持的生产服务型，引导农业生产与现代化生产技术接轨；二是委托专业主体形成区别于传统集体统一生产，更加专业化的统一经营型；三是基于各村庄间的资源禀赋差异，通过跨村合作或引进外资合作等方式形成多个主体的合作联盟的抱团合作型。集中农业生产型村集体将土地等生产资料"统"起来，通过规模连片、质量提升的专业化经营，在解放更多劳动力的情况下带动增产增收，并将发展所得的收益"分"得更有效，为农民个体增收注入更强的"农动力"。

---

① 中共中央　国务院关于稳步推进农村集体产权制度改革的意见［M］. 北京：人民出版社，2017：6.

② 奈曼旗："过渡牛所"过渡出一条乡村振兴路［EB/OL］. 央广网，https：//nm. cnr. cn/xinwensu-di/20231225/t20231225_526534257. shtml，2023 - 12 - 25；通辽市奈曼旗西二十家子村党支部：党建引领协力共进　共建美丽乡村［EB/OL］. 北疆先锋网，https：//www. nmgdj. gov. cn/fccommon/Home/detail？site_id＝75&detail_type＝1&cid＝15690506，2022 - 05 - 19.

山东省潍坊市下属的县级市昌邑市提供了集中农业生产模式的一个成功样板，其辖区内的北孟镇村庄地理位置分散，资源得不到有效整合，集体经济基础薄弱且常年发展停滞，劳动力和专业人才由此也大量流失。为彻底扭转这一局面，北孟镇政府于 2020 年 2 月专门出台政策，将农村集体产权制度改革与"村社合一"发展相结合，一村一策，组织开展农业社会化服务增效种植条件受限的村庄，依托村级合作社立足本村生姜产业统一生产经营、依托"众村飞地"模式抱团合作，带动全镇村庄发生了显著变化。2020 年，全镇村庄平均集体经济收入达 12.84 万元、农民人均纯收入达 3.5 万元，较 3 年前分别增长 42.19%、35.6%。① 由此可见，基于各村禀赋按村施策，推动发展集中农业生产是实现农民增收的有效路径。

二、完善组织成员财产权

农村集体经济组织成员绝大多数为农民，深化农村集体经济组织产权制度改革，完善农村集体产权权能，有助于发展壮大集体经济，拓宽农民财产性收入渠道。2013 年，党的十八届三中全会明确指出，按照"归属清晰、权责明确、保护严格、流转顺畅"的基本路径来完善产权保护制度，从而完善集体经济组织成员财产权。这既揭示了"归属——权利之根本，权责——权利之内容，保护——权利之救济，流转——权利之灵魂"的内在逻辑，也为构建集体经济组织成员财产权利保障制度提供了切实可行的法律进路。② 2016 年底，中共中央、国务院印发了《关于稳步推进农村集体产权制度改革的意见》，对深化集体产权制度改革进行了系统全面的部署，明确了改革的目标方向、推进原则和重点任务。2018 年《乡村振兴战略规划（2018—2022）》强调要将"农民入股 + 保底收益 + 按股分红"作为利益联结的重要方式，为完善集体经济组织成员财产权制度指明了方向。此后，党的十九大、2020 年、2021 年以及 2022 年中央一号文件，以及十三届全国人大四次会议通过的《中华人民共和国国民经济和社会发展第十四个五年规划和 2035 年远景目标纲要》等就如何不断深化农村集体产权制度改革，安排具体工作，规划阶段性任务。其中涉及集体经济组织成员财产权的内容主要有保障农民财产权益、集体成员身份确认、集体资产折股量化、完善产权权能等。据

---

① 吕兵兵. 从农业产业化到村社一体化［N］. 农民日报，2021 - 04 - 02（001）.

② 刘俊."三权分置"视角下农村股份合作社成员财产权完善的现实困境与法律进路［J］. 学术论坛，2019（05）：67 - 74.

此，进一步完善农村集体经济组织成员财产权还需将以下几方面的工作充分落到实处。

（一）明晰集体经济组织成员财产权权属

明晰集体经济组织成员财产权利归属需要注意以下四点：一是明确成员集体是农村集体经济组织集体资产的所有权主体，而集体成员则是所有权主体的微观构成。集体成员资格可以通过原始取得，也可以通过生育、婚姻、收养、政策移民等法定方式取得。实践中农村集体成员资格多数是以"户籍 + 对集体资产贡献大小"为主要依据来界定。若农户家庭内部进行分家，独立出来的农户可以要求对承包地进行权属登记，并获得相应的成员资格，享有相应的成员财产权利。二是成员资格的封闭性限制可适当突破。对此可借鉴《农民专业合作社法》的规定，引进集体外部的资金、管理技术、知识产权以及生产设备等互补性生产要素，赋予相应的股权，促进集体经济组织规模化经营和良性发展。但必须注意的是，应在占股比例、决策机制和分配方式上采取适当的限制措施，以防农村集体经济组织成员财产权利被外部资本侵占和过度稀释。三是坚持集体经济组织成员依据股权享有财产权。不过多考虑长期在外务工、"农转非"又"转农"等与集体经济组织经营效益相关度不高的因素，坚持以"一股一权"的分配原则为基础，按照成员享有的股权份额，划定其享有财产性权利的比例。同时，通过制度性授予部分剩余索取权，建立起经营管理人员与农村集体经济组织股东利益取向趋同的激励机制，充分激发其工作积极性和创造力。四是控制公有资产提取比例，将集体产权依法量化到个人。在保证集体所有制的前提下，将经营性资产量化到集体成员个人，所有权的主体仍然是集体经济组织，权益的受益人则是股东个人。

（二）明确集体经济组织成员财产权权责

权责明确主要包括两个方面，一是完整的权能，二是清晰的权力行使边界。这两方面需要同步完善。

完整的集体经济组织成员财产权应包含以下五类：第一，所有权，农村集体经济组织集体资产归成员集体所有。第二，占有权，这是集体经济组织资产折股量化到人的成员确认请求权以及对已经确权了的股份的实际控制权。第三，使用权，即将资产付诸实际的生产经营的权力，在实际情况中，成员将其所占有的资产入股后，由集体经济组织统一经营管理。第四，收益权，即集体经济组织成员依据所持股份分享红利、索取剩余利润以及在集体经济组织解散时分割剩余资产的权力。第五，转让权，即集体经济组织成员有权通过继承、转包、转让、租赁、抵押等方式处分自己享有的股权份额，也包括有偿退出的权利。

集体经济组织成员财产权的行使，必须在法律允许的范围之内进行。《刑法》《土地承包经营法》和《土地管理法》等均明确规定要保护土地，维护社会公共利益，不得擅自改变土地农业生产用途。承包地发包方在发现集体经济组织成员有破坏土地资源可利用性、肆意抛荒耕地以及非法占用耕地改变其农业生产用途等行为时，有权依法收回该成员的土地承包经营权，其在农村集体经济组织中所占股份应当相应削减或取消，集体经济组织因此所受的经济损失也必须由其赔偿。此外，集体经济组织成员破坏农业生产行为十分严重并构成犯罪时，还应依法追究刑事责任。

（三）推动集体经济组织成员财产权顺畅流转

流转顺畅是权属明确和权能完整的动态体现，在法律框架内保障集体经济组织成员财产权利（尤其是土地承包经营权）顺畅流转能最大化其市场价值，并盘活农村集体经济。由于一些农民缺乏对农地"三权分置"改革的清晰认识，相应的流转程序不规范、配套制度不完善、市场机制不健全，目前我国农地经营权的流转水平仍较低。对此，加快推动集体经济组织成员财产权利顺畅流转要从以下几个方面着手。

第一，充分利用现代化信息技术和各种媒体平台为农户解读有关农地流转的最新政策和《农村土地承包法》，确保农户及时、准确地掌握相关信息和政策法规，引导其走出观念和理解的误区，并实现由"迟疑被动"到"积极主动"的态度转变。第二，积极培育独立于承包农户、农村集体经济组织和涉农工商企业的第三方土地经营权流转中介机构，并打通村、乡（镇）、县（区）、市之间的行政层级隔离以建立信息畅通、多级联动式的服务平台，积极引导并有效推动农地经营权的流转。第三，改变"一对一"的价格谈判模式，构建承包地流转的市场价格形成与动态调整机制，以此保障农户充分享有承包地经营权流转的正当收益，最大化承包地财产价值。第四，完善面向广大农村地区的社会保障体系，解决农民流转承包地的后顾之忧，降低其对土地的依赖程度，进而促使土地经营权流转在增速的同时提高效率。第五，注意防止成员财产权利的流转走向误区，严守耕地红线、严禁擅自改变土地的农业生产用途，同时要遵循农民依法自愿有偿的原则。

（四）完善集体经济组织成员财产权利的保障体系

保障集体经济组织成员的财产权利，即权利归属的明晰、权责的明确以及权利的顺畅流转得到法律的认可，受到法律的保护。因此，完善的权利保障体系既是权利制度的底线，同时也是权利正常行使的规范和顺利实现的机制。完善农村集体经济组织成员财产权保障体系要注重以下两个方面：第一，明确法律责任的归责原则、责任主体和担责方式。目前我国的司法理论与实践已明确了归责原则一般以过错责任为主。在涉及集体经济组织成员财产权侵权纠纷时，要严格避免推诿扯皮，划清责任范围，明确责任主体。责任承担方式要在尊重当事人意愿的基础之上，充分考虑侵权的性质以及损害的情形，尽量做到法律效果和社会效果相统一。第二，提高权利纠纷应急反应速度并优化救济程序以提升救济效率。集体经济组织成员的财产权纠纷得不到妥善解决的原因主要有两个，一是救济迟缓引发家庭间甚至是宗族间的冲突和斗争，二是烦琐的救济程序导致救济效率低下。对此，应建立纠纷应急处理机制，适当简化权利救济程序并合理借鉴公司法的相关诉讼制度，以提高司法和行政救济的效率。

三、规范集体资产财务管理

在新发展阶段，要进一步提高农村集体经济组织的经营管理水平，实现组织成员快速增收，必须重视集体资产的财务管理工作。农村集体经济组织要规范集体资产财务管理制度，创新基层组织管理机制，加强管理，防止集体资产的流失，保障农户成员的合法权益。

（一）完善农村集体资产财务管理制度

完善农村集体资产财务管理制度要从以下几个方面着手：第一，提高农村财务的透明度，做到账实相符，及时对往来款项进行清查核实，避免相应的坏账损失。第二，正确使用会计科目，确定统一核算口径，遵循会计核算一贯性原则。第三，加强对专项资金的管理，对未能及时处理的年度债务，应经民主程序后及时清理。此外，对难以收回的款项，报上级部门审核同意后进行核销。第四，财务人员竞聘上岗，使优秀的会计专业人才能够脱颖而出并发挥才能。同时，杜绝利用裙带关系在关键财务岗位任用私人以侵害集体利益。第五，实行财务会计定期轮岗制和异地任职制。财务会计定岗时间过长，存在或因利益与村干部相互勾结，或碍于情面对侵害、占用、贪污集体资产的事件网开一面的可能性，而定期轮岗制和异地任职制可以在很大程度上防止此类事情的发生。并且，轮岗时的账务交接也有利于发现之前存在的账目问题，并作及时处理。第六，设立奖惩考核制度，对财务人员定期考核，将薪酬水平与考核结果挂钩。同时，对于在财务工作中坚持原则、细心努力的优秀人员，给予相应的奖励。对于工作中违反职业道德，或存在严重问题的人员，从重处理。

（二）构建农村集体资产监督制度

首先，要加快建设农村集体资产监督管理平台，采取"台账式"管理办法，将清产核资的数据统一纳入平台管理。每年底对集体"三资"① 进行清理核资，及时记录归档。其次，建立健全"三资"管理机构，通过应用信息技术，建立资产网络监管中心，构建内容全面的网络监控平台。再次，定期公布"三资"的监督管理结果，以村民为监督主体，拓展监督的广度，加强监督的深度，使农村集体经济组织的各类财务活动都在法律和制度的框架内开展，最大限度地排除人为因素的干扰。最后，审计监督的周期由事后审计逐渐向前延伸至事中和事前，并开展定期轮审，以便及时发现问题并跟踪整改。

（三）加强财务人员队伍建设

人才是支撑农村集体经济组织财务工作开展的第一资源，加强财务人员队伍建设应从以下几个方面入手：首先，依据定期的考核结果，及时解聘业务素质低下或工作态度散漫的财务人员。对触及职业道德底线和有违法乱纪行为的人员，不仅应清除出集体经济组织财务人员队伍，还要追究其法律责任。其次，积极开展在岗财会人员的继续教育工作。通过在职进修、业务与法律知识宣讲、观摩学习等多种途径，提升其学历、业务水平和职业道德素养。再次，适时适当地提高财务人员的薪资待遇。薪资待遇对农村集体经济组织专职财务人员的工作积极性、创新性以及流动性有着至关重要的影响，即使是兼职财务人员，也与其工作态度和责任心有着重要的联系。应充分考虑物价水平、平均工资待遇以及集体经济组织的运营情况，及时并恰当地以更高的薪资待遇激励财务人员更投入、更有效率的工作。最后，充分利用大学生村官队伍。大学生村官素质高、有激情，其中还有一定数量财会专业的毕业生，可以适当的方式吸纳他们以提高农村集体经济组织财务人员队伍的整体素质和水平。

---

① "三资"指资金、资产和资源。

（四）加强基层组织的廉洁意识

第一，充分发挥基层党组织的作用。基层党组织要提高农村集体经济组织带头人和相关负责人的廉洁自律意识，增加其责任意识。促进公开、倡导公平，推动村务管理向民主化、规范化和制度化方向发展，最大限度地防止集体资产流失，做到保值增值。这有利于推动农村集体产权制度的改革，增加农民的财产积累，提高农民财产性收入。第二，抓好思想教育。思想是行动的先导，要让具体办事的财务人员真正做到廉洁自律，必须从源头抓起，从思想根源入手，加强思想政治理论的学习和反面典型案例的示警，营造"以廉为荣、以贪为耻"和"鞭挞腐败、崇尚廉洁"的良好氛围，以文化倡廉、以学习思廉、以警示促廉，使廉洁意识植根于其头脑之中。第三，注重相关法律法规的学习。财务人员在牢固树立廉洁意识的基础上，还必须对相关的财经法律法规有清晰、深刻的理解，以明确财务行为的法律程序和边界，不仅知道如何为之，更要清楚何事不可为。

四、加大政策扶持力度

出台相应的扶持性政策，加大政府财政的扶持力度，强化财税政策支持体系的建设，这有助于推动农村集体经济不断发展壮大，同时也有利于农民财产性收入的积累。具体可以从以下三个方面重点施策。

（一）提高农业补贴的精准性和有效性

农村集体经济组织的主业是农业以及相关的农产品加工业，而农业补贴则是影响其经营发展的重要因素之一。其作用机制主要是通过影响农业的生产成本和相关要素的投入量，改善生产条件，提升生产效率，进而激发农业生产经营的积极性。目前我国农业补贴基本上实行的是"普惠制"，由于庞大的农业人口，"普惠制"的农业补贴很难有效发放到真正需要的人群手中，这不仅致使其调动农业生产经营积极性的作用大大降低，而且还给国家财政带来了巨大的压力。对此，首先应及时调整"普惠制"的补贴形式，向农民专业合作社、农业社会化服务组织、家庭农场、种粮大户等规模化农业经营者倾斜，使补贴资金得到更优化的配置和使用。其次，高精尖的农业技术开发和应用型经济组织也应成为补贴的重点对象。科学、先进的农业技术能够促进传统农业向高质量的现代农业发展，增加农产品的附加值，提高农产品的竞争力，使农业和农村经济迈上新的台阶。再次，补贴方式要向直接补贴倾斜。关于直接补贴，一种方式是在现有补贴种类的基础上，根据土地规模经营面积的大小进行分级补贴。另一种方式是由各级财政共同筹集资金，直接补贴农业产业发展项目。最后，扩大农产品目标价格制度的实行范围。农产品目标价格制度的实行意味着国家政府不直接干预农产品价格，但当农产品市场价格低于目标价格时，应综合考量各方面因素，对农业生产者予以补贴。扩大农产品目标价格制度的实行范围有利于市场对涉农资源的优化配置，同时又有国家政府为农业生产者政策性托底，不仅能有效引导农户和农业企业的生产经营，而且能推动农产品规模化发展。

（二）加大公共财政的投入力度并优化投入结构

政府加大公共财政的投入力度，扩大公共财政的农村覆盖面，按照一定比例加大财政转移支付力度，有利于缓解农村集体公共财政支出的压力，为新型农村集体经济的发展营造良好环境。首先，公共财政投入应根据《国家基本公共服务标准（2021年版）》的全国统一标准，对比城乡之间的差异，测算农村基本公共服务的财力缺口，确定年度拨款和一般性转移支付的规模，并结合各地区的实际情况制定具体实施标准，将基本公共服务支出责任落到实处。其次，建议以预算科目为标准，统一农村公共基础设施和基本公共服务统计标准，在技术层面提高农村公共基础设施和基本公共服务预算的规范化程度和监督的透明度。再次，保留部分专项转移支付用于村内道路建设、农村安全饮水等领域，确保财政投入向农村基础设施倾斜。同时，加大力度补齐农村公共基础设施和公共服务的结构性短板。最后，坚持公共财政投入以政府为主体和主导，在水源污染治理、农村社会养老服务等有一定竞争性的领域，政府可优先购买村集体提供的相关服务，不断提高村级公共服务质量和能力。① 同时，适当扩大向社会资本的开放程度。

（三）加大税收政策的优惠力度并扩大受益范围

税收取之于民，其作用的发挥更在于如何恰当地用之于民，使人民受惠，也即通过税收的调节和税费的使用让农民获得收益，并在提高其致富能力的同时拓宽致富的渠道。目前，我国现行农业税收政策存在直接优惠力度不足和受益范围不广的问题，尤其是当农民通过各种方式出让承包地经营权，获取投资收益时，无法得到优惠。应加大农业税收政策的优惠力度，第一，对从事直接农业生产的农民个体、企业和集体经济组织加大直接税的减免力度，切实支持农业的发展。第二，应尽量保证农民完整地获得在农产品流通环节中的收益，减少税收对此的

---

① 梁昊. 中国农村集体经济发展：问题及对策［J］. 财政研究，2016（03）：68-76.

侵占。

关于扩大农业税收优惠政策的受益范围：首先，对于农业集体经济组织、农产品生产一体化企业以及相关的仓储物流企业，可减免生产经营用地和用房的土地使用税和房产税，减征增值税，以此支持农业规模化、产业化和集约化发展。其次，对于集体经济组织成员因"四业"（种植业、养殖业、饲养业、捕捞业）与集体经济组织发生交易而产生的盈余返还，可减征个人所得税。再次，加大对农业生产要素科技研发的投入力度。最后，降低税收准入门槛。税收优惠准入门槛的适当降低和覆盖范围的逐步扩大，有利于财税政策扶持长效机制的建立，能够增强农村集体经济的造血机能。

第二节　扶持新型农业经营主体发展，增加农民财产性收入

随着现代农业的规模化发展，通过推动新农地产权制度改革，扶持新型农业经营主体的健康发展，是增加农民财产性收入的有效途径。发展新型农业经营主体之所以是增加农民财产性收入的有效途径，是因为其既可以带动农民就业获取工资性收入，也可以在经营中获取经营性收入和转移性收入，这些收入可转化为提升农民财产性收入的财产基础。另一方面，因其与农户之间建立起了紧密的利益联结机制，从而与农户共享规模经营带来的收益，直接提高了农民的财产性收入。发展新型经营主体与农民收入增长之间的内在联系如图 6-1 所示。然而，新型农业经营主体当前规模化程度较小，组织化层次较低，整体带动能力较弱。因此，总结新型经营主体发展的典范经验，因地制宜发展新型农业经营主体，推动农村经济的发展，能有效促进农民增收，增加其财富积累。

一、促进新型农业经营主体多元化发展

（一）引导专业大户合作发展

专业大户是在农业生产经营中，脱胎于传统农户，具有一定经营规模、以农业某一产业或产品的专业化生产为主的农户，是农村家庭生产的主要模式之一，涵盖种植大户、养殖大户、运销大户、加工大户等多种专业类型。专业大户通过扩大承包面积、增加生产投资、积累生产经验和销售渠道，在一定程度上缓解了

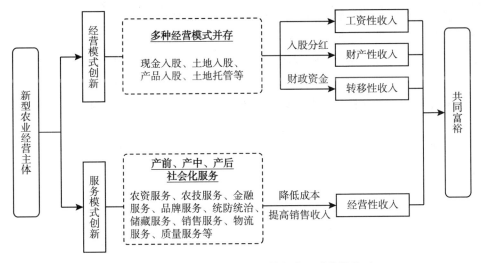

图 6-1　发展新型农业经营主体与农民增收的关系

小农户生产经营规模小、组织化程度低、市场意识薄弱等问题，在粮食产品保供、扩大农业生产、提升农民家庭收入水平等方面起到积极作用，具备促进农业现代化和助农增收的潜力。

但在推进农业现代化的进程中，农业专业大户因发展条件局限，其经营管理水平较低、科技投入量不高、生产经营品种单一、盲目追求规模粗放管理、经济实力缺乏以及抵御自然灾害能力有限等问题仍较为凸显，影响经营效益突破。对此，应鼓励专业大户聚合发展，向家庭农场、农民合作社和社会化服务组织演进转型，建立更加稳定、灵活的"飞地"互促架构和"多维"合作机制，为具备专业技术的农业大户搭建多层次、多样化农民创业、农业创新平台，赋能带动县域腹地小农业向精品产业的梯次延伸和多极聚合。

（二）支持家庭农场的发展

家庭生产的主要模式是专业大户和家庭农场，两者都是当前中国农村生产中的主力军。与专业大户相比，家庭农场的经营化模式更加规范，规模化程度更高，因此要引导专业大户向家庭农场模式发展。应该在加快促进农村劳动力转移、提升农民流转意愿的基础上，积极引导土地这一最重要的农业生产要素向家庭农场适度集中，夯实家庭农场发展的基础。同时，引进先进的生产技术，以及加大外界资本的投入力度，以此来提高新型农业经营主体的劳动生产率和集约化程度，这有利于发挥家庭农场联动小规模农户的作用，提高经营效益，从而增加农民收入。

截至 2020 年底，安徽省在市场监管部门注册登记的家庭农场有 14.3 万户，较上年增加 2.8 万户，增长 24.3%，较"十二五"时期增加 4.25 倍，保持全国第一。就其地方经验来看，可借鉴的举措包括组织领导加强化，协调多个产业部门，并建立省市县乡村的联动机制；专业指导精准化，根据当地六大特色产业的分类和发展情况，明确重点家庭农场培育对象，针对其实际需要和亟待解决的问题，提供上门指导服务；示范引领常规化，选取发展势头良好的家庭农场作为典型，定期通过各种媒体平台，分享成功经验，更好地发挥带头作用等。[①]

(三) 大力发展新型农村合作经济组织

新型农村合作经济组织主要包括农村股份经济合作社和各类农民专业合作社，其按照合作制的基本原则订立章程、确立组织架构、建立运行机制和利益分配机制，发扬互助合作精神，实现利益共享、风险共担，是提升农民财产性收入的重要载体。新型农村合作经济组织主要通过流转农户土地给予农户流转租金和农户将土地、资金及产品入股新型农业经营主体获得分红的途径来增加农民的财产性收入。此外，在相关政策支持下，新型农村合作经济组织有条件创新性地将扶贫资金或财政补贴给农户的发展资金整合使用，形成的资金按比例量化到每个成员或股东账户，并采用保底分红的方式进行分配。这种方式不仅提高了财政资金的使用效率，而且有效地将农户的转移性收入资产化。

现阶段，我国新型农业合作组织在全面推进乡村振兴战略的大背景下迅速发展，但仍然存在缺乏专业性人才、产品特色优势不明显以及组织管理体系不健全等问题。应首先鼓励农业科技人员下乡和支持农业技术职业教育应双管齐下，不仅于技术层面加大对农民的培训力度，拓宽培训覆盖面，更应在技术创新思维上给予农民足够的引导；其次，根据各地区地理位置、气候条件、土壤特性等方面的优势差异，因地制宜，大力发展地方特色产品，并辅之以个性化的营销策略，树立各地新型农业合作组织的品牌效应；最后，依据《农民专业合作社法》中提出的农业合作经济组织的经营规范，完善运营管理机制。

(四) 鼓励龙头农业企业做大做强

龙头企业是生产、加工、销售一体化的综合体，具有一定的经济实力和市场竞争力，能发挥辐射作用，推动当地农村经济的快速发展。不仅如此，区别于其

---

① 中华人民共和国农业农村部 . 2020 年安徽省家庭农场总数保持全国第一 ［EB/OL］. http：//www. moa. gov. cn/xw/qg/202101/t20210120_6360193. htm，2021 - 01 - 20.

他行业企业，农业龙头企业还负有带农增收的重要社会责任。① 通过加大资金投入以及延长产业链条等方式合作生产，扩大龙头企业的规模。同时，引进现代化管理模式，提升农产品的品牌效应，增加产品的附加值，可以提高综合竞争力。而龙头企业的发展壮大，有利于提升企业的整体效益，并为农民提供更多的就业岗位，降低农民对土地的依赖性，拓宽农民收入的来源，为其财产性收入的增加提供积累。

目前，就我国农业龙头企业的总体发展情况来看，规模偏小、产业雷同、层次较低、人才匮乏、品牌滞后以及与农民的利益联结机制松散等问题仍然制约着农业龙头企业的发展，致使其带动作用受限。首先，应加大资金和政策支持力度，引导农业龙头企业有序整合农业经营主体，并通过延长产业链等方式合作生产，扩大龙头企业的规模；其次，农业龙头企业应树立特色化发展的意识，立足当地的资源环境条件找准优势农产品，携手小农户构建供应链，主动对接消费者需求，加强特色品牌建设，并充分利用各种媒体平台引导消费；再次，在现有的劳动雇佣、产品供销等浅层利益联结方式的基础上，引导农民土地经营权入股，探索构建股份分红、利润返还等稳固型利益共享机制，激发双方的积极性与合作意识，使农业龙头企业和小农户形成互惠合作、风险共担的利益共同体；最后，确立企业的进退机制以规范其运营活动，杜绝空壳式企业套取政府支农资金，占用社会资源。

二、构建新型农业社会化服务体系

农业社会化服务体系是指由个人和各类机构作为服务主体，面向农业生产的前、中、后全过程，涉及生产、加工、包装、储藏、运输、销售等各个环节，包括生产服务、技术服务、物资供应、金融保险服务等各项具体内容的网络和组织系统。我国农业存在着小生产（普遍生产规模小）与大市场（市场需求量大，且需求结构复杂多样）的矛盾，各类规模化、专业化的生产经营模式也正在发育的过程中。构建多层次、多形式、多元化的新型农业社会化服务体系，提供全方位、现代化、高质量的服务，能够在很大程度上化解这一矛盾，助力新型农业经营主体实现农业的可持续、高质量发展，并帮助农民增收。

---

① 孟秋菊，徐晓宗. 农业龙头企业带动小农户衔接现代农业发展研究——四川省达州市例证 [J]. 农村经济，2021（02）：125 – 136.

（一）大力培育经营性农业服务组织

数据显示，至 2023 年全国有 104.1 万个农业社会化服务组织，服务面积近 18.7 亿亩次，服务带动小农户超过 8 900 万户。[①] 可以说，农业社会化服务体系发展迅速，空间广阔。在建设社会主义现代化农业强国过程中，要进一步鼓励有实力的农民专业合作社、专业技术协会、专业服务公司、农机服务组织等挑大梁，政府协助其改善内部组织构架，提高管理水平，解决人才、资金匮乏等问题，进而牵动整条服务链，带动农村经纪人、农机服务户等小型服务主体发展。由此，稳步增加经营性服务组织的数量、扩大服务覆盖范围、提高服务质量，为新型农业社会化服务体系的构建培育大量健康、有活力的市场性经营主体。

（二）完善农业社会化服务的机制

第一，服务主体的多元性、内容和方式的多样化以及服务性质的差异性，使得服务主体与客体之间、服务主体内部容易产生矛盾。因此，需要完善利益协调机制，保证整个农业社会化服务体系运转顺畅、高效。第二，以目标明确、权责清晰、分工合理、协调有序为方向，完善农业社会化服务体系的整体运行机制。同时，优化服务主体内部的运营机制，使其内部要素合理配置，决策、计划、组织等活动顺利开展。第三，要使农业社会化服务体系能够发挥长效作用，还必须加快完善基础性的保障机制，确保人力、资金和物资能够持续跟上，即使在重大特殊情况下也能够及时续接。

（三）拓展服务领域并提供差异化的服务

目前我国的农业社会化服务体系在服务内容上还是以技术支持和推广为主，比较单一化，面对不同的服务对象，也较少体现出差异性和个性化。对此，必须以市场需求为导向，将服务内容向运营管理、市场信息、创业支持、环境保护等领域延伸拓展，不仅促进农业生产力的提高，而且加快农业经营水平的提升。同时，服务不仅要面向广大专业农户，还要重点扶持新型农业经营主体，并针对不同对象的实际需求和亟待解决的问题，提升服务的针对性，丰富服务的层次性。

---

① 刘瑾. 加快发展农业社会化服务 ［N］. 经济日报，2023 － 09 － 26 （006）.

三、强化农业技术的支撑

农业技术创新主要通过提高生产率，增加产出水平；优化农产品质量，提高农产品价格；丰富农产品种类，提供更多创收途径；释放劳动力进入非农领域就业，增加农民的非农收入等作用机制给农民带来增收效应，而农民收入的总体性增长又会为其财产性收入的增加提供积累。加快农业技术创新需重视以下几方面的工作。

(一) 提高农业技术研发的质量

农民是农业技术的使用者，提高农业技术研发的质量就是以农民的需求为主要目的，提高农业技术的实用性和创新性。首先，农业科研机构要转变观念，以农业生产的实际需求为导向，增强农业科技服务于农民的功能。其次，全面增加农业技术创新的科研投入，不仅增加科研经费的投入，还要保证相应的科研人员和科研设备的投入。同时，加大监管力度，提升科研投入的运作效率。再次，加强农业生产主体、科研机构和高等院校三方之间的交流与互动，完善并常规化产学研合作机制，将农业技术创新成果的实用价值与农民的经济利益紧密挂钩，更准确地预估技术创新的增收预期效果，适时有针对性地调整研发方向。最后，由政府牵头构建多方利益联结机制，并搭建平台，使社会资金、人才、信息等要素更充分地向农业技术创新成果转化体系聚集，在拓宽农业技术创新成果转化渠道的同时加大转化力度，使创新成果尽快转化为生产力，进而切实促进农民增收。

(二) 优化农业技术推广的方式

在农业技术的实际推广过程中，应帮助农民准确地获得并合理运用新技术，增加农业产出，最终达到促进农民增收的目的。就如何优化农业技术的推广方式而言，一是创新推广组织，通过建立以乡镇农技员为基础，公益性农机推广机构为核心，科研教育机构和社会化服务组织为辅助的新型农业技术推广联合体，由此构建体系化的农业技术推广组织体系架构；二是不断完善农业技术的信息化推广平台，使农业技术推广与互联网紧密结合。不仅要扩大农业技术推广的覆盖面，而且需提高农业技术推广的便捷度，确保农业技术推广更加顺利、高效；三是构建合理的评估体系，定期、多维度地考查农业技术推广工作，保证农业技术推广的有效性，更好地推动农业现代化发展；四是鼓励农业技术推广人员深度走入基层，为农民做好新技术的示范工作，让其能够在农业生产过程中充分应用新技术和新产品。

（三）加强农业技术创新人才队伍的建设

人力资源和人才资源是科技创新之本，组建素质合格、专业过硬的农业科技创新团队，不仅为农业现代化建设培养一批生产服务型专家，提高农业技术创新成果的质量，也有利于加快农业新技术的推广速度并扩大其受益范围。回顾历史可见，真正具有创新能力的团队是在具有深厚专业知识和较高科研水平的核心带头人的带领下，在长期的科研实践中历练出来的。因此，农业科技创新团队的组建一是应挑选合适的带头人，配以年龄结构合理、专业背景对口、分工合理有序并有科研潜质和热情的研发人员，搭建团队班底。二是真正赋予科技创新团队研发决策权，政府相关部门不在专业性的事务上过多干预，而是在政策上给予长期支持。三是建立有效的激励制度，充分调动科研人员的积极性，吸引更多的科研人员从事农业科技转化工作。四是改革同行过场式的成果评审方式，更关注农业生产主体对科技创新成果实用价值的评价，使创新成果从"飘在空中用不了"到"真正落地发挥作用"，管理部门也据此决定对科技创新团队的支持力度。五是加强继续教育工作，通过多样化的培训和进修方式，提高基层农业技术人员的知识水平。六是农业科技创新的主体不仅仅是高等院校、科研院所以及企业的研发部门，农业劳动者的智慧和创新能力也要给予足够的重视。要发掘有创新意识和创新能力的农业劳动者，加强对他们的培养，吸纳他们进入农业技术创新人才队伍，帮助他们将在实践中探索出的具有开发潜力的新技术、新方法转化成为可复制推广的创新成果。

第三节 优化农村金融供给路径，助力"以地生财"

一、健全农村金融服务体系

（一）构建适合本地发展的农村金融服务体系

新农地产权制度改革有效推进，离不开农村金融与之配套支持，故应大力构建适合本地发展的农村金融服务体系。一是鼓励政策性及开发性金融机构为农村土地经济提供中长期信贷支持。中国农业发展银行要以农业政策性金融机构为定位，在脱贫攻坚、农村土地产权交易等领域发挥主力作用。国家开发银行要利用政策支持的优势，在保本微利的基础上，大力支持农村土地经济发展。二是加大城市商业银行对农村土地发展的支持力度。中国农业银行应强化"三农"服务力度，积极实施互联网"三农"战略，不断提升农村金融对农地的渗透率。股份制银行要结合自身经营及战略定位，抓好重点支农领域，不断创新出服务农村土地与农户的金融产品。三是强化农村商业银行对农村土地的金融服务。农村商业银行应以服务县城、支小农为总抓手，在保持自身总体数量稳定的基础上，不断加大涉及农村土地金融产品的研发力度。四是要完善保险支持体系。农业保险可以降低由于自然灾害带来的损失，为广大农民提供切实有力的保障。因此，政府要鼓励保险公司，扩宽农业保险的覆盖面，创新保险种类及加大理赔金额。加快落实对新型经营主体的保险支持政策，扩大新型经营主体承担涉农项目规模。建议农业部门协调保险部门对办理农村承包地经营权、宅基地使用权、集体经营性建设用地使用权抵押贷款的地区优先开展农业保险，或者由相关机构指派保险公司为承担开展农村土地使用权抵押贷款的试点区（县）定向办理保险业务。通过有效分散贷款风险，鼓励农民通过土地使用权抵押获得资金效益。

（二）培育新型农村金融机构

这里的农村金融机构特指服务于"三块地"抵押服务需求的机构。开展"三块地"抵押业务是一项政策性意味非常浓厚的金融改革措施，这项业务的开展目前遇到两个主要问题。一是抵押业务对金融机构而言具有风险高、收益低的弊端，其面向农村开展抵押贷款业务的积极性不足。以宅基地使用权抵押为例，金融机构作为抵押权人希望抵押人能够独立处分抵押物，但由于使用权流转限制以及维护宅基地基本住房保障功能，该独立性无法成立，这无疑会增加金融机构所承担的风险。二是作为主要承担抵押贷款业务的农村信用社，经营范围有向"非农化"靠拢的趋势。

因此，有必要培育新型的农地金融机构，专门开展农地抵押贷款业务。农地金融机构应当具有很强的政策性，由政府投资运营，旨在解决农户融资难的问题。该机构以扎根当地为优，服务区域以县域或村镇为主。因为贴近农户的农村金融机构更加了解当地的实际情况，对工作人员稍加培训后，其对于当地的土地评估会有更加准确且迅速的判断。[①] 与普通金融机构相比，新型农地金融机构应具有贷款

---

① 王世珩. 农地经营权抵押贷款配套措施的分析——以昌图县为例 [D]. 辽宁: 沈阳农业大学, 2016.

期限长、利率低、风险高的特点，其业绩考核标准宜宽于普通金融机构，同时宜采取套期保值、风险控制、购买金融保险等方式来尽可能降低坏账风险。[①]

（三）完善农村信用制度建设

信贷约束是导致当前农村推进"三块地"抵押担保试点的限制条件之一，信用评级的高低直接影响了农村金融机构发放贷款的行为。构建健康、良好的农村信用体系离不开金融机构、中小涉农企业、农户三方的共同努力。

一是要鼓励农村金融机构依据当地情况建立科学、客观、可行的"三块地"抵押贷款信用评价体系，加强对基层信贷员的专业化、规范化培训，提高筛选优质借款人的概率，尽可能地降低农地抵押贷款的潜在违约率，避免农村金融机构的利润损失。二是要加快建立新型经营主体信用评价体系，鼓励地方政府开展县域中小农业企业信用等级评价。三是建立"三块地"使用者的抵押贷款信用评级。土地抵押贷款的借款人与一般的普通农户借款人是有区别的，判断土地抵押借款人的还款能力不能简单以土地价值为基础，还要考虑到地理位置、规划和用途、政策扶持等因素。因此，单独建立"三块地"抵押贷款信用评价体系，对于筛选合格借款人、促进抵押权能实现具有重要借鉴意义。四是充分发挥全国信用信息共享平台和金融信用信息基础数据库的作用，为土地抵押贷款提供信用支持。

二、创新农地融资方式

（一）探索土地产权与金融资本有效对接路径

土地使用权流转离不开金融扶持，在试点区实践中形成了以下几种常见的扶持模式：一是设立专项信贷基金，服务农村规模经营，满足大规模种植经营户的信贷需求。这既能起到促进分散、小规模的承包地向种植大户、农民专业合作社等新型农业经营主体流转，提升种植大户收储土地积极性的作用，也能促进土地价值变现。如成都崇州市隆兴镇黎坝村组建的土地承包经营权股份合作社，以经营权作抵押向成都农商银行贷款16万元，仅半年时间就还清本息，并余净利润2万元。[②]二是创新土地流转金融支持产品。如山西运城市农村信用合作社联合社

---

① 李戈. 宅基地使用权抵押法律制度研究 [J]. 经济问题，2019（01）：92-98.
② 陈思齐. 成都农村产权抵押融资的两个典型案例 [J]. 中外企业家，2015（04）：104-106.

推出的"农村土地承包经营权抵押贷款",可以让农村土地承包经营权人或土地流转后的经营权人在不改变土地农业用途且不违法的前提下,将农村土地承包经营权或流转后的承包地经营权预期收益作为银行贷款的抵押物。[①] 三是成立农村产权流转融资担保股份有限公司,为农村土地产权交易平台提供融资担保支持,为有土地使用权抵押融资需求的农户或企业提供信用增信。成都市于2008年就成立了农村产权流转融资担保股份有限公司,开展项目融资担保、信用证担保等多项融资性担保业务。在《农村集体经营性建设用地使用权抵押贷款管理暂行办法》中也提及"鼓励试点地区通过政府性融资担保公司提供担保的方式,为农村集体经营性建设用地使用权抵押贷款提供增信服务"。由政府出资组建的国有担保公司,为土地使用者向银行申请贷款提供担保,分担了一部分银行贷款风险。

(二) 创新财政支持方式

一是采取财政补贴或财政性存款等方式引导和激励金融机构向农村地区延伸营业网点,扩大金融服务范围。金融服务满足率低在农村是较为普遍的情况,正如前文所提及的,农民大部分的金融服务需求仅能由农村信用合作社承担,服务效率低、金融产品单一化、融资额度低等是农民集中反映的问题。因此,宜采取财政激励方式鼓励金融机构扩大服务网点。二是引导金融机构加大资金扶持力度。对合作社担保贷款的抵押条件适度放宽,增加农户的小额贷款金额,以及农户联户担保贷款的金额,提供低利率或者免利息的贷款,或者采取政府贴息贷款的方式,解决农民贷款难的问题。三是发挥财政杠杆作用,设立农村融资财政担保基金,专项专款用于地方的有关农业农村项目。同时提高对地方农民的各项权益补助发挥专项债券、专项基金和农业PPP模式的融资能力,发挥财政在乡村中"四两拨千斤"的巧劲,撬动社会资本投入农村公益性项目建设、生态环境改善、大型基础设施建设等。

(三) 丰富农村金融服务产品与方式

当前农村金融服务产品单一、服务方式简化,造成金融服务产品滞后于农村经济发展需要,应不断完善农村金融服务产品与方式,改善农村金融服务的效率与质量,满足农户多样化融资需求。为解决农村居民抵押难、担保难现象,应积极拓宽农村抵押担保品渠道,稳慎开展承包地经营权、农房财产权、宅基地使用

---

① 王东红. 创新金融产品支持农村土地流转——以山西省运城市为例 [J]. 征信, 2016 (02): 90 - 92.

权等作为抵押物的贷款模式。同时，加大对农户及小微农村企业融资租赁等方式的支持力度，解决农村经营生产活动中资金缺乏、设备短缺问题，并通过互联网金融、农村电商等方式提升农业贷款风险识别程度及发放贷款力度，进一步扩大农村地区金融服务的广度与深度。接着，要加大农村金融产品和服务创新的力度，以综合化、多样化的产品和服务，促进农业农村经济有序发展。例如，针对农村经营发展受自然因素影响较大，创新农村保险产品；针对农业规模化经营对机械设备的依赖性较强，设计融资租赁产品；针对农业农村产业化发展前期投入较大且资金的需求期限较长，合理规划设计不同期限结构的农村金融产品和服务。最后，要增强对农业科技创新、绿色发展等产品和服务的支持，加大以农村产权抵押质押担保为基础的农村金融供给。

三、加大金融普及与监管力度

（一）多渠道提升农民基本金融素养

农民对政策的敏锐度较低以及投资远见不足，是导致农民流转承包地经营权、宅基地使用权、集体经营性建设用地使用权意愿低的重要原因。土地使用权不流转，土地价值就难以变现。而要打破这一弊端，除了要依靠农民发挥主观能动性，自发地去接触最新土地相关金融政策、学习金融知识以外，也离不开政府、金融机构在其中发挥的作用。作为地方政府、村委会，首先应及时做好土地相关金融政策的宣传工作。通过制作宣传小册子、墙报等直观方式，及时地向农民居民传达信息。必要时，可邀请乡镇农业服务中心工作人员去各个村做宣讲工作，务必让农民对最新政策应懂尽懂。作为金融机构，应及时向农民推广、普及最新的土地相关金融产品，发挥专业本领，为农户提供多组合的金融投资方案。其次，要针对不同群体开展多种形式的金融教育活动。比如，针对农业生产者进行农业信贷和保险知识的讲解，针对老年人主要讲解如何防范金融骗局及规划退休资金等。同时，在进行金融教育培训时要考虑到听众的受教育程度，尽量避免晦涩难懂的专业术语。最后，还可充分利用微信、电视、金融 App 等农村居民广泛接受的信息渠道，通过简单有趣的小视频、真实案例分析等形式普及和传播金融知识。

（二）强化对土地流转过程的金融监管

新农地产权制度改革赋予了农民更充分、更灵活的土地产权权能，但农村土地归根结底是用于保障农民基本生活需要的，是农民安身立命之所，守住底线始终是开放的前提。土地使用权流转中流转物处置不当所带来的不仅是金融风险，更甚是社会风险。土地使用权流转过程是信用、资本和实物相结合创造价值的过程，需要政府提供支持，参与监管。[①] 如加强工商资本租赁农户承包地的用途监管，确保农地农用，防止农村集体产权和农民财产权益受到侵害。同时，还需建立适应土地金融发展的监管体系。该监管体系的建立要从两方面着手，一个是自上而下的监督监管机制，另一个是自下而上的自律性监管机制。前者可以由政府、农业、财政、人行等部门组成领导小组，实行多头联合监管。后者主要是信用体系的构建，要加强完善农村农户的信用档案，将农地流转的信息不对称问题降到最小，降低农地金融化的监管成本、投融资的交易成本，逐渐摆脱对政府力量的过度依赖。

第四节　建立农地风险评估与预警、防范机制

一、农地风险评估机制的构建

（一）承包地风险评估机制

　　农地的风险评估是对不妥程度与形式风险的综合评估，主要包括准备、识别、评估等方面。承包地流转可能会产生社会矛盾及潜在风险，因此要构建农地风险评估机制。一是要注重风险评估的侧重点以及加大覆盖面。应通过各种不同的方式对农地流转进行系统性的考虑，但对土地流转造成的社会风险是很难衡量的，从而必须要在流转过程中充分考虑所产生的原因，这样才能通过较为全面的指标来反映不同因素所带来的影响。二是提升农地风险评估的层次性与相关性。应按照一定规则对农地进行风险评估，从宏观至微观或是从微观至宏观，抑或是不同方面的评估，同时要考虑风险的相关性，选取影响较大因素去做评估，对于相关性很小甚至基本不相关的因素可以舍去。三是遵循风险评估的实用性与科学性。农地流转的风险评估体系建立的目标是理论作用于实践，充分评估出土地流

---

　　① 李军峰. 基于农村宅基地使用权流转视角下增加农民财产性收入的研究［D］. 重庆：重庆大学，2013.

转过程中可能会产生的矛盾。

(二) 集体经营性建设用地风险评估机制

农村集体经营性建设用地可能在入市过程中出现不同的风险，极易因为市场失灵而导致农民利益受损等问题，因此要完善集体经营性建设用地风险评估机制。一是要在城镇化的框架下推进农村集体经营性建设用地风险评估。一方面要避免新的无序建设，减少风险评估的任务量与不必要之处；另一方面要促进城镇化质量提升，加强风险评估的准确度。二是对该建设用地入市的评估指标进行调整。把建设用地指标的一方通过复垦的形式形成调出方，建设用地指标落地的一方为调入方，调入方要向调出方支付一定的费用，加强对该指标费用的风险评估，并协调好调出方与调入方的利益关系。三是建立集体经营性建设用地入市风险基金评估制度。通过政策性法规对其流转风险基金的评估进行加强，在一定程度上发挥好政府的监管作用，同时为了有效降低风险，成立风险防范资金，并将其交给特定资金管理运营机构进行管理。

(三) 宅基地风险评估机制

要健全宅基地风险评估机制就要将宅基地政策行为作为一个系统结构，根据系统所涉及的因素与政策目标，划分出各个因素之间的有序层次结构体系，按照政策原则拟定准则层二级指标。可通过不同政策与对象之间的关系对一级指标进行设定，即政府行为风险、农户行为风险以及村集体行为风险。政府在服务供给、市场监管等方面出现的风险；在宅基地使用权流转过程中，农户对社会稳定、土地资源安全方面以及经济发展等方面造成的风险以及村集体所面临的经济和组织两方面的风险都可作为二级指标。大部分政策的实施都需要健全的风险评估机制，设立合理的评估社会风险的指标，同时加强失地农户社会保障参与度，降低失地农民失业率、失地后无房产农民比重以及城乡居民收入差距同比变化率。

二、农地风险预警机制的构建

(一) 承包地流转风险预警机制

承包地流转风险的产生并不是没有过程与征兆的，而实际上这种征兆就存在于农村社会稳定系统中，同时也会对承包地流转造成影响。应加强对预警农地流转风险的预测预报。首先，应将风险预警机制置于重要地位，了解承包地流转风险的客观性与不确定性，明白其是一个量变到质变的过程，必须要将风险置于可控范围之内。其次，通过相关条件与措施建立起完善的预警预测体系，加强农地流转风险监控系统的能力，跟踪了解土地流转各利益主体，对可能出现风险问题的主体应分析以往农村土地流转风险产生的一系列相关问题，做到及时发现、有效解决，从而降低风险带来负效应的可能性，加强对风险防范主动权的掌握。最后，农村工作人员要深入农村实践，掌握土地流转中主体利益间的分配信息，尤其是了解农民阶层的流转新需求，从中分析可能产生流转的原因并制定相应方案去解决。

（二）集体经营性建设用地风险预警机制

要建立集体经营性建设用地风险预警机制，首先，应设立土地风险预警部门，加工分析土地流转过程中出现的各种信息。为保证信息的真实性，应对农户进行深入调查，从而获得一手资料，并提高预警部门对信息收集的要求。同时，还要掌握详细且精确的信息，只有信息明确，才能更好地分析风险，得到科学可靠的结果。其次，分析评价预警部门所提供的资料，提高主体和社会各界的参与度。同时也要重视农户对风险预案的参与及对风险的评价，制定出较为合理的风险防范预案来对风险进行科学的评价。最后，要统一对风险预警机制高度重视的思想。针对集体经营性建设用地入市风险的不确定性，借助集体经营性建设用地风险预警机制以确保风险在可控范围内。

（三）宅基地使用权流转风险预警机制

农村宅基地使用权流转的风险是在农村土地制度及其配套措施尚不完善，农村宅基地使用权流转市场尚不健全的前提下，农户或村集体会遭受重大损失而造成农村社会不稳定的可能性。因此，要构建农村宅基地使用权流转风险预警机制，应科学合理地预测社会风险状态，采取相应的措施提供一些可靠依据来减少风险带来的损失。不仅如此，还应遵循科学及可操作性原则来确定农村宅基地流转风险预警指标体系，该指标由农户个体预警指标体系和农民集体预警指标体系共同组成。具体而言，农户个体风险预警指标体系包括生存风险、生活风险及环境风险，而农民集体风险预警指标体系由集体组织经济风险、农村社会稳定性风险、农村环境污染风险所构成。

三、农地风险防范机制的构建

(一) 承包地风险防范机制

随着承包地"三权分置"改革的不断深化，一系列无法预知及衡量的风险也随之而来，因此，必须构建承包地风险防范机制，稳定承包权与用活经营权，从而实现公平与效率的有机统一。首先，健全资格审查制度。《农村土地承包法》虽然规定了土地经营权受让方的基本条件为"具有农业经营能力或资质"，但满足这一条件的具体标准却不明确，同时在实践中也存在标准过低的问题，导致部分通过流转取得经营权的主体存在严重亏损、破坏生态等问题。因此，必须明确"农业经营能力或资质"的具体标准，同时，也要避免规定过死过细的情况，以防具有能力、资质且有意愿进入的相关主体因规定过死过细而望而却步。[①] 其次，健全项目审核制度。健全项目审核制度的目的主要是防止经营主体改变土地用途、影响国家粮食安全、破坏生态环境等。[②] 具体来说，应该分门别类地制定明晰的可操作规范，针对不同级别、不同种类的项目制定不同的审核标准。[③] 最后，建立承包地流转风险保证金制度。要想保障农户的利益，政府应构建农地风险保障金制度，以降低流入方经营不善、履约能力不足而造成土地流转费用无法及时到位损害农民土地权益的风险。可将该保障金分成风险补助金、风险准备金及流转保证金三部分，并由县乡两级政府、村集体与经营主体分别予以承担。

(二) 集体经营性建设用地风险防范机制

要完善集体经营性建设用地风险防范机制，首先，要建立与健全一系列基本制度，农村集体经营性建设用地入市因其主体多元、涉及面广，很易成为矛盾的风险源，仅靠"摸着石头过河"是无法维持的。其次，在合法、平等、自愿、有偿的基础上，借鉴现行国有建设用地交易市场入市方式，使农村集体经营性建设用地入市交易逐步规范化和统一化，在不同的交易主体和对象方面做不同规定，

---

① 谭羽. 乡村振兴背景下土地经营权市场法律规制制度的完善 [J]. 西北民族大学学报 (哲学社会科学版)，2023 (01)：94-104.

② 郭明瑞. 土地承包经营权流转的根据、障碍与对策 [J]. 山东大学学报 (哲学社会科学版)，2014 (04)：1-9.

③ 陈广华，毋彤彤. 乡村振兴视域下工商资本流转土地经营权的法律规制研究——兼评《农村土地承包法》第45条 [J]. 中国土地科学，2019，33 (08)：24-29.

为农村土地入市创造公平竞争的市场环境。最后，公平有效地确立土地流转收益分配机制。集体建设用地入市涉及的利益相关者主要为村集体、集体成员以及地方政府，应在分配入市收益时将上述主体纳入考虑范围，在不同主体之间进行有效分配。

（三）宅基地使用权流转风险防范机制

以风险防范体系建设为目标，风险防范与控制为手段，建立起完善的宅基地使用权流转风险防范机制。首先，以公民基础权益的保障和实现为前提，颁布具有针对性和可操作性的政策文件，减少制度风险产生的可能性。当前虽然已经建立一部分政策规范，但由于改革刚刚起步，还有很多不足需要完善。其次，要建立较为严格的交易前资格审核制度，应确保农户在交易后仍然有房可住，才能认证流出方资格，同时要随时对流入方登记的土地用途和是否变更土地性质等信息进行查访。再次，拓宽资金来源渠道，保障宅基地合理及有效的退出。拓宽资金来源渠道，从传统单一的政府财政转为多元化资金投入，而不仅仅是依靠省级专项资金扶持以及县乡地方财政收入，更有效地防范风险。最后，加快社会保障体系的建设。扩大参与社会保障人的范围，要加强后续跟踪档案建设，有目的、有计划地为失地农民设保，真正实现为失地农民兜底，同时完善的社会保障体系能进一步让社会秩序保持在一个安稳可控的范围之内。

第五节 本 章 小 结

为了进一步推动农地产权制度改革，提高农民财产性收入，本章提出提升农民财产性收入的相应配套措施。本章前两节以新型农村集体经济及新型农业经营主体为出发点，说明农民收入积累的物质基础，提出促进农民财产性收入增长的相应具体措施。本章后两节以制度和市场体系完善为保障点，提出构建城乡统一的建设用地市场、优化农村金融供给、建立农地风险评估与预警、防范机制等相应措施。

第一，新型农村集体经济的壮大是农民收入增长来源的物质基础。因此，要建立归属清晰、权责明确、流转顺畅及保障完善的农村集体产权制度，从而完善集体经济组织成员财产权，这既有利于巩固增强农村集体经济的实力，也有利于夯实农民财产性收入基础。同时，村集体要规范农村集体资产财务管理制度，创新民主监督管理制度，加强管理和指导，防止集体资产流失。最后，政府要加大政策支持力度和资金扶持力度，不断壮大新型农村集体经济，促进农民财产性收入持续增长。

第二，新型农业经营主体多元化发展是提升农民财产性收入的重要助力。新型农业经营主体通过与农户建立起紧密的利益联结机制，进而与农户共享农业规模经营所带来的收益。本章列举了新型农业经营主体的发展典范，为推动新型农业经营主体的多元化发展提供一定的思路。新型农业经营主体的多元化发展有利于因地制宜推动农村经济的发展，通过提高农民的经营性收入，增加财富积累，这有利于农民收入资产化，进而提高农民财产性收入。此外，政府不仅要加强对新型职业农民的培育，也要加快构建农业社会化服务新机制，还要完善农业科技的推广，从而为新型农业经营主体提供物质保障和服务保障。

第三，优化农村金融供给路径是激发承包地、宅基地及集体经营建设用地改革活力，助力"以地生财"的重要因素。健全农村金融服务体系，丰富农村土地相关金融产品与服务，培育新型农村金融机构。应创新金融支农方式，探索土地产权与金融资本有效对接路径，建立农村信用体系制度，推动土地产权流转变现。同时，也要多渠道地提升农民的基本金融素养，强化对土地流转过程的金融监管，防止农村集体产权和农民财产权益受到侵害。

第四，农地风险评估与预警防范机制体系的构建是农民规避风险进而提高收益的有益保障。政府建立承包地、宅基地及集体经营建设用地的风险评估、预警及防范机制，这不仅有利于农户规避市场风险，实现收益最大化，而且不断为农民财富积累提供有效的保障。

结　论

　　土地是农民最重要的财产，合理界定农村土地财产权是保障农民财产性收入的核心。党的十八届三中全会以来，党中央创新性地提出了以"三权分置"为核心的农地产权制度改革构想和措施，对进一步解放农村劳动力、提升土地经营效率、提高农民财产性收入均产生了深远的影响。本课题研究以马克思主义经济理论为指导，从我国现阶段农民财产性收入的现状出发，结合新农地产权制度改革实践，以承包地"三权分置"、集体经营性建设用地入市、宅基地"三权分置"改革为重点，探索新农地产权制度改革与农民财产性收入提高的内在机理和实现路径，着力破解农村承包地经营权与宅基地使用权的流转以及集体经营性建设用地入市的障碍，通过健全土地流转市场、发展土地多样化经营模式、落实城乡建设用地"同价同权"，实现农地价值重估等途径，让农民获得更多"以地生财"的机会，促进农民财产性收入的持续提升。全书形成的主要研究结论如下：

　　第一，马克思的土地产权理论为我国深化农地产权制度改革指明了方向。其一，土地所有权是土地产权的核心。正如马克思所认为的，土地产权是一个以土地所有权为核心的权能束，没有土地所有权也就谈不上土地产权的其他权能，明晰土地产权首先应该明确所有权。既要在落实集体所有权的前提下，充分放活农民经济自主权，又要避免淡化集体所有权，片面强调"分"的作用。现阶段的核心问题在于厘清集体所有权的具体权能，包含农民集体对承包地发包、调整、监督、收回等各项权能。其二，马克思的土地产权商品化、配置市场化理论，为我国建立合理有效的土地流转机制提供了理论指导。根据马克思的理论，土地产权作为一种商品，具有交换价值，是能够并且应该在市场进行流通的。现阶段的承包地经营权、宅基地使用权和集体经营性建设用地使用权的流转就是在土地产权商品化的前提下进行的。马克思又论述了土地产权配置的多种形式，如出卖、出租、转租、抵押以及股份合作等，为我国农村土地产权流转的多样化提供了有益的指导。

第二，列宁在解决俄国土地问题的实践进程中，继承和发展了马克思土地产权理论，形成了符合俄国国情的土地制度理论。这对于推进我国土地产权制度改革具有重要的借鉴意义。首先，列宁非常重视理论创新对于实践的指导作用。这要求在认真研究马克思主义经典作家关于土地问题的相关理论，从中汲取理论养分用以指导中国农地产权制度改革的同时，还必须结合中国的实际情况，创造出中国特色社会主义的土地理论。其次，农业和农民问题是贯穿列宁土地制度思想的一条主线。因此，推进农村土地产权制度改革，必须要将解决好"三农"问题作为全党工作的重中之重，从农业农村发展深层次矛盾出发，促进农业高效高质、乡村宜居宜业、农民富裕富足，聚焦于农业农村现代化。最后，土地制度改革不能脱离生产力与生产关系的辩证统一，列宁一直思考如何通过改变落后的生产关系促进生产力的发展，从而振兴农业改善农民生活水平。中国在推进新一轮土地产权制度改革时，也必须遵循这一真理。

第三，中国共产党在领导中国革命、建设和改革的实践进程中，在马克思列宁主义土地经济理论的指导下，以赋予农民土地产权、提高农民收入为主线，创造了一系列具有中国特色的农地产权制度改革理论。首先，就中国共产党农地产权制度改革理论百年演进的过程来看，从"农民土地所有制理论"到"集体土地所有制理论"再到改革开放以后的"家庭联产承包责任制理论""'三权分置'改革理论"，充分体现了理论演进的连续性。其次，中国共产党农地制度改革理论能够不断创新的根本原因就在于中国共产党能够独立自主地运用马克思主义的基本原理指导中国革命、建设和改革过程中的土地革命及土地改革的伟大实践，推进马克思主义中国化，探索适合中国国情的农地制度设计。最后，中国共产党农地产权制度理论不仅仅局限于农地问题，而是将农地问题置于中国经济社会发展的全局中统筹考察。由此得出的经验启示是中国农地产权制度改革理论守正创新必须坚持党的领导、问题导向和实践原则。

第四，新农地产权制度改革从财产基础、法律保障、市场机制、制度支撑四方面对农民财产性收入增长产生深远影响。其一，扩大财产基础。新农地产权制度改革通过颁发产权证书，以法律形式将农地产权赋予农民，使农民实际占有的农地产权的排他性进一步增强，农民获利更稳定。新制度赋予了农村土地部分产权权能的合法流转，引导分散、细小的农地向专业大户、家庭农场和农业龙头企业等规模经营主体集中，不仅提高了农业生产效率，也提升了农民收入。其二，健全法律保障。根据历史经验，新一轮的农地产权制度改革必将推动法律修改，《土地承包法（2018年修正）》《土地管理法（2019年修正）》正是对近年来农地产权制度改革优秀成果的法定化。其三，完善市场机制。农民只有通过市场来让渡其土地产权的权能，才能盘活土地产权的增值性能，为农民带来财产性收入。新农地产权制度改革对于培育新型农业经营主体、优化农村产权流转市场结构有着非常重要的作用。其四，提供制度支撑。新农地产权制度改革有利于完善和发展农地经营权制度、农村宅基地制度，推动构建城乡统一的建设用地制度。

第五，新农地产权制度改革对促进农民财产性收入增长的正向效应已经在实践中显现，赋予农民集体、个人更加充分的土地产权权能是提高农民财产性收入的主要途径。首先，承包地"三权分置"，不仅有利于巩固家庭经营的基础地位，拓宽多样化农业家庭经营模式的形成途径，为促进土地经营权的流转实现土地资源的优化配置发挥积极作用，而且也为形成多元化的农地经营模式创造了条件，从而进一步拓展了农民财产性收入的来源渠道。常见的承包地经营权资本化形式有生息型农地资本化（如出租、转包、土地银行、土地信用合作社等）、借贷型农地资本化（如农地抵押、担保等）、要素型农地资本化（如土地合作社、公司＋农户等）和金融型农地资本化（如农地信托、农地证券化等）四种类型。其次，集体经营性建设用地入市，本质上是通过赋予农民对集体经营性建设用地使用权更多的权能属性，实现城乡建设用地"同地同权同价"，使农民获得远高于过去土地征用补偿价的增值收益。多元化的入市交易形式及入市收益（特指村集体分配到的土地增值收益款）使用用途，也为农民带来更持久的财产性收入。成立土地联营公司（土地合作社）、组建资产管理公司、建设租赁住房等都不失为可推广的入市交易模式。但集体经营性建设用地入市收益分配极易受区位、土地规划用途、入市收益分配标准的影响。最后，宅基地"三权分置"，创造性地将宅基地所有权划分为集体所有权、集体经济组织成员资格权，以及在此资格权上派生出来的使用权。宅基地使用权流转适度放开后，转让、互换、出租、入股、抵押、担保等方式的流转行为均被法律认可，土地收益权能得以拓展，农民的财产性收入也因此增加。

第六，农村土地流转市场不健全、集体经营性建设用地入市配套制度不完善、土地产权抵押融资风险大等问题，已成为新农地产权制度改革背景下提升农民财产性收入所面临的最大"瓶颈"。其一，承包地经营权流转的难点：一是农村劳动力转移速度放缓、农地转出意愿降低、承包地质量参差不齐等导致承包地经营权有效供给不足；二是流转程序与流转方式不明确、流转纠纷解决困难以及土地评估机制不健全等影响了经营权市场化流转的顺畅度；三是土地征收过程中补偿标准不合理、征收程序不规范降低了农户参与流转的积极性；四是承包地经营权交易市场的不完善直接限制了农户对农用地经营权抵押融资的需求。其二，从当前集体经营性建设用地入市实践来看，法律制度体系相对滞后、使用权入市流转不畅、入市收益分配不合理、入市后二元不平等矛盾突出，已经严重阻碍其使用权财产价值向财产性收入的转化进程。其三，宅基地产权制度改革的主要障碍在于确权进程受阻、退出机制不健全、法律体系的滞后、抵押融资机制的不完善四个层次。

第七，为了突破新农地产权制度改革中农民财产性收入增长面临的"瓶颈"，课题组分别对承包地、集体经营性建设用地及宅基地的改革提出相应对策建议。其一，对于承包地经营权流转出现的难点问题，应深化承包地经营权和供给侧结构性改革、健全经营权价值评估体系与经营权抵押登记制度、构建多层次风险防范体系，建立失地农民保护机制，逐步完善承包地经营权市场化流转体系。其二，在集体经营性建设用地入市问题上，应完善入市的相关法律、科学界定市场主体、规范入市途径、扩大入市范围；明晰使用权法律性质，构建使用权市场化流转机制，完善其抵押融资制度体系；构建入市收益保护机制和公平分配机制；加快城乡统一建设用地市场流转服务体系建设，创新城乡市场融合关键举措。其三，在深化农村宅基地产权制度改革方面，应加快落实农村宅基地集体所有权、推进资格权法定化、加快推进房地一体宅基地确权登记颁证工作；探寻多样化的宅基地退出补偿渠道、提升农民就业能力以及健全社会保障机制；健全宅基地使用权流转市场及其收益分配机制；健全宅基地使用权抵押价值评估制度，完善宅基地使用权抵押的风险防范机制。

第八，为了深化新农地产权制度改革和提高农民财产性收入，课题组认为还应当从多方面采取相应配套措施。其一，新型农村集体经济是提升农民财产性收入的重要基础。村集体应建立规范的集体资产财务管理制度，创新民主监督管理制度，防止集体资产流失；政府也应加大对新型农村集体经济政策扶持与资金投入力度，促进农民财产性收入成倍增长。其二，新型农业经营主体多元化发展是提升农民财产性收入的重要助力。政府既要加强对新型职业农民的培育，又要加快构建农业社会化服务新机制，还要强化农业技术的支撑力度，从而为新型农业经营主体提供物质保障和服务保障。其三，优化农村金融供给路径是激发农地改革活力，助力"以地生财"的重要因素。应创新农地融资方式，推动土地产权变现；不断健全农村金融服务体系，培育新型农村金融机构；提升农民金融素养，强化金融监管，保障农民合法财产权益不受侵害。其四，构建农地风险评估与预警防范机制体系是农民规避风险、提高收益的有益保障。

党的十八大以来关于农地产权
制度改革的若干文件（节选）

附录1

中共中央办公厅　国务院办公厅《关于引导农村土地
经营权有序流转发展农业适度规模经营的意见》

2014 年 11 月 20 日

一、总体要求

（一）指导思想。……以保障国家粮食安全、促进农业增效和农民增收为目标，坚持农村土地集体所有，实现所有权、承包权、经营权三权分置，引导土地经营权有序流转，坚持家庭经营的基础性地位，积极培育新型经营主体，发展多种形式的适度规模经营，巩固和完善农村基本经营制度。

……

（二）基本原则。

——坚持农村土地集体所有权，稳定农户承包权，放活土地经营权，以家庭承包经营为基础，推进家庭经营、集体经营、合作经营、企业经营等多种经营方式共同发展。

……

——坚持依法、自愿、有偿，以农民为主体，政府扶持引导，市场配置资源，土地经营权流转不得违背承包农户意愿、不得损害农民权益、不得改变土地

257

用途、不得破坏农业综合生产能力和农业生态环境。

——坚持经营规模适度，既要注重提升土地经营规模，又要防止土地过度集中，兼顾效率与公平，不断提高劳动生产率、土地产出率和资源利用率，确保农地农用，重点支持发展粮食规模化生产。

二、稳定完善农村土地承包关系

（三）健全土地承包经营权登记制度。建立健全承包合同取得权利、登记记载权利、证书证明权利的土地承包经营权登记制度，是稳定农村土地承包关系、促进土地经营权流转、发展适度规模经营的重要基础性工作。完善承包合同，健全登记簿，颁发权属证书，强化土地承包经营权物权保护，为开展土地流转、调处土地纠纷、完善补贴政策、进行征地补偿和抵押担保提供重要依据。建立健全土地承包经营权信息应用平台，方便群众查询，利于服务管理。土地承包经营权确权登记原则上确权到户到地，在尊重农民意愿的前提下，也可以确权确股不确地。切实维护妇女的土地承包权益。

（四）推进土地承包经营权确权登记颁证工作。按照中央统一部署、地方全面负责的要求，在稳步扩大试点的基础上，用5年左右时间基本完成土地承包经营权确权登记颁证工作，妥善解决农户承包地块面积不准、四至不清等问题。在工作中，各地要保持承包关系稳定，以现有承包台账、合同、证书为依据确认承包地归属；坚持依法规范操作，严格执行政策，按照规定内容和程序开展工作；充分调动农民群众积极性，依靠村民民主协商，自主解决矛盾纠纷；从实际出发，以农村集体土地所有权确权为基础，以第二次全国土地调查成果为依据，采用符合标准规范、农民群众认可的技术方法；坚持分级负责，强化县乡两级的责任，建立健全党委和政府统一领导、部门密切协作、群众广泛参与的工作机制；科学制定工作方案，明确时间表和路线图，确保工作质量。有关部门要加强调查研究，有针对性地提出操作性政策建议和具体工作指导意见。土地承包经营权确权登记颁证工作经费纳入地方财政预算，中央财政给予补助。

三、规范引导农村土地经营权有序流转

（五）鼓励创新土地流转形式。鼓励承包农户依法采取转包、出租、互换、转让及入股等方式流转承包地。鼓励有条件的地方制定扶持政策，引导农户长期流转承包地并促进其转移就业。鼓励农民在自愿前提下采取互换并地方式解决承包地细碎化问题。在同等条件下，本集体经济组织成员享有土地流转优先权。以转让方式流转承包地的，原则上应在本集体经济组织成员之间进行，且需经发包方同意。以其他形式流转的，应当依法报发包方备案。抓紧研究探索集体所有权、农户承包权、土地经营权在土地流转中的相互权利关系和具体实现形式。按照全国统一安排，稳步推进土地经营权抵押、担保试点，研究制定统一规范的实施办法，探索建立抵押资产处置机制。

（六）严格规范土地流转行为。土地承包经营权属于农民家庭，土地是否流转、价格如何确定、形式如何选择，应由承包农户自主决定，流转收益应归承包农户所有。流转期限应由流转双方在法律规定的范围内协商确定。没有农户的书面委托，农村基层组织无权以任何方式决定流转农户的承包地，更不能以少数服从多数的名义，将整村整组农户承包地集中对外招商经营。防止少数基层干部私相授受，谋取私利。严禁通过定任务、下指标或将流转面积、流转比例纳入绩效考核等方式推动土地流转。

（七）加强土地流转管理和服务。有关部门要研究制定流转市场运行规范，加快发展多种形式的土地经营权流转市场。依托农村经营管理机构健全土地流转服务平台，完善县乡村三级服务和管理网络，建立土地流转监测制度，为流转双方提供信息发布、政策咨询等服务。土地流转服务主体可以开展信息沟通、委托流转等服务，但禁止层层转包从中牟利。土地流转给非本村（组）集体成员或村（组）集体受农户委托统一组织流转并利用集体资金改良土壤、提高地力的，可向本集体经济组织以外的流入方收取基础设施使用费和土地流转管理服务费，用于农田基本建设或其他公益性支出。引导承包农户与流入方签订书面流转合同，并使用统一的省级合同示范文本。依法保护流入方的土地经营权益，流转合同到期后流入方可在同等条件下优先续约。加强农村土地承包经营纠纷调解仲裁体系建设，健全纠纷调处机制，妥善化解土地承包经营流转纠纷。

（八）合理确定土地经营规模。各地要依据自然经济条件、农村劳动力转移情况、农业机械化水平等因素，研究确定本地区土地规模经营的适宜标准。防止脱离实际、违背农民意愿，片面追求超大规模经营的倾向。现阶段，对土地经营规模相当于当地户均承包地面积 10 至 15 倍、务农收入相当于当地二三产业务工收入的，应当给予重点扶持。创新规模经营方式，在引导土地资源适度集聚的同时，通过农民的合作与联合、开展社会化服务等多种形式，提升农业规模化经营水平。

……

（十）加强土地流转用途管制。坚持最严格的耕地保护制度，切实保护基本农田。严禁借土地流转之名违规搞非农建设。严禁在流转农地上建设或变相建设旅游度假村、高尔夫球场、别墅、私人会所等。严禁占用基本农田挖塘栽树及其他毁坏种植条件的行为。严禁破坏、污染、圈占闲置耕地和损毁农田基础设施。坚决查处通过"以租代征"违法违规进行非农建设的行为，坚决禁止擅自将耕地

"非农化"。利用规划和标准引导设施农业发展，强化设施农用地的用途监管。采取措施保证流转土地用于农业生产，可以通过停发粮食直接补贴、良种补贴、农资综合补贴等办法遏制撂荒耕地的行为。在粮食主产区、粮食生产功能区、高产创建项目实施区，不符合产业规划的经营行为不再享受相关农业生产扶持政策。合理引导粮田流转价格，降低粮食生产成本，稳定粮食种植面积。

......

土地问题涉及亿万农民切身利益，事关全局。各级党委和政府要充分认识引导农村土地经营权有序流转、发展农业适度规模经营的重要性、复杂性和长期性，切实加强组织领导，严格按照中央政策和国家法律法规办事，及时查处违纪违法行为。

......

附录 2

中共中央办公厅　国务院办公厅《关于农村土地征收、集体经营性建设用地入市、宅基地制度改革试点工作的意见》

2014 年 12 月 31 日

一、具体意见

······

（二）建立农村集体经营性建设用地入市制度。

针对农村集体经营性建设用地权能不完整，不能同等入市、同权同价和交易规则亟待健全等问题，要完善农村集体经营性建设用地产权制度，赋予农村集体经营性建设用地出让、租赁、入股权能；明确农村集体经营性建设用地入市范围和途径；建立健全市场交易规则和服务监管制度。

（三）改革完善农村宅基地制度。

针对农户宅基地取得困难、利用粗放、退出不畅等问题，要完善宅基地权益保障和取得方式，探索农民住房保障在不同区域户有所居的多种实现形式；对因历史原因形成超标准占用宅基地和一户多宅等情况，探索实行有偿使用；探索进城落户农民在本集体经济组织内部自愿有偿退出或转让宅基地；改革宅基地审批制度，发挥村民自治组织的民主管理作用。

（四）建立兼顾国家、集体、个人的土地增值收益分配机制，合理提高个人收益。

针对土地增值收益分配机制不健全，兼顾国家、集体、个人之间利益不够等问题，要建立健全土地增值收益在国家与集体之间、集体经济组织内部的分配办法和相关制度安排。

······

三、农村土地制度改革

建立城乡统一的建设用地市场。

在符合规划和用途管制前提下，允许农村集体经营性建设用地出让、租赁、入股，实行与国有土地同等入市、同权同价。

缩小征地范围，规范征地程序，完善对被征地农民合理、规范、多元保障机制。

扩大国有土地有偿使用范围，减少非公益性用地划拨。

建立兼顾国家、集体、个人的土地增值收益分配机制，合理提高个人收益。完善土地租赁、转让、抵押二级市场。

附录 3

国务院《关于开展农村承包土地的经营权和农民住房财产权抵押贷款试点的指导意见》

2015 年 8 月 10 日

各省、自治区、直辖市人民政府，国务院各部委、各直属机构：

为进一步深化农村金融改革创新，加大对"三农"的金融支持力度，引导农村土地经营权有序流转，慎重稳妥推进农民住房财产权抵押、担保、转让试点，做好农村承包土地（指耕地）的经营权和农民住房财产权（以下统称"两权"）抵押贷款试点工作，现提出以下意见。

一、总体要求

（一）指导思想。

全面贯彻党的十八大和十八届三中、四中全会精神，深入落实党中央、国务院决策部署，按照所有权、承包权、经营权三权分置和经营权流转有关要求，以落实农村土地的用益物权、赋予农民更多财产权利为出发点，深化农村金融改革创新，稳妥有序开展"两权"抵押贷款业务，有效盘活农村资源、资金、资产，增加农业生产中长期和规模化经营的资金投入，为稳步推进农村土地制度改革提供经验和模式，促进农民增收致富和农业现代化加快发展。

（二）基本原则。

一是依法有序。"两权"抵押贷款试点要坚持于法有据，遵守土地管理法、城市房地产管理法等有关法律法规和政策要求，先在批准范围内开展，待试点积累经验后再稳步推广。涉及被突破的相关法律条款，应提请全国人大常委会授权在试点地区暂停执行。

二是自主自愿。切实尊重农民意愿，"两权"抵押贷款由农户等农业经营主体自愿申请，确保农民群众成为真正的知情者、参与者和受益者。流转土地的经营权抵押需经承包农户同意，抵押仅限于流转期内的收益。金融机构要在财务可持续基础上，按照有关规定自主开展"两权"抵押贷款业务。

三是稳妥推进。在维护农民合法权益前提下，妥善处理好农民、农村集体经济组织、金融机构、政府之间的关系，慎重稳妥推进农村承包土地的经营权抵押贷款试点和农民住房财产权抵押、担保、转让试点工作。

四是风险可控。坚守土地公有制性质不改变、耕地红线不突破、农民利益不受损的底线。完善试点地区确权登记颁证、流转平台搭建、风险补偿和抵押物处置机制等配套政策，防范、控制和化解风险，确保试点工作顺利平稳实施。

二、试点任务

（一）赋予"两权"抵押融资功能，维护农民土地权益。在防范风险、遵守有关法律法规和农村土地制度改革等政策基础上，稳妥有序开展"两权"抵押贷款试点。加强制度建设，引导和督促金融机构始终把维护好、实现好、发展好农民土地权益作为改革试点的出发点和落脚点，落实"两权"抵押融资功能，明确贷款对象、贷款用途、产品设计、抵押价值评估、抵押物处置等业务要点，盘活农民土地用益物权的财产属性，加大金融对"三农"的支持力度。

（二）推进农村金融产品和服务方式创新，加强农村金融服务。金融机构要结合"两权"的权能属性，在贷款利率、期限、额度、担保、风险控制等方面加大创新支持力度，简化贷款管理流程，扎实推进"两权"抵押贷款业务，切实满足农户等农业经营主体对金融服务的有效需求。鼓励金融机构在农村承包土地的经营权剩余使用期限内发放中长期贷款，有效增加农业生产的中长期信贷投入。鼓励对经营规模适度的农业经营主体发放贷款。

（三）建立抵押物处置机制，做好风险保障。因借款人不履行到期债务或者发生当事人约定的情形需要实现抵押权时，允许金融机构在保证农户承包权和基本住房权利前提下，依法采取多种方式处置抵押物。完善抵押物处置措施，确保当借款人不履行到期债务或者发生当事人约定的情形时，承贷银行能顺利实现抵押权。农民住房财产权（含宅基地使用权）抵押贷款的抵押物处置应与商品住房制定差别化规定。探索农民住房财产权抵押担保中宅基地权益的实现方式和途径，保障抵押权人合法权益。对农民住房财产权抵押贷款的抵押物处置，受让人原则上应限制在相关法律法规和国务院规定的范围内。

（四）完善配套措施，提供基础支撑。试点地区要加快推进农村土地承包经营权、宅基地使用权和农民住房所有权确权登记颁证，探索对通过流转取得的农村承包土地的经营权进行确权登记颁证。农民住房财产权设立抵押的，需将宅基地使用权与住房所有权一并抵押。按照党中央、国务院确定的宅基地制度改革试点工作部署，探索建立宅基地使用权有偿转让机制。依托相关主管部门建立完善多级联网的农村土地产权交易平台，建立"两权"抵押、流转、评估的专业化服务机制，支持以各种合法方式流转的农村承包土地的经营权用于抵押。建立健全农村信用体系，有效调动和增强金融机构支农的积极性。

（五）加大扶持和协调配合力度，增强试点效果。人民银行要支持金融机构积极稳妥参与试点，对符合条件的农村金融机构加大支农再贷款支持力度。银行业监督管理机构要研究差异化监管政策，合理确定资本充足率、贷款分类等方面的计算规则和激励政策，支持金融机构开展"两权"抵押贷款业务。试点地区要结合实际，采取利息补贴、发展政府支持的担保公司、利用农村土地产权交易平台提供担保、设立风险补偿基金等方式，建立"两权"抵押贷款风险缓释及补偿机制。保险监督管理机构要进一步完善农业保险制度，大力推进农业保险和农民住房保险工作，扩大保险覆盖范围，充分发挥保险的风险保障作用。

三、组织实施

……

（二）选择试点地区。"两权"抵押贷款试点以县（市、区）行政区域为单位。农村承包土地的经营权抵押贷款试点主要在农村改革试验区、现代农业示范区等农村土地经营权流转较好的地区开展；农民住房财产权抵押贷款试点原则上选择国土资源部牵头确定的宅基地制度改革试点地区开展。……

（三）严格试点条件。"两权"抵押贷款试点地区应满足以下条件：一是农村土地承包经营权、宅基地使用权和农民住房所有权确权登记颁证率高，农村产权流转交易市场健全，交易行为公开规范，具备较好基础和支撑条件；二是农户土地流转意愿较强，农业适度规模经营势头良好，具备规模经济效益；三是农村信用环境较好，配套政策较为健全。

（四）规范试点运行。……集体林地经营权抵押贷款和草地经营权抵押贷款业务可参照本意见执行。

……

附录 4

中共中央办公厅 国务院办公厅
《关于完善农村土地所有权承包权经营权分置办法的意见》

2016 年 10 月 30 日

为进一步健全农村土地产权制度,推动新型工业化、信息化、城镇化、农业现代化同步发展,现就完善农村土地所有权、承包权、经营权分置(以下简称"三权分置")办法提出以下意见。

一、重要意义

……现阶段深化农村土地制度改革,顺应农民保留土地承包权、流转土地经营权的意愿,将土地承包经营权分为承包权和经营权,实行所有权、承包权、经营权(以下简称"三权")分置并行,着力推进农业现代化,是继家庭联产承包责任制后农村改革又一重大制度创新。"三权分置"是农村基本经营制度的自我完善,符合生产关系适应生产力发展的客观规律,展现了农村基本经营制度的持久活力,有利于明晰土地产权关系,更好地维护农民集体、承包农户、经营主体的权益;有利于促进土地资源合理利用,构建新型农业经营体系,发展多种形式适度规模经营,提高土地产出率、劳动生产率和资源利用率,推动现代农业发展。……

二、总体要求

……

(二)基本原则

——尊重农民意愿。坚持农民主体地位,维护农民合法权益,把选择权交给农民,发挥其主动性和创造性,加强示范引导,不搞强迫命令、不搞一刀切。

——守住政策底线。坚持和完善农村基本经营制度,坚持农村土地集体所有,坚持家庭经营基础性地位,坚持稳定土地承包关系,不能把农村土地集体所有制改垮了,不能把耕地改少了,不能把粮食生产能力改弱了,不能把农民利益损害了。

——坚持循序渐进。充分认识农村土地制度改革的长期性和复杂性,保持足够历史耐心,审慎稳妥推进改革,由点及面开展,不操之过急,逐步将实践经验上升为制度安排。

——坚持因地制宜。充分考虑各地资源禀赋和经济社会发展差异，鼓励进行符合实际的实践探索和制度创新，总结形成适合不同地区的"三权分置"具体路径和办法。

三、逐步形成"三权分置"格局

完善"三权分置"办法，不断探索农村土地集体所有制的有效实现形式，落实集体所有权，稳定农户承包权，放活土地经营权，充分发挥"三权"的各自功能和整体效用，形成层次分明、结构合理、平等保护的格局。

（一）始终坚持农村土地集体所有权的根本地位。

农村土地农民集体所有，是农村基本经营制度的根本，必须得到充分体现和保障，不能虚置。土地集体所有权人对集体土地依法享有占有、使用、收益和处分的权利。农民集体是土地集体所有权的权利主体，在完善"三权分置"办法过程中，要充分维护农民集体对承包地发包、调整、监督、收回等各项权能，发挥土地集体所有的优势和作用。农民集体有权依法发包集体土地，任何组织和个人不得非法干预；有权因自然灾害严重毁损等特殊情形依法调整承包地；有权对承包农户和经营主体使用承包地进行监督，并采取措施防止和纠正长期抛荒、毁损土地、非法改变土地用途等行为。承包农户转让土地承包权的，应在本集体经济组织内进行，并经农民集体同意；流转土地经营权的，须向农民集体书面备案。集体土地被征收的，农民集体有权就征地补偿安置方案等提出意见并依法获得补偿。通过建立健全集体经济组织民主议事机制，切实保障集体成员的知情权、决策权、监督权，确保农民集体有效行使集体土地所有权，防止少数人私相授受、谋取私利。

（二）严格保护农户承包权。

农户享有土地承包权是农村基本经营制度的基础，要稳定现有土地承包关系并保持长久不变。土地承包权人对承包土地依法享有占有、使用和收益的权利。农村集体土地由作为本集体经济组织成员的农民家庭承包，不论经营权如何流转，集体土地承包权都属于农民家庭。任何组织和个人都不能取代农民家庭的土地承包地位，都不能非法剥夺和限制农户的土地承包权。在完善"三权分置"办法过程中，要充分维护承包农户使用、流转、抵押、退出承包地等各项权能。承包农户有权占有、使用承包地，依法依规建设必要的农业生产、附属、配套设施，自主组织生产经营和处置产品并获得收益；有权通过转让、互换、出租（转包）、入股或其他方式流转承包地并获得收益，任何组织和个人不得强迫或限制其流转土地；有权依法依规就承包土地经营权设定抵押、自愿有偿退出承包地，具备条件的可以因保护承包地获得相关补贴。承包土地被征收的，承包农户有权依法获得相应补偿,符合条件的有权获得社会保障费用等。不得违法调整农户承包地,不得以退出土地承包权作为农民进城落户的条件。

(三)加快放活土地经营权。

赋予经营主体更有保障的土地经营权,是完善农村基本经营制度的关键。土地经营权人对流转土地依法享有在一定期限内占有、耕作并取得相应收益的权利。在依法保护集体所有权和农户承包权的前提下,平等保护经营主体依流转合同取得的土地经营权,保障其有稳定的经营预期。在完善"三权分置"办法过程中,要依法维护经营主体从事农业生产所需的各项权利,使土地资源得到更有效合理的利用。经营主体有权使用流转土地自主从事农业生产经营并获得相应收益,经承包农户同意,可依法依规改良土壤、提升地力,建设农业生产、附属、配套设施,并依照流转合同约定获得合理补偿;有权在流转合同到期后按照同等条件优先续租承包土地。经营主体再流转土地经营权或依法依规设定抵押,须经承包农户或其委托代理人书面同意,并向农民集体书面备案。流转土地被征收的,地上附着物及青苗补偿费应按照流转合同约定确定其归属。承包农户流转出土地经营权的,不应妨碍经营主体行使合法权利。加强对土地经营权的保护,引导土地经营权流向种田能手和新型经营主体。支持新型经营主体提升地力、改善农业生产条件、依法依规开展土地经营权抵押融资。鼓励采用土地股份合作、土地托管、代耕代种等多种经营方式,探索更多放活土地经营权的有效途径。

(四)逐步完善"三权"关系。

农村土地集体所有权是土地承包权的前提,农户享有承包经营权是集体所有的具体实现形式,在土地流转中,农户承包经营权派生出土地经营权。支持在实践中积极探索农民集体依法依规行使集体所有权、监督承包农户和经营主体规范利用土地等的具体方式。鼓励在理论上深入研究农民集体和承包农户在承包土地上、承包农户和经营主体在土地流转中的权利边界及相互权利关系等问题。通过实践探索和理论创新,逐步完善"三权"关系,为实施"三权分置"提供有力支撑。

四、确保"三权分置"有序实施

完善"三权分置"办法涉及多方权益,是一个渐进过程和系统性工程,要坚持统筹谋划、稳步推进,确保"三权分置"有序实施。

(一)扎实做好农村土地确权登记颁证工作。

确认"三权"权利主体,明确权利归属,稳定土地承包关系,才能确保"三权分置"得以确立和稳步实施。要坚持和完善土地用途管制制度,在集体土地所有权确权登记颁证工作基本完成的基础上,进一步完善相关政策,及时提供确权登记成果，切实保护好农民的集体土地权益。加快推进农村承包地确权登记颁证，形成承包合同网签管理系统，健全承包合同取得权利、登记记载权利、证书证明权利的确权登记制度。提倡通过流转合同鉴证、交易鉴证等多种方式对土地经营权予以确认，促进土地经营权功能更好实现。

（二）建立健全土地流转规范管理制度。

规范土地经营权流转交易，因地制宜加强农村产权交易市场建设，逐步实现涉农县（市、区、旗）全覆盖。健全市场运行规范，提高服务水平，为流转双方提供信息发布、产权交易、法律咨询、权益评估、抵押融资等服务。加强流转合同管理，引导流转双方使用合同示范文本。完善工商资本租赁农地监管和风险防范机制，严格准入门槛，确保土地经营权规范有序流转，更好地与城镇化进程和农村劳动力转移规模相适应，与农业科技进步和生产手段改进程度相适应，与农业社会化服务水平相适应。加强农村土地承包经营纠纷调解仲裁体系建设，完善基层农村土地承包调解机制，妥善化解土地承包经营纠纷，有效维护各权利主体的合法权益。

（三）构建新型经营主体政策扶持体系。

完善新型经营主体财政、信贷保险、用地、项目扶持等政策。积极创建示范家庭农场、农民专业合作社示范社、农业产业化示范基地、农业示范服务组织，加快培育新型经营主体。引导新型经营主体与承包农户建立紧密利益联结机制，带动普通农户分享农业规模经营收益。支持新型经营主体相互融合，鼓励家庭农场、农民专业合作社、农业产业化龙头企业等联合与合作，依法组建行业组织或联盟。依托现代农业人才支撑计划，健全新型职业农民培育制度。

（四）完善"三权分置"法律法规。

积极开展土地承包权有偿退出、土地经营权抵押贷款、土地经营权入股农业产业化经营等试点，总结形成可推广、可复制的做法和经验，在此基础上完善法律制度。加快农村土地承包法等相关法律修订完善工作。认真研究农村集体经济组织、家庭农场发展等相关法律问题。研究健全农村土地经营权流转、抵押贷款和农村土地承包权退出等方面的具体办法。

……

附录 5

中国人民银行　银监会　保监会　财政部
农业部《农村承包土地的经营权抵押
贷款试点暂行办法》

2016 年 3 月 15 日

......

第二条　本办法所称农村承包土地的经营权抵押贷款，是指以承包土地的经营权作抵押、由银行业金融机构（以下称贷款人）向符合条件的承包方农户或农业经营主体发放的、在约定期限内还本付息的贷款。

第三条　本办法所称试点地区是指《全国人民代表大会常务委员会关于授权国务院在北京市大兴区等 232 个试点县（市、区）、天津市蓟县等 59 个试点县（市、区）行政区域分别暂时调整实施有关法律规定的决定》明确授权开展农村承包土地的经营权抵押贷款试点的县（市、区）。

第四条　农村承包土地的经营权抵押贷款试点坚持不改变土地公有制性质、不突破耕地红线、不损害农民利益、不层层下达规模指标。

第五条　符合本办法第六条、第七条规定条件、通过家庭承包方式依法取得土地承包经营权和通过合法流转方式获得承包土地的经营权的农户及农业经营主体（以下称借款人），均可按程序向银行业金融机构申请农村承包土地的经营权抵押贷款。

第六条　通过家庭承包方式取得土地承包经营权的农户以其获得的土地经营权作抵押申请贷款的，应同时符合以下条件：

（一）具有完全民事行为能力，无不良信用记录；

（二）用于抵押的承包土地没有权属争议；

（三）依法拥有县级以上人民政府或政府相关主管部门颁发的土地承包经营权证；

（四）承包方已明确告知发包方承包土地的抵押事宜。

第七条　通过合法流转方式获得承包土地的经营权的农业经营主体申请贷款的，应同时符合以下条件：

（一）具备农业生产经营管理能力，无不良信用记录；

（二）用于抵押的承包土地没有权属争议；

（三）已经与承包方或者经承包方书面委托的组织或个人签订了合法有效的经营权流转合同，或依流转合同取得了土地经营权权属确认证明，并已按合同约定方式支付了土地租金；

（四）承包方同意承包土地的经营权可用于抵押及合法再流转；

（五）承包方已明确告知发包方承包土地的抵押事宜。

第八条　借款人获得的承包土地经营权抵押贷款，应主要用于农业生产经营等贷款人认可的合法用途。

第九条　贷款人应当统筹考虑借款人信用状况、借款需求与偿还能力、承包土地经营权价值及流转方式等因素，合理自主确定承包土地的经营权抵押贷款抵押率和实际贷款额度。鼓励贷款人对诚实守信、有财政贴息或农业保险等增信手段支持的借款人，适当提高贷款抵押率。

第十条　贷款人应参考人民银行公布的同期同档次基准利率，结合借款人的实际情况合理自主确定承包土地的经营权抵押贷款的利率。

第十一条　贷款人应综合考虑承包土地经营权可抵押期限、贷款用途、贷款风险、土地流转期内租金支付方式等因素合理自主确定贷款期限。鼓励贷款人在农村承包土地的经营权剩余使用期限内发放中长期贷款，有效增加农业生产的中长期信贷投入。

第十二条　借贷双方可采取委托第三方评估机构评估、贷款人自评估或者借贷双方协商等方式，公平、公正、客观、合理确定农村土地经营权价值。

第十三条　鼓励贷款人因地制宜，针对借款人需求积极创新信贷产品和服务方式，简化贷款手续，加强贷款风险控制，全面提高贷款服务质量和效率。在承包土地的经营权抵押合同约定的贷款利率之外不得另外或变相增加其他借款费用。

第十四条　借贷双方要按试点地区规定，在试点地区农业主管部门或试点地区政府授权的农村产权流转交易平台办理承包土地的经营权抵押登记。受理抵押登记的部门应当对用于抵押的承包土地的经营权权属进行审核、公示。

第十五条　因借款人不履行到期债务，或者按借贷双方约定的情形需要依法行使抵押权的，贷款人可依法采取贷款重组、按序清偿、协议转让、交易平台挂牌再流转等多种方式处置抵押物，抵押物处置收益应由贷款人优先受偿。

第十六条　试点地区政府要依托公共资源管理平台，推进建立县（区）、乡（镇、街道）等多级联网的农村产权流转交易平台，建立承包土地的经营权抵押、流转、评估和处置的专业化服务机制，完善承包土地的经营权价值评估体系，推动承包土地的经营权流转交易公开、公正、规范运行。

第十七条 试点地区政府要加快推进行政辖区内农村土地承包经营权确权登记颁证，鼓励探索通过合同鉴证、登记颁证等方式对流转取得的农村承包土地的经营权进行权属确认。

第十八条 鼓励试点地区政府设立农村承包土地的经营权抵押贷款风险补偿基金，用于分担地震、冰雹、严重旱涝等不可抗力造成的贷款损失，或根据地方财力对农村承包土地的经营权抵押贷款给予适当贴息，增强贷款人放贷激励。

第十九条 鼓励试点地区通过政府性担保公司提供担保、农村产权交易平台提供担保等多种方式，为农村承包土地的经营权抵押贷款主体融资增信。

第二十条 试点地区农业主管部门要组织做好流转合同鉴证评估、农村产权交易平台搭建、承包土地的经营权价值评估、抵押物处置等配套工作。

第二十一条 试点地区人民银行分支机构对开展农村承包土地的经营权抵押贷款业务取得良好效果的贷款人加大支农再贷款支持力度。

第二十二条 银行业监督管理机构要统筹研究，合理确定承包土地经营权抵押贷款的风险权重、资本计提、贷款分类等方面的计算规则和激励政策，支持贷款人开展承包土地的经营权抵押贷款业务。

第二十三条 保险监督管理机构要加快完善农业保险政策，积极扩大试点地区农业保险品种和覆盖范围。通过探索开展农村承包土地的经营权抵押贷款保证保险业务等多种方式，为借款人提供增信支持。

......

附录 6

财政部　国土资源部《农村集体经营性建设用地土地增值收益调节金征收使用管理暂行办法》

2016 年 4 月 18 日

第一章　总则

……

第三条　本办法所称农村集体经营性建设用地，是指存量农村集体建设用地中，土地利用总体规划和城乡规划确定为工矿仓储、商服等经营性用途的土地。

第四条　本办法所称调节金，是指按照建立同权同价、流转顺畅、收益共享的农村集体经营性建设用地入市制度的目标，在农村集体经营性建设用地入市及再转让环节，对土地增值收益收取的资金。

农村集体经济组织通过出让、租赁、作价出资（入股）等方式取得农村集体经营性建设用地入市收益，以及入市后的农村集体经营性建设用地土地使用权人，以出售、交换、赠与、出租、作价出资（入股）或其他视同转让等方式取得再转让收益时，向国家缴纳调节金。

第二章　征收缴库

……

第六条　调节金分别按入市或再转让农村集体经营性建设用地土地增值收益的 20% ~ 50% 征收。

农村集体经营性建设用地土地增值收益，是指农村集体经营性建设用地入市环节入市收入扣除取得成本和土地开发支出后的净收益，以及再转让环节的再转让收入扣除取得成本和土地开发支出后的净收益。

试点县综合考虑土地增值收益情况，按照土地征收转用与农村集体经营性建设用地入市取得的土地增值收益在国家和集体之间分享比例大体平衡以及保障农民利益等原则，考虑土地用途、土地等级、交易方式等因素，确定调节金征收比例。

第七条　农村集体经营性建设用地以出让、作价出资（入股）方式入市的，成交总价款为入市收入。

以租赁方式入市的,租金总额为入市收入。

第八条　以出售、交换、出租、作价出资(入股)等方式再转让农村集体经营性建设用地使用权的,再转让收入按以下方式确定:

(一)以出售方式再转让的,销售价款为再转让收入。

(二)以交换方式再转让并存在差价补偿的,被转让土地与交换土地或房产的评估价差额与合同约定差价补偿款中较大者为再转让收入。

其中,以除土地或房产以外的实物等非货币形式补偿差价的,其评估价值为相应差价补偿款。

(三)以出租或作价出资(入股)方式再转让的,总租金、成交总价款为再转让收入。

(四)以抵债、司法裁定等视同转让方式再转让的,评估价或合同协议价中较高者为再转让收入。

(五)对无偿赠与直系亲属或承担直接赡养义务人,以及通过境内非营利社会团体、国家机关赠与国内教育、民政等公益福利事业的,暂不征收调节金。其他赠与行为以评估价为再转让收入。

第九条　土地取得成本和土地开发支出的具体内容及标准由试点县人民政府结合当地实际确定。

无法核定本地区入市或再转让土地取得成本的,可根据土地征收或土地收储的区域平均成本情况,制定农村集体经营性建设用地的平均成本,或制定按成交总价款一定比例征收调节金的简易办法,由试点县人民政府报省级财政和国土资源主管部门批准后执行。

第十条　试点县应制定与城镇国有土地相统一的农村集体土地基准地价体系。农村集体土地基准地价体系建立前,参照国有土地基准地价体系执行。

农村集体经营性建设用地入市、再转让价格低于基准地价80%的,试点县人民政府有优先购买权。

第十一条　农村集体经营性建设用地使用权交易通过土地有形市场或公共资源交易平台进行的,交易双方签订书面合同,明确成交土地地块、面积、交易方式、成交总价款、调节金金额、缴纳义务人和缴纳期限等。

土地有形市场或公共资源交易平台管理部门应公开交易信息。

……

第十六条　农村集体经济组织以现金形式取得的土地增值收益,按照壮大集体经济的原则留足集体后,在农村集体经济组织成员之间公平分配。对以非现金形式取得的土地增值收益应加强管理,并及时在农村集体经济组织内部进行公示。

　　农村集体经济组织取得的收益应纳入农村集体资产统一管理，分配情况纳入村务公开内容，接受审计、政府和公众监督。

　　……

附录7

银监会　国土资源部
《农村集体经营性建设用地使用权抵押贷款管理暂行办法》

2016 年 5 月 13 日

……

第二条　按照金融改革与农村土地制度改革紧密衔接的原则，在坚持土地公有制性质不变、耕地红线不突破、农民利益不受损的前提下，开展农村集体经营性建设用地使用权抵押贷款工作，落实农村集体经营性建设用地与国有建设用地同等入市、同权同价。

第三条　允许开展抵押贷款的农村集体经营性建设用地仅限于国家确定的入市改革试点地区。

第四条　农村集体经营性建设用地使用权抵押贷款，是指以农村集体经营性建设用地使用权作为抵押财产，由银行业金融机构向符合条件的借款人发放的在约定期限内还本付息的贷款。

农村集体经营性建设用地是指存量农村集体建设用地中，土地利用总体规划和城乡规划确定为工矿仓储、商服等经营性用途的土地。

第五条　在符合规划、用途管制、依法取得的前提下，以出让、租赁、作价出资（入股）方式入市的和具备入市条件的农村集体经营性建设用地使用权可以办理抵押贷款。农村集体经营性建设用地使用权抵押的，地上的建筑物应一并抵押。

前款所称具备入市条件是指，尚未入市但已经依法进行不动产登记并持有权属证书，符合规划、环保等要求，具备开发利用的基本条件，所有权主体履行集体土地资产决策程序同意抵押，试点县（市、区）政府同意抵押权实现时土地可以入市的情形；尚未入市但改革前依法使用的农村集体经营性建设用地，依法进行不动产登记并持有权属证书，按相关规定办理入市手续，签订土地使用合同，办理变更登记手续的情形。

第六条　具有下列情形之一的集体经营性建设用地使用权不得抵押：

（一）权属不清或存在争议的；

（二）司法机关依法查封的；

（三）被依法纳入拆迁征地范围的；

（四）擅自改变用途的；

（五）其他不得办理抵押的情形。

第七条　农村集体经营性建设用地使用权抵押贷款应当坚持依法合规、惠农利民、平等自愿、公平诚信、风险可控、商业可持续原则。

……

第十条　以农村集体经营性建设用地使用权作抵押申请贷款的，应当同时满足以下条件：

（一）依法进行不动产登记并取得县级以上人民政府或政府相关主管部门颁发的农村集体经营性建设用地权属证书并可办理抵押登记；

（二）用于抵押的农村集体经营性建设用地符合土地利用总体规划及城乡规划；

（三）用于抵押的农村集体经营性建设用地使用权及其地上建筑物、其他附着物未设定影响处置变现和银行业金融机构优先受偿的其他权利；

（四）具备入市条件的，应具备所有权主体履行集体土地资产决策程序同意抵押，试点县（市、区）政府同意抵押的证明材料等；

（五）法律、行政法规和中国银监会规定的其他条件。

第十一条　银行业金融机构受理借款人贷款申请后，应当履行尽职调查职责，并对贷款申请内容和相关情况的真实性、准确性、完整性进行调查核实，形成调查评价意见。重点包括以下内容：

（一）借款人具有完全民事行为能力，信用记录良好；

（二）借款人所在行业状况、持续经营能力以及合法的还款来源；

（三）抵押财产是否真实有效、产权清晰并取得合法权证，相应手续是否合法齐备，是否存在权属争议；

（四）抵押财产价值评估是否合理；

（五）抵押财产是否符合土地利用总体规划、城乡规划及用途管制；

（六）抵押财产是否符合当地流转交易政策规定，是否容易处置变现，是否存在影响抵押财产处置和银行业金融机构优先受偿的权利瑕疵或权利负担。

第十二条　银行业金融机构应当建立农村集体经营性建设用地使用权价值评估制度。可采用外部评估或内部评估的方式对用于抵押的农村集体经营性建设用地使用权进行价值评估。

第十三条　银行业金融机构应当综合考虑借款人的资信状况、偿债能力、贷款期限以及抵押土地的使用年限、地理位置、规划和用途等因素，确定农村集体经营性建设用地使用权抵押率。

第十四条 银行业金融机构应当参考同期同档次基准利率，综合考虑借款人的实际情况，合理自主确定农村集体经营性建设用地使用权抵押贷款的利率。

第十五条 银行业金融机构应当建立农村集体经营性建设用地使用权抵押贷款业务风险评价机制，全面审查农村集体经营性建设用地使用权抵押贷款的风险因素，合理作出信贷决策。

第十六条 银行业金融机构应当进行全面、动态的风险评估，有效跟踪检查和监控分析信贷资金使用、借款人信用及担保变化等情况。

第十七条 银行业金融机构应当按照抵押合同的约定，加强押品的动态管理和价值重估，保证抵押权利的真实、合法、足值、有效。

第十八条 抵押权存续期间，未经银行业金融机构同意，抵押人不得擅自转让或处分已抵押的农村集体经营性建设用地使用权及其上的建筑物、其他附着物，但受让人代为清偿债务消灭抵押权的除外。

第十九条 抵押财产价值减少时，银行业金融机构有权要求恢复抵押财产的价值，或者要求借款人提供与减少的价值相应的担保。借款人不恢复财产的价值也不提供其他担保的，银行业金融机构有权要求借款人提前清偿债务。

第二十条 银行业金融机构应当在合同中明确，在抵押权存续期间，如国家依法征收该宗土地，抵押人应当以所得补偿费用优先偿还借款人债务，或另行提供其他足值有效担保。

第二十一条 贷款到期后，借款人未清偿债务或出现当事人约定的实现抵押权的情形，银行业金融机构可以通过折价、拍卖、变卖抵押财产等合法途径处置已抵押的农村集体经营性建设用地使用权。所得价款由银行业金融机构优先受偿。

土地所有权人在同等条件下享有使用权优先购买权。

第二十二条 银行业金融机构应当建立风险预警制度和重大风险报告制度。
……

第二十四条 鼓励试点地区通过政府性融资担保公司提供担保的方式，为农村集体经营性建设用地使用权抵押贷款提供增信服务。

第二十五条 鼓励有条件的试点县（市、区）政府建立风险补偿机制。

第二十六条 不动产登记机构应当为抵押双方提供信息查询、抵押登记等相关服务，协调做好农村集体经营性建设用地使用权抵押贷款工作。

第二十七条 农村集体经营性建设用地使用权抵押登记参照国有建设用地使用权抵押登记的有关规定，由所在地的不动产登记机构办理。

第二十八条　银行业金融机构和抵押人签订抵押合同后，双方共同持以下资料向不动产登记机构申请办理抵押登记，抵押权自登记时设立。

（一）抵押登记申请书；

（二）贷款合同和抵押合同；

（三）集体建设用地权属证书；

（四）登记机构规定的其他资料。

第二十九条　对符合抵押登记条件的，试点地区不动产登记机构应当及时将抵押合同约定的有关事项在登记簿加以记载，并向银行业金融机构颁发抵押权登记证明。

……

第三十一条　银行业监督管理机构要统筹研究，合理确定农村集体经营性建设用地使用权抵押贷款的风险权重、资本计提、贷款分类等方面的计算规则和激励政策，支持银行业金融机构开展农村集体经营性建设用地使用权抵押贷款业务。

……

附 录 8

中共中央　国务院
《关于保持土地承包关系稳定并长久不变的意见》

2019 年 11 月 26 日

党的十九大提出，保持土地承包关系稳定并长久不变，第二轮土地承包到期后再延长三十年。为充分保障农民土地承包权益，进一步完善农村土地承包经营制度，推进实施乡村振兴战略，现就保持农村土地（指承包耕地）承包关系稳定并长久不变（以下简称"长久不变"）提出如下意见。

一、重要意义

……

（一）实行"长久不变"有利于巩固和完善农村基本经营制度……

（二）实行"长久不变"有利于促进中国特色现代农业发展。土地承包关系是农村生产关系的集中体现，需要适应生产力发展的要求不断巩固完善。……实行"长久不变"，促进形成农村土地"三权"分置格局，稳定承包权，维护广大农户的承包权益，放活经营权，发挥新型农业经营主体引领作用，有利于实现小农户和现代农业发展有机衔接，有利于发展多种形式适度规模经营，推进中国特色农业现代化。

（三）实行"长久不变"有利于推动实施乡村振兴战略。……推动乡村全面振兴，必须以完善产权制度和要素市场化配置为重点，强化制度性供给。实行"长久不变"，完善承包经营制度，有利于强化农户土地承包权益保护，有利于推进农村土地资源优化配置，有利于激活主体、激活要素、激活市场，为实现乡村振兴提供更加有力的制度保障。

（四）实行"长久不变"有利于保持农村社会和谐稳定。土地问题贯穿农村改革全过程，涉及亿万农民切身利益，平衡好各方土地权益，是党的执政能力和国家治理水平的重要体现。实行"长久不变"，进一步明晰集体与农户、农户与农户、农户与新型农业经营主体之间在承包土地上的权利义务关系，有利于发挥社会主义集体经济的优越性，通过起点公平、机会公平，合理调节利益关系，消除土地纠纷隐患，促进社会公平正义，进一步巩固党在农村的执政基础。

二、总体要求

（一）指导思想。以习近平新时代中国特色社会主义思想为指导，全面贯彻党的十九大和十九届二中、三中全会精神，认真落实党中央、国务院决策部署，紧紧围绕统筹推进"五位一体"总体布局和协调推进"四个全面"战略布局，牢固树立和贯彻落实新发展理念，紧扣处理好农民和土地关系这一主线，坚持农户家庭承包经营，坚持承包关系长久稳定，赋予农民更加充分而有保障的土地权利，巩固和完善农村基本经营制度，为提高农业农村现代化水平、推动乡村全面振兴、保持社会和谐稳定奠定制度基础。

（二）基本原则

——稳定基本经营制度。坚持农村土地农民集体所有，确保集体经济组织成员平等享有土地权益，不断探索具体实现形式，不搞土地私有化；坚持家庭承包经营基础性地位，不论经营权如何流转，不论新型农业经营主体如何发展，都不能动摇农民家庭土地承包地位、侵害农民承包权益。

——尊重农民主体地位。尊重农民意愿，把选择权交给农民，依靠农民解决好自己最关心最现实的利益问题；……

——推进农业农村现代化。顺应新形势完善生产关系，立足建设现代农业、实现乡村振兴，引导土地经营权有序流转，提高土地资源利用效率，形成多种形式农业适度规模经营……。

——维护农村社会稳定。……

三、准确把握"长久不变"政策内涵

（一）保持土地集体所有、家庭承包经营的基本制度长久不变。农村土地集体所有、家庭承包经营的基本制度有利于调动集体和农民积极性，对保障国家粮食安全和农产品有效供给具有重要作用，必须毫不动摇地长久坚持，确保农民集体有效行使集体土地所有权、集体成员平等享有土地承包权。要从我国经济社会发展阶段和各地发展不平衡的实际出发，积极探索和不断丰富集体所有、家庭承包经营的具体实现形式，不断推进农村基本经营制度完善和发展。

（二）保持农户依法承包集体土地的基本权利长久不变。家庭经营在农业生产经营中居于基础性地位，要长久保障和实现农户依法承包集体土地的基本权利。农村集体经济组织成员有权依法承包集体土地，任何组织和个人都不能剥夺和非法限制。同时，要根据时代发展需要，不断强化对土地承包权的物权保护，依法保障农民对承包地占有、使用、收益、流转及承包土地的经营权抵押、担保权利，不断赋予其更加完善的权能。

（三）保持农户承包地稳定。农民家庭是土地承包经营的法定主体，农村集体土地由集体经济组织内农民家庭承包，家庭成员依法平等享有承包土地的各项权益。农户承包地要保持稳定，发包方及其他经济组织和个人不得违法调整。鼓励承包农户增加投入，保护和提升地力。各地可在农民自愿前提下结合农田基本建设，组织开展互换并地，发展连片种植。支持新型农业经营主体通过流转农户承包地进行农田整理，提升农业综合生产能力。

四、稳妥推进"长久不变"实施

（一）稳定土地承包关系。第二轮土地承包到期后应坚持延包原则，不得将承包地打乱重分，确保绝大多数农户原有承包地继续保持稳定。对少数存在承包地因自然灾害毁损等特殊情形且群众普遍要求调地的村组，届时可按照大稳定、小调整的原则，由农民集体民主协商，经本集体经济组织成员的村民会议三分之二以上成员或者三分之二以上村民代表同意，并报乡（镇）政府和县级政府农业等行政主管部门批准，可在个别农户间作适当调整，但要依法依规从严掌握。

（二）第二轮土地承包到期后再延长三十年。土地承包期再延长三十年，使农村土地承包关系从第一轮承包开始保持稳定长达七十五年，是实行"长久不变"的重大举措。现有承包地在第二轮土地承包到期后由农户继续承包，承包期再延长三十年，以各地第二轮土地承包到期为起点计算。以承包地确权登记颁证为基础，已颁发的土地承包权利证书，在新的承包期继续有效且不变不换，证书记载的承包期限届时统一变更。对个别调地的，在合同、登记簿和证书上作相应变更处理。

（三）继续提倡"增人不增地、减人不减地"。为避免承包地的频繁变动，防止耕地经营规模不断细分，进入新的承包期后，因承包方家庭人口增加、缺地少地导致生活困难的，要帮助其提高就业技能，提供就业服务，做好社会保障工作。因家庭成员全部死亡而导致承包方消亡的，发包方应当依法收回承包地，另行发包。通过家庭承包取得土地承包权的，承包方应得的承包收益，依照继承法的规定继承。

（四）建立健全土地承包权依法自愿有偿转让机制。维护进城农户土地承包权益，现阶段不得以退出土地承包权作为农户进城落户的条件。对承包农户进城落户的，引导支持其按照自愿有偿原则依法在本集体经济组织内转让土地承包权或将承包地退还集体经济组织，也可鼓励其多种形式流转承包地经营权。对长期弃耕抛荒承包地的，发包方可以依法采取措施防止和纠正弃耕抛荒行为。

五、切实做好"长久不变"基础工作

（一）做好承包地确权登记颁证工作。承包地确权登记颁证是稳定农村土地承包关系的重大举措，也是落实"长久不变"的重要前提和基本依据。在2018年年底前基本完成确权登记颁证工作的基础上，继续做好收尾工作、化解遗留问题，健全承包合同取得权利、登记记载权利、证书证明权利的确权登记制度，并做好与不动产统一登记工作的衔接，赋予农民更有保障的土地承包权益，为实行"长久不变"奠定坚实基础。

（二）完善落实农村土地所有权、承包权、经营权"三权"分置政策体系。不断探索农村土地集体所有制的有效实现形式，充分发挥所有权、承包权、经营权的各自功能和整体效用，形成层次分明、结构合理、平等保护的格局。深入研究农民集体和承包农户在承包地上、承包农户和经营主体在土地流转中的权利边界及相互权利关系等问题，充分维护农户承包地的各项权能。完善土地经营权流转市场，健全土地流转规范管理制度，探索更多放活土地经营权的有效途径。

（三）健全农村土地承包相关法律政策。按照党中央确定的政策，抓紧修改相关法律，建立健全实行"长久不变"、维护农户土地承包权益等方面的制度体系。在第二轮土地承包到期前，中央农办、农业农村部等部门应研究出台配套政策，指导各地明确第二轮土地承包到期后延包的具体办法，确保政策衔接、平稳过渡。

　　……

附录 9

农业农村部《农村土地经营权流转管理办法》

2021 年 1 月 26 日

第一章 总则

......

第二条 土地经营权流转应当坚持农村土地农民集体所有、农户家庭承包经营的基本制度，保持农村土地承包关系稳定并长久不变，遵循依法、自愿、有偿原则，任何组织和个人不得强迫或者阻碍承包方流转土地经营权。

第三条 土地经营权流转不得损害农村集体经济组织和利害关系人的合法权益，不得破坏农业综合生产能力和农业生态环境，不得改变承包土地的所有权性质及其农业用途，确保农地农用，优先用于粮食生产，制止耕地"非农化"、防止耕地"非粮化"。

第四条 土地经营权流转应当因地制宜、循序渐进，把握好流转、集中、规模经营的度，流转规模应当与城镇化进程和农村劳动力转移规模相适应，与农业科技进步和生产手段改进程度相适应，与农业社会化服务水平提高相适应，鼓励各地建立多种形式的土地经营权流转风险防范和保障机制。

第五条 农业农村部负责全国土地经营权流转及流转合同管理的指导。

县级以上地方人民政府农业农村主管（农村经营管理）部门依照职责，负责本行政区域内土地经营权流转及流转合同管理。

乡（镇）人民政府负责本行政区域内土地经营权流转及流转合同管理。

第二章 流转当事人

第六条 承包方在承包期限内有权依法自主决定土地经营权是否流转，以及流转对象、方式、期限等。

第七条 土地经营权流转收益归承包方所有，任何组织和个人不得擅自截留、扣缴。

第八条 承包方自愿委托发包方、中介组织或者他人流转其土地经营权的，应当由承包方出具流转委托书。委托书应当载明委托的事项、权限和期限等，并由委托人和受托人签字或者盖章。

没有承包方的书面委托，任何组织和个人无权以任何方式决定流转承包方的土地经营权。

第九条 土地经营权流转的受让方应当为具有农业经营能力或者资质的组织和个人。在同等条件下，本集体经济组织成员享有优先权。

第十条 土地经营权流转的方式、期限、价款和具体条件，由流转双方平等协商确定。流转期限届满后，受让方享有以同等条件优先续约的权利。

第十一条 受让方应当依照有关法律法规保护土地，禁止改变土地的农业用途。禁止闲置、荒芜耕地，禁止占用耕地建窑、建坟或者擅自在耕地上建房、挖砂、采石、采矿、取土等。禁止占用永久基本农田发展林果业和挖塘养鱼。

第十二条 受让方将流转取得的土地经营权再流转以及向金融机构融资担保的，应当事先取得承包方书面同意，并向发包方备案。

第十三条 经承包方同意，受让方依法投资改良土壤，建设农业生产附属、配套设施，及农业生产中直接用于作物种植和畜禽水产养殖设施的，土地经营权流转合同到期或者未到期由承包方依法提前收回承包土地时，受让方有权获得合理补偿。具体补偿办法可在土地经营权流转合同中约定或者由双方协商确定。

第三章 流转方式

第十四条 承包方可以采取出租（转包）、入股或者其他符合有关法律和国家政策规定的方式流转土地经营权。

出租（转包），是指承包方将部分或者全部土地经营权，租赁给他人从事农业生产经营。

入股，是指承包方将部分或者全部土地经营权作价出资，成为公司、合作经济组织等股东或者成员，并用于农业生产经营。

第十五条 承包方依法采取出租（转包）、入股或者其他方式将土地经营权部分或者全部流转的，承包方与发包方的承包关系不变，双方享有的权利和承担的义务不变。

第十六条 承包方自愿将土地经营权入股公司发展农业产业化经营的，可以采取优先股等方式降低承包方风险。公司解散时入股土地应当退回原承包方。

第四章 流转合同

第十七条 承包方流转土地经营权，应当与受让方在协商一致的基础上签订书面流转合同，并向发包方备案。

承包方将土地交由他人代耕不超过一年的，可以不签订书面合同。

第十八条 承包方委托发包方、中介组织或者他人流转土地经营权的，流转合同应当由承包方或者其书面委托的受托人签订。

第十九条 土地经营权流转合同一般包括以下内容：

（一）双方当事人的姓名或者名称、住所、联系方式等；

（二）流转土地的名称、四至、面积、质量等级、土地类型、地块代码等；

（三）流转的期限和起止日期；

（四）流转方式；

（五）流转土地的用途；

（六）双方当事人的权利和义务；

（七）流转价款或者股份分红，以及支付方式和支付时间；

（八）合同到期后地上附着物及相关设施的处理；

（九）土地被依法征收、征用、占用时有关补偿费的归属；

（十）违约责任。

土地经营权流转合同示范文本由农业农村部制定。

第二十条 承包方不得单方解除土地经营权流转合同，但受让方有下列情形之一的除外：

（一）擅自改变土地的农业用途；

（二）弃耕抛荒连续两年以上；

（三）给土地造成严重损害或者严重破坏土地生态环境；

（四）其他严重违约行为。

有以上情形，承包方在合理期限内不解除土地经营权流转合同的，发包方有权要求终止土地经营权流转合同。

受让方对土地和土地生态环境造成的损害应当依法予以赔偿。

第五章　流转管理

第二十一条 发包方对承包方流转土地经营权、受让方再流转土地经营权以及承包方、受让方利用土地经营权融资担保的，应当办理备案，并报告乡（镇）人民政府农村土地承包管理部门。

第二十二条 乡（镇）人民政府农村土地承包管理部门应当向达成流转意向的双方提供统一文本格式的流转合同，并指导签订。流转合同中有违反法律法规的，应当及时予以纠正。

第二十三条 乡（镇）人民政府农村土地承包管理部门应当建立土地经营权流转台账，及时准确记载流转情况。

第二十四条 乡（镇）人民政府农村土地承包管理部门应当对土地经营权流转有关文件、资料及流转合同等进行归档并妥善保管。

第二十五条 鼓励各地建立土地经营权流转市场或者农村产权交易市场。县级以上地方人民政府农业农村主管（农村经营管理）部门应当加强业务指导，督促其建立健全运行规则，规范开展土地经营权流转政策咨询、信息发布、合同签订、交易鉴证、权益评估、融资担保、档案管理等服务。

第二十六条 县级以上地方人民政府农业农村主管（农村经营管理）部门应当按照统一标准和技术规范建立国家、省、市、县等互联互通的农村土地承包信息应用平台，健全土地经营权流转合同网签制度，提升土地经营权流转规范化、信息化管理水平。

第二十七条 县级以上地方人民政府农业农村主管（农村经营管理）部门应当加强对乡（镇）人民政府农村土地承包管理部门工作的指导。乡（镇）人民政府农村土地承包管理部门应当依法开展土地经营权流转的指导和管理工作。

第二十八条 县级以上地方人民政府农业农村主管（农村经营管理）部门应当加强服务，鼓励受让方发展粮食生产；鼓励和引导工商企业等社会资本（包括法人、非法人组织或者自然人等）发展适合企业化经营的现代种养业。

县级以上地方人民政府农业农村主管（农村经营管理）部门应当根据自然经济条件、农村劳动力转移情况、农业机械化水平等因素，引导受让方发展适度规模经营，防止垒大户。

第二十九条 县级以上地方人民政府对工商企业等社会资本流转土地经营权，依法建立分级资格审查和项目审核制度。审查审核的一般程序如下：

（一）受让主体与承包方就流转面积、期限、价款等进行协商并签订流转意向协议书。涉及未承包到户集体土地等集体资源的，应当按照法定程序经本集体经济组织成员的村民会议三分之二以上成员或者三分之二以上村民代表的同意，并与集体经济组织签订流转意向协议书。

（二）受让主体按照分级审查审核规定，分别向乡（镇）人民政府农村土地承包管理部门或者县级以上地方人民政府农业农村主管（农村经营管理）部门提出申请，并提交流转意向协议书、农业经营能力或者资质证明、流转项目规划等相关材料。

（三）县级以上地方人民政府或者乡（镇）人民政府应当依法组织相关职能部门、农村集体经济组织代表、农民代表、专家等就土地用途、受让主体农业经营能力，以及经营项目是否符合粮食生产等产业规划等进行审查审核，并于受理之日起20个工作日内作出审查审核意见。

（四）审查审核通过的，受让主体与承包方签订土地经营权流转合同。未按规定提交审查审核申请或者审查审核未通过的，不得开展土地经营权流转活动。

第三十条 县级以上地方人民政府依法建立工商企业等社会资本通过流转取得土地经营权的风险防范制度，加强事中事后监管，及时查处纠正违法违规行为。

鼓励承包方和受让方在土地经营权流转市场或者农村产权交易市场公开交易。

对整村（组）土地经营权流转面积较大、涉及农户较多、经营风险较高的项目，流转双方可以协商设立风险保障金。

鼓励保险机构为土地经营权流转提供流转履约保证保险等多种形式保险服务。

第三十一条　农村集体经济组织为工商企业等社会资本流转土地经营权提供服务的，可以收取适量管理费用。收取管理费用的金额和方式应当由农村集体经济组织、承包方和工商企业等社会资本三方协商确定。管理费用应当纳入农村集体经济组织会计核算和财务管理，主要用于农田基本建设或者其他公益性支出。

第三十二条　县级以上地方人民政府可以根据本办法，结合本行政区域实际，制定工商企业等社会资本通过流转取得土地经营权的资格审查、项目审核和风险防范实施细则。

第三十三条　土地经营权流转发生争议或者纠纷的，当事人可以协商解决，也可以请求村民委员会、乡（镇）人民政府等进行调解。

当事人不愿意协商、调解或者协商、调解不成的，可以向农村土地承包仲裁机构申请仲裁，也可以直接向人民法院提起诉讼。

第六章　附则

第三十四条　本办法所称农村土地，是指除林地、草地以外的，农民集体所有和国家所有依法由农民集体使用的耕地和其他用于农业的土地。

本办法所称农村土地经营权流转，是指在承包方与发包方承包关系保持不变的前提下，承包方依法在一定期限内将土地经营权部分或者全部交由他人自主开展农业生产经营的行为。

第三十五条　通过招标、拍卖和公开协商等方式承包荒山、荒沟、荒丘、荒滩等农村土地，经依法登记取得权属证书的，可以流转土地经营权，其流转管理参照本办法执行。

第三十六条　本办法自 2021 年 3 月 1 日起施行。农业部 2005 年 1 月 19 日发布的《农村土地承包经营权流转管理办法》（农业部令第 47 号）同时废止。

附录 10

国务院《中华人民共和国土地管理法实施条例》

2021 年 7 月 2 日

......

第四节 宅基地管理

第三十三条 农村居民点布局和建设用地规模应当遵循节约集约、因地制宜的原则合理规划。县级以上地方人民政府应当按照国家规定安排建设用地指标，合理保障本行政区域农村村民宅基地需求。

乡（镇）、县、市国土空间规划和村庄规划应当统筹考虑农村村民生产、生活需求，突出节约集约用地导向，科学划定宅基地范围。

第三十四条 农村村民申请宅基地的，应当以户为单位向农村集体经济组织提出申请；没有设立农村集体经济组织的，应当向所在的村民小组或者村民委员会提出申请。宅基地申请依法经农村村民集体讨论通过并在本集体范围内公示后，报乡（镇）人民政府审核批准。

涉及占用农用地的，应当依法办理农用地转用审批手续。

第三十五条 国家允许进城落户的农村村民依法自愿有偿退出宅基地。乡（镇）人民政府和农村集体经济组织、村民委员会等应当将退出的宅基地优先用于保障该农村集体经济组织成员的宅基地需求。

第三十六条 依法取得的宅基地和宅基地上的农村村民住宅及其附属设施受法律保护。

禁止违背农村村民意愿强制流转宅基地，禁止违法收回农村村民依法取得的宅基地，禁止以退出宅基地作为农村村民进城落户的条件，禁止强迫农村村民搬迁退出宅基地。

第五节 集体经营性建设用地管理

第三十七条 国土空间规划应当统筹并合理安排集体经营性建设用地布局和用途，依法控制集体经营性建设用地规模，促进集体经营性建设用地的节约集约利用。

鼓励乡村重点产业和项目使用集体经营性建设用地。

第三十八条 国土空间规划确定为工业、商业等经营性用途，且已依法办理土地所有权登记的集体经营性建设用地，土地所有权人可以通过出让、出租等方式交由单位或者个人在一定年限内有偿使用。

第三十九条 土地所有权人拟出让、出租集体经营性建设用地的，市、县人民政府自然资源主管部门应当依据国土空间规划提出拟出让、出租的集体经营性建设用地的规划条件，明确土地界址、面积、用途和开发建设强度等。

市、县人民政府自然资源主管部门应当会同有关部门提出产业准入和生态环境保护要求。

第四十条 土地所有权人应当依据规划条件、产业准入和生态环境保护要求等，编制集体经营性建设用地出让、出租等方案，并依照《土地管理法》第六十三条的规定，由本集体经济组织形成书面意见，在出让、出租前不少于十个工作日报市、县人民政府。市、县人民政府认为该方案不符合规划条件或者产业准入和生态环境保护要求等的，应当在收到方案后五个工作日内提出修改意见。土地所有权人应当按照市、县人民政府的意见进行修改。

集体经营性建设用地出让、出租等方案应当载明宗地的土地界址、面积、用途、规划条件、产业准入和生态环境保护要求、使用期限、交易方式、入市价格、集体收益分配安排等内容。

第四十一条 土地所有权人应当依据集体经营性建设用地出让、出租等方案，以招标、拍卖、挂牌或者协议等方式确定土地使用者，双方应当签订书面合同，载明土地界址、面积、用途、规划条件、使用期限、交易价款支付、交地时间和开工竣工期限、产业准入和生态环境保护要求，约定提前收回的条件、补偿方式、土地使用权届满续期和地上建筑物、构筑物等附着物处理方式，以及违约责任和解决争议的方法等，并报市、县人民政府自然资源主管部门备案。未依法将规划条件、产业准入和生态环境保护要求纳入合同的，合同无效；造成损失的，依法承担民事责任。合同示范文本由国务院自然资源主管部门制定。

第四十二条 集体经营性建设用地使用者应当按照约定及时支付集体经营性建设用地价款，并依法缴纳相关税费，对集体经营性建设用地使用权以及依法利用集体经营性建设用地建造的建筑物、构筑物及其附属设施的所有权，依法申请办理不动产登记。

第四十三条 通过出让等方式取得的集体经营性建设用地使用权依法转让、互换、出资、赠与或者抵押的，双方应当签订书面合同，并书面通知土地所有权人。

集体经营性建设用地的出租，集体建设用地使用权的出让及其最高年限、转让、互换、出资、赠与、抵押等，参照同类用途的国有建设用地执行，法律、行政法规另有规定的除外。

......

附录 11

农业农村部《农村宅基地管理暂行办法（征求意见稿）》

2022 年 11 月 28 日

第一章　总则

......

第二条　本办法所称宅基地是指农村村民用于建造住宅及其附属设施的集体建设用地，包括住宅、附属用房和生活庭院等用地。

本办法所称农村村民是指具有农村集体经济组织成员身份的人员。

第三条　宅基地属于农民集体所有，依法依规无偿分配给本农村集体经济组织成员、以户为单位占有使用。宅基地不得买卖。

第四条　宅基地的布局、用地标准、申请、审批、使用、出租、转让、退出、收回和监督管理等适用本办法。

第五条　宅基地管理坚持依法依规、程序规范、公平公正公开，正确处理国家、集体和个人的利益关系，尊重村规民约，妥善处理历史遗留问题，防范道德风险，确保土地公有制性质不改变、耕地红线不突破、农民利益不受损。

第六条　国务院农业农村主管部门负责全国农村宅基地改革和管理有关工作，建立健全宅基地分配、使用、出租、转让、退出、收回、纠纷仲裁、监督管理和统计调查等制度，指导地方健全宅基地管理体系、完善用地标准、优化空间布局、规范管理程序、加强日常监管、查处职责范围内的宅基地违法违规行为，指导闲置宅基地和闲置住宅利用。

县级以上地方人民政府农业农村主管部门负责本行政区域农村宅基地改革和管理有关工作。

第七条　乡（镇）人民政府负责宅基地审核批准和监管，指导农村集体组织开展宅基地管理。

农村集体经济组织按照宅基地所有权归属，代表集体行使宅基地所有权，依照法律规定管理本集体所有的宅基地，引导村民合理利用宅基地。农村集体经济组织不健全的，由村民委员会或村民小组依法代表集体行使宅基地所有权。

鼓励农村集体组织通过村规民约、依托各类自治组织、设立宅基地协管员等方式，加强宅基地日常管理。

第二章 布局和用地标准

第八条 乡（镇）、县、市国土空间规划和村庄规划应当统筹考虑农村村民生产、生活需求，突出节约集约用地导向，科学划定宅基地范围。

农村村民住宅用地选址应当符合乡（镇）国土空间规划、村庄规划。

第九条 各省、自治区、直辖市根据不同地域类型、耕地资源、人口密度、农村生产生活习惯等因素，分类制定本行政区域宅基地面积控制标准。

农村村民新建住宅的，尽量使用原有的宅基地和村内空闲地，从严从紧控制占用耕地，不得占用永久基本农田。

第十条 农村村民一户只能拥有一处宅基地，其面积不得超过本省、自治区、直辖市规定的标准。

第十一条 人均土地少、不能保障一户拥有一处宅基地的地区，在充分尊重农村村民意愿的基础上，可以探索多种方式，按照省、自治区、直辖市规定的标准保障农村村民实现户有所居。

不得强制农村村民搬迁退出宅基地、集中上楼居住。

第十二条 县级人民政府农业农村主管部门依照职责组织乡（镇）人民政府开展农村村民住宅建设用地需求调查，向县级人民政府提出新增农村村民住宅建设用地需求，并报送上级农业农村主管部门。

县级人民政府农业农村主管部门依照职责协调落实农村村民住宅建设用地指标，保障农村村民住宅建设合理用地需求。

第三章 申请与审批

第十三条 宅基地分配遵循成员申请、集体审议、按户取得、一户一宅、面积限定、规划管控的原则。

......

第十五条 农村村民有下列情形之一的，可以以户为单位向行使宅基地所有权的本农村集体经济组织申请宅基地。农村集体经济组织不健全的，向所在的村民小组或者村民委员会提出申请。

（一）家庭无宅基地的；

（二）因子女结婚等原因确需分户居住，现有宅基地无法满足分户居住需求的；

（三）因自然灾害、政策性搬迁、政府规划实施等原因，需要重新选址建设住宅的；

（四）法律、法规和省、自治区、直辖市规定的其他情形。

对前款第（三）项的情形在宅基地分配中优先予以保障。

夫妻双方属于不同的农村集体经济组织成员的，应当结合实际生活居住情况，按照村规民约或当地风俗习惯，在其中一方所在集体申请宅基地。

第十六条　宅基地申请应当依法经所属的农村集体经济组织成员集体讨论，讨论通过的在本集体范围内公示。公示无异议或者异议不成立的，由村集体经济组织或村民委员会审查盖章后，报乡（镇）人民政府审核。

……

第十九条　乡（镇）人民政府对符合宅基地批准条件的申请，应当予以批准，核发农村宅基地批准书，并将审批情况向县级人民政府农业农村主管部门备案。农村宅基地批准书应当包括宅基地位置、面积、界址、用途等内容。对不予批准的申请，应当书面告知申请人，并说明不予批准的理由。

提倡将农村村民住宅建设的乡村建设规划许可证由乡（镇）人民政府同农村宅基地批准书一并发放。

乡（镇）人民政府应当建立宅基地申请审批台账，按照档案管理有关规定保管宅基地申请审批资料。

第二十条　农村村民申请宅基地，有下列情形之一的，不予批准：

（一）不符合"一户一宅"规定的；

（二）申请异址新建住宅但未签订退出原有宅基地协议的；

（三）出卖、出租、赠与农村住宅后，再申请宅基地的；

（四）原有宅基地及住宅被征收，已依法进行补偿安置的；

（五）不符合分户申请宅基地条件的；

（六）不符合国土空间规划、村庄规划的；

（七）现有土地资源无法满足分配需求的；

（八）法律、法规和省、自治区、直辖市规定不予批准的其他情形。

第二十一条　对经批准的宅基地申请，农村集体经济组织应当在本集体范围内及时公布审批结果。

第二十二条　农村村民利用其合法取得的宅基地进行住宅翻建、改建或扩建的审核批准参照本办法执行，其中不超过原批准用地范围的可以简化用地审批程序，但是应当符合"一户一宅"规定和国土空间规划、村庄规划要求。

第四章　使用

第二十三条　农村村民只能在批准的宅基地位置、面积和四至范围内，按照规划许可建造住宅及其附属设施。建房基底面积与宅基地面积比例适当，预留空间能够满足日常生活需要。房屋四至（含滴水）垂直下落投影、台阶等均应控制在经批准使用的宅基地范围内。

第二十四条 农村村民住宅建设开工前，应当向乡（镇）人民政府申请现场划定宅基地用地范围。乡（镇）人民政府在受理申请后，应当及时组织有关工作人员实地丈量批放宅基地，确定坐落、四至、界址，明确建设要求。

农村村民完成住宅建设后，应当向乡（镇）人民政府提出竣工验收申请。乡（镇）人民政府在接到申请后，应当及时组织有关工作人员实地检查村民是否按照批准的坐落、四至、界址、面积等使用宅基地，是否按照规划许可要求和批准面积开展建设；对符合要求的，出具验收意见。

农村集体经济组织应当委派人员到场参与宅基地批放和住宅建设竣工验收。

农村村民经批准另址建设住宅的，应当按照承诺的时间无偿退回原有宅基地。

第二十五条 农村村民对合法取得的宅基地使用权、利用宅基地建造的住宅及其附属设施，可以依法申请不动产登记。

第二十六条 农村集体经济组织及其成员可以通过自主经营、合作经营、委托经营等多种方式，依法依规盘活利用合法取得、权属清晰的农村闲置宅基地和闲置住宅。各地应当因地制宜制定闲置宅基地和闲置住宅盘活利用的扶持政策和监管要求。

利用闲置宅基地和闲置住宅开展经营性活动的，应当征得宅基地所有权人同意，符合相关规划和市场监管、特种行业管理、房屋安全监管、房屋租赁管理、消防、环保、食品卫生等有关规定，不得损害农村集体经济组织和其他村民的合法权益。

第二十七条 非本集体经济组织成员、已合法取得宅基地的本集体经济组织成员依法继承农户住宅的，在该住宅存续期间可以依法使用宅基地。

第五章 出租、转让、退出与收回

第二十八条 宅基地及其房屋出租的，出租人和承租人应依照相关法律法规订立租赁合同，明确双方当事人的权利义务，约定租赁期限、用途、租金及其支付方式等内容。租赁合同期限不得超过二十年，超过二十年的，超过部分无效。

出租人应当将宅基地出租情况向宅基地所有权人报备。

禁止借出租名义买卖宅基地。

第二十九条 经宅基地所有权人同意，宅基地使用权可以在本集体经济组织范围内互换，也可以转让或赠与给符合宅基地申请条件的本集体经济组织成员，附着于该土地上的住宅及其附属设施应当一并处分。转让人、赠与人不得再申请宅基地。

宅基地使用权互换、转让、赠与的，应当向登记机构申请变更登记。

第三十条　允许进城落户的农村村民依法自愿有偿退出宅基地。禁止以退出宅基地作为农村村民进城落户的条件。

对历史形成的"一户多宅"、宅基地面积超标且没有违反当时法律法规和政策规定的，鼓励通过自愿有偿方式退出多占的宅基地。

第三十一条　有下列情形之一的，经乡（镇）人民政府批准，农村集体经济组织可以收回宅基地：

（一）为乡（镇）村公共设施和公益事业建设，需要使用该处土地的；

（二）农村村民经批准异址新建住宅或通过集中安置实现户有所居，原宅基地依法应当收回的；

（三）农户消亡且无人继承宅基地上住宅及其附属设施的；

（四）被继承的住宅坍塌、依法拆除或者经鉴定为 D 级危房，继承人不符合宅基地申请条件的，其中，对有保护价值的传统民居及有历史文化价值的建筑依照相关规定处理；

（五）宅基地批准后两年未开工建设的，但因特殊情况经作出批准的乡（镇）人民政府同意延期使用的除外；

（六）不按照批准的用途使用宅基地的；

（七）法律、法规和省、自治区、直辖市规定的其他情形。

依照前款第（一）项规定收回农户宅基地的，对宅基地使用权人应当给予适当补偿，或再行分配宅基地。

禁止违法收回农村村民合法占有的宅基地。

第三十二条　退出、收回宅基地的，应当及时办理宅基地使用权注销登记。

退出、收回的宅基地应当优先用于保障农村集体经济组织成员的住宅建设用地需求；富余的土地可以按照有关规定进行复垦或用于建设农村公共服务设施、发展乡村产业等；涉及转为农村集体经营性建设用地入市的，依法履行相关程序。

第三十三条　严禁城镇居民到农村购买宅基地，对城镇居民非法占用宅基地建造的住宅或购买的农户住宅依法不予办理不动产登记。

……

附录 12

自然资源部办公厅
《深化农村集体经营性建设用地入市试点工作方案》

2023 年 3 月 1 日

为健全城乡统一的建设用地市场，稳妥有序推进农村集体经营性建设用地入市试点工作，根据《关于深化农村集体经营性建设用地入市试点工作的意见》（以下简称《意见》），制定本工作方案。

一、试点总体要求

以习近平新时代中国特色社会主义思想为指导，全面贯彻党的二十大精神，以健全城乡统一的建设用地市场为目标，以符合国土空间规划、用途管制和依法取得为前提，以落实农村集体经营性建设用地使用权权能、形成竞争公平有序的市场配置机制和监管规则、有力保护市场交易主体权利为主线，坚持守住底线红线、审慎稳妥推进，探索农村集体经营性建设用地市场交易规则和服务监管体系，完善规则明晰、程序规范、监管到位的入市流程；探索农民集体更好实现对其土地资产的自主管理权，建立分类别、有级差的入市土地增值收益分配机制，合理平衡国家、集体和农民个人利益；探索推动农村集体经营性建设用地与国有建设用地使用权同等进入土地二级市场，激活农村土地资源要素，提高资源配置效率，促进城乡融合发展和乡村振兴。通过试点，进一步明确入市范围、土地用途、入市方式和程序、监管环节，保障入市土地权能，推进农村集体经营性建设用地与国有建设用地同等入市、同权同价，在城乡统一的建设用地市场中交易；探索完善农村集体经营性建设用地科学规划和用途管制路径，盘活空闲、废弃和低效利用的存量集体建设用地，提高集体建设用地节约集约利用水平；探索形成可复制、易推广的试点成果，从入市规则、路径和机制等方面为全面开展集体经营性建设用地入市工作提供更为完善的制度、政策和措施保障。

二、具体试点内容

围绕完善农村集体经营性建设用地入市制度体系，探索农村集体经营性建设用地使用权权能实现形式，重点在 8 个方面深化试点工作。试点县（市、区、旗）可以根据《意见》确定的 8 个方面开展全面探索，也可以因地制宜选择其中若干方面重点探索。

（一）强化国土空间规划约束和用途管制。重点是探索兼顾国家、农村集体经济组织和农民利益的规划编制方法，推动农村集体建设用地节约集约利用。

1. 依据规划入市。按照国土空间规划，统筹并合理安排农村集体经营性建设用地入市的规模、布局、开发强度和开发时序等，完善功能配套，促进集聚发展。

2. 加强规划许可管理。依据详细规划提出拟入市农村集体经营性建设用地的规划条件，未确定规划条件的地块，不得入市交易。明确规划许可管理要求，进一步界定乡村建设规划许可证或建设工程规划许可证的适用范围，规范并统一规划许可办理事项。完善规划条件、规划许可、规划核实业务链条的实施和监管规定，优化事项流程，提高审批效率，加强执法巡查。保障规划许可管理工作扎实落地，促进农村集体经营性建设用地入市项目规范实施。

3. 建立农村存量建设用地盘活机制。指导农村集体经济组织在依法妥善处理原有用地相关权利人的利益关系后，将符合规划的存量集体建设用地，按照农村集体经营性建设用地入市。深入推进农村集体土地整理，盘活闲置存量建设用地，优先用于支持乡村振兴和农村一二三产业融合等发展。

（二）明确土地用途和用地方式。重点是探索适合地方实际的入市方式和具体路径，保障乡村振兴发展用地需求。

4. 开展入市土地摸底调查。以第三次全国国土调查及其年度变更调查成果为基础，依据国土空间规划确定的范围，合理选择拟入市宗地，开展地籍调查，划定不动产单元并编制代码，掌握拟入市土地的坐落、四至、界址、面积、权属、规划、流转情况等，摸清可入市后备土地资源，鼓励试点地区探索建立农村集体经营性建设用地数据库，同步纳入国土空间规划"一张图"实施监督信息系统。采取"日常＋定期"模式，做好集体土地确权登记成果更新，保持成果现势性。

5. 探索农村集体经营性建设用地使用方式。在符合规划条件、产业准入和生态环境保护等要求前提下，探索通过出让、出租等方式进行农村集体经营性建设用地入市的具体途径。指导农村集体经济组织将一定年限的农村集体经营性建设用地使用权评估作价，以入股、联营等形式与其他单位或个人共同兴办企业。鼓励农村集体经济组织探索长期租赁、先租后让、租让结合、弹性年期等供应方式。

6. 完善入市土地经营性用途管理办法。结合试点地区实际细化入市土地的经营性用途，探索入市土地用于工业、商业、保障性租赁住房等不同用途的管理办法。探索通过农村集体经营性建设用地入市保障采矿用地合理需求。指导农集体经济组织参照同类用途的国有建设用地确定入市土地使用年限。

7. 规范农村集体经营性建设用地入市流程。在依法落实民主决策机制基础上，指导农村集体经济组织编制农村集体经营性建设用地出让、出租等方案。参照基准地价等政府公示价格，参考土地估价专业评估机构的评估结果，研究确定入市标底或底价的定价规则。探索建立市、县人民政府对方案提出修改意见的工作机制。指导农村集体经济组织根据方案确定的交易方式，在统一的交易平台公开交易并确定土地使用权人。完善农村集体经营性建设用地入市的市场规则、市场价格体系和市场竞争机制。

（三）建立开发利用监管机制。重点是完善市场调控机制，探索合理控制入市规模和时序的有效措施。

8. 建立农村集体经营性建设用地入市监管制度。按照同地同权同责的原则，通过年度建设用地供应计划、入市价格监管、开发利用申报、土地市场动态巡查、信用体系管理等措施，依托国土空间基础信息平台，建立和完善城乡统一的建设用地市场监管机制。研究建立三方监管协议，明确市、县人民政府对农村集体经济组织和土地使用权人使用农村集体经营性建设用地进行监管的事项清单和具体措施。

9. 探索入市土地节约集约利用政策。参照国有建设用地中闲置土地的处置要求，创新集体建设用地形成闲置的处理机制，探索政府与农村集体经济组织共同监管的形式，加强对入市土地闲置的监管和处置。探索建立覆盖农村集体建设用地的土地使用标准体系，总结推广农村集体建设用地适用的节地技术和节地模式，更多发挥市场机制促进节约集约用地。

10. 妥善处理历史遗留问题。鼓励试点地区探索解决集体建设用地历史遗留问题的政策措施，研究对 2009 年以前已经形成并经第二次全国土地调查为建设用地、但尚未取得合法用地手续的历史遗留建设用地的处置办法。在合法合规的基础上，充分发挥村民自治作用，稳妥解决不符合规划、缺乏合法手续、土地利用效率低等历史遗留问题。

（四）健全土地增值收益分配机制。重点是探索合理统筹土地增值收益的有效机制，兼顾国家、农村集体经济组织和农民利益。

11. 探索土地增值收益管理办法。综合分析农村集体经营性建设用地用于工业、商业和保障性租赁住房建设等不同用途的土地增值收益情况，确保农村集体经济组织及其成员从不同用途入市土地所得收益基本均衡。研究出台农村集体经营性建设用地增值收益调节金管理办法。指导农村集体经济组织之间合作入市、合理分配收益。探索镇村联动等形式，拓宽农村集体经营性建设用地入市市场，采用股权分红等形式获得入市收益。

12. 完善农民集体土地收益分配机制。指导农村集体经济组织设立农村集体经营性建设用地入市资金专门账户，按规定比例留归集体的土地增值收益，纳入农村集体资产统一管理，及时公开资金使用情况，严格监督管理。鼓励试点地区研究制定相应的政策措施，明确分配原则，规范分配程序，监督收益使用，规避资金风险，切实维护农村集体经济组织及其成员的合法权益。

（五）研究入市与成片开发土地征收之间的协同机制。重点是做好成片开发土地征收与入市试点工作的衔接，实现两种方式在保障合理用地需求方面的有机统一。

13. 探索入市保障项目用地制度。按照宏观经济调控、产业发展布局、基础设施配套等要求，统筹国有和集体建设用地数量，将农村集体经营性建设用地纳入年度建设用地供应计划。探索区分城镇开发边界内外，合理安排年度入市和成片开发土地征收的规模、用途、布局等，探索实现两种用地制度相互补充的政策措施。鼓励试点地区探索制定通过集体建设用地入市渠道保障用地需求的建设项目目录或清单。

14. 探索入市农民权益保障机制。按照不低于被征地农民补偿水平的标准，指导农村集体经济组织做好入市涉及使用权调整相关农民的补偿等工作。鼓励试点地区研究集体建设用地入市收益与土地征收补偿大体平衡的有效措施。

15. 协同推进改革形成合力。统筹推进农村集体经营性建设用地入市与深化农村宅基地制度改革、农村集体产权制度改革，做好与城乡融合发展、乡村振兴等重大国家战略的衔接。试点地区应强化产业、金融等配套机制，充分发挥政策集成效应。根据国家及地方有关产业发展相关规定，研究完善农村集体经营性建设用地准入政策。鼓励试点地区结合地方实际，探索各类产业项目的供地方式，支持农村一二三产业融合发展。

（六）探索入市土地用于保障性租赁住房建设。重点是探索稳妥有序将入市土地依据规划用于保障性租赁住房建设的有效措施。

16. 坚持供需匹配支持利用农村集体经营性建设用地建设保障性租赁住房。落实国家加快发展保障性租赁住房的要求，探索利用入市土地建设保障性租赁住房，合理解决符合条件的新市民、青年人等群体的住房困难问题。建设保障性租赁住房应充分考虑职住平衡，综合区位、配套基础设施建设等因素，优先使用城区、靠近产业园区或交通便利区域的土地。

17. 严格入市土地建设保障性租赁住房的监督管理。在试点期间，入市土地不得用于建设商品住房。用于保障性租赁住房建设的入市土地应一并纳入年度住宅用地供应计划。严格规范入市土地用于保障性租赁住房建设要求，保障性租赁住房以建筑面积不超过 70 平方米的小户型为主，严禁改变保障性租赁住房性质，保障性租赁住房不得上市销售或变相销售，严禁以保障性租赁住房为名违规经营或骗取优惠政策。

（七）维护市场主体合法权益。重点是探索农村集体经营性建设用地使用权权能的实现形式，通过强化合同管理，提升市场主体参与意愿。

18. 明确农村集体经营性建设用地使用权权能。参照同类用途的国有建设用地，研究农村集体经营性建设用地使用权的出让方式、出让年限和适用范围等。探索农村集体经营性建设用地进入土地二级市场的交易规则，明确除法律、行政法规另有规定或者合同双方另有约定外，以出让等方式取得的农村集体经营性建设用地使用权可以转让、互换、出资、赠与或者抵押等。研究细化因乡（镇）村公共设施和公益事业建设等需要收回农村集体经营性建设用地使用权的具体情形，探索依法给予土地使用权人合理补偿的标准规范。鼓励试点地区结合实际，探索国有和集体建设用地统一配置、建设、登记机制。规范做好农村集体建设用地登记工作。

19. 创新入市土地抵押贷款等金融产品。规范入市土地抵押管理，明确各类已入市的农村集体经营性建设用地使用权可以办理抵押贷款，探索银行业金融机构、企业、自然人作为抵押权人申请以农村集体经营性建设用地使用权办理不动产抵押的具体路径。鼓励试点地区研究制定农村集体经营性建设用地入市融资方案，在同权同价同责的原则下，探索适应农村集体经营性建设用地的融资政策，推出更合适的金融产品与服务，满足多元化融资需求。研究出台入市土地抵押贷款管理办法。

20. 完善集体建设用地交易信息公开制度。试点地区应按照土地市场信息公开要求、政府公示地价制度等，及时向市场发布用地政策、用地价格、供应计划、供应公告、供应结果等相关信息，畅通农村集体经营性建设用地等交易主体获得市场整体信息的基本渠道，保障农村集体经营性建设用地等公开交易。

21. 规范入市合同管理。入市宗地成交并完成公示后，指导农村集体经济组织与土地使用权人参照合同示范文本签订书面合同，载明土地界址、面积、用途、规划条件、使用期限、交易价款支付、交地时间和开竣工期限、产业准入和生态环境保护要求，约定提前收回的条件、补偿方式、土地使用权届满续期和地上建筑物、构筑物等附着物处理方式，以及违约责任和解决争议的方法等。入市合同应报市、县人民政府自然资源主管部门备案。土地使用权人凭合同等规定的材料到市、县自然资源主管部门办理相关规划手续，依法办理开发建设需要的其他事项。

22. 建立三方监管协议制度。探索市场主体愿用、会用农村集体经营性建设用地的政策措施，明确自然人、法人和其他组织均可依法取得农村集体经营性建设用地使用权，按合同约定的相关权利义务进行土地开发、利用和经营。在出让合同基础上，鼓励试点地区依据农村集体经营性建设用地开发利用要求，本着平等、自愿、诚信、守约的原则，通过签订三方监管协议等方式，明确政府、农村集体经济组织与土地使用权人等各方权利和义务。

（八）尊重农民入市主体地位。重点是探索入市相关议事决策机制，维护农村集体经济组织的入市主体地位。

23. 明确入市主体。根据乡（镇）、村、组等集体经济组织的不同形态和发育程度，指导农村集体经济组织综合分析入市和成片开发土地征收的利弊和影响，尊重农村集体经济组织成员对入市、成片开发土地征收的选择权，充分听取其意见建议和合理诉求。试点地区应积极推动成立农村集体经济组织并完成注册登记，入市主体为具备所有者身份的农民集体和依法代表行使所有权的农村集体经济组织，探索由其委托的具有市场法人资格的组织，依据授权委托书代理实施入市。

24. 健全民主决策机制。注重发挥基层党组织的领导核心作用，按照村民自治原则，实现农民集体对农村集体经营性建设用地的自主管理和民主决策。依法拟定入市方案、土地收益分配、资金使用等事项，落实财务公开和信息公示制度，及时公示入市土地成交价格、交易费用、税费缴纳和收益支出等情况，切实保护农村集体经济组织成员的权利。

……

参 考 文 献

经典文献类：

[1] 资本论（第1~3卷）［M］. 北京：人民出版社，2018.

[2] 马克思恩格斯选集（第1~4卷）［M］. 北京：人民出版社，2012.

[3] 马克思恩格斯全集（第30卷）［M］. 北京：人民出版社，1995.

[4] 马克思恩格斯全集（第31卷）［M］. 北京：人民出版社，1998.

[5] 马克思恩格斯全集（第34卷）［M］. 北京：人民出版社，2008.

[6] 列宁选集（第1~4卷）［M］. 北京：人民出版社，2012.

[7] 列宁全集（第6卷）［M］. 北京：人民出版社，1986.

[8] 列宁全集（第12卷）［M］. 北京：人民出版社，1987.

[9] 列宁全集（第16卷）［M］. 北京：人民出版社，1988.

[10] 列宁全集（第29卷）［M］. 北京：人民出版社，1985.

[11] 列宁全集（第30卷）［M］. 北京：人民出版社，1985.

[12] 列宁全集（第33卷）［M］. 北京：人民出版社，1985.

[13] 列宁全集（第35卷）［M］. 北京：人民出版社，1985.

[14] 列宁全集（第37卷）［M］. 北京：人民出版社，1986.

[15] 列宁全集（第40卷）［M］. 北京：人民出版社，1986.

[16] 列宁全集（第41卷）［M］. 北京：人民出版社，1986.

[17] 列宁全集（第43卷）［M］. 北京：人民出版社，1987.

[18] 毛泽东文集（第1~8卷）［M］. 北京：人民出版社，1993-1999.

[19] 毛泽东选集（第1~4卷）［M］. 北京：人民出版社，1991.

[20] 毛泽东选集（第5卷）［M］. 北京：人民出版社，1977.

[21] 毛泽东农村调查文集［M］. 北京：人民出版社，1982.

[22] 邓小平文选（第1~3卷）［M］. 北京：人民出版社，1993-1994.

[23] 邓小平思想年编：1975-1997［M］. 北京：中央文献出版社，2011.

[24] 江泽民文选（第1~3卷）［M］. 北京：人民出版社，2006.

[25] 胡锦涛文选（第1~3卷）［M］. 北京：人民出版社，2016.

［26］习近平谈治国理政（第 1～4 卷）［M］. 北京：外文出版社，2017 –
2022.

［27］习近平著作选读（第 1～2 卷）［M］. 北京：人民出版社，2023.

［28］习近平. 论坚持全面深化改革［M］. 北京：中央文献出版社，2018.

［29］习近平. 论把握新发展阶段、贯彻新发展理念、构建新发展格局［M］.
北京：中央文献出版社，2021.

［30］习近平关于社会主义经济建设论述摘编［M］. 中央文献出版社，
2017.

［31］习近平. 在庆祝中国共产党成立 100 周年大会上的讲话［M］. 北京：
人民出版社，2021.

［32］中共中央文件选集（一九四九年十月～一九六六年五月）（第 27 册）
［M］. 北京：人民出版社，2013.

［33］中共中央文件选集（一九四九年十月～一九六六年五月）（第 28 册）
［M］. 北京：人民出版社，2013.

［34］中共中央文件选集（一九四九年十月～一九六六年五月）（第 40 册）
［M］. 北京：人民出版社，2013.

［35］十八大以来重要文献选编（上）［M］. 北京：中央文献出版社，2014.

［36］十八大以来重要文献选编（中）［M］. 北京：中央文献出版社，2016.

［37］十八大以来重要文献选编（下）［M］. 北京：中央文献出版社，2018.

［38］十九大以来重要文献选编（上）［M］. 北京：中央文献出版社，2019.

［39］十九大以来重要文献选编（中）［M］. 北京：中央文献出版社，2021.

［40］十九大以来重要文献选编（下）［M］. 北京：中央文献出版社，2023.

［41］习近平经济思想学习纲要［M］. 北京：人民出版社，学习出版社，
2022.

［42］第一、二次国内革命战争时期土地斗争史料选编［M］. 北京：人民出
版社，1981.

［43］建国以来重要文献选编（第 2 册）［M］. 北京：中央文献出版社，
1992.

［44］建国以来重要文献选编（第 7 册）［M］. 北京：中央文献出版社，
1993.

［45］习近平关于全面深化改革论述摘编［M］. 北京：中央文献出版社，
2014.

［46］习近平关于全面建成小康社会论述摘编［M］. 北京：中央文献出版

社，2016.

　　［47］习近平关于社会主义经济建设论述摘编［M］.北京：中央文献出版社，2017.

　　［48］习近平关于"三农"工作论述摘编［M］.北京：中央文献出版社，2019.

　　［49］习近平.高举中国特色社会主义伟大旗帜　为全面建设社会主义现代化国家而团结奋斗——在中国共产党第二十次全国代表大会上的报告［M］.北京：人民出版社，2022.

　　［50］中共中央国务院关于保持土地承包关系稳定并长久不变的意见［M］.北京：人民出版社，2019.

　　［51］中共中央国务院关于建立健全城乡融合发展体制机制和政策体系的意见［M］.北京：人民出版社，2019.

　　［52］中共中央关于坚持和完善中国特色社会主义制度　推进国家治理体系和治理能力现代化若干重大问题的决定［M］.北京：人民出版社，2019.

　　［53］中共中央关于制定国民经济和社会发展第十四个五年规划和二〇三五年远景目标的建议［M］.北京：人民出版社，2020.

　　［54］中共中央国务院关于新时代加快完善社会主义市场经济体制的意见［M］.北京：人民出版社，2020.

　　［55］中共中央国务院关于稳步推进农村集体产权制度改革的意见［M］.北京：人民出版社，2017.

　　［56］关于全面深化农村改革加快推进农业现代化的若干意见［M］.北京：人民出版社，2014.

　　［57］中共中央国务院关于加大改革创新力度加快农业现代化建设的若干意见［M］.北京：人民出版社，2015.

　　［58］中共中央国务院关于落实发展新理念加快农业现代化　实现全面小康目标的若干意见［M］.北京：人民出版社，2016.

　　［59］中共中央国务院关于深入推进农业供给侧结构性改革　加快培育农业农村发展新动能的若干意见［M］.北京：人民出版社，2017.

　　［60］中共中央国务院关于实施乡村振兴战略的意见［M］.北京：人民出版社，2018.

　　［61］中共中央国务院关于坚持农业农村优先发展做好"三农"工作的若干意见［M］.北京：人民出版社，2019.

　　［62］中共中央国务院关于抓好"三农"领域重点工作确保如期实现全面小

康的意见［M］. 北京：人民出版社，2020.

［63］中共中央国务院关于全面推进乡村振兴加快农业农村现代化的意见［M］. 北京：人民出版社，2021.

［64］中共中央国务院关于做好二〇二二年全面推进乡村振兴重点工作的意见［M］. 北京：人民出版社，2022.

［65］中共中央国务院关于做好 2023 年全面推进乡村振兴重点工作的意见［M］. 北京：人民出版社，2023.

［66］习近平. 加快建设农业强国推进农业农村现代化［J］. 求是，2023（6）：4－17.

著作类：

［1］陈征.《资本论》解说（第 1－3 卷）［M］. 福州：福建人民出版社，2017.

［2］陈征. 社会主义城市地租研究［M］. 福州：福建人民出版社，2017.

［3］李建平.《资本论》第一卷辩证法探索［M］. 福州：福建人民出版社，2017.

［4］杜润生. 杜润生自述：中国农村体制变革重大决策纪实［M］. 北京：人民出版社，2005.

［5］杜润生. 中国农村制度变迁［M］. 成都：四川人民出版社，2003.

［6］刘守英. 直面中国土地问题［M］. 北京：中国发展出版社，2014.

［7］洪名勇. 马克思土地产权制度理论研究——兼论新中国农地产权制度改革与创新［M］. 北京：人民出版社，2011.

［8］叶兴庆. 农村集体产权权利分割问题研究［M］. 北京：中国金融出版社，2016.

［9］王琢，许浜. 中国农村土地产权制度论［M］. 北京：经济管理出版社，1996.

［10］罗平汉. 农村人民公社史［M］. 北京：人民出版社，2016.

［11］黄少安. 产权经济学导论［M］. 北京：经济科学出版社，2004.

［12］文贯中. 吾民无地：城市化、土地制度与户籍制度的内在逻辑［M］. 北京：东方出版社，2014.

［13］张培刚. 农业与工业化［M］. 北京：中国人民大学出版社，2014.

［14］陈晓枫. 中国居民财产性收入理论与实践研究［M］. 北京：经济科学出版社，2014.

［15］罗红云. 中国农村土地制度研究（1949—2008）［M］. 上海：上海财

经大学出版社，2012.

[16] 翟新花. 我国农村集体经济体制变迁中的农民发展 [M]. 北京：中国社会科学出版社，2015.

[17] 綦磊. 集体经营性建设用地使用权流转法律问题研究 [M]. 北京：法律出版社，2016.

[18] 刘灿. 农村土地产权制度改革的理论逻辑与实践经验：新中国70年 [C]//全国高校社会主义经济理论与实践研讨会领导小组，教育部高等学校经济学类专业教学指导委员会. 社会主义经济理论研究集萃（2019）——砥砺奋进的中国经济，西南财经大学经济学院马克思主义研究院，2019：24.

[19] 黄宗智. 长江三角洲小农家庭与乡村发展 [M]. 上海：中华书局，2000.

[20] 约拉姆·巴泽尔. 产权的经济分析 [M]. 上海：上海三联书店、上海人民出版社，1997.

[21] 伊利·莫尔豪斯. 土地经济学原理 [M]. 上海：商务印书馆，1982.

[22] 何·皮特. 谁是中国土地的拥有者？——制度变迁、产权和社会冲突 [M]. 北京：社会科学文献出版社，2008.

[23] 约翰·肯尼迪·加尔布雷斯. 富裕社会 [M]. 南京：江苏人民出版社，2009.

[24] 迈克尔·谢若登. 资产与穷人：一项新的美国福利政策 [M]. 上海：商务印书馆，2005：286.

[25] J. B. 巴雷尔. 中国农村土地管理制度的改革 [A]//张红宇，陈良彪. 中国农村土地制度建设 [C]. 北京：人民出版社，1995：102-105.

[26] 詹姆斯·M. 布坎南. 自由、市场和国家 [M]. 北京：北京经济学院出版社，1988.

[27] 迈克尔·P. 托达罗. 经济发展与第三世界 [M]. 北京：中国经济出版社，1992.

[28] 阿瑟·塞西尔·庇古. 福利经济学（上、下卷）[M]. 北京：商务印书馆，2006.

期刊报纸类：

[1] 刘守英. 城乡中国的土地问题 [J]. 北京大学学报（哲学社会科学版），2018（03）：79-93.

[2] 刘守英，高圣平，王瑞民. 农地三权分置下的土地权利体系重构 [J]. 北京大学学报（哲学社会科学版），2017（05）：134-145.

［3］唐健，谭荣．农村集体建设用地入市路径——基于几个试点地区的观察［J］．中国人民大学学报，2019（01）：13－22．

［4］蔡立东，姜楠．农地三权分置的法实现［J］．中国社会科学，2017（05）：102－122＋207．

［5］孙宪忠．推进农地三权分置经营模式的立法研究［J］．中国社会科学，2016（07）：145－163＋208－209．

［6］姚洋．中国农地制度：一个分析框架［J］．中国社会科学，2000（02）：54－65＋206．

［7］《农业投入》总课题组．农业保护：现状、依据和政策建议［J］．中国社会科学，1996（01）：56－71．

［8］周力，沈坤荣．中国农村土地制度改革的农户增收效应——来自"三权分置"的经验证据［J］．经济研究，2022（05）：141－157．

［9］周文，赵方，杨飞，李鲁．土地流转、户籍制度改革与中国城市化：理论与模拟［J］．经济研究，2017（06）：183－197．

［10］丰雷，蒋妍，叶剑平．诱致性制度变迁还是强制性制度变迁？——中国农村土地调整的制度演进及地区差异研究［J］．经济研究，2013（06）：4－18＋57．

［11］许庆，章元．土地调整、地权稳定性与农民长期投资激励［J］．经济研究，2005（10）：59－69．

［12］罗必良．科斯定理：反思与拓展——兼论中国农地流转制度改革与选择［J］．经济研究，2017（11）：178－193．

［13］黄祖辉，汪晖．非公共利益性质的征地行为与土地发展权补偿［J］．经济研究，2002（05）：66－71＋95．

［14］洪银兴．中国特色农业现代化和农业发展方式转变［J］．经济学动态，2008（06）：62－66．

［15］熊航，江鹏，鞠聪等．农户自发性土地流转行为机制研究：仿真、验证与应用［J］．管理世界，2023，39（06）：71－85＋99＋86－89．

［16］洪银兴，王荣．农地"三权分置"背景下的土地流转研究［J］．管理世界，2019（10）：113－119＋220．

［17］王常伟，顾海英．城镇住房、农地依赖与农户承包权退出［J］．管理世界，2016（09）：55－69＋187－188．

［18］程令国，张晔，刘志彪．农地确权促进了中国农村土地的流转吗？［J］．管理世界，2016（01）：88－98．

［19］冒佩华，徐骥. 农地制度、土地经营权流转与农民收入增长［J］. 管理世界，2015（05）：63 - 74 + 88.

［20］国务院发展研究中心农村部课题组，叶兴庆，徐小青. 从城乡二元到城乡一体——我国城乡二元体制的突出矛盾与未来走向［J］. 管理世界，2014（09）：1 - 12.

［21］陈小君，蒋省三. 宅基地使用权制度：规范解析、实践挑战及其立法回应［J］. 管理世界，2010（10）：1 - 12.

［22］高圣平，刘守英. 集体建设用地进入市场：现实与法律困境［J］. 管理世界，2007（03）：62 - 72 + 88.

［23］张红宇. 农业结构调整与国民经济发展［J］. 管理世界，2000（05）：153 - 162.

［24］简新华，王懂礼. 农地流转、农业规模经营和农村集体经济发展的创新［J］. 马克思主义研究，2020（05）：84 - 92 + 156.

［25］周天勇. 深化土地体制改革与理顺经济运行［J］. 学术月刊，2020，52（02）：30 - 43 + 57.

［26］高帆. 基于城乡关系视域的要素市场化改革与全国统一大市场建设［J］. 马克思主义与现实，2022（05）：110 - 118.

［27］陈晓枫，陈瑞旭. 新中国70年农地经营权制度演进的逻辑与经验［J］. 马克思主义与现实，2020（01）：155 - 162.

［28］陈晓枫. 马克思土地产权理论探析［J］. 思想理论教育导刊，2018（02）：41 - 44.

［29］陈小君. 宅基地使用权的制度困局与破解之维［J］. 法学研究，2019（03）：48 - 72.

［30］桂华，贺雪峰. 宅基地管理与物权法的适用限度［J］. 法学研究，2014（04）：26 - 46.

［31］张千帆. 农村土地集体所有的困惑与消解［J］. 法学研究，2012（04）：115 - 125.

［32］孟勤国. 物权法开禁农村宅基地交易之辩［J］. 法学评论，2005（04）：25 - 30.

［33］单平基. "三权分置"中土地经营权债权定性的证成［J］. 法学，2018（10）：37 - 51.

［34］田韶华. 论集体土地上他项权利在征收补偿中的地位及其实现［J］. 法学，2017（01）：66 - 78.

［35］韩松．论农民集体土地所有权的管理权能［J］．中国法学，2016（02）：121 - 142.

［36］温世扬．集体经营性建设用地"同等入市"的法制革新［J］．中国法学，2015（04）：66 - 83.

［37］肖卫东，梁春梅．农村土地"三权分置"的内涵、基本要义及权利关系［J］．中国农村经济，2016（11）：17 - 29.

［38］钱忠好，王兴稳．农地流转何以促进农户收入增加——基于苏、桂、鄂、黑四省（区）农户调查数据的实证分析［J］．中国农村经济，2016（10）：39 - 50.

［39］郭庆海．新型农业经营主体功能定位及成长的制度供给［J］．中国农村经济，2013（04）：4 - 11.

［40］晋洪涛，史清华，俞宁．谈判权、程序公平与征地制度改革［J］．中国农村经济，2010（12）：4 - 16.

［41］刘守英．中国农地制度的合约结构与产权残缺［J］．中国农村经济，1993（02）：31 - 36.

［42］杨勋．国有私营：中国农村土地制度改革的现实选择——兼论农村改革的成就与趋势［J］．中国农村经济，1989（05）：23 - 29.

［43］安希伋．论土地国有永佃制［J］．中国农村经济，1988（11）：22 - 25.

［44］王兆林，杨庆媛，张佰林，藏波．户籍制度改革中农户土地退出意愿及其影响因素分析［J］．中国农村经济，2011（11）：49 - 61.

［45］赵鲲，刘磊．关于完善农村土地承包经营制度发展农业适度规模经营的认识与思考［J］．中国农村经济，2016（04）：12 - 16 + 69.

［46］罗斯炫，何可，张俊飚．改革开放以来中国农业全要素生产率在探讨——基于生产要素质量与基础设施的视角［J］．中国农村经济，2022（02）：115 - 136.

［47］李荣耀，叶兴庆．农户分化、土地流转与承包权退出［J］．改革，2019（02）17 - 26.

［48］张广辉，张建．宅基地"三权分置"改革与农民收入增长［J］．改革，2021（10）：41 - 56.

［49］张国林，何丽．土地确权与农民财产性收入增长［J］．改革，2021（03）：121 - 133.

［50］严金明，陈昊，夏方舟．深化农村"三块地"改革：问题、要义和取

向［J］. 改革，2018（05）：48 – 55.

［51］周应恒，刘余. 集体经营性建设用地入市实态：由农村改革试验区例证［J］. 改革，2018（02）：54 – 63.

［52］刘守英，王佳宁. 长久不变、制度创新与农地"三权分置"［J］. 改革，2017（12）：5 – 14.

［53］吴群. 农民获得感与"三权分置"理论阐释［J］. 改革，2017（01）：36 – 39.

［54］黄珂，张安录. 城乡建设用地的市场化整合机制［J］. 改革，2016（02）：69 – 79.

［55］田代贵，马云辉. 农村经营性资产与农民财产性收入的波及面：重庆例证［J］. 改革，2015（09）：92 – 100.

［56］贾康，梁季. 市场化、城镇化联袂演绎的"土地财政"与土地制度变革［J］. 改革，2015（05）：67 – 81.

［57］孔祥智. 新型工业经营主体的地位和顶层设计［J］. 改革，2014（05）：32 – 34.

［58］夏锋. 农民土地财产权的长期保障走向：物权化改革与对应收入［J］. 改革，2014（03）：84 – 95.

［59］陈晓枫，李建平. 中国农民合作经济思想的发展与创新［J］. 毛泽东邓小平理论研究，2019（01）：20 – 28 +107.

［60］叶兴庆. 集体所有制下农用地的产权重构［J］. 毛泽东邓小平理论研究，2015（02）：1 – 8 +91.

［61］付文凤，郭杰，欧名豪，孟霖，殷爽. 基于机会成本的农村宅基地退出补偿标准研究［J］. 中国人口·资源与环境，2018（03）：60 – 66.

［62］高欣，张安录. 农地流转、农户兼业程度与生产效率的关系［J］. 中国人口·资源与环境，2017（05）：121 – 128.

［63］郭瑞雪，付梅臣. 关于集体建设用地"同地同权同价"问题辨析［J］. 中国人口·资源与环境，2014（S2）：419 – 421.

［64］张广辉，方达. 农村土地"三权分置"与新型农业经营主体培育［J］. 经济学家，2018（02）：80 – 87.

［65］谢玲红，吕开宇. "十四五"时期农村劳动力转移就业的五大问题［J］. 经济学家，2020（10）：56 – 64.

［66］孙新华. 土地经营权整合与土地流转路径优化［J］. 经济学家，2023（03）：120 – 128.

［67］成德宁．我国农业产业链整合模式的比较与选择［J］．经济学家，2012（08）：52－57．

［68］孔祥智．"三权分置"的重点是强化经营权［J］．中国特色社会主义研究，2017（03）：22－28．

［69］陈晓枫，翁斯柳．"三权"分置改革下农民财产性收入的特点和发展趋势［J］．政治经济学评论，2018（02）：106－122．

［70］孔祥智，刘同山．论我国农村基本经营制度：历史、挑战与选择［J］．政治经济学评论，2013（04）：78－133．

［71］陈晓枫，翁斯柳．股权的设置与管理：农村集体经营性资产股份权能改革的关键［J］．经济研究参考，2018（32）：64－70．

［72］刘晓霞，周军．我国农村土地流转中存在的问题及其对策［J］．当代经济研究，2009（10）：64－66．

［73］张旭，隋筱童．我国农村集体经济发展的理论逻辑、历史脉络与改革方向［J］．当代经济研究，2018（02）：26－36．

［74］胡怀国．中国现代化进程中的土地制度：百年变革的理论逻辑［J］．当代经济研究，2021（06）：15－23＋113．

［75］北京大学国家发展研究院综合课题组，李力行．合法转让权是农民财产性收入的基础——成都市农村集体土地流转的调查研究［J］．国际经济评论，2012（02）：127－139＋7－8．

［76］厉以宁．城乡二元体制改革关键何在［J］．经济研究导刊，2008（04）：1－4＋1．

［77］田逸飘，郭佳钦，廖望科．宅基地制度变迁下农民收入结构演化及其增收效应——基于云南省的分析［J］．经济研究导刊，2020（36）：20－26．

［78］马婷，刘新平，张琳，马鑫．农村土地承包经营权抵押的困境与出路——以新疆昌吉州呼图壁县和玛纳斯县调查为例［J］．经济研究导刊，2018（03）：42－44．

［79］朱一中，曹裕，严诗露．基于土地租税费的土地增值收益分配研究［J］．经济地理，2013（11）：142－148．

［80］杨庆媛，杨人豪，曾黎，等．农村集体经营性建设用地入市促进农民土地财产性收入增长研究——以成都市郫都区为例［J］．经济地理，2017（08）：155－161．

［81］张克俊，付宗平．"三权分置"下适度放活宅基地使用权探析［J］．农业经济问题，2020（05）：28－38．

［82］陈明．农村集体经营性建设用地入市改革的评估与展望［J］．农业经济问题，2018（04）：71-81.

［83］靳相木．集体与国有土地"同权同价"的科学内涵及其实现［J］．农业经济问题，2017（09）：12-18.

［84］韩文龙，谢璐．宅基地"三权分置"的权能困境与实现［J］．农业经济问题，2018（05）：60-69.

［85］韩立达，王艳西，韩冬．农地"三权分置"的运行及实现形式研究［J］．农业经济问题，2017，38（06）：4-11+1.

［86］徐超．"三权分置"下土地经营权登记制度的缺陷及完善——以信息规制为研究路径［J］．农业经济问题，2017（09）：19-27+110.

［87］费舒澜．禀赋差异还是分配不公？——基于财产及财产性收入城乡差距的分布分解［J］．农业经济问题，2017（05）：55-64.

［88］罗兴，马九杰．不同土地流转模式下的农地经营权抵押属性比较［J］．农业经济问题，2017（02）：22-32+1.

［89］赵翠萍，侯鹏，程传兴．产权细分背景下农地抵押贷款的基本经验与完善方向——基于福建明溪与宁夏同心两地试点的对比［J］．农业经济问题，2015（12）：50-57+111.

［90］黄砺，谭荣．农地还权赋能改革与农民长效增收机制研究——来自四川省统筹城乡综合配套改革试验区的证据［J］．农业经济问题，2015（05）：12-21+110.

［91］李晓聪，安菁蔚，任大鹏．家庭承包之土地承包经营权抵押中的法律问题［J］．农业经济问题，2015（04）：32-37+110.

［92］郭晓鸣，张克俊．让农民带着"土地财产权"进城［J］．农业经济问题，2013（07）：4-11+110.

［93］匡远配，陆钰凤．我国农地流转"内卷化"陷阱及其出路［J］．农业经济问题，2018（09）：33-43.

［94］郭恩泽等．如何促进宅基地"三权分置"有效实现——基于产权配置形式与实施机制视角［J］．农业经济问题，2022（06）：57-67.

［95］张克俊，付宗平．"三权分置"下适度放活宅基地使用权探析［J］．农业经济问题，2020（05）：28-38.

［96］钱文荣，赵宗胤．城乡平衡发展理念下的农村宅基地制度改革研究［J］．农业经济问题，2023（09）：37-44.

［97］高飞．土地承包权与土地经营权分设的法律反思及立法回应——兼评

《农村土地承包法修正案（草案）》[J]. 法商研究，2018（03）：3 – 14.

[98] 陆剑. 集体经营性建设用地入市的实证解析与立法回应 [J]. 法商研究，2015（03）：16 – 25.

[99] 陈小君. 构筑土地制度改革中集体建设用地的新规则体系 [J]. 法学家，2014（02）：30 – 36.

[100] 宋志红. 集体建设用地使用权设立的难点问题探讨——兼析《民法典》和《土地管理法》有关规则的理解与适用 [J]. 中外法学，2020（04）：1 – 21.

[101] 焦富民. "三权分置" 视域下承包土地的经营权抵押制度之构建 [J]. 政法论坛，2016（05）：25 – 36.

[102] 刘志昌，夏侠. 城市化进程中多渠道增加农民财产性收入的比较研究 [J]. 社会主义研究，2015（02）：100 – 106.

[103] 梁昊. 中国农村集体经济发展：问题及对策 [J]. 财政研究，2016（03）：68 – 76.

[104] 蒲方合. 农村集体经营性建设用地土地增值收益调节金探微——从农村集体经营性建设用地使用权出让视角 [J]. 财会月刊，2017（14）：104 – 110.

[105] 丁晓宁，杨海芬，王瑜. 从农村金融视角看农民财产性收入问题——基于河北省的研究 [J]. 财会月刊，2016（20）：92 – 95.

[106] 洪银兴. 问题导向创新中国特色社会主义政治经济学 [J]. 上海经济研究，2020（10）：15 – 16.

[107] 叶兴庆. 准确把握赋予农民更多财产权利的政策含义与实现路径 [J]. 农村经济，2014（02）：3 – 6.

[108] 孟秋菊，徐晓宗. 农业龙头企业带动小农户衔接现代农业发展研究——四川省达州市例证 [J]. 农村经济，2021（02）：125 – 136.

[109] 陈红霞，赵振宇. 基于利益均衡的集体经营性建设用地入市收益分配机制研究 [J]. 农村经济，2019（10）：55 – 61.

[110] 李荣耀，叶兴庆. 退出与流转：农民宅基地处置选择及影响因素 [J]. 农村经济，2019（04）：10 – 20.

[111] 谢玲红，张姝，吕开宇. 城郊农村土地承包经营纠纷：基本特点、生成逻辑及化解对策——以北京市为例 [J]. 农村经济，2019（04）：31 – 39.

[112] 刘亚辉. 农村集体经营性建设用地使用权入市的进展、突出问题与对策 [J]. 农村经济，2018（12）：18 – 23.

[113] 吕萍，于璐源，丁富军. 集体经营性建设用地入市模式及其市场定位

分析 [J]. 农村经济, 2018 (07): 22-27.

[114] 邹伟, 徐博, 王子坤. 农户分化对宅基地使用权抵押融资意愿的影响——基于江苏省 1532 个样本数据 [J]. 农村经济, 2017 (08): 33-39.

[115] 张勇, 包婷婷. 农村宅基地退出的驱动力分析基于推拉理论视角 [J]. 农村经济, 2017 (04): 18-23.

[116] 刘可, 刘鸿渊, 赵彬茹. 增加农民财产性收入改革的四川实践与对策 [J]. 农村经济, 2016 (06): 65-70.

[117] 刁其怀. 宅基地退出: 模式、问题及建议——以四川省成都市为例 [J]. 农村经济, 2015 (12): 30-33.

[118] 徐子尧, 郑芳. 农村集体经营性建设用地使用权的实物期权定价方法 [J]. 农村经济, 2015 (06): 34-38.

[119] 王小映. 论农村集体经营性建设用地入市流转收益的分配 [J]. 农村经济, 2014 (10): 3-7.

[120] 张军. 农村产权制度改革与农民财产性收入增长 [J]. 农村经济, 2014 (11): 3-6.

[121] 尚旭东, 叶云. 农村土地承包经营权流转信托: 探索实践与待解问题 [J]. 农村经济, 2014 (09): 68-72.

[122] 马智利, 石昕川. 基于城乡统筹改革试验区背景下的宅基地确权和流转机制研究 [J]. 农村经济, 2011 (03): 12-14.

[123] 林超. 统一市场视角下城乡建设用地制度变迁分析——基于不完全产权生命周期模型 [J]. 中国农村观察, 2018 (02): 30-46.

[124] 杨经纶. 论我国农村土地制度总体改革 [J]. 中国农村观察, 1985 (02): 12-15.

[125] 陈明星, 肖兴萍. 国有私营: 中国农村土地制度改革的方向 [J]. 当代经济科学, 1995 (06): 18-23.

[126] 覃建芹. 宅基地制度改革与农民财产性收入增收 [J]. 农村经济与科技, 2019 (19): 13-15.

[127] 陈旻贤. 农村集体经营性建设用地入市困境及对策研究 [J]. 农村经济与科技, 2018, (11): 48-49+82.

[128] 张宇婷. 我国农村土地确权登记研究综述 [J]. 农村经济与科技, 2018 (10): 208+210.

[129] 踪家峰, 林宗建. 中国城市化 70 年的回顾与反思 [J]. 经济问题, 2019 (09): 1-9.

［130］宋亚萍．"分田到户"改革的辩证性反思［J］．华中师范大学学报（人文社会科学版），2016（05）：1－12.

［131］刘灵辉．家庭农场土地流转集中的困境与对策［J］．西北农林科技大学学报（社会科学版），2019（02）：109－115.

［132］张勇．农村宅基地有偿退出的政策与实践——基于2015年以来试点地区的比较分析［J］．西北农林科技大学学报（社会科学版），2019（02）：83－89.

［133］张占锋．农地流转制度的现实困惑与改革路径［J］．西北农林科技大学学报（社会科学版），2017（01）：23－29＋38.

［134］杨雅婷．农村集体经营性建设用地流转收益分配机制的法经济学分析［J］．西北农林科技大学学报（社会科学版），2015（02）：15－21.

［135］王景新．影响农村基本经营制度稳定的倾向性问题及建议［J］．西北农林科技大学学报（社会科学版），2013（05）：1－9＋2.

［136］管洪彦，孔祥智．"三权分置"下集体土地所有权的立法表达［J］．西北农林科技大学学报（社会科学版），2019（02）：74－82.

［137］杨少垒．土地承包经营权的动力机制研究［J］．经济与管理研究，2009（06）：100－103＋107.

［138］郭贯成，盖璐娇．乡村振兴背景下宅基地"三权分置"改革探讨［J］．经济与管理，2021，35（03）：11－15.

［139］陈寒冰．土地权利与农民财产性收入增长的关系［J］．郑州大学学报（哲学社会科学版），2019（04）：40－45.

［140］杨遂全．论集体经营性建设用地平等入市的条件与路径［J］．郑州大学学报（哲学社会科学版），2019（04）：35－39.

［141］陈寒冰．农村集体经营性建设用地入市：进展、困境与破解路径［J］．现代经济探讨，2019（07）：112－117.

［142］何承斌．我国农村宅基地使用权抵押贷款的困境与出路［J］．现代经济探讨，2014（12）：70－72.

［143］惠献波．农户参与农村宅基地使用权抵押贷款意愿及其影因素分析［J］．现代经济探讨，2017（05）：56－60.

［144］惠献波．农村土地经营权证券化经济可行性研究［J］．金融理论与实践，2013（3）：47－49.

［145］冯潇．集体经营性建设用地流转收益内部分配探析［J］．中国国土资源经济，2019（08）：52－57.

［146］岳永兵.集体经营性建设用地入市实施主体对比分析［J］.中国国土资源经济，2019（06）：23-27.

［147］毕云龙，相洪波，徐小黎，盛昌明，谭丽萍，李勇.海城集体经营性建设用地入市试点调查研究［J］.中国国土资源经济，2018（09）：68-73.

［148］岳永兵.宅基地"三权分置"：一个引入配给权的分析框架［J］.中国国土资源经济，2018（01）：34-38.

［149］黄锐，王鑫森，陈芳，杨叶，马贤磊.城乡统一建设用地基准地价评估体系构建思考——基于土地权利权能视角［J］.中国国土资源经济，2020（05）：51-55.

［150］岳永兵，万洁琼.宅基地退出：实践创新、现实困境与路径选择［J］.中国国土资源经济，2020（07）：18-23+40.

［151］岳永兵，刘向敏.集体经营性建设用地入市增值收益分配探讨——以农村土地制度改革试点为例［J］.当代经济管理，2018（03）：41-45.

［152］李太淼.农村集体经营性建设用地入市的难点问题论析［J］.中州学刊，2019（01）：43-49.

［153］李太淼.马克思主义基本原理与当代中国土地所有制改革［J］.中州学刊，2017（09）：31-40.

［154］赵翠萍，侯鹏，张良悦.三权分置下的农地资本化：条件、约束及对策［J］.中州学刊，2016（07）：38-42.

［155］郑林，郑彧豪.非改制状态农村集体经济组织的运行矛盾及其有效治理［J］.中州学刊，2015（03）：37-44.

［156］刘守英.中国的农业转型与政策选择［J］.行政管理改革，2013（12）：27-31.

［157］李宁，陈利根，龙开胜.农村宅基地产权制度研究——不完全产权与主体行为关系的分析视角［J］.公共管理学报，2014（01）：39-54+139.

［158］杨英法.中国农村宅基地产权制度研究［J］.社会科学家，2016（02）：65-69.

［159］孙阿凡.马克思土地产权视角下我国农村宅基地产权制度的完善［J］.生产力研究，2016（03）：11-15.

［160］郑涛.农地抵押法制实践的困境与出路［J］.华南农业大学学报（社会科学版），2018（04）：29-39.

［161］孙阿凡，杨遂全.集体经营性建设用地入市与地方政府和村集体的博弈［J］.华南农业大学学报（社会科学版），2016（01）：20-27.

［162］黄贤金．论构建城乡统一的建设用地市场体系——兼论"同地、同权、同价、同责"的理论圈层特征［J］．中国土地科学，2019（08）：1－7.

［163］房建恩．乡村振兴背景下宅基地"三权分置"的功能检视与实现路径［J］．中国土地科学，2019（05）：23－29.

［164］徐忠国，卓跃飞，吴次芳等．农村宅基地三权分置的经济解释与法理演绎［J］．中国土地科学，2018（08）：16－22.

［165］谭峻，涂宁静．农村宅基地取得制度改革探讨［J］．中国土地科学，2013（03）：43－46.

［166］孙永军，付坚强．论农村宅基地取得纠纷的表现、原因和处理［J］．中国土地科学，2012（12）：16－21.

［167］黄忠华，杜雪君．农户非农化、利益唤醒与宅基地流转：基于浙江农户问卷调查和有序 logit 模型［J］．中国土地科学，2011（08）：48－51.

［168］陈柏峰．农村宅基地限制交易的正当性［J］．中国土地科学，2007（04）：44－48.

［169］陈广华，毋彤彤．乡村振兴视域下工商资本流转土地经营权的法律规制研究——兼评《农村土地承包法》第 45 条［J］．中国土地科学，2019，33（08）：24－29.

［170］桂华．制度变迁中的宅基地财产权兴起——对当前若干制度创新的评析［J］．社会科学，2015（10）：55－64.

［171］桂华．农村人地关系重构与土地经营权放活——城镇化视野下的制度选择［J］．学习与探索，2018（12）：68－80＋205.

［172］陈霄，鲍家伟．农村宅基地抵押问题调查研究［J］．经济纵横，2010（08）：88－91.

［173］张亮，江庆勇．引导农村土地经营权有序流转的政策建议［J］．经济纵横，2019（01）：99－106.

［174］吕军书．论社会保障性物权立法的价值取向及改革走向［J］．理论与改革，2015（05）：60－65.

［175］吕军书，张晓．论我国农村宅基地退出的立法构造［J］．理论与改革，2020（04）：150－160.

［176］王湃，刘梦兰，黄朝明．集体经营性建设用地入市收益分配重构研究——兼与农村土地征收制度改革的对比［J］．海南大学学报（人文社会科学版），2018（05）：77－85.

［177］刘震宇，张丽洋．论农村宅基地使用权的取得［J］．海南大学学报

（人文社会科学版），2011（02）：47-51.

［178］唐俐．社会转型背景下宅基地使用权初始取得制度的完善［J］．海南大学学报（人文社会科学版），2009（06）：635-640.

［179］夏玉莲，曾福生．中国农地制度变迁的经济绩效分析［J］．技术经济，2014（08）：86-92.

［180］任维哲，邓锴．乡村振兴背景下农村三产融合促进农民财产性收入增长研究——以陕西为例［J］．西安财经学院学报，2019（05）：75-82.

［181］董欢．中国农地制度：历史、现实与未来——"三权分置"政策背景下的新审视［J］．四川大学学报（哲学社会科学版），2019（04）：58-66.

［182］林卿．我国农地制度演变与农民土地权益［J］．福建农林大学学报（哲学社会科学版），2016（05）：1-13.

［183］蒋亚平．建立城乡统一建设用地市场的若干问题研究［J］．中国土地，2019（06）：15-17.

［184］杜小刚．建立城乡统一建设用地市场的思考［J］．中国土地，2018（12）：26-27.

［185］张占录，赵茜宇，林超．集体经营性建设用地入市亟须解决的几个问题［J］．中国土地，2015（12）：20-21.

［186］陈苏球，薛园媛．农民土地财产性收入现状及对策——以杭州市为例［J］．中国土地，2015（07）：47-49.

［187］刘燕萍．征地制度创新与合理补偿标准的确定［J］．中国土地，2002（02）：25-26.

［188］韩文龙，李强，杨继瑞．习近平新时代农地"三权"分置的实践探索［J］．财经科学，2018（11）：37-50.

［189］韦彩玲，蓝飞行，宫常欢．农村宅基地退出的农户理性与政府理性——基于广西农业转移人口宅基地退出意愿的调查与思考［J］．西部论坛，2020（03）：66-72.

［190］陆剑，陈振涛．集体经营性建设用地入市改革试点的困境与出路［J］．南京农业大学学报（社会科学版），2019（02）：112-122+159.

［191］李永乐，舒帮荣，石晓平．城乡建设用地市场：分割效应、融合关键与统一路径［J］．南京农业大学学报（社会科学版），2017（03）：103-111+158-159.

［192］刘恒科．"三权分置"下集体土地所有权的的功能转向与权能重构［J］．南京农业大学学报（社会科学版），2017（02）：102-112+153.

［193］贺雪峰．农民利益、耕地保护与土地征收制度改革［J］．南京农业大学学报（社会科学版），2012（04）：1－5．

［194］周敏，胡碧霞，张阳．三权分置、农业补贴争夺与农业经营激励——吉林省J村玉米生产者补贴分配博弈［J］．华中科技大学学报（社会科学版），2019（06）：61－68．

［195］文兰娇，张安录．论我国城乡建设用地市场发展、困境和整合思路［J］．华中科技大学学报（社会科学版），2017（06）：74－81．

［196］周娟，姜权权．家庭农场的土地流转特征及其优势——基于湖北黄陂某村的个案研究［J］．华中科技大学学报（社会科学版），2015（02）：132－140．

［197］林月丹．乡村振兴背景下新型职业农民培养的路径［J］．农业经济，2021（04）：89－91．

［198］毕琳琳．集体经营性建设用地使用权流转市场规制研究［J］．农业经济，2019（11）：91－92．

［199］尚旭东．农村土地承包经营权确权登记颁证：快速推进的"近忧"与"远虑"［J］．农业经济，2016（01）：80－83．

［200］毛明洁．扶持发展新型农业经营主体若干思考［J］．农业经济，2015（11）：13－15．

［201］崔顺伟．中国农村居民财产性收入制约因素及改革路径［J］．农业经济，2015（09）：74－76．

［202］邢文妍．浅析多渠道增加辽宁农民财产性收入［J］．农业经济，2015（08）：77－79．

［203］张传华．农民土地财产性收入增长的障碍与破解路径［J］．农业经济，2016（10）：107－109．

［204］王伟，程亮．刍议征地补偿制度的完善——以保障农民权益为出发点［J］．农业经济，2011（02）：61－63．

［205］杜明义，赵曦．建立健全土地承包经营权流转市场的机制设计［J］．农业经济，2009（01）：27－30．

［206］金丽馥，史叶婷．乡村振兴进程中农民财产性收入增长的瓶颈制约和政策优化［J］．青海社会科学，2019（03）：87－93．

［207］严琼芳，吴猛猛，张珂珂．我国农村居民家庭财产现状与结构分析［J］．中南民族大学学报（自然科学版），2013（01）：124－128．

［208］保勇文，熊捍宏．城乡居民财产分布差距：测度与分解［J］．云南财

经大学学报，2016（02）：93 - 99.

　　[209] 高圣平．论集体建设用地使用权的法律构造 [J]．法学杂志，2019（04）：13 - 25.

　　[210] 吴昭军．集体经营性建设用地土地增值收益分配：试点总结与制度设计 [J]．法学杂志，2019（04）：45 - 56.

　　[211] 黄征学，吴九兴．集体经营性建设用地入市：成效与影响 [J]．团结，2019（01）：34 - 28.

　　[212] 刘双良．宅基地"三权分置"的权能构造及实现路径 [J]．甘肃社会科学，2018（05）：228 - 235.

　　[213] 周静，曾福生，张明霞．农业补贴类型、农业生产及农户行为的理论分析 [J]．农业技术经济，2019（05）：75 - 84.

　　[214] 何绍周，彭博，马也．农民财产性收入增长面临的制度性约束——基于市场和法治的视角 [J]．农业技术经济，2012（06）：95 - 100.

　　[215] 王象永，王延海，张智．山东省土地流转对农民收入影响调查 [J]．调研世界，2015（09）：30 - 32.

　　[216] 寇溶，陈英，谢保鹏，周翼．农民土地财产性收入影响因素分析——基于农地流转情景的实证分析 [J]．云南农业大学学报（社会科学），2019（04）：74 - 80.

　　[217] 李伟毅，赵佳．增加农民财产性收入：障碍因素与制度创新 [J]．新视野，2011（04）：19 - 21.

　　[218] 余劲松．收入分配、财富积累与城镇居民财产性收入——一个研究假说及其验证 [J]．财经问题研究，2013（10）：11 - 17.

　　[219] 蒲实，郭晓鸣．拓宽增加农民财产性收入的渠道 [J]．农村经营管理，2017（01）：31.

　　[220] 张克俊，高杰，付宗平．深化农村土地制度改革与增加农民财产性收入研究 [J]．开发研究，2015（01）：34 - 39.

　　[221] 赵华伟．我国农村居民财产性收入现状与解决途径 [J]．改革与战略，2010（09）：108 - 111.

　　[222] 覃卉．我国土地征收程序的完善 [J]．改革与战略，2006（01）：66 - 69.

　　[223] 高富平．农地"三权分置"改革的法理解析及制度意义 [J]．社会科学辑刊，2016（05）：73 - 78.

　　[224] 高富平．农村土地承包经营权流转与农村集体经济的转型——新一轮

农村土地制度改革的法律思考［J］. 上海大学学报（社会科学版），2012（04）：73 - 78.

［225］郑鑫，陈晓君. 土地资产化视角下农民财产性收入增长机理分析［J］. 山东农业大学学报（社会科学版），2012（02）：28 - 33 + 125 - 126.

［226］杜一馨，范玉. 增加京郊农民财产性收入途径探究［J］. 农学学报，2017（05）：76 - 81.

［227］任辉，黄丹. 农民土地财产性收入时空特征及影响因素分析［J］. 湖南农业科学，2017（10）：95 - 99.

［228］陆继霞. 农村土地流转研究评述［J］. 中国农业大学学报（社会科学版），2017（01）：29 - 37.

［229］刘艳. 农村土地"三权分置"改革的法律逻辑与政策衔接［J］. 东北农业大学学报（社会科学版），2018（03）：50 - 57.

［230］孙伟，吴涛. 集体经营性建设用地使用权价格评估探索研究［J］. 中国住宅设施，2018（11）：123 - 124.

［231］王欢，杨学成. 关于建立城乡统一建设用地市场的风险评估［J］. 经济与管理，2016（01）：71 - 75.

［232］高飞. 征地补偿款分配问题研究［J］. 中国不动产法研究，2018（01）：3 - 19.

［233］孟存鸽. 农民公平分享征地增值收益的制度保障研究［J］. 理论导刊，2019（06）：80 - 85.

［234］程晓波，郁建兴. 城镇化进程中地方政府的征地机制完善与制度创新［J］. 南京社会科学，2016（11）：56 - 62.

［235］陈志华，吕敏君，徐吉松. 农村土地承包经营权确权登记颁证工作存在的问题及解决措施［J］. 地矿测绘，2019（02）：48 - 50.

［236］刘亚娟，张晓萍. "外嫁女"土地拆迁补偿纠纷及其解决路径［J］. 安徽农业科学，2017（10）：223 - 225.

［237］于雅璁. 农村"外嫁女"在集体经济组织中的权益保护［J］. 吉首大学学报（社会科学版），2014（S1）：30 - 34.

［238］闫坤. 完善农村土地承包经营权流转法律制度的理性探索［J］. 河北学刊，2016（02）：208 - 212.

［239］黄静. "三权分置"下农村土地承包经营权流转规范问题研究［J］. 河南财经政法大学学报，2015（04）：67 - 75.

［240］杨光. 我国农村土地承包经营权流转的困境与路径选择［J］. 东北师

大学报（哲学社会科学版），2012（01）：219－220.

　　[241] 张晓平，崔燕娟，周日泉. 农村土地"三权分置"下承包经营权价值评估研究 [J]. 价格理论与实践，2017（07）：62－65.

　　[242] 王斌，刘程程，于红梅. 农村土地承包经营权流转价值评估研究 [J]. 价格理论与实践，2009（11）：56－57.

　　[243] 丁琳琳，王大庆. 中国农村集体经营性建设用地入市问题的再认识 [J]. 价格理论与实践，2022（08）：51－54.

　　[244] 张晓娟，庞守林. 农村土地经营权流转价值评估：综述与展望 [J]. 贵州财经大学学报，2016（04）：103－110.

　　[245] 张晓娟. 三权分置背景下农村土地经营权抵押规则之构建 [J]. 重庆社会科学，2019（09）：17－25.

　　[246] 陈迎江. 集体土地征收补偿行为之合法性审查 [J]. 法律适用，2019（07）：56－65.

　　[247] 彭超. 我国农业补贴基本框架、政策绩效与动能转换方向 [J]. 理论探索，2017（03）：18－25.

　　[248] 杨兆廷，尹达明. 农村土地经营权抵押贷款中土地估值和处置的问题研究 [J]. 农村金融研究，2019（09）：53－58.

　　[249] 欧阳君君. 城市规划实施中的征地与集体经营性建设用地入市之关系协调 [J]. 西南民族大学学报（人文社科版），2019（07）：92－96.

　　[250] 宇龙. 集体经营性建设用地入市试点的制度探索及法制革新——以四川郫县为例 [J]. 社会科学研究，2016（04）：89－94.

　　[251] 吴萍. 农村集体经营性建设用地"同等入市"的困境与出路 [J]. 广西社会科学，2016（01）：96－101.

　　[252] 董秀茹，张宇，卢巍巍. 农村集体经营性建设用地入市途径选择研究——以黑龙江省安达市为例 [J]. 江苏农业科学，2017（04）：275－278.

　　[253] 高圣平. 宅基地制度改革试点的法律逻辑 [J]. 烟台大学学报（哲学社会科学版），2015（03）：23－26.

　　[254] 房绍坤. 农村集体经营性建设用地入市的几个法律问题 [J]. 烟台大学学报（哲学社会科学版），2015（03）：15－22.

　　[255] 梁燕. 农村集体经营性建设用地入市路径选择 [J]. 农业科学研究，2014（03）：62－66.

　　[256] 刘军. 农村集体经营性建设用地使用权流转理论·实践和路径研究 [J]. 安徽农业科学，2017（25）：206－208＋211.

[257] 侯银萍,吴纪平.论集体经营性建设用地使用权的物权化改革 [J].辽宁大学学报（哲学社会科学版）,2015（04）:128-135.

[258] 庄开明,黄敏.农村宅基地自愿退出中的要价博弈均衡分析 [J].经济体制改革,2017（05）:83-87.

[259] 沈孝强,吴次芳,陆汝成.集体建设用地使用权入市改革的利益衡量:一个分析框架 [J].经济体制改革,2015（02）:82-86.

[260] 刘敏.探究农村集体经营性建设用地入市改革中的土地增值收益分配问题——基于土地发展权视角 [J].当代经济,2018（21）:4-7.

[261] 林超,曲卫东,毛春悦.集体经营性建设用地增值收益调节金制度探讨——基于征缴视角及4个试点县市的经验分析 [J].湖南农业大学学报（社会科学版）,2019（01）:76-81.

[262] 陈建.农村集体经营性建设用地入市收益分配简论 [J].湖南农业大学学报（社会科学版）,2017（06）:99-105.

[263] 汪晓华.构建城乡统一建设用地市场:法律困境与制度创新 [J].江西社会科学,2016（11）:162-168.

[264] 王得坤.构建农村宅基地退出机制的探索与思考 [J].经济师,2019（01）:27-29.

[265] 魏后凯,刘同山.农村宅基地退出的政策演变、模式比较及制度安排 [J].东岳论丛,2016（09）:15-23.

[266] 吴九兴,周楠.农村宅基地制度改革对农民财产性收入的影响研究 [J].土地经济研究,2018（02）:62-75.

[267] 徐汉明,刘春伟.农民财产性收入影响因素实证研究 [J].商业研究,2012（03）:201-205.

[268] 罗亚海.城乡统一建设用地法律管理制度构建 [J].求索,2016（04）:39-45.

[269] 陈春生.农村金融发展模式与路径的探讨——基于"功能观"范式和动态农户需求视角 [J].西北大学学报（哲学社会科学版）,2008（05）:32-37.

[270] 刘俊."三权分置"视角下农村股份合作社成员财产权完善的现实困境与法律进路 [J].学术论坛,2019（05）:67-74.

[271] 李松龄.农村土地"三权分置"改革的理论依据和现实意义 [J].湖南社会科学,2018（01）:92-100.

[272] 李忠健.我国现阶段收入分配差距问题探析 [J].经济前沿,2008

（12）：15 - 20.

［273］杨小凯．中国改革面临的深层次问题——关于土地制度改革——杨小凯、江濡山谈话笔录［J］．战略与管理，2002（05）：1 - 5.

［274］罗伊·普罗斯特曼，蒂姆·汉斯达德，李平．关于中国农村土地制度改革的若干建议［J］．中国改革，1995（08）：56 - 58.

［275］李戈．宅基地使用权抵押法律制度研究［J］．经济问题，2019（01）：92 - 98.

［276］陈清明，马洪钧，谌思．农村产权交易市场发育现状及绩效评价——基于重庆市土地流转问卷调研［J］．调研世界，2015（05）：32 - 35.

［277］张勇，彭长生，包婷婷．农村宅基地利用、农户宅基地退出补偿 意愿调查与启示——基于安徽省 821 户农户问卷［J］．国土资源科技管理，2017（02）：9 - 19.

［278］陈晓枫，陈瑞旭，裴文霞．中国共产党农地产权制度改革理论的百年演进［J］．河北经贸大学学报，2021，42（06）：65 - 72.

［279］秦海林，潘丽莎．人力资本、专业技能与家庭财产性收入——基于家庭追踪调查数据（CFPS）的实证检验［J］．西南金融，2019（08）：20 - 34.

［280］夏沁．论农村集体经营性建设用地入市的规范体系——以《土地管理法》（修正）和《民法典》为基本法［J］．华中农业大学学报（社会科学版），2022（03）：177 - 187.

［281］罗必良．基要性变革：理解农业现代化的中国道路［J］．华中农业大学学报（社会科学版），2022（04）：1 - 9.

［282］姚志，文长存．中国农村承包地确权：政策变迁、衍生问题与制度设计［J］．经济体制改革，2019（05）：81 - 87.

［283］任琴．农村宅基地制度改革路径研究——以山西省泽州县为例［J］．经济研究导刊，2020（03）：18 - 19.

［284］杜鑫，李丁．中国农户劳动力转移与土地流转决策研究［J］．价格理论与实践，2022（02）：74 - 78 + 200.

［285］黄建伟，刘文可，陈美球．农地流转：演进逻辑、现实困境及破解路径——基于文献分析［J］．农林经济管理学报，2016，15（04）：381 - 389.

［286］束景陵．试论农村集体土地所有权主体不明确之克服［J］．中共中央党校学报，2006，10（03）：47 - 50.

［287］杨继瑞，吕旭峰．宅基地集体所有权主体发展问题研究［J］．海南大学学报（人文社会科学版），2021，39（05）：56 - 62.

［288］崔超．逻辑与进路：农村宅基地集体所有权实现与集体经济发展——基于马克思所有权理论的视角［J］．山东社会科学，2022（03）：135 – 142．

［289］林超，张林艳．农户分化、功能认知与农村宅基地退出意愿影响因素研究［J］．内蒙古农业大学学报（社会科学版），2020（03）：6 – 11．

［290］彭长生，范子英．农户宅基地退出意愿及其影响因素分析——基于安徽省 6 县 1413 个农户调查的实证研究［J］．经济社会体制比较，2012（02）：154 – 162．

［291］谭羽．乡村振兴背景下土地经营权市场法律规制制度的完善［J］．西北民族大学学报（哲学社会科学版），2023（01）：94 – 104．

［292］郭明瑞．土地承包经营权流转的根据、障碍与对策［J］．山东大学学报（哲学社会科学版），2014（04）：1 – 9．

［293］李梅，黎涵，刘成奎．财政支农支出、农村资金外流与城乡居民收入差距［J］．经济问题探索，2023（01）：159 – 175．

［294］陈锡文．关于解决"三农"问题的几点考虑——学习《中共中央关于全面深化改革若干重大问题的决定》［J］．中共党史研究，2014（01）：5 – 14．

［295］刘守英．集体地权制度变迁与农业绩效——中国改革 40 年农地制度研究综述性评论［J］．农业技术经济，2019（01）：4 – 16．

［296］郎秀云．"三权分置"制度下农民宅基地财产权益实现的多元路径［J］．学术界，2022（02）：146 – 155．

［297］张公望，朱明芬．农村宅基地制度改革与农民增收——基于 6 个试点县（市、区）面板数据的双重差分分析［J］．浙江农业学报，2020，32（08）：1475 – 1484．

［298］贺雪峰．农村宅基地"三权分置"改革能收获什么［J］．决策，2018（07）：13．

［299］夏祝智．论宅基地管理的自治模式——治理视角下的宅基地制度改革研究［J］．甘肃行政学院学报，2019（05）：85 – 93 + 127 – 128．

［300］杨一介．论农村宅基地制度改革的基本思路［J］．首都师范大学学报（社会科学版），2019（04）：42 – 49．

［301］韩立达，王艳西，韩冬．农村宅基地"三权分置"：内在要求、权利性质与实现形式［J］．农业经济问题，2018（07）：36 – 45．

［302］王博，毛锦凰．论双循环新发展格局与乡村振兴战略融合发展［J］．宁夏社会科学，2021（02）：82 – 89．

［303］韩文龙，李强，杨继瑞．习近平新时代农地"三权分置"的实践探

索［J］．财经科学，2018（11）：37－50．

［304］公茂刚，王学真．农地产权制度对农业内生发展的作用机理及其路径［J］．新疆社会科学，2018（03）：51－60．

［305］王兆林，王营营，胡珑玉．农村宅基地流转收益分配研究综述与展望［J］．中国农业资源与区划：2023，44（05）：122－132．

［306］阿不都热依木·哈力克．新疆农村集体所有制土地产权制度的变革及理论分析［J］．新疆社会经济，1999（02）：47－51．

［307］高云才，郁静娴．去年完成承包地确权登记面积14.8亿亩［N］．人民日报，2019－01－18（002）．

［308］韩长赋．土地"三权分置"是中国农村改革的又一次重大创新［N］．光明日报，2016－01－26（001）．

［309］吕兵兵．从农业产业化到村社一体化［N］．农民日报，2021－04－02（001）．

［310］陈司，曹耀强，张培奇，范亚旭．河南上蔡：土地流转兴了产业富了农民［N］．农民日报，2019－07－15（007）．

［311］赵海．建立健全农地经营权抵押配套制度［N］．农民日报，2015－11－07（003）．

［312］赵亮．"三权分置"下农村土地权利的重新厘清［N］．农民日报，2016－11－08（003）．

［313］刘俊杰．探寻宅基地"三权分置"实现路径［N］．经济日报，2021－03－17（09）．

［314］黄晓芳．"三块地"改革试点为何再延期［N］．经济日报，2019－01－14（05）．

［315］淳道松，蒋睿．关于农地经营权抵押融资的思考［N］．中国农村信用合作报，2019－10－09（007）．

［316］莫沫．农村集体经营性建设用地流转：增加农民财产性收入的一条重要途径［N］．中国审计报，2013－12－16（006）．

［317］欧永生．盘活宅基地 增加农民财产性收入［N］．中国城乡金融报，2019－09－18（B01）．

［318］陈晓枫．提升农民财产性收入的新路径［N］．贵州日报，2018－09－25（010）．

［319］贵州省委政研室联合调研组．"塘约经验"调研报告［N］．贵州日报，2017－05－18（5）．

［320］刘益清，王敏霞，陈文经．激活"三块地"，群众享红利［N］.福建日报，2019－07－08（07）.

［321］俞佳友，陈晓文，傅柏琳．义乌率先推进宅基地"三权分置"［N］.浙江日报，2018－01－16（01）.

［322］习近平李克强就做好耕地保护和农村土地流转工作作出重要指示批示［EB/OL］.http：//www.gov.cn/xinwen/2015－05/26/content_2869149.htm，2015－05－26.

［323］农村土地经营权流转管理办法［EB/OL］.http：//www.gov.cn/zhengce/zhengceku/2021－02/04/content_5584785.htm，2021－02－04.

［324］中华人民共和国民法典［EB/OL］.共产党员网，http：//www.12371.cn/2020/06/01/ARTI1591021670041266.shtml，2020－06－01.

［325］国务院关于农村土地征收、集体经营性建设用地入市、宅基地制度改革试点情况的总结报告——2018年12月23日在第十三届全国人民代表大会常务委员会第七次会议上［EB/OL］.中国人大网，http：//www.npc.gov.cn/npc/c12491/201812/3821c5a89c4a4a9d8cd10e8e2653bdde.shtml，2018－12－23.

［326］全国人民代表大会常务委员会关于修改《中华人民共和国农村土地承包法》的决定［EB/OL］.中国政府网，http：//www.gov.cn/xinwen/2018－12/30/content_5353493.htm，2018－12－30.

［327］中共中央办公厅　国务院办公厅印发《关于完善农村土地所有权承包权经营权分置办法的意见》［EB/OL］.中国政府网，http：//www.gov.cn/xinwen/2016－10/30/content_5126200.htm，2016－10－30.

［328］中华人民共和国土地管理法［EB/OL］.中国人大网，http：//www.npc.gov.cn/npc/c30834/201909/d1e6c1a1eec345eba23796c6e8473347.shtml.

［329］提速农村宅基地改革，中央深改组又"安排"上了［EB/OL］.中国网，http：//news.china.com.cn/2020－07/02/content_76229447.htm，2020－07－02.

［330］1978—2000年农村居民贫困状况［EB/OL］.国家统计局官网，http：//www.stats.gov.cn/ztjc/ztsj/ncjjzb/200210/t20021022_36893.html，2002－10－22.

［331］中华人民共和国农业农村部.2020年安徽省家庭农场总数保持全国第一［EB/OL］.http：//www.moa.gov.cn/xw/qg/202101/t20210120_6360193.htm，2021－01－20.

［332］中华人民共和国农业农村部.海南农垦成功发行全国首单土地租金资

产证券化产品［EB/OL］.（2019－11－07）［2021－4－12］. http：//www. nkj. moa. gov. cn/kqsd/201911/t20191107_6331472. htm.

　　［333］乡村振兴战略背景下农地经营权抵押贷款长效机制探索［EB/OL］. 中国金融新闻网，http：//www. financialnews. com. cn/ncjr/focus/201808/t20180816_144236. html，2018－08－16.

　　［334］农业部：截至去年底　全国家庭承包耕地流转面积4. 47亿亩［EB/OL］. 土流网，https：//www. tuliu. com/read－38558. html，2016－08－11.

　　［335］全国已有2万多个承包土地流转服务中心［EB/OL］. 新京报网，ht-tp：//www. bjnews. com. cn/feature/2019/07/17/604573. html，2019－07－17.

　　［336］赤峰市农牧民土地流转收入稳步增长［EB/OL］. 内蒙古自治区政府门户网站，http：//www. nmg. gov. cn/art/2019/1/4/art_152_246727. html，2019－01－04.

　　［337］临泽县首家"土地银行"挂牌成立［EB/OL］. 张掖市人民政府门户网站，https：//www. zhangye. gov. cn/nyj/dzdt/xqdt/202102/t20210224_587628. html，2021－02－24.

　　［338］农村土地信托流转的现状与未来［EB/OL］. 用益信托网，http：//www. sohu. com/a/195021638_481798，2017－09－27.

　　［339］传承发展"晋江经验"释放更多改革红利——晋江市深化农村宅基地制度改革试点［EB/OL］. 中国网，http：//www. china. com. cn/zhibo/content_77864126. htm，2021－11－10.

　　［340］宁夏回族自治区人民政府. 平罗县多措并举推进农村闲置资产与宅基地整治工作［EB/OL］. https：//www. nx. gov. cn/ztsj/zt/msss/msxw/201811/t20181115_1168761. html，2018－11－15.

　　［341］奈曼旗："过渡牛所"过渡出一条乡村振兴路［EB/OL］. 央广网，https：//nm. cnr. cn/xinwensudi/2023125/t20231225_526534257. shtml，2023－12－25.

　　［342］通辽市奈曼旗西二十家子村党支部：党建引领　协力共进　共建美丽乡村［EB/OL］. 北疆先锋网，https：//www. nmgdj. gov. cn/fccommon/Home/detail? site_id＝75&detail_type＝1&cid＝15690506，2022－05－19.

学位论文类：

　　［1］华淑蕊. 我国居民财产性收入差距、经济效应及影响因素研究［D］. 长春：吉林大学，2016.

　　［2］杨一帆. 中国农民社会保障制度建构与农地制度变迁［D］. 成都：西

南财经大学，2010.

　　[3] 冀县卿. 改革开放后中国农地产权结构变迁与制度绩效：理论与实证分析 [D]. 南京：南京农业大学，2010.

外文文献类：

　　[1] Ostrom E. *Governing the Commons：the Evolution of Institutions for Collective Action* [M]. Cambridge University Press，1990.

　　[2] Glenn G. Stevenson. Common Property Economics：A General Theory and Land Use Applications [M]. Cambridge University Press，1991.

　　[3] Robert. J. Lampman. *The Share of Top Wealth – Holders in National Wealth，1922 – 56* [M]. Princeron University Press，1962.

　　[4] Bourguigon F，Da Silva L. *The Impact of Economic Policies on Poverty and Income Distribution：Evaluation Techniques and Tools* [M]. D. C. World Bank，2003.

　　[5] Michael Helt Knudsen，Niels Fold. Land distribution and acquisition practices in Ghana's cocoa frontier：The impact of a state-regulated marketing system [J]. *Land Use Policy*，2011，28（02）：378 – 387.

　　[6] Jane Kabubo – Mariara. Land conservation and tenure security in Kenya：Boserup's hypothesis revisited [J]. *Ecological Economics*，2007，64（01）：25 – 35.

　　[7] Dagne Mojo，Christian Fischer，Teree Degefac. The determinants and economic impacts of membership in coffee farmer cooperatives：recent evidence from rural Ethiopia [J]. Journal of Rural Studies，2017，50：89 – 94.

　　[8] Sayamol Charoenratanaa，Chika Shinohara. Rural farmers in an unequal world：Land rights and food security for sustainable well-being [J]. *Land Use Policy*，2018，78：185 – 194.

　　[9] Viviana M. E. Perego. Crop prices and the demand for titled land：Evidence from Uganda [J]. Journal of Development Economics，2019，137：93 – 109.

　　[10] E. Fabusoro，T. Matsumoto，M. Taeb. Land rights regimes in southwest Nigeria：Implications for land access and livelihoods security of settled Fulani agropastoralists [J]. *Land Degradation & Development*，2008，19（01）：91 – 103.

　　[11] Fabiano Toni，Evandro Holanda Jr. The effects of land tenure on vulnerability to droughts in Northeastern Brazil [J]. *Global Environmental Change*，2008，18（04）：575 – 582.

　　[12] Klaus Deininger，Songqing Jin，Shouying Liu，Fang Xia. Property rights reform to support China's rural-urban integration：household-level evidence from the

Chengdu experiment [J]. *Australian Journal of Agricultural and Resource Economics*, 2020, 64 (01): 30 – 54.

[13] He J, Sikor T. Looking beyond tenure in China's Collective Forest Tenure Reform: insights from Yunnan Province, Southwest China [J]. *International Forestry Review*, 2017, 19 (01): 29 – 41.

[14] Deininger Klaus, Jin Songqing, Xia, Fang. Moving Off the Farm: Land Institutions to Facilitate Structural Transformation and Agricultural Productivity Growth in China [J]. *World Development*, 2014, 59: 505 – 520.

[15] Feder, G; Lau, LJ; Lin, JY. The Determinants of Farm Investment and Residential Construction in Postreform China [J]. *Economic Development and Cultural Change*, 1992, 41 (01): 1 – 26.

[16] Louis Putterman. The role of Ownership and Prpperty Rights in China's Economic Transition [J]. *The China's Quarterly*, 1995, 144: 1047 – 1064.

[17] Scott Rozelle, Guo Li. Village leaders and land-rights formation in China [J]. *American Economic Review*, 1998, 88 (02): 433 – 438.

[18] Greenwood J, Jovanovic B. Financial Development, Growth, and the Distribution of Income [J]. *Journal of Political Economy*, 1990, 98 (05): 1076 – 1107.

[19] Galor O, Zeira J. Income distribution and macroeconomics [J]. *The Review of Economic Studies*, 1993, 60 (01): 35 – 52.

[20] Galor O, Tisddon D. Income distribution and Growth: the Kuznets Hypothesis Revisited [J]. *Economica*, 1996, 250 (63): S103 – S117.

[21] Galor O, Tisddon D. The Distribution of Human Capital and Economic Growth [J]. *Journal of Economic Growth*, 1997, 2: 93 – 124.

[22] Galor O, Tisddon D. Technological Progress, Mobility, and Economic Growth [J]. *America Economic Review*, 1997, 87 (03): 363 – 382.

[23] Banerjee, Newma. Occupational choice and the process of development [J]. *Journal of Political Economy*, 1993, 101 (02): 274 – 298.

[24] Li Hongyi, Zou Heng-fu. Income Inequality Is Not Harmful for Growth: Theory and Evidence [J]. *Review of Development Economics*, 1998, 2 (03): 318 – 333.

后　　记

弹指一挥间，经过多年的努力，书稿终于付梓，离上一部专著的出版已整整10年。

本书是在我承担的国家社会科学基金项目"新农地产权制度下农民财产性收入增长路径研究"和省部级"三农"问题相关课题的研究报告基础上修改而成的，也是十余年来系统研究新农地产权制度和农民增收问题的阶段性成果，其中包含了许多人的心血和辛勤劳动。

感谢我的博士后导师，厦门大学院原党委书记吴宣恭教授。作为"中国马克思主义经济学研究领域最前沿的、最有影响的前辈学人之一"，吴老师学养深厚、德高望重、虚怀若谷、爱生如子，是我终身学习的榜样。他95岁高龄却笔耕不辍，欣然为本书作序，勉励后学。感谢我的博士生和硕士生导师，我国著名马克思主义经济学家、教育家，福建师范大学原校长李建平教授。入师门26载，李老师和师母綦正芳教授始终如一的教导、引领、关爱和扶持，助我一路成长，师恩似海永不忘。本书得到了福建师范大学经济学院资助，感谢经济学院历任领导、各位师长、同事们长期以来的鼓励和支持。

感谢陈瑞旭、钱翀、翁斯柳、张洋刚、曾祥晟、郑舟、刘福强、裴文霞、陈杨、邹悦、曾冠豪、陈晶晶、黄俊、胡雨婷、李知霖等博硕研究生为本书的出版所付出的努力和工作。与同学们共同学习、研究、进步的日子让我深深感受到了教师职业的幸福，无比珍惜和你们的缘分，更加明白为人导师的责任与担当。

感谢经济科学出版社孙丽丽、纪小小等编辑同志为本书的出版所做的大量编辑和指导工作。

感谢父母和家人的爱护和包容，感谢帅气的先生和儿子接纳、滋养着不完美的我。自我成长是一辈子的修炼和功课，温暖的家是我勇往直前的最大底气。

感谢匿名评审专家提出的宝贵意见，本书文责自负，不足之处，请各位同仁批评指正。

陈晓枫

2024年5月19日